Klaus-Dieter Altmeppen · Matthias Karmasin (Hrsg.)

Medien und Ökonomie
Band 1/1

Klaus-Dieter Altmeppen
Matthias Karmasin (Hrsg.)

Medien und Ökonomie

Band 1/1: Grundlagen der Medienökonomie: Kommunikations- und Medienwissenschaft, Wirtschaftswissenschaft

Westdeutscher Verlag

Bibliografische Information Der Deutschen Bibliothek
Die Deutsche Bibliothek verzeichnet diese Publikation in der Deutschen Nationalbibliografie; detaillierte bibliografische Daten sind im Internet über <http://dnb.ddb.de> abrufbar.

1. Auflage März 2003

Lektorat: Barbara Emig-Roller

Der Westdeutsche Verlag ist ein Unternehmen der Fachverlagsgruppe BertelsmannSpringer.
www.westdeutscher-verlag.de

Umschlaggestaltung: Horst Dieter Bürkle, Darmstadt
Umschlagbild: Kersten Hoppe, Ilmenau
Druck und buchbinderische Verarbeitung: Wilhelm & Adam, Heusenstamm
Gedruckt auf säurefreiem und chlorfrei gebleichtem Papier
Printed in Germany

ISBN 3-531-13631-3

Inhalt

Medien und Ökonomie - Intentionen und Überblick

Klaus-Dieter Altmeppen/Matthias Karmasin

Dieser Beitrag erläutert die Intentionen für die vier Bände „Medien und Ökonomie" und gibt einen Überblick über die Beiträge dieses Bandes sowie Hinweise auf die weiteren Bände und ihre Inhalte.

1 Medien und Ökonomie - Intentionen und Überblick

In die medienökonomische Lehr- und Forschungslandschaft ist Bewegung gekommen. Die Anzeichen mehren sich, dass die Etablierung dieser Disziplin voranschreitet, jedoch weniger durch Theoriewechsel als vielmehr durch das Schaffen von institutionellen und curricularen Tatsachen. Hierfür spricht zum einen die Einrichtung von Studiengängen und Professuren. Wer die Stellenanzeigen der letzten Jahre durchforstet, erkennt schnell den rapiden Ausbau der Hochschulangebote. Medienökonomisch und medienwirtschaftlich fokussierte Institutionalisierungen folgen dabei aber keinem Programm oder Paradigma, sondern offensichtlich schlicht dem Umstand, dass derartige Stellenprofile mit dem Rückenwind des Medienbooms leichter durchzusetzen sind, weil Nachfrage konstatiert oder vermutet wird. Einige Schwerpunktsetzungen sind dennoch auszumachen: In der kommunikationswissenschaftlichen Disziplin dominiert das Medienmanagement (zum Beispiel in Ilmenau, Weimar, Mainz, Hannover), wohl auch, weil dieses Gebiet sozial- und wirtschaftswissenschaftliche Integration verspricht.

Für verstärkte Institutionalisierung spricht aber auch die anschwellende Literatur zum Thema Medien und Ökonomie. Neben die einzelwirtschaftlichen Untersuchungen, die sporadisch seit Jahren erscheinen, schieben sich zunehmend Einführungsbände (vgl. Karmasin/Winter 2002 zum Medienmanagement; Hess/Schumann 2000 zur Betriebswirtschaft der Medien) sowie Grundlagentexte (vgl. Kiefer 2001; Heinrich 2001) und Lexika (vgl. Sjurts 2003), die aber nach wie vor die Disparität der zugreifenden „Mutterdisziplinen" reflektieren. Medienökonomie ist eine Querschnittsdisziplin, die sich durch alle Betrachtungsperspektiven von Medien zieht. Diese Erkenntnis scheint gesichert, ebenso sicher sind aber die damit einhergehenden „Sprachprobleme". Spricht der Ökonom von Produkten (und meint die Nachricht, die Dokumentation, den Spielfilm), zieht der Kommunikations- und Medienwissenschaftler die Stirn kraus. Analysiert dieser wiederum die Medienwirkungen, fehlt dem Ökonomen das passende Modell oder er spricht von Qualitätsproblemen oder Externalitäten. Die terminologischen Probleme der Experten verstärken sich natürlich dort, wo „Laien" involviert sind, bei Mediennutzern, in der Aus- und Weiterbildung, in Verbänden und Interessenvertretungen, in den Gutachterkommissionen von Forschungsinstitutionen.

An diesem Punkt setzt der vorliegende Band an. Im Verbund mit den weiteren drei Bänden des Gesamtwerkes „Medien und Ökonomie" werden die Grundlagen medienökonomischer Analyse sowie die Problem- und Anwendungsfelder von Medien und Ökonomie aus unterschiedlichen Blickwinkeln (Disziplinen) vorgestellt.[1] Dabei geht es häufig auch um eine kritische Reflektion der Medienökonomie selbst. Wenn Wissenschaften Themenfelder beanspruchen oder besetzen, dann geht es neben der Suche nach Wahrheit immer auch um handfeste Interessen: der Durchsetzung von Geltungsansprüchen und Machträumen, der Sicherung und dem Ausbau von Ressourcen. In diesem Zustand steckt die Medienökonomie derzeit (vgl. die Beiträge in Siegert 2002). Im Vordergrund steht neben den Etablierungsbemühungen aber der Anspruch, einen Überblick über die Vielfalt der Ansätze zu geben und einen Zugang zu den differenzierten, weil fachlich breit gestreuten Begrifflichkeiten, Theorien, Modellen und Erkenntnisinteressen zu schaffen. Die Fragen, denen sich alle Autoren mit ihren Beiträgen in den vier Bänden stellten, lauteten: Welche Modelle respektive Theorien existieren im Feld der Medienökonomie? Was sind die Grundlagen und zentralen Merkmale dieser Modelle/Theorien? Auf welchen Annahmen/Prämissen beruhen die Modelle/Theorien? Welche methodischen Zugänge zur Medienökonomie implizieren diese Modelle/diese Theorien? Alle Beiträge sind grundlagenorientiert, aktuelle medienökonomische Daten, die per se ein Desiderat sind (vgl. Kopper 2002), finden sich in den Bänden nur dort, wo sie zur Illustration und Erklärung notwendig sind.

1 Neben dem vorliegenden Band 1/1 erscheint gleichzeitig Band 1/2 „Grundlagen und Grundfragen: Soziologie, Politik, Ethik, Geschichte, Kultur, Technik, International". Es folgen Band 2 „Problemfelder der Medienökonomie" und Band 3 „Anwendungsfelder der Medienökonomie".

Was erwartet die Leserinnen und Leser vor diesem Hintergrund? Gibt es Verbindungslinien in der Disparität? Vier Leitlinien lassen sich ausmachen, unter die sich alle Beiträge der vier Bände einordnen lassen.

1. Makro, Meso, Mikro

   Medienökonomische Fragestellungen und Probleme sind auf allen drei klassischen Analyseebenen vom Individuum (Mikroebene) über die Organisation (Mesoebene) bis zur Gesellschaft (Makroebene) angesiedelt. Aktuell deutet sich derzeit eine verstärkte Orientierung an der Mesoebene und damit an den Medienorganisationen an. Wirtschaftswissenschaftlich dominieren traditionell die Mikro- und Makroperspektive, also der Blick auf die Märkte - die Medien als Branche, der Zusammenhang von Gesamtwirtschaft, Medien und Haushalten. Lediglich betriebswirtschaftliche Ansätze nehmen verstärkt die Medienunternehmung selbst in den Blick. Auch in den Kommunikations- und Medienwissenschaften deutet sich eine Rückkehr der Organisationen in den Betrachtungshorizont an. So ist es nicht verwunderlich, dass die Mesoebene in vielen Beiträgen der vier Bände fokussiert wird.

2. Funktionen, Strukturen, Akteure, Handeln

   Über Medien zu reden, heißt immer auch, über Doppeldeutigkeiten zu reden. Medien haben eine gesellschaftliche Aufgabe (Funktion), sie sind aber zugleich Institutionen des Kapitalismus, also geldabhängig. Diesen Funktions- und Zielkoordinaten entsprechen bestimmte Strukturen von Medien, also vor allem Regeln und Ressourcen. Strukturen sind aber nicht einfach vorhanden, sie werden gestaltet, gedeutet, umgewandelt, instrumentalisiert, und zwar von Akteuren oder Akteurskonstellationen. Die wiederum - da schließt sich der Kreis - handeln in einer Dopplung: sie handeln medienwirtschaftlich und sie handeln publizistisch. In diesen Doppelkreislauf sind Funktionen (monetär, gesellschaftlich), Strukturen (ökonomisch, publizistisch), Akteure (Medienmanager, Journalisten) und ihr Handeln unentrinnbar eingebettet.

3. System und Umwelt

   Dass die Medien nach eigenen Regeln und Operationsweisen handeln, dass sie Institutionen eigener Prägung sind, ist mittlerweile anerkanntes Gemeingut, egal, ob der Systembegriff weit ausgelegt wird oder im engen systemtheoretischen Sinne. Dass die Medien nicht nach eigenem Gutdünken handeln können, sondern Referenzen an die Umwelt machen (müssen), ist ebenso klar. Am eindringlichsten macht darauf die Quote aufmerksam. Quote heißt, den Konsumenten, Dienstleistungsnehmer, Rezipienten mit in den Blick zu nehmen. Der Rezipient als Korrektiv ist jedoch nur ein Element der Umwelt, mit dem sich Medien auseinandersetzen (müssen). Rechtliche Regelungen, politische Interessen, technologische Entwicklungen, kulturelle Deutungsmuster stellen weitere gewichtige Faktoren dar, deren Mechanismen und Strukturen auf das Mediensystem einwirken wie umgekehrt das Mediensystem deren Mechanismen und Strukturen beeinflusst.

4. Generierung, Produktion, Distribution

   Produkte, Märkte, Konsumenten: der Dopplung medialer Funktionen und medialen Handelns entspricht es, dass Medien in einem Wirtschafts- und in einem publizistischen Kreislauf gleichermaßen entstehen. Die Stadien dieses Kreislaufs - Generierung, Produktion und Distribution - verweisen rekursiv aufeinander. Zugleich aber muss mit Nachdruck darauf hingewiesen werden, dass die Medienangebote unteilbar sind, Ware und Werk, Kultur- und Wirtschaftsgut sind die zwei Seiten ein und desselben Phänomens. Ökonomische Effekte wirken auf allen drei Stufen von der Generierung über die Produktion bis zur Distribution, aber sie wirken durchaus unterschiedlich. Wenn sich die Distributionsform - beispielsweise durch Online-Medien und Effekte der Netzökonomie - ändert, bedingt dies andere Produktionsprozesse und andere Themenfindung und -setzung. Wo auch immer in diesem Kreislauf Veränderungen entstehen, beeinflussen sie, wie medial kommuniziert wird. Medienökonomische Veränderungen sind nicht ohne Auswirkungen auf die Formen der Medienkommunikation in der Gesellschaft zu denken.

Eine Einführung in den Themenkreis Medien und Ökonomie steht, darauf weisen die vier Leitlinien hin, immer vor Problemen der Einordnung und Bewertung sowie der begrifflichen Vielfalt und Mehrdeutigkeit, obwohl das Analyseobjekt stets das Gleiche ist. Der Ökonom spricht vom Produkt, der Kommunikationswissenschaftler vom Inhalt; der Ökonom untersucht die Medienunternehmung, der Kommunikationswissenschaftler die Medien (allenfalls noch die Medienorganisation); der Ökonom fokussiert den Konsumenten als Souverän, der Kommunikationswissenschaftler den Nutzer mit seinen autonomen Rezeptionsentscheidungen; der Ökonom definiert dem Produkt oder dem Produktionsprozess inhärente Wirkungen, die unabänderlich, aber nicht beabsichtigt sind, als externe Effekte, der Kommunikationswissenschaftler sieht darin, in den Medienwirkungen, den primären Zweck, die gesellschaftlich zugewiesene Aufgabe der Information und Unterhaltung. Gemeint ist in jedem Fall das Gleiche, gewechselt werden die Beobachterperspektiven. Dieser

Wechsel der Perspektiven, der Sprachregelungen und Begrifflichkeiten repräsentiert den Stand der Medienökonomie als heterogenes, viele Wissenschaftsdisziplinen tangierendes Feld.

Einig sind sich die Beobachter zweiter Ordnung, dass die Medien ökonomisch durchdrungen waren und sind. In welcher Weise sie dies sind, sollen die Beiträge der Bände verdeutlichen. Dabei ist es uns nicht nur wichtig, auf die unterschiedlichen Sprachregelungen hinzuweisen, sondern auch auf die damit einhergehenden differenten Bewertungsebenen und normativen Differenzen. Für die (neo-) klassische Ökonomie sind beispielsweise Rationalisierung, Kommerzialisierung und Globalisierung der Medien Folgen des freien Spiels der Marktkräfte, deren Risiken nach ihrem Wert für Konkurrenzfähigkeit und Profitmaximierung analysiert werden. Der Kommunikations- und Medienwissenschaftler beurteilt diese drei Entwicklungen hinsichtlich der öffentlichen Kommunikation, warnt (als kritischer Wissenschaftler) vor den Gefahren oder beschreibt ganz allgemein die Veränderungen (so der Mainstream der Kommunikations- und Medienwissenschaft). Die wissenschaftsdisziplinären Semantiken sind also auch Ausdruck der jeweiligen Erkenntnisinteressen, und Erkenntnisinteressen sind die Grundlage von Bewertungen. Aufgrund der Vielfalt an disziplinären Zugängen zu Medien und Ökonomie in diesen Bänden können deshalb gleiche Phänomene sehr unterschiedlich beurteilt werden. Dies macht die Medienökonomie aber auch - so meinen wir - besonders spannend.

2 Medien und Ökonomie: Die Beiträge dieses Bandes im Überblick

Die Grundlagen von Medien und Ökonomie stehen im Fokus der Bände 1/1 und 1/2. Grundlagen sind dabei einerseits zu verstehen als Darstellung disziplinärer Basisbegriffe, auf die eine Beschäftigung mit Medien und Ökonomie zurückgreift. Grundlagen werden andererseits aber auch verstanden als Problematisierung offener Fragen und unbewältigter Themen der Medienökonomie.

Probleme, Objektbereiche und Methodologie der Medienökonomie stehen im Fokus des Beitrags von Klaus-Dieter Altmeppen und Matthias Karmasin. Die Medienökonomie (in) der Gesellschaft ist mit zahlreichen Problemfeldern behaftet, wie auch der aktuelle Stand von Definitionen der Medienökonomie verdeutlicht. Medienökonomie (in) der Gesellschaft bedeutet immer, dass von einem transdisziplinären Zugriff auszugehen ist, an dem mehrere Wissenschaften beteiligt sind. Das bedingt grundverschiedene Begriffe und Methoden im Zugriff auf den Objektbereich, die auch langfristig kaum vereinbar erscheinen, auch gar nicht vereint werden sollten, da die Vielfalt dem Objektbereich angemessen erscheint. Die Konturen einer transdisziplinären Medienökonomie liegen denn auch viel mehr in einer Problemorientierung, „die eine kritische Analyse und eine verantwortungsbewusste Bewertung der ökonomischen Grundlagen der öffentlichen Kommunikation erfordert." Damit rücken Machtakkumulation, Unternehmensverantwortung und strategisches Handeln als Ausdruck medienunternehmerischer Ziele in den Vordergrund, bislang häufig vergessene Vokabeln ökonomischer Dispute.

Macht wird häufig hinter Metaphern versteckt, wie die deduktive Analyse von Martin Löffelholz zeigt. Er untersucht, welche Entwicklungen gesellschaftstheoretische Ansätze genommen haben, um den Zusammenhang von gesellschaftlichem, medialem und ökonomischem Wandel zu beschreiben, zu erklären und zu prognostizieren. Er entlarvt dabei einige der bedeutsamen Metaphern gesellschaftlichen Wandels als verkürzte, interessengeleitete Begriffe, die der Komplexität der Veränderungen nicht gerecht werden, die aber als Leitbilder eine enorme Sogkraft entfalten. Metaphern wie Multi-Media-Gesellschaft und virtuelle Gesellschaft überbetonen die technologischen Effekte. Im Verbund mit Wachstumserwartungen steht der technizistische Reduktionismus vor allem als Herrschaftsmetapher und zur Akzeptanzbeschaffung. Als theoretische Fundierung für die dynamischen Systeme öffentlicher Kommunikation bieten sich daher Konzepte an wie Medien- und Kommunikationsgesellschaft sowie vernetzungsbezogene Ansätze, die den Begriffen der (reflexiven) Modernisierung, Mediatisierung und Globalisierung mehr Tiefenschärfe geben, ohne gleich vollends zu überzeugen. Das bleibt weiterer theoretischer „Handwerksarbeit" überlassen.

Das „Suchen und Prüfen von Grundlagen für ein Theorieprogramm" beschäftigt auch Manfred Rühl. Er plädiert für eine verstärkte Hinwendung zum Kreislauf von Markt-, Organisations- und Haushaltsformen, um die publizistisch-ökonomischen Probleme von Knappheit und Zahlung zu formulieren, zu bearbeiten und zu lösen. Rühls Leitidee ist die von (lesbarem) Werk und (wirtschaftlicher) Ware, alltagspublizistische Werke haben seit eh und je einen ökonomischen Warencharakter. Aus der historischen Analyse folgert Rühl, dass die Alltagspublizistik als ein Prozessieren programmierter Programme angesehen werden kann, die die Re-Produktion und Re-Rezeption ermöglichen, allerdings nicht ohne sich damit auch Probleme einzuhandeln. Deren Lösung sollte im Mittelpunkt der wissenschaftlichen Beschäftigung stehen, doch (vor allem) die Kommunikationswissenschaften scheinen dafür schlecht gerüstet. Das Umpolen von Werk- auf Warenerfolge hat noch keinen empirisch und theoretisch gehaltvollen Widerhall gefunden, weder in Lehre noch in Forschung.

Wenn sich schon die Wissenschaften nur unvollkommen den polit-ökonomischen Problemen des Mediensystems zuwenden können, dürften sich diese auf der Laienbasis noch schärfer stellen. Dabei könnte, so Thomas A. Bauer, die Medienpädagogik eine sinnvolle und nützliche Mediationsagentur zwischen Medienökonomie und Medienkultur bilden. Aus einer eingehenden Betrachtung systemischer und kultureller Verbindungen von Medien, Pädagogik, Sinn und Vernunft entwickelt er ein Register medienpädagogischer Betrachtung, dass in Kompetenz und Performanz Mediendidaktik, Medienkunde und Medienerziehung verknüpft. Das Handeln in medienpädagogischen Zusammenhängen kann somit nicht ohne die Berücksichtigung und Bewertung medienökonomischer Einflussfaktoren geschehen.

Die - auch - ökonomische Fundierung der Medien, ihre Mechanismen und Folgen sind ureigenes Feld der Kommunikations- und Medienwissenschaft (s. dazu insbesondere die Beiträge in den Bänden 1/2, 2 und 3), sie beschäftigen daneben aber auch eine Vielzahl anderer wissenschaftlicher Disziplinen, manche peripher (Mediengeschichte zum Beispiel, s. dazu auch den Beitrag von Hans Bohrmann in Band 1/2), andere zentraler (Soziologie, Politikwissenschaft, s. dazu die Beiträge von Michael Jäckel und Gerhard Vowe in Band 1/2). Auch die Wirtschaftswissenschaften offenbaren beim Themenfeld Medien und Ökonomie periphere und zentrale Forschungsbereiche. So lässt sich eine deutliche Dominanz mikroökonomischer Veröffentlichungen konstatieren, makroökonomische Analysen dagegen liegen nur vereinzelt vor. Dies gründet auch darin, so Rüdiger Pethig, dass die Medien wie andere Wirtschaftssektoren angesehen werden, ihr Beitrag im gesamtgesellschaftlichen Kontext aber relativ bescheiden ist, wie die Kennzahlen Erwerbstätige und Gesamtumsatz ausweisen.

Wirtschaftstheoretische Analysen von Medien, Werbung und Märkten müssen jedoch ebenso wie andere die Besonderheiten der Medien berücksichtigen. Die Gütereigenschaften (öffentliches Gut) und die Kopplung von Werbung und Programm sind derartige Besonderheiten, denen Rüdiger Pethig mit den theoretischen Methoden der Industrieökonomik nachgeht. Mit heuristisch-explikativem Anspruch, also vorrangig mit der Bildung von Modellrechnungen, werden die grundlegenden Zusammenhänge dargelegt. In mathematischen Berechnungen von Werbung in unterschiedlichen Marktkonstellationen (Monopol, Duopol, Oligopol), von Finanzierungs- und Erlösformen sowie den Konsumentenreaktionen werden jeweils Modellanalysen entwickelt, die - in

Form von Wenn-Dann-Aussagen - Wirkungszusammenhänge und (In-) Effizienzen im Mediensektor verdeutlichen. Pethig regt eine Weiterführung der Modellanalysen durch spieltheoretische Modelle an, die dann auch in der Lage wären, den wirtschaftspolitischen Handlungsbedarf zu konkretisieren, der aufgrund von Marktversagen entsteht.

Viele der modelltheoretischen Annahmen der Industrieökonomik tauchen auch im Beitrag von Johannes Ludwig auf, obwohl dieser sich mit der Mikroökonomie beschäftigt, also dem konkreten medienunternehmerischen Handeln. Medienunternehmer stehen vor genau den konkreten Problemen, die die Industrieökonomik modellhaft berechnet: Wie können Preise und Kosten, Erlöse und Ausgaben in ein effektives und effizientes Verhältnis gebracht werden, wenn die Einnahmen über Werbung querfinanziert werden müssen? Wie kann das Problem der First-Copy-Costs gelöst werden, wenn der Konsument/Rezipient souverän entscheidet? Die mikroökonomischen Probleme der Preisfestsetzung und Kostenermittlung beschreibt Ludwig anhand konkreter Beispiele von Medienprodukten. Er berücksichtigt dabei auch den Einfluss von Interessen, Zielen und Motiven der Medienmacher, die ja grundsätzlich die Wahl zwischen Preis-, Kosten- und Qualitätswettbewerb haben. Ins Zentrum seiner Analysen rückt er die Querfinanzierung durch Werbung, deren unterschiedliche Grade Rückwirkungen haben auf das Konsumentenverhalten.

Während es den mikro- und makroökonomischen Analysen zunächst um das Beschreiben und Erklären geht, stehen bei der Politischen Ökonomie das Bewerten und die Auswirkungen im Vordergrund. Abhängigkeit, Macht und Kontrolle sind, so Werner Meier, Begriffe der Politischen Ökonomie, die - als Politische Ökonomie öffentlicher Kommunikation - vor allem die Folgen von Deregulierung, Privatisierung, Globalisierung und Kommerzialisierung von Medien und Kultur in den Blick nimmt. Die Programmatik der Politischen Ökonomie ist das Überleben der Gesellschaft, sie hinterfragt dazu die politischen, wirtschaftlichen und kulturellen Ziele und analysiert die Macht-, Zugangs- und Verteilungsmechanismen. Gerade in der öffentlichen Kommunikation werden diese Mechanismen virulent, wenn sich beispielsweise Zugangsfragen stellen im Zusammenhang mit den netzbasierten Medien. Bei der Analyse der Arenen öffentlicher Konflikte kann sich die Politische Ökonomie auf lange Traditionen stützen, ohne dabei in Schulen oder Denktraditionen gezwängt zu werden. Dies gründet auch darin, dass Kritik grundsätzlich die geeignete Methode der Politischen Ökonomie darstellt, und so ist die Politische Ökonomie der öffentlichen Kommunikation vor allem eine Kritik der kapitalistischen Institutionalisierung von Medien. Kritik als Methode wird der analytischempirischen Methode entgegengesetzt, auch weil die Demokratisierung der öffentlichen Kommunikation nicht allein mit empirischen Daten eingefordert werden kann. Prozesse der Instrumentalisierung der Medien durch Wirtschaft und Politik, der Medialisierung von Politik und Wirtschaft und der Kommerzialisierung verlaufen vielfach subtil und empirisch nicht nachvollziehbar. Trotzdem sind diese strukturellen Evidenzen offensichtlich, die Politische Ökonomie will sie thematisieren und ihre Folgen bewerten.

Auch Jürgen Heinrich und Frank Lobigs beschäftigen sich mit Kontrolle und demokratischem Medienangebot. Ihr Zugang ist jedoch ein völlig anderer, sie argumentieren auf der Grundlage der Neuen Institutionenökonomik und bewegen sich damit im wirtschaftswissenschaftlichen „Sprachraum“. Knappheit geistiger und materieller Ressourcen, opportunistisches Verhalten, Transaktionskosten sind die Begrifflichkeiten, die - erstmalig - in einem Ansatz mit der Medienkontrolle durch die Rezipienten vereint werden. Im Zentrum ihres Ansatzes steht das Vertrauensparadoxon, das aus der Eigenschaft von Medienangeboten resultiert, Vertrauensgüter zu sein. Damit ist Qualität nicht ex ante zu prüfen, was wiederum einen Täuschungsspielraum schafft. Wie trotz Vertrauen und Täuschung ein funktionsfähiger journalistischer Wettbewerb entstehen kann, skizzieren Heinrich/Lobigs anhand der Merkmale des Marktes für Qualitätszeitungen. Ihr zentrales Argument ist ein Reputationsgleichgewicht, das im Spannungsfeld von journalistischer Kultur, Lesergruppen, Normeneffekten und Medienmarkenreputation hergestellt werden kann.

Das Medienunternehmen als Anbieter, der Rezipient als Nachfrager, diese Kriterien sind zentraler Bestandteil wirtschaftswissenschaftlicher Studien. Dass beide Kriterien nicht nur als getrennte Elemente des Wirtschaftskreislaufs, sondern als unmittelbar aufeinander angewiesen betrachtet werden können, erläutert Karl-Heinz Weigand anhand des Konzepts medienwirtschaftlicher Dienstleistungen. Als medienwirtschaftliche Dienstleistungen lassen sich Distribution, Werbeträgerleistung, Verwertungsrechte und Produktion publizistischer und künstlerischer Medienangebote definieren. Versteht man Dienstleistung als zweiphasige Dienstleistungsproduktion, so zeigt sich, dass auch die Produktion publizistischer und künstlerischer Medienangebote erst durch die Mitwirkung der Rezipienten zustande kommt. Die Medien als Dienstleistungsanbieter sind die internen, die Rezipienten als Dienstleistungsnehmer die externen Produktionsfaktoren. Die Dienstleistung kommt nur zustande, wenn in der Endkombination beide Faktoren zusammentreffen. Das Dienstleistungsmodell ist somit dem Uses-and-Gratification-Ansatz vergleichbar, sein Schwerpunkt liegt aber vor allem bei den ökonomischen Implikationen von Angebots-

und Nachfrageleistungen: Welche Aufmerksamkeit und welche monetären Ressourcen ist der Rezipient zu „zahlen" bereit? Wie bewertet er die Qualität des Angebotes? Insbesondere für netzbasierte Medienangebote bietet der Dienstleistungsansatz nützliche Hinweise, denn die gesteigerten Anforderungen an die Aktivität der Nutzer (Nutzungskompetenz, Handhabung, Zeit- und Geldbudgets) verdichten den Produktions- und Rezeptionsprozess weiter. Der Dienstleistungsansatz schlägt somit Bögen zur Usability-Forschung wie auch zur Medienpädagogik, wenn Kompetenzen (sowohl der Kommunikatoren wie der Rezipienten) und Mehrwert der Medienangebote ein stärkeres Gewicht bekommen.

Angebot und Nachfrage benötigen Märkte, damit es zu Austauschprozessen kommt. Das ist bei Medienmärkten nicht anders, der Unterschied zu den üblichen Märkten liegt jedoch darin, dass Medienmärkte immer mehrdeutig sind. Aufgrund ihres Verbundcharakters agieren Medienangebote auf den Werbe- und Rezipientenmärkten. Nachrichten, Talkshows, Webseiten konkurrieren um die Aufmerksamkeit des Publikums, um diese dann gegen das Geld der Werbung einzutauschen. Mit diesem Mechanismus, seinen Grundlagen und Folgen, seiner Erklärung und Bewertung haben wissenschaftliche Ansätze durchgehend ihre Probleme. Die Kommunikations- und Medienwissenschaft befasst sich daher nur wenig mit den Märkten, die Wirtschaftswissenschaften legen ihre wettbewerbstheoretischen Instrumente zugrunde. Auch wenn sich deren Funktionen und Leitbilder unterscheiden, eint sie doch die zentrale Annahme, dass ökonomischer Wettbewerb die zentrale Voraussetzung für publizistischen Wettbewerb ist. Kartellrechtliche und konzentrationsbegrenzende Eingriffe in den Markt sind daher, so Marco Czygan und Hermann Kallfaß, nur die zweitbeste Lösung und erst angebracht, wenn der ökonomische Wettbewerb versagt. Sie stützen ihre Argumente auf das SVE-Paradigma, das ein umfassender, theoriegeleiteter Forschungsansatz für Wettbewerbsprozesse darstellt. Struktur, Verhalten, Ergebnis - das SVE-Paradigma teilt Märkte in diese drei Stufen und prüft dort die jeweils vorfindbaren Wettbewerbsverhältnisse. Marktabgrenzungen (welche Wettbewerber konkurrieren eigentlich auf welchen Märkten?), Marktstrukturanalysen (Konzentrationsgrade, Markteintritt) und Marktverhaltensanalysen (Markthandeln der Unternehmen) sind die zentralen Kriterien der Wettbewerbstheorie, deren Anwendung im Medienbereich noch wenig verbreitet ist.

Einführungen in Wissenschaftsdisziplinen müssen in Zeiten der Multimedialisierung zunehmend zu „Schnelleinführungen" werden, so jedenfalls die Bewertung von Verlagsvertretern (vgl. Der Spiegel (40) 2002: 67). Mit Merksätzen, Grafiken, Einstiegsfragen und Wiederholungen sollen die Leser mehr an die Hand genommen werden. Herausgeber stehen damit im Spagat zwischen Kundenwünschen und Themenkomplexität. Wir sind einen Mittelweg gegangen: Dem Service für die Leserinnen und Leser dienen Definitionen, Merksätze und Kernaussagen der Fließtexte, die zusätzlich herausgestellt werden, erkennbar an einem Pfeil und einem Kasten. Daneben gibt es ein Summary zu Beginn sowie kommentierende Literaturverweise am Ende jedes Beitrags. Der Komplexität der Materie ist jedoch weiterhin geschuldet, dass die Autorinnen und Autoren sich vor allem auf den ‚Content' konzentrieren sollten. Theorien, Modelle und selbst Beschreibungen medienökonomischer Mechanismen lassen sich, so unsere Auffassung, nicht beliebig vereinfachen. Wir hoffen, dass die Leserinnen und Leser den ‚Mehrwert' dieser althergebrachten buchwissenschaftlichen Vorgehensweise zu schätzen und nutzen wissen.

Der Mehrwert, den die Bände Medien und Ökonomie den Nutzern hoffentlich bringen werden, entstand in teamorientierten Produktionsprozessen. Wir Herausgeber danken Catarina Geyling und Angelika Röpcke für umfangreiche und schwierige Korrektur- und Redigierarbeiten sowie für ihre Nachsicht gegenüber immer wieder neuen Herausforderungen, die die Herausgeber im Verlauf dieses längerfristigen Projektes stellten. Barbara Emig-Roller hat geduldig, kenntnisreich und zielführend ein - wie immer angenehmes - Lektorat ausgeübt.

Medienökonomie als transdisziplinäres Lehr- und Forschungsprogramm

Klaus-Dieter Altmeppen / Matthias Karmasin

Der Beitrag stellt eine Einführung in Methoden, Objektbereiche und Methodologie der Medienökonomie dar. Er rekonstruiert aktuelle Standpunkte und Entwicklungen im Fach und diskutiert unterschiedliche methodologische und wissenschaftstheoretische Zugänge. Die Autoren argumentieren für ein offenes und transdisziplinäres Konzept von Medienökonomie, das dem Phänomen der Medien als Kultur- und als Wirtschaftsgüter gerecht wird und sie weder auf ihre publizistischen, sozialen und kulturellen noch auf ihre politischen und ökonomischen Funktionen verkürzt. Probleme der Medienökonomie als transdisziplinäre Disziplin werden erörtert und das heuristische Potenzial einer solchen Konzeption wird ausgelotet.

1 Medienökonomie in der Gesellschaft

Dass Medien Konstituenten gesellschaftlicher und individueller Wirklichkeit sind, ist mittlerweile schon fast eine triviale Feststellung und gilt auch, wenn man dem Luhmannschen Diktum nicht vollständig zustimmen kann, dass wir all unser Wissen über die Welt, in der wir leben, aus den Massenmedien wissen (vgl. Luhmann 1996: 9). Definiert man Medien aber nicht nur als Konstituenten gesellschaftlicher Öffentlichkeit, wird der Blick auch darauf gelenkt, dass sie erfolgsrational operierende Unternehmungen sind, die die medialen Produkte (Nachrichten/Berichte, Werbung und Unterhaltung) als Güter zur Mehrung von Realkapital (Umsatz, Gewinn, Rendite etc.) nutzen. Der Output der Medien stellt bedeutendes Sozial- und kulturelles Kapital der Gesellschaften und zugleich Güter zur Erzielung von Realkapital dar.

Dieser nahezu klassische Widerspruch führt zu dispersen Reaktionen auf der Ebene der Wissenschaft, wie sich an den Begriffen Ökonomisierung, E-Commerce und Globalisierung zeigen lässt. So wird die Kommerzialisierung und Ökonomisierung der Medien einerseits als Devianzerscheinung interpretiert, andererseits als - nahezu unvermeidliche - wirtschaftliche Entwicklung (vgl. Sjurts 2001 sowie die Beiträge in Jarren/Meier 2001). Umstandslos werden Internetökonomie und E-Commerce von den wissenschaftlichen Disziplinen als Lehr- und Forschungsthemen integriert. In der Folge gehen ohnehin schon nur marginal vorliegende Differenzierungen des Medienbegriffs weiterhin verloren (eine Ausnahme bilden Zerdick u.a. 1999). Den Märkten wird undifferenziert eine Globalisierung attestiert, ohne empirische Prüfung und damit ohne eine genauere Prüfung einzelner Medienmärkte (Rezeptions-, Arbeits- und vielfach auch Absatzmärkte).

Auf diese neuen und zunehmenden Herausforderungen ökonomischer Faktoren reagieren die Wissenschaften, die sich mit Medienökonomie beschäftigen (vor allem die „Leitwissenschaften" Kommunikations- und Medienwissenschaften und Wirtschaftswissenschaften) mit einer systemtypischen Erscheinung: der Ausdifferenzierung. Die Entstehung neuer Studiengänge (zum Beispiel zum Medienmanagement) und die Einrichtung neuer Lehrstühle erfolgt jedoch bislang, ohne dass ein Programm sichtbar wäre, das auf konsentierte grundlegende Anforderungen in Lehre und Forschung verweist.

➲ Auf die neuen und zunehmenden Herausforderungen ökonomischer Faktoren reagieren die Wissenschaften, die sich mit Medienökonomie beschäftigen (vor allem die „Leitwissenschaften" Kommunikations- und Medienwissenschaften und Wirtschaftswissenschaften) mit einer systemtypischen Erscheinung: der Ausdifferenzierung.

Eine disziplinär eng umgrenzte, institutionell abgesicherte und erkenntnistheoretisch fundierte Medienökonomie besteht schon bisher nicht und kann sich unter den gewandelten Bedingungen noch weniger etablieren. Ganz im Gegenteil: Die Medienökonomie splittet sich in eine Vielzahl von Einzelfragestellungen und Problemorientierungen auf, sie verzweigt sich sowohl in wirtschaftswissenschaftlicher wie in kommunikationswissenschaftlicher Hinsicht in eine Vielzahl an Forschungsinhalten und Lehrangeboten (vgl. zu aktuellen Übersichten Hömberg 2000; Hess/Schumann 1999).

Die Vielfalt kann man gleichzeitig begrüßen und bedauern. Zu begrüßen ist die Polymorphie der theoretischen und empirischen Zugänge, die damit verbunden ist. Wenn die Ökonomie der Medien aus betriebs- und volkswirtschaftlicher Sicht ebenso analysiert wird wie aus kommunikationswissenschaftlicher und organisationssoziologischer Perspektive, besteht die große Chance, das

Thema Medienökonomie in allen seinen Facetten und in methodischer und theoretischer Breite zu beleuchten. Der Untersuchungspluralismus geht jedoch einher mit der Bürde, dass sich die interessierte Öffentlichkeit im Kaleidoskop der Ansätze nicht mehr zurecht findet. Dies mag man bedauern; auf jeden Fall ist es ein gewichtiger Grund, in einem mehrbändigen Werk die Grundlagen der Medienökonomie zusammenzufassen.

Medienökonomie hat sich aber auch im wissenschaftstheoretischen Diskurs zu positionieren, wenn sie sich nicht nur über die drängenden Fragen und Probleme der Zeit, die ja in einer Mediengesellschaft evident sind, legitimieren will. Nur über eine wissenschaftstheoretische Positionierung wird eine Bedeutung der Medienökonomie zu forcieren sein, die über gutachterliche Tätigkeit hinausgehend gesamtgesellschaftlich eine unüberhörbare Stimme erlangen kann. Von einer wissenschaftstheoretischen Position, ja selbst von einer Reflektion und einer Definition, ist die Medienökonomie aber noch weit entfernt. Daher kann die Hoffnung Langenbuchers (1988: 163), eine einmal ausgearbeitete Kommunikationsökonomie könne ein ähnlich umfassendes Teilgebiet der Publizistik- und Kommunikationswissenschaft werden wie dies die Kommunikationspolitik schon sei, auch nach mehr als einem Jahrzehnt kaum als erfüllt angesehen werden.

Die Entfernung zwischen der ökonomischen Medienrealität und ihrer wissenschaftlichen Erforschung wird stattdessen immer größer. Die Informationsgesellschaft ist die Gesellschaft der marktwirtschaftlich agierenden Medienkonzerne. Die Ökonomisierung lässt - man muss hinzufügen: gerade - die Medien nicht aus (vgl. Jarren/Meier 2001). Dabei treten Probleme auf, wie sie von anderen Wirtschaftsbereichen bekannt sind (wobei die Verursacher dieser Probleme ebenso wenig auszumachen sind wie Verantwortung dafür klar zurechenbar ist):

- die manchmal offene, meist verdeckte Steuerung der Politik und der Medien durch Wirtschaftsinteressen, was leider allzu oft die Verwechslung von Wirtschaftsinteressen mit Unternehmer- bzw. Unternehmensinteressen bedeutet,
- der Raubbau an Ressourcen, deren Vernichtung den nachfolgenden Generationen hohe Bürden auflädt,
- die globale Armut und Ausbeutung, die auch durch digitale Kommunikation nicht beseitigt wird,
- die ungleiche Verteilung von Lebens- und Überlebenschancen,
- der für Kulturen manifeste Verlust der Orientierung,

- die kollektive Legitimation dieses Vorgehens, mit der die wenigen kritischen Stimmen unterdrückt werden und einhergehend damit
- ein rapider Verlust von Ethos und Verantwortung, während gleichzeitig die zunehmende, demokratisch nicht legitimierte Machtkonzentration auf internationalen Märkten steigt.

Sind die problematischen Nebenwirkungen der Ökonomisierung (vgl. Forrester 1997; Martin/Schumann 1997; Beck 1985) schon grundsätzlich ein Gefahrenpotenzial der Gesellschaften, verschärft sich dieses Potenzial im Falle der Medien noch einmal erheblich. Medien haben immer ein Janusgesicht, sie sind Mediator und Faktor: Als Mediatoren wirken sie aufgrund der Berichterstattung: Wie die Gesellschaft beispielsweise über die Ökonomisierung und Globalisierung spricht, ist auch ein Resultat der Berichterstattung eben jener Medien, die selbst ein Faktor des Ökonomisierungsprozesses sind. Medien tragen - durch die Berichterstattung - zur kollektiven Legitimation oder Kritik der Kommerzialisierung und Globalisierung bei, während sie sich zugleich in diesem Wirtschaftsprozess als Unternehmen behaupten wollen. Medien sind bedeutende Einrichtungen der gesellschaftlichen Wirklichkeitskonstruktion, die sie auf der Grundlage von Geldabhängigkeit herstellen.

➲ Medien sind bedeutende Einrichtungen der gesellschaftlichen Wirklichkeitskonstruktion, die sie auf der Grundlage von Geldabhängigkeit herstellen.

Dieses Janusgesicht kennzeichnet die Medien. Auf institutioneller Ebene sind sie wirtschaftliche Organisationen und Element der öffentlichen Meinung, auf der Ebene der Medienangebote verbreiten sie Inhalte und Wirtschaftsgüter, auf den Märkten ringen sie um Umsatz und Aufmerksamkeit. Die Untrennbarkeit der Medien als Kultur- und Wirtschaftsinstitutionen steht jedoch zunehmend zur Disposition, da sich die Waage der Ökonomie zuneigt:

> „Auch Medienkommunikation wird schon durch die alltägliche Gegenwart ökonomischen Handelns, durch Angebot und Nachfrage, durch Produktionskosten und Produktpreise zu einem ökonomischen Thema. Aus dieser Perspektive sind die Medienangebote Waren, deren gewinnorientierter Absatz über die Marktfähigkeit entscheidet, oder in sozialwissenschaftlicher Sichtweise: Medien handeln zunehmend kommerziell." (Altmeppen 1996a: 257) „Unter dem Deckmantel der Globalisierung und im Schutz der gesamtgesellschaftlich steigenden Dominanz wirtschaftlichen Handelns gerät dabei die Funktion als Institutionen gesellschaftlicher Wirklichkeitskonstruktionen aus dem Blickfeld." (Jarren 1997)

Dies ist deshalb bedeutsam, weil damit die Entscheidungen darüber, was Medien veröffentlichen und welche Wirkungen zu konstatieren sind, mehr und mehr auf ökonomische Reize kapitalistischer Gesellschaften zurückzuführen sind. Auch die Langzeitfunktion der Medien als Gedächtnis der Gesellschaft wird dementsprechend durch die Ökonomisierung determiniert.

Die gesellschaftliche und wirtschaftliche Rolle der Medien verweist eindeutig darauf, dass die Medienökonomie ein wesentlicher und wohlinstallierter Bestandteil aktueller kommunikationswissenschaftlicher Reflexion sein sollte. Der Doppelcharakter medialer Institutionen als Kultur- und als Wirtschaftsfaktor rechtfertigt die ökonomische Analyse der Medien unter kommunikationswissenschaftlichen Paradigmen (vgl. Burkart 1995), und er fordert die Wirtschaftswissenschaften dazu heraus, in ihren Modellen und Theorien die gesellschaftliche Rolle der Medien zu überdenken. Die offenkundige Interessenkollision zwischen Profit und gesellschaftlich vermittelnder Instanz spiegelt sich bisher leider viel zu sehr in der disziplinären Aufteilung medienökonomischer Forschung und Lehre wieder. Die Auffassung der Medienökonomie als Kommunikationswissenschaft kann konsequenterweise nicht die Anwendung ökonomischer Prinzipien und überholter Paradigmen auf kommunikationswissenschaftliche Objektbereiche oder Problemtatbestände bedeuten, wie umgekehrt die Wirtschaftswissenschaften den Bereich Medien tunlichst nicht umstandslos in ihre Wirtschaftszweiglehre einordnen sollten.

Dies deutet daraufhin, dass die Medienökonomie vor allem als ein transdisziplinäres Projekt aufzufassen ist. Dabei ist davon auszugehen, dass die Kommunikations- und Medienwissenschaft und die Wirtschaftswissenschaften sozusagen die „Leitwissenschaften" in der Auseinandersetzung mit medienökonomischen Fragen bilden. Wenn aber Transdisziplinarität als Programm der Medienökonomie aufgeworfen wird, ist danach zu fragen, wie ein solches Projekt konturiert sein sollte. Dies soll in Kapitel 3 geschehen, wo die Integrationsmöglichkeiten, Probleme und Normen einer transdisziplinären Medienökonomie diskutiert werden. Es kann dabei nicht darum gehen, die unterschiedlichen wissenschaftlichen Zugangsweisen einzuebnen, sondern darum, gemeinsame Begrifflichkeiten zu orten und darauf aufbauend die divergierenden Erkenntnisinteressen offen zu legen. Zuvor wird in Kapitel 2 zusammengefasst, welchen Stand eine Definition von Medienökonomie bislang erreicht hat. In Kapitel 4 wird abschließend eine Definition einer transdisziplinären Medienökonomie formuliert, die disziplinäre Egoismen durch Problemorientierung überwinden kann (s. dazu Kapitel 5) und die - so hoffen wir - Ausgangspunkt für fruchtbare Auseinandersetzungen werden könnte.

2 Der Stand der Definition einer Medienökonomie

Die Behandlung medienökonomischer Themen spiegelt das Janusgesicht der Medien wieder, denn sie ist von Disparität und Breite in Lehre und Forschung gekennzeichnet. Bei den Hauptlinien der medienökonomischen Forschung lassen sich mehrere Stränge unterscheiden (vgl. zur Einteilung Heinrich 1994: 21; zu Übersichtspublikationen für den angloamerikanischen Raum Alexander/Owers/Carveth 1993; Albarran 1996):

- Überblicke über die Theorien, Normen und Verfahren der der Kommunikations- und Medienwissenschaft und der Ökonomie (vgl. Kiefer 2001; Knoche 1999; Heinrich 1994; vgl. zu älteren Studien Picard 1989 oder Schenk/Donnerstag 1986);
- Überblicke über theoretische und empirische Aspekte der Medienproduktion und des Mediensystems (vgl. Heinrich 2000 und Altmeppen 1996 für Deutschland sowie Grisold 1996 für Österreich);
- Marktbeschreibungen für einzelne Medien (vgl. für Österreich etwa Bruck 1994; für Deutschland etwa Sjurts 1996 und 1996a);
- Studien zu Marktstruktur, Marktverhalten und Marktergebnis (vgl. Albarran 1996; Kiefer 1995);
- volkswirtschaftlich orientierte Studien zu Wettbewerb, Konzentration, Marktzutritt und Vielfalt (vgl. Knoche 1996; Seufert 1996; Aiginger 1993; Kopper 1984 und 1984a);
- Studien zu betrieblichen Teilbereichen des Mediensystems (wie etwa Medienmanagement, Marketing, Controlling; vgl. Siegert 2001a; Karmasin/Winter 2000; Wirtz 2000; Meckel 1999; Burr 1995; Stahmer 1995; Schuster 1995; Schroeder 1994; Köcher 2002);
- Studien zur Werbung (Produktion und Platzierung, Finanzierungsformen, Medienberichte, Media-Analysen) (vgl. Jäckel 1998; Schmidt/Spieß 1995).

Wirtschaftswissenschaftlich fundierte Medienökonomie behandelt einerseits betriebswirtschaftliche Aspekte der Medien (wie zum Beispiel die Kostenstruktur von Rundfunkanstalten und Printmedien, Finanzierungsfragen, Organisationsstruktur, Planung, Kostenrechnung, Controlling usw.), andererseits die volkswirtschaftlichen Aspekte der Medien. In deren Mittelpunkt stehen Fragen der Konzentration, die nationale bzw. transnationale Distribution von Medienprodukten, Fragen des Gutscharakters von Medien, die Wirkungen von Wettbewerbsbeschränkungen bzw. von Konzentration, die Tendenz zur Monopolisierung von Anbietern und damit die Annullierung der Konkurrenz, die Zunahme des Werbevolumens etc. Wirtschaftswissenschaftliche Beiträge fokussieren aber immer das Wirtschaften, also das wirtschaftliche Handeln von Medienunternehmen und Haushalten oder die Kreisläufe der Volkswirtschaften; öffentliche Funktionen der Medien werden nachrangig behandelt.

In kommunikationswissenschaftlicher Hinsicht untersucht Medienökonomie die Struktur der Medien als Infrastruktur der Öffentlichkeit (und der Demokratie), als Bedingung journalistischer Berufsausübung, die Spannung zwischen ökonomischen Tendenzen wie Konzentration und Kommerzialisierung und publizistischen Normen. Kommunikations- und Medienwissenschaften fokussieren aber immer zuerst öffentliche Funktionen der Medien, wirtschaftliche Einflüsse werden nachrangig aufgegriffen. Dem einheitlichen, untrennbaren Prozess des Wirtschaftens und Veröffentlichens in den Medienunternehmen steht somit eine analytisch-wissenschaftlich getrennte Reflektion gegenüber. Das Janusgesicht der Medien bleibt einer integrierten wissenschaftlichen Behandlung in großen Teilen verschlossen.

Nicht allein deshalb steht der Diskurs über die Aufgaben und Formen der Medienökonomie erst am Anfang. Methodologische Standortbestimmungen der Medienökonomie sind jedenfalls selten und reflektieren keinesfalls eine kontinuierliche Diskussion (vgl. zur Darstellung und Diskussion Altmeppen 1996: 18f.; Siegert 2002). Koppers zehn Jahre alter Befund (1986: 169), dass es der Medienökonomie an einer grundlegenden, primär erkenntnisorientierten, systematisch angelegten und auf Methodenvielfalt ausgerichteten Forschungsbasis fehle, scheint immer noch gültig. Ludwig (1994: 147) stellt auf diesen Umstand ab und fragt wohl zu Recht: „Ökonomie der Medien: Wissenschaft oder (nur) weites Feld?" Die Medienökonomie ist also keineswegs unterwegs zur „normal science".

Bemerkenswert ist, dass Fragen des methodologischen Selbstverständnisses der Medienökonomie und Fragen der wissenschaftstheoretischen Einordnung, wenn überhaupt, zumeist in der Tradition der „wertfreien" Sozialwissenschaften erörtert werden (vgl. zu Ansätzen, die dieser Tradition folgen: Albarran 1996; Ludwig 1994; Heinrich 1994; Alexander/Owers/Carveth 1993; Seidel/Libertus 1993; Picard 1989; Kopper 1986). Wertfrei bedeutet aber häufig, dass die Beschreibung über die Erklärung dominiert und kein kritischer Diskurs über die Folgen zu Stande kommt. Kübler (1994: 107) vertritt daher die Meinung, dass eine kritische Medienökonomie im deutschsprachigen Raum „beiseite geschoben" wurde.

Der durch diese Auffassung von Ökonomie beschriebene Handlungsrahmen, der sich vorwiegend im Preis- und Marktsystem äußert (betriebswirtschaftlich gewendet: Wege und Methoden der Zielerreichung anzugeben, ohne die Ziele selbst zu hinterfragen), ist zu eng. Vor allem „der unverdrossenen Explikation überkommener Überzeugungen“, die, wie Katterle (1990: 133) zu Recht kritisiert, nicht im Licht historischer Erfahrung überprüft werden, sondern herrschenden Interessen und dominanten Machtpositionen verbunden sind, gilt es kritisch gegenüberzutreten. Die einseitige Rationalität des Homo oeconomicus, oft bestritten, aber nie ernstlich fallengelassen, bestimmt die wirtschaftswissenschaftliche Analyse der Medien (vgl. die Zusammenfassung dieser Ansätze bei Ernst 1990). Auch Alexander/Owers/Carveth (1993: 3) konstatieren:

> „Thus, economics is concerned with what is produced, the technology and organization of how it is produced, and for whom it is produced. Media economy is a term employed to refer to the business and financial activities of firms operating in the various media industries. The operations of these firms are undertaken in the context of given market conditions and technological alternatives and their anticipated financial implications.“

In der Kommunikations- und Medienwissenschaft war lange Zeit die aus der (Presse-)Konzentrationsforschung stammende Tradition bestimmend, die sich vorwiegend an Paradigmen der Politikwissenschaft bzw. der politischen Ökonomie orientiert (vgl. Kiefer 2001; Knoche 1999). Während diese Ansätze schrittweise ausgebaut und im Hinblick auf Medien geprüft werden (vgl. Kiefer 2001; Heinrich 2000), können sich weitere Modelle und Theorien nur mühsam etablieren. Markt und Wettbewerb beispielsweise gehören zu den Begriffen, die nach wie vor Stiefkinder darstellen. „Markt steht in publizistischen Zusammenhängen [...] für Wirtschaft, und Wirtschaft gilt als schwierig.“ (Rühl 1993: 135) Und im Hinblick auf Wettbewerb schlussfolgert Kiefer (1995: 436):

> „Sieht man sich die einzelnen kommunikationswissenschaftlichen Theoriestücke und Thesen zum Thema Wettbewerb an, dann wird deutlich, daß die Kommunikationswissenschaft bislang offenbar keine konsistente Vorstellung davon entwickelt hat, wie das Beziehungsgefüge zwischen ökonomischem Wettbewerb der Medienunternehmen und publizistischem Ergebnis einerseits, zwischen ökonomischem und publizistischem Wettbewerb andererseits theoretisch zu fassen wäre.“

Offensichtlich haftet der Wirtschaft der Medien im Bewusstsein der Kommunikations- und Medienwissenschaft immer noch „Ehrenrühriges“ (Laux 1986: 124) an, zumal auch ein fehlendes öffentliches Bewusstsein zu beklagen ist:

> „In der allgemeinen Diskussion über Medien wurde oft zu wenig beachtet - und wird es mitunter auch heute noch, zumal unter Laien -, daß Medien längst zu einem beträchtlichen Wirtschaftsfaktor, zu einem ökonomischen Teilsystem ge-

> worden sind, vielfältig verschränkt mit anderen Wirtschaftssektoren." (Kübler 1994: 107)

Wissenschaftssoziologisch bleibt Medienökonomie damit nach wie vor einem Schisma verhaftet:

> „Je nach wissenschaftlichem Standpunkt des Betrachters wird entweder die Lehre der Ökonomie der Medien hochgehalten oder diejenige der sozialen und kulturellen Verpflichtungen der Medien betont." (Altmeppen 1996: 11)

Dies ist in mehrfacher Hinsicht problematisch. Die Auffassung der Medienökonomie als transdisziplinäres Projekt darf weder in einer Art ökonomischem Imperialismus bestehen, der alle Kommunikationsakte unter ökonomischen Prämissen interpretiert, noch in einer Kulturtheorie, die die Ökonomisierung der Kommunikation als Marginalie oder als Devianzerscheinung interpretiert. Das Heil der Kommunikations- und Medienwissenschaft kann ebenso wenig in einer redaktionellen Führungs- und Managementlehre liegen (vgl. Meckel 1999; Ruß-Mohl 1998: 289) wie eine Reduzierung wirtschaftswissenschaftlicher Medienökonomie auf die Erkenntnis, dass die Medien auch mit Wirkungsproblemen zu tun hätten (vgl. Schumann/Hess 1999). Der simple Transfer wirtschaftswissenschaftlicher Konzepte auf Medien verstellt die Probleme ebenso wie eine kommunikationswissenschaftlich naive Vorstellung von der Macht der Ökonomie (vgl. Altmeppen et al. 1993: 48).

Der Status der Medienökonomie ist in dieser Hinsicht aber nicht nur von erkenntnistheoretischem, sondern auch von institutionellem Interesse. Die Medienökonomie wird sich nur dann als akzeptiertes, gesellschaftlich sinnvoll erachtetes, institutionell gefördertes und expandierendes Fach etablieren können, wenn sie nicht nur Hilfestellung bei der Lösung aktueller Probleme gibt, sondern langfristig zur Erklärung, zur (kritischen) Analyse und Prognose medialer Phänomene beitragen kann. Eine reine Applikation ökonomischer Theorien und Axiome auf Medien bzw. eine rein kommunikationswissenschaftliche Interpretation des Phänomens geldabhängiger Wirklichkeitsproduktion wird dafür wohl nicht genügen.

Medienökonomie, traditionell definiert, ist eine Schnittmenge aus Kommunikations- und Medienwissenschaft und Wirtschaftswissenschaften. Woraus genau diese Schnittmenge besteht, wo die Gemeinsamkeiten und Unterschiede liegen, wird jedoch nicht weiter ausgeführt - mit erwartbaren Dilemmata:

(1) Das Dilemma des Geltungsanspruchs: Es gehört zu den regelmäßigen Aussagen in allen Arbeiten, in denen Autoren die Medienökonomie als Wissenschaft reflektieren, dass sie diesen Wissenschaftszweig primär für ihre Herkunftswissenschaft reklamieren (vgl. Kiefer 2001; Hess/Schumann

1999: 41; Schusser 1998; Altmeppen 1996a). Die jeweils andere Wissenschaft wird dann sozusagen als Ergänzungswissenschaft betrachtet, deren Ergebnisse punktuell heranzuziehen sind.

(2) Das Dilemma der Beliebigkeit: Da ein definitorischer Konsens über Medienökonomie nahezu völlig fehlt, können wissenschaftliche Zugriffe auf medienökonomische Phänomene ebenso wie institutionelle Differenzierungen (Professuren, Studiengänge) beliebig eingerichtet und ausgebaut werden. Dies zeigt sich insbesondere beim derzeit prägendsten Phänomen der Informationsgesellschaft, der Netzkommunikation. Die klassische Medienökonomie, die sich mit den traditionellen Medien Hörfunk, Fernsehen, Rundfunk, Film und Buch beschäftigte, wird zu einer Ökonomie des E-Commerce. Dies geschieht jedoch, ohne den Medienbegriff zu reflektieren und zu (er-)klären, was denn Medien und deren Funktionen ausmacht.

(3) Das Dilemma der Methoden: Die unterschiedlichen Wissenschaften agieren mit differenzierenden Methoden. Der empirische Zugriff auf die ökonomische Wirklichkeit der Medien unterscheidet sich zwischen Kommunikations- und Medienwissenschaft und Wirtschaftswissenschaften erheblich. Hinzu kommt, dass die Medienökonomie als Wissenschaftsdisziplin generell empirieenthaltsam ist und damit normlastig. Einzelfallbetrachtungen, Analogieschlüsse und insgesamt deduktives Vorgehen prägen die medienökonomischen Arbeiten.

(4) Das Dilemma der Missachtung: In der Konzentration auf die beiden „Leitwissenschaften" geht häufig unter, dass auch weitere Wissenschaftsdisziplinen wie die Politische Wissenschaft oder die Soziologie (um nur die beiden wesentlichen zu nennen) beachtenswerte Beiträge zur Medienökonomie liefern. Die Marktkonzepte der Soziologie beispielsweise (Baecker 1988; Luhmann 1988), die organisationstheoretischen Annäherungen zwischen Soziologie und Wirtschaftswissenschaften (vgl. Ortmann/Sydow/Türk 1997) oder die steuerungs- und regulierungstheoretischen Analysen der Politischen Wissenschaft (vgl. für den Medienbereich Jarren/Donges 2000) sind bislang in ihrem medienökonomischen Wert nur wenig zur Kenntnis genommen worden.

Aufgrund dieser Dilemmata verwundert es nicht, dass eine Definition von Medienökonomie derzeit noch aussteht. Wirtschaftswissenschaftliche Ansätze dazu gibt es nicht, da diese Wissenschaft die Ökonomie der Medien wie die Ökonomie anderer gesellschaftlicher Felder betrachtet und in die Wirtschaftszweiglehre einordnet. Aber auch eine detaillierte kommunikations- und medienwissenschaftlich tragfähige Definition liegt bislang nicht vor. Den ausgearbeitetsten Versuch hat Kiefer vorgelegt. Bei Medienökonomie

> „handelt es sich um eine Teildisziplin der PKW, die wirtschaftliche und publizistische Phänomene des Mediensystems kapitalistischer Marktwirtschaften mit Hilfe ökonomischer Theorien untersucht. Bei der Aufgabenbeschreibung ist wieder zwischen einer positiven und einer normativen Version von Medienökonomie zu unterscheiden. Positive Medienökonomie analysiert und erklärt die wirtschaftlichen und publizistischen Phänomene des Mediensystems, normative Medienökonomie entwickelt Gestaltungsoptionen mit Blick auf gesellschaftlich konzentrierte Ziele des Mediensystems." (Kiefer 2001: 41)

Mit dieser Definition sind wesentliche Fingerzeige auf eine transdisziplinäre Medienökonomie gelegt, denn sie beschreibt die hauptsächlich beteiligten Disziplinen und sie integriert nicht nur den beschreibenden Ansatz, sondern geht mit der Normentwicklung weit darüber hinaus. Der auf dieser Grundlage von Kiefer (2001) entwickelte - in sich schlüssige - Ansatz, medienökonomische Phänomene mit der Institutionenökonomik zu erklären, analysiert aber wiederum aus einer Perspektive - der ökonomischen. Wie müsste dann aber demgegenüber eine transdisziplinäre Medienökonomie aussehen?

3 Konturen einer transdisziplinären Medienökonomie

Auf der Ebene des Systems der Beobachtung zweiter Ordnung der Medien, eben der Wissenschaft, geht es um die Entwicklung und Vermittlung theoretischer und methodologischer Konzepte, die der Dualität medialer Produktion und Wirklichkeitskonstruktion als Wirtschaftsfaktor und als gesellschaftlicher Faktor gerecht werden. Es geht dabei also nicht nur um eine ökonomische Theorie der Medien bzw. um eine kommunikationswissenschaftliche Interpretation der Medienunternehmung, sondern um die genuine Integration kommunikativer, ethischer und ökonomischer Rationalität. Da diese zwar prinzipiell sinnvoll und vernünftig, aber nur graduell möglich ist, hat sich die Medienökonomie auch den jeweils konfligierenden Momenten dieser Rationalitäten zuzuwenden. Die Möglichkeiten und Grenzen einer solchen Integration sind nicht nur theoretisch zu entwickeln, sondern auch in der Ausbildung zu vermitteln. Damit wird die Medienökonomie nicht nur in theoretischer, sondern auch in praktischer Hinsicht zu einem wesentlichen Faktor im kommunikationswissenschaftlichen Fächerkanon.

Unsere Auffassung der Medienökonomie als umfassende Medientheorie geht jedoch einen Schritt weiter. Sie will als Lehr- und Forschungsprogramm (auch) ökonomisch verfasster öffentlicher Kommunikation die vielen Ansätzen zu Grunde liegende Dichotomie kommunikationswissenschaftlicher und ökonomischer Auffassungen der Medien überwinden. Deshalb muss die Medienökonomie, deren Vorstellung wir in der Folge diskutieren und entwickeln wollen, transdisziplinär verfasst sein. Eine solche transdisziplinäre Auffassung stellt zudem die erfolgversprechendste wissenschaftliche Reaktion auf die Komplexität aktueller medialer Strukturen dar.

➲ Deshalb muss die Medienökonomie transdisziplinär verfasst sein. Eine solche transdisziplinäre Auffassung stellt die erfolgversprechendste wissenschaftliche Reaktion auf die Komplexität aktueller medialer Strukturen dar.

Die Medien werden dabei als Ausdruck bestimmter gesellschaftlicher Prädispositionen verstanden, in deren Kapital- und Kulturtechniken sich Information und Kommunikation als Grundlage der wirtschaftlichen Interaktionen wie der gesellschaftlichen Funktionen verbinden. Die Vermischung von realem Medienkapital (Finanz- und Sachvermögen) mit anderen Formen des in der Gesellschaft relevanten Kapitals wie Sozialkapital (Reputation, Image, Netzwerke, Verbindungen etc.) und Kulturkapital führt in der strategischen Planung und im operativen Geschäft zu denjenigen Formen von Medienangeboten, die eine Gesellschaft vorfindet. Auf der Grundlage von verknüpftem publizistischem und wirtschaftlichem Handeln der Medienunternehmen entstehen die Formen und Strukturen, mit denen Gesellschaften öffentlich kommunizieren. Eine Medienökonomie, die nicht auf eine der beiden Handlungsstränge verkürzt sein will, muss also beide integrieren.

3.1 Probleme einer Medienökonomie als integrative Disziplin

Im Mittelpunkt der Grundlegung eines transdisziplinären Begriffes von Medienökonomie steht in methodologischer Hinsicht das Verhältnis der Disziplinen zueinander. Problematisch dabei ist vor allem die begriffliche Klärung der Disziplinen selbst, denn die Ökonomie gibt es in formaler wie inhaltlicher Hinsicht ebenso wenig wie es die Kommunikationswissenschaft gibt. Wenn man Disziplinen ihrem Gegenstand, ihrer Methode, ihrem Erkenntnisinteresse und ihrer Theorien nach unterscheidet (vgl. zu dieser Differenzierung Krüger 1987), ist die Medienökonomie (noch) keine eigene Disziplin. Medienökonomie ist weder im Erkenntnisgegenstand noch in der Methode selbst präjudiziert. So positiv das Fehlen eines Paradigmas aus heuristischer Perspektive ist, so problematisch ist es aus wissenschaftssoziologischer. Das Fehlen eines einheitlichen und verbindlichen Paradigmas für die Medienökonomie erschwert die disziplinäre und damit auch institutionelle Zuordnung. Daraus resultiert eine Vielzahl an Nachteilen und Problemen, die nicht mit dem Erkenntnisobjekt oder der Methode der Disziplin selbst zu tun hätten, sondern, wie dies durch die neuere Wissenschaftstheorie nahe gelegt wird (vgl. etwa Kuhn 1989 und Feyerabend 1986; zur Reflexion und Integration in die Sozialwissenschaften Wenturis/Van Hove/Dreier 1992), durch die sozialen, institutionellen und politischen Prozesse der Erkenntnisgewinnung selbst. Diese Probleme sollten aber nicht Anlass zur Resignation, sondern Ansporn sein. Da Medien sui generis disziplinen- und fächerübergreifend sind, da in einer Informations- bzw. Mediengesellschaft Medien generelle Konstituenten der Wirklichkeit bzw. von Information über Information sind, muss auch die Medienökonomie in ihrem Kern transdisziplinär angelegt sein.

Erst eine Explikation der disziplinären Sichtweisen auf das Formalobjekt Medien kann die Unterschiede und Gemeinsamkeiten aufzeigen und somit für eine Grundlegung einer integrativen Medienökonomie herangezogen werden. Die Auffassung der Medienökonomie als transdisziplinäres Lehr- und Forschungsprogramm bedeutet konsequenterweise nicht die Anwendung ökonomischer Prinzipien und überholter ökonomischer Paradigmen auf kommunikationswissenschaftliche Objektbereiche oder Problemtatbestände, sondern ganz im Gegenteil die kritische und normative Reformulierung der Problemfelder. Die wiederum liegen in der Rekonstruktion und kritischen Analyse der doppeldeutigen Analysefelder - öffentliche vs. private Güter, Kultur vs. Wirtschaft, publizistischer vs. ökonomischer Wettbewerb - und der dahinterliegenden Mechanismen und Entscheidungen. Eine transdisziplinäre Medienökonomie benötigt zum Beispiel betriebswirtschaftliche Modelle und Methoden, um das wirtschaftliche Handeln der Medienunternehmen untersuchen zu können. Um dies aber auch zu erklären, zu verstehen und zu bewerten, ist eine Sichtweise notwendig, die Entscheidungsfaktoren wie Medien- und Marktmacht, publizistische Verantwortung und öffentliche Aufgabe berücksichtigt.

So können also prima vista nicht allein Paradigmen oder Teilbereiche der jeweiligen Disziplinen integriert werden, denn damit würde sich die Medienökonomie gleichsam des „doppelten Eklektizismus" schuldig machen. Wenn nur passgenaue ökonomische (volks- und betriebswirtschaftliche) Theorien mit den jeweils passenden kommunikationswissenschaftlichen Konzepten verbunden würden, könnten wiederum die kritischen Sphären nicht erfasst werden. Eine Theorie der Unternehmung kann nicht umstandslos auf Medien(-unternehmen) angewendet werden, ohne die Implikationen der öffentlichen Aufgabe der Medien zu problematisieren. Um diesem Problem zu begegnen, möchten wir im Folgenden das einigen Ansätzen offensichtlich zu Grunde liegende „anything goes" begründungstheoretisch einschränken.

Die Differenzierung wissenschaftlicher Disziplinen kann historisch begründet werden, dementsprechend sind Differenzierungen in einem bestimmten sozialen Kontext zu interpretieren. Die Phase der Pressekonzentrationsforschung erscheint somit als historisch entstandene Antwort auf eine bestimmte Problemlage. Bei veränderten Problemlagen ist es daher angebracht und notwendig, die Denkformen der Disziplinen zu modifizieren (vgl. Wieland 1990: 169). Der Wechsel von Theorien basiert aber nicht auf der Verdrängung einer weniger kohärenten Theorie durch eine bessere, sondern ist ein sozialer und ökonomischer Prozess:

> „Dieser Gedanke entspricht der in der Wissenschaftsphilosophie verbreiteten Vorstellung, wonach Theorien sich aufgrund ihrer Kohärenz mit anderen Theorien durchsetzen. Doch die eigentliche Bedeutung des Arguments liegt in der Aussage, daß der gesamte Prozeß, in dem eine Theorie sich durchsetzt, ebenso sozialer wie kognitiver Natur ist. Umgekehrt ist der Prozeß, in dem eine Institution sich als solche durchsetzt, seinem Wesen nach ebensosehr ein geistiger Vorgang, wie er ein ökonomischer und politischer Vorgang ist." (Douglas 1991: 79)

Denn die wissenschaftlichen Disziplinen sind, so Mittelstrass (1987: 153), pointiert, „nichts Naturgegebenes, sondern etwas durch die Wissenschaftsgeschichte Gegebenes: Ihre Grenzen sind in erster Linie nicht theoretische Grenzen, sondern historische Grenzen."

Auf diese historischen Dispositionen stützen die Wirtschaftwissenschaften ihren Zugriff auf die Medienökonomie. Pragmatisch wird dies damit begründet, dass es sich ja um ökonomische Fragen handele und dass sich eine Medienökonomie analog zu einer Gesundheits- oder Umweltökonomie entwickeln könne (vgl. Schusser 1998: 601). Empirisch weitergeführt wird die Argumentation mit dem Hinweis auf die schlichte Erkenntnis, dass die Medienökonomie durch die Einrichtung von Lehrstühlen in den Wirtschaftswissenschaften bedeutender werde (vgl. Hess/Schumann 1999: 2).

In der Kommunikations- und Medienwissenschaft reift dagegen - nolens volens - die Erkenntnis heran, dass eine Neupositionierung des Faches „wesentlich von ihrer Entwicklung hin zu einer integrativen Disziplin abhängt" (Theis-Berglmair/Kohring 2000: 29). Diese Ankündigung kann als Programm verstanden werden, sie enthebt jedoch nicht der Notwendigkeit, dass jede Teildisziplin der Kommunikations- und Medienwissenschaft eigenständig definieren muss, welche Integrationsbemühungen erforderlich sind. Eine integrative Medienökonomie steht somit mehreren Problemen gegenüber: den methodologischen Unterschieden der Disziplinen, dem (historisch gewachsenen) Geltungsanspruch der Disziplinen und schließlich der Komplexität des Objekts Medien selbst. Darüber hinaus sind mit der Argumentation der Transdisziplinarität besonders bei der Medienökonomie zwei weitere methodologische Probleme aufgeworfen: das Problem des Verhältnisses der Disziplinen zueinander und das Problem der Normativität inter- bzw. transdisziplinärer Aussagen.

3.2 Transdisziplinarität der Medienökonomie und Problemorientierung

Wenden wir uns dem ersten Problem zu, der Kombination der Disziplinen. Hübenthal (1991) unterscheidet bei der Kombination von Disziplinen die Supradisziplinarität (wie etwa Mathematik, Semiotik), die Interdisziplinarität und die Transdisziplinarität. Interdisziplinarität liegt vor, wenn benachbarte Disziplinen kooperieren. Transdisziplinarität dagegen liegt vor, wenn Disziplinen aus unterschiedlichen Wissenschaften kooperieren (vgl. Hübenthal 1991: 82 ff.). Wenn man den Begriff Medienökonomie in diesem Sinne weiter differenziert, sind sowohl interdisziplinäre als auch transdisziplinäre Auffassungen von Medienökonomie möglich:

Interdisziplinäre Kooperation liegt dann vor, wenn beispielsweise Kommunikations- und Medienwissenschaft, Soziologie und Politikwissenschaften ihre Zusammenarbeit verstärken, etwa durch

- die theoriegeleitete Reflexion der ökonomischen Bedingtheiten der Medien und der Massenkommunikation (Medienökonomie als Medientheorie, Medienökonomie als Kommunikationsökonomie) (interdisziplinäre Ergänzung);
- die empirische Beobachtung medialer Märkte (Medienökonomie als Medienstatistik) (interdisziplinäre Ergänzung);
- die kommunikationswissenschaftliche Reflexion der Ökonomisierung der Medien (Medienökonomie als Medienkritik; Medienökonomie als Teil journalistischer Ausbildung) (interdisziplinäre Verflechtung).

Transdisziplinäre Kooperation zielt auf die Verschränkung kommunikations- und medienwissenschaftlicher sowie wirtschaftswissenschaftlicher Analysedimensionen, etwa durch

- die multidisziplinäre Analyse der kulturellen und ökonomischen Dimensionen der Medien (Medienökonomie als Medien- und Kulturtheorie) (transdisziplinäre Problemorientierung);

- die Anwendung ökonomischer Axiome und Theorien auf das Forschungsobjekt Medien (Medienökonomie als ökonomische Medienanalyse) (transdisziplinäre Ergänzung bzw. transdisziplinäre Verflechtung);
- die praxis- und anwendungsorientierte Lehre der Medienproduktion (Medienökonomie als Medien- und Redaktionsmanagement) (transdisziplinäre Problemorientierung).

Bei einer Ergänzung bleiben die Disziplinen erkennbar, eine Verflechtung führt dazu, dass die Disziplinen nicht mehr erkenntlich sind, während eine Problemorientierung eine nicht nur kasuistische, sondern systematische Zusammenarbeit der Disziplinen erfordert.

Aus Sicht der neueren Wissenschaftstheorie kommt für eine Rekonstruktion und Analyse gesellschaftlicher Komplexität nur eine transdisziplinäre Problemorientierung in Frage. Mit einer Problemorientierung werden gemeinsame Bezugspunkte für die Analyse der Ökonomie der Medien geschaffen. In einer transdisziplinären Medienökonomie werden die disziplinären Zugänge nicht aufgelöst, sondern im Hinblick auf beobachtbare Probleme des Erkenntnisgegenstandes „Medien" kooperativ angewendet (s. Abbildung 1).

Am Beispiel der Preise für Medienangebote lässt sich die transdisziplinäre Problemorientierung aufzeigen: Die üblichen Preismechanismen, mit denen Angebot und Nachfrage reguliert werden, gelten im Medienbereich nur eingeschränkt, aufgrund der Querfinanzierung über Werbung. Dieser Mechanismus verweist auf unternehmenspraktisch wie wissenschaftstheoretisch bedeutungsvolle Probleme:

(1) das betriebswirtschaftliche Problem der Preiskalkulation: Die Medienunternehmen müssen ihre Preise aufgrund mehrerer Märkte mit grundverschiedenen Marktteilnehmern kalkulieren;
(2) das mikroökonomische Problem des Haushaltskonsums: Der Anteil der Medien an den Haushaltsausgaben ist prozentual gering, die Nachfragefunktion nur schwierig zu bestimmen, was auch damit zusammenhängt, dass
(3) ein kommunikationswissenschaftliches Problem darin besteht, dass fehlende Preismechanismen zu einem schiefen Bewusstsein der Verbraucher über diese Güter führen.

Eine Problemorientierung, soviel wird deutlich, zwingt dazu, die Besonderheiten der Medien aus mehreren Perspektiven zu analysieren, sie eröffnet aber auch die Chance, Medienökonomie als Disziplin stärker zu fundieren. Es sind weniger die Charakteristika der Medien als Formalobjekt als vielmehr dessen Probleme, die zu wissenschaftlicher Beschäftigung verleiten sollten:

> „Nicht die ‚sachlichen' Zusammenhänge der ‚Dinge', sondern die gedanklichen Zusammenhänge der Probleme liegen den Wissenschaften zugrunde: Wo mit neuer Methode einem neuen Problem nachgegangen wird und dadurch Wahrheiten entdeckt werden, welche neue bedeutsame Gesichtspunkte eröffnen, da entsteht eine neue ‚Wissenschaft'." (Weber 1991: 44)

Abbildung 1: Medienökonomie als transdisziplinäres Lehr- und Forschungsprogramm

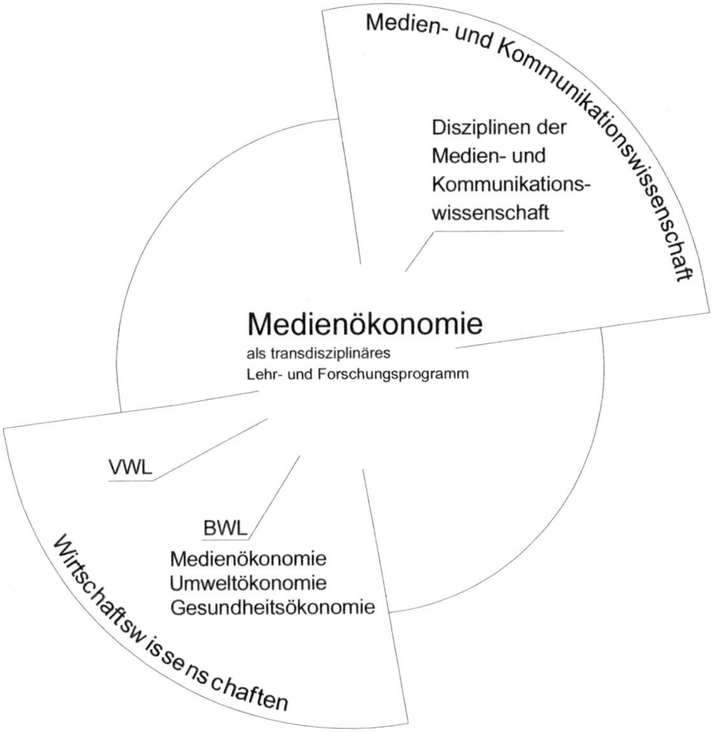

Die Bedeutung einer transdisziplinären Medienökonomie besteht darin, auf den Grundlagen einer allgemeinen Medien- und Kulturtheorie die ökonomische Reformulierung von Öffentlichkeit zu analysieren und unter Offenlegung ihres Erkenntnisinteresses zu bewerten. Medienökonomie in transdisziplinärer Problemorientierung bedeutet den Versuch, Medienökonomie und Kulturwissenschaft der Medien, Wirtschaftsethik und öffentliche Aufgabe der Medien, Institutionenökonomie der Medienproduktion und Medienökonomie als Emanzipationstheorie arbeitsteilig hergestellter medialer Produkte integrativ zu bewerten. Denn Interdisziplinarität, so Mittelstrass (1987: 156)

> „geht nicht zwischen den Disziplinen hin und her oder schwebt, dem absoluten Geist nahe, über den Disziplinen. Interdisziplinarität ist vielmehr Transdisziplinarität. Sie läßt die disziplinären Dinge nicht einfach, wie sie sind, sondern stellt, und sei es auch nur in bestimmten Problemlösungszusammenhängen, die ursprüngliche Einheit der Wissenschaft - hier als Einheit der wissenschaftlichen Rationalität, nicht der wissenschaftlichen Systeme verstanden - wieder her."

Zur Einheit der wissenschaftlichen Rationalität gehört es aber, die mediale Berichterstattung nicht sozusagen zu verdoppeln, indem die bestehenden Strukturen und Entwicklungen affirmativ beschrieben werden. Ziel muss es vielmehr sein, die Mechanismen, Strategien und Dynamiken auf ihre Ursachen hin zu befragen und diese Ursachen im Lichte der Macht- und Interessengegensätze, der Verantwortung von Medien zu analysieren - also normativ, aber erkenntnistheoretisch fundiert zu argumentieren.

3.2.1 Zur Normativität der Medienökonomie

Eine transdisziplinäre, problemorientierte Auffassung der Medienökonomie, die nicht nur nach dem Funktionieren fragt, sondern auch nach Macht und Verantwortung, fordert nicht nur die Grenzen der Disziplinen Ökonomie und Kommunikationswissenschaft heraus, sondern auch die Frage nach dem Verhältnis von Theorie und Praxis, von Sein und Sollen, von Werturteilsfreiheit und Normativität. Dies betrifft vor allem die Kriterien, die in einer wissenschaftlichen Disziplin zur Abgrenzung von Begründungs- und Verwertungszusammenhang herangezogen werden, und damit auch die Frage nach dem Verhältnis der Medienökonomie zu normativen Aussagen. Dieses Verhältnis betrifft alle beteiligten Wissenschaften, es ist aber - sowohl was praktische als auch was theoretische Paradigmen und deren erkenntnistheoretische wie ethische Interpretation betrifft - vor allem in den Sozialwissenschaften umstritten.

Doch auch die Grundlagen der Ökonomie sind eine Illusion, „die Illusion nämlich, die Wirtschaft sei ein Mechanismus" (Brodbeck 2000: 1). Folge dieser Illusion ist eine zweite Illusion, jene, nach der Theorie und Gegenstand getrennt werden könnten. Dieser Illusion enthoben tragen „die Wirtschaftswissenschaften (...) eine besondere Verantwortung für die wirtschaftliche Wirklichkeit" (Brodbeck 2000: 4). Wissenschaftliche Verantwortung aber basiert darauf, Maßstäbe festlegen zu können, denen eine Verantwortung gerecht werden sollte. Unter transdisziplinären Perspektiven erscheint dies besonders schwierig, denn wenn beispielsweise Fragen der Medienkonzentration oder der journalistischen Berufsausübung unter den Prämissen unterschiedlicher wissenschaftlicher Disziplinen untersucht werden, präjudiziert dies - unabhängig von der Methode - die Ergebnisse. Da sich diese Tatsache weder durch institutionelle noch durch individuelle Vorkehrungen vermeiden lassen wird, kann es also nur darum gehen, die Maßstäbe und Werturteile offen zulegen und nachvollziehbar zu machen.

3.2.2 Exkurs: Werturteile und wissenschaftliche Verantwortung

Die Crux der Forderung der Werturteilsfreiheit liegt aus der Position des kritischen Rationalismus darin, dass Werturteile im Aussagenzusammenhang vermieden werden sollen. Im Kern rekurriert der kritische Rationalismus auf Popper und das damit verbundene „Werturteilsfreiheitspostulat" vor allem auf Weber. Weber hat in seinem berühmt gewordenen Aufsatz „Die ‚Objektivität' sozialwissenschaftlicher und sozialpolitischer Erkenntnis" Werturteile als nicht zum Gegenstandsbereich (Objektbereich) der Sozialwissenschaften gehörend bezeichnet, „denn wir sind der Meinung, daß es niemals Aufgabe einer Erfahrungswissenschaft sein kann, bindende Normen und Ideale zu ermitteln, um daraus für die Praxis Rezepte abzuleiten" (Weber 1988: 149). Doch die Trennung der Vernunft in eine wertende (normative) Vernunft und eine wissenschaftliche (deskriptive und technizistische) Vernunft hat für Weber nicht nur Konsequenzen hinsichtlich der Methoden und dem sich daraus ergebenden Objektbereich der Sozialwissenschaften, sondern auch hinsichtlich der Person des Wissenschaftlers, der sich in seiner Rolle als Lehrer und Forscher der (subjektiven) Werturteile enthalten sollte.

Dass sich aus der reinen Deskription keine sinnvollen normativen Urteile ableiten lassen, steht auch für die Ethik außer Zweifel, die daher auch naturalistische Fehlschlüsse (die Verwechslung von Sein mit Sollen bzw. der Schluss von deskriptiven Aussagen auf normative) ausschließt. Eben deswegen ist aus der Deskription der medienökonomischen Realität auch noch nicht deren Sinnhaftigkeit und deren Normativität schlusszufolgern.

Damit ist aber noch immer nicht gesagt, dass damit normative Aussagen prinzipiell unsinnig und unzulässig wären, sondern nur, dass sie in einigen Bereichen wesentlicher, in anderen weniger wesentlich sind. Problematisch wird das Postulat der Wertfreiheit jedoch, wenn Werturteile in den Bereich der prinzipiellen Entscheidung für Forschung verbannt werden. Aber diese Auffassung kann, da es sich um ein Werturteil handelt, ebenso wenig absolut gesetzt werden wie ihr Gegenteil:

> „Für diese These hätten Max Weber und seine Anhänger eine Begründung zu liefern. Wenn sie dagegen als selbstverständlich unterstellt wird, so wird sie zu einem Dogma." (Stegmüller 1986: 186)

Die Analyse und kritische Reflexion von Werten und die Untersuchung von Zwecken und Mitteln, die ja auch immer eine Wertung darstellen, ist jedoch von der Wertung selbst zu unterscheiden und sehr wohl Gegenstand der Wissenschaft, wie Weber selbst ausführt (vgl. 1988: 149 ff.).

Die Fortführung dieses Wissenschaftsprogramms im Positivismus und im kritischen Rationalismus mündete in der Auffassung jeder Kommunikationswissenschaft als Sozialwissenschaft und in der Zurückdrängung jedweder geisteswissenschaftlicher, vor allem ethischer Einflüsse. In den Wirtschaftswissenschaften führte es zur Dominanz „zweckrationaler" Argumente, denen im Zweifel der Vorzug vor anderen (als unbegründbar bezeichneten) gegeben wird. Das Comtesche Idealbild einer zweckrationalen Technokratie gerät aber im Medienbereich von der positiven Sozialutopie zur Schreckensvision, wenn sie beispielsweise aus dem Finanzkapital erwächst (vgl. Knoche 1996a; Comte 1979).

Vor allem in der Diskussion um die Begründung bzw. Begründbarkeit von Werturteilen wird auf den kritischen Rationalismus zurückgegriffen. Das Poppersche Argument, dass Werturteile nicht wahrheitsfähig sind, da sie das Kriterium der Falsifizierbarkeit nicht erfüllen, wird als Argument dafür verwendet, dass Werturteile nicht in den Bereich der Sozialwissenschaft gehörten (vgl. Popper 1984: 107f.; vgl. zur Diskussion um den Positivismusstreit Adorno 1984). Es wird konzediert, dass Werturteile sich wohl in jeder wissenschaftlichen Disziplin schwer vermeiden ließen. Vor allem Werturteile im Basisbereich (wie die Auswahl der behandelten Probleme, die verwendeten Forschungsmethoden, Regelungen über den Ablauf der wissenschaftlichen Tätigkeit) sind auch aus dieser Perspektive unumgänglich. Aber auch diese Werturteile sind begründungsbedürftig, denn die Entscheidung für oder gegen die Untersuchung eines bestimmten Problems ist neben einer erkenntnistheoretischen und anwendungsorientierten Frage auch eine ethische. Der Begriff des Werturteils wird in zweierlei Hinsicht verwendet:

- in der Bedeutung von subjektiven Aussagen und
- in der Bedeutung von normativen Aussagen.

Unter Werturteilen werden auch subjektive Bewertungen subsumiert, und somit nicht nur Aussagen, die die Rechtfertigung von Aussagen bzw. Verhaltensvorgaben bewerten bzw. konkrete Gestaltungsempfehlungen für die Praxis beinhalten. Die Reintegration praktischer Vernunft in den Aussagezusammenhang ist aber von der Spekulation und von rechtfertigungslosen und intersubjektiv nicht nachvollziehbaren Aussagen klar zu trennen. Man darf nicht dem Irrtum verfallen, dass alle normativen Aussagen unvernünftig und unbegründbar sind. Bauer (1985: 68) fasst die Kritik am Postulat der Wertfreiheit wie folgt zusammen:

> „Die Annahme der Wertfreiheit schillert bereits äußerst willkürlich (....). Wenn heute das Postulat der Wertfreiheit kaum mehr angesprochen wird, eingeräumt wird, daß es eigentlich unmöglich ist, dann ist dies ja nur als Verschleierungsstrategie anzusprechen. Es sei denn, ich trage auch den Ursachen dieser Unmöglichkeit in der Struktur, im Aufbau etc. einer Theorie Rechnung."

Weber selbst hat festgestellt, dass normative Aussagen in den folgenden Fällen Gegenstand der sozialwissenschaftlichen Betrachtung im Aussagenbereich sind (vgl. Weber 1988: 149 ff.; zur Interpretation und Zusammenfassung Lattmann 1988: 3f.):

- Wissenschaft untersucht die Mittel zur Erreichung eines Zweckes. Sie kann die Unmöglichkeit oder Unwahrscheinlichkeit einer Zweckerreichung aufzeigen. Dies ist jener Bereich des Handelns, der mit dem (idealtypischen) Terminus „zweckrationales Handeln" beschrieben ist. In diesem Bereich werden Mittel für Zwecke beschrieben, ohne die Zwecke selbst zu reflektieren.
- Sozialwissenschaft kann die Folgen der Zweckerreichung und unbeabsichtigte Nebenwirkungen ermitteln: „Die Wissenschaft kann ihm (dem Handelnden, Anm. d. Verf.) zu dem Bewußtsein verhelfen, daß alles Handeln, und natürlich auch, je nach den Umständen, das Nicht-Handeln, in seinen Konsequenzen eine Parteinahme zugunsten bestimmter Werte bedeutet, und damit - was heute so besonders gern verkannt wird - regelmäßig gegen andere." (Weber 1988: 150)
- Die so verstandene Sozialwissenschaft vermag die Bedeutung des Gewollten, des Handlungszieles aufzuweisen und zu untersuchen, welche Werte diesem zugrunde liegen, in der Formulierung von Weber (1988: 150) die „Kenntnis der Bedeutung des Gewollten selbst". Sozialwissenschaft kann diese Werte nicht nur verstehen, sondern auch kritisch beurteilen, dies vor allem hinsichtlich des Postulates „der inneren Widerspruchslosigkeit des Gewollten" (Weber 1988: 151).

Das methodologische Konzept der Medienökonomie ist prinzipiell als empirisch induktiv aufzufassen. Medienökonomie als Sozialwissenschaft erlangt wissenschaftliche Legitimität aus der (theoretischen) Reflexion der Realität.

Damit ist primär der empirische (also auch den empirischen Methoden verpflichtete) Versuch gemeint, die Realität möglichst widerspruchsfrei und konsistent abzubilden. Wie Mittelstrass (1990: 23) ausführt, ist damit der Versuch gemeint, ohne spekulative Philosophie und ohne parteiliche Ideologie zu sagen, was in der gesellschaftlichen Welt der Fall ist. Rosenstiel (1991: 131f.) weist allerdings nachdrücklich darauf hin, dass das, was wissenswert ist, nicht dem entsprechen muss und kann, was nützlich ist. An diesem Punkt knüpft die kritische Reflexion an die empirische Realität an, im Sinne einer dualistischen Ontologie, die Sein und Sollen kennt.

Sein und Sollen zu kennen impliziert zweierlei: Erstens die Kenntnis des realen Zustandes, in unserem Fall also der Wirklichkeit der Ökonomie in den Medien. Dies bedingt den forcierten Einsatz empirischer Forschung, die bislang in der Medienökonomie kaum eine Rolle spielt. Dies impliziert zweitens, Maßstäbe für das Sollen zu formulieren. Damit wird die Medienökonomie herausgefordert, die Basis ihres Handelns und, wenn sie medienökonomische Handlungen bewertet, die Maßstäbe der Bewertung offen zu legen. Auf der Grundlage eigener verantwortlicher Kriterien dürfte es ihr sehr viel leichter fallen, Verantwortung in den Medien einzufordern. Wirtschaftsethische Handlungen spielen ja auch dort eine nicht unerhebliche Rolle, wie sich an den „economics of atmosphere" (Wieland 1996: 3) zeigen lässt, die aus wechselseitigen Versprechen und Erwartungen innerhalb von Transaktionen bestehen, in denen Moral und Status eine Rolle spielen und die in nicht unerheblichem Maße das gesamte Wirtschaftsleben regeln und steuern.

Zentral bei der Betrachtung und Analyse der Phänomene, die als Informations- beziehungsweise Mediengesellschaft beschrieben werden, ist dabei die Unterscheidung von Phänomenen, die als Objekte der Betrachtung beschrieben werden und die Rückkopplung dieser Phänomene auf den Betrachter selbst. Wenn man Medienökonomie also als System der Beobachtung zweiter Ordnung der Medien versteht, dann muss man darunter auch die Rückkopplung der Phänomenologie der Medien auf normative Aussagekontexte verstehen. Die Differenz von Sein und Sollen ist auch für die Medienökonomie kritisch aufrecht zu erhalten. Um mit Luhmann (1996: 24) zu sprechen, muss jedes System zuerst operieren und seine Operationen fortsetzen (also zum Beispiel kommunizieren oder ökonomische Funktionen erfüllen), bevor es diese Unterscheidungen (diese Differenz) als Unterschied und damit als Schema eigener Beobachtung verwenden kann. Klar ist, dass die damit operativ produzierte Grenze des Systems, die Differenz von System und Umwelt, in das System selbst hinein kopiert wird. Wir müssen mit Luhmann (1996: 24) mithin

Differenz und Unterscheidung unterscheiden, und das erfordert die Festlegung einer Systemreferenz beziehungsweise die Beobachtung eines Beobachters, der sich selbst von dem, was er beobachtet, unterscheiden kann.

Dies scheint insbesondere unter den Prämissen einer Medien- oder Informationsgesellschaft problematisch, da das meiste, was in dieser Gesellschaft öffentlich kommuniziert und als real erlebt und empfunden wird, über Medien realisiert wird, die Wissenschaft und die Existenz als Wissenschaftler ebenso wie die Medien und die dort Tätigen. Eben auch deswegen ist eine dualistische Ontologie unabdingbar, denn das Problem von Sein und Sollen wird bei den Medien besonders virulent: Das Sein bestimmt sich über die Medien als Faktor der Wirtschaft, in deren Zusammenhang die Ökonomisierung der Medien voranschreitet. Und zwar nicht durch unbeherrschbare Einflüsse (des Marktes etwa), sondern durch aktives, strategisches medienwirtschaftliches Handeln der Unternehmen. Dieses Handeln kollidiert mit dem Sollen, im Falle der Medien nicht nur der allgemeinen wirtschaftsethischen Erwartungen, sondern den gesellschaftlichen Funktionen im Besonderen. Die Sensibilität der öffentlichen Kommunikation und ihrer Entstehung - und damit die Frage nach denjenigen Institutionen, die die Verfügungsgewalt über die Produktionsmittel und damit die Kontrolle ausüben - verdoppelt die Problematik von Sein und Sollen der Medienunternehmen wie der Wissenschaften.

Jedenfalls ist die Spannung zwischen Normativität und Empirismus schon im Gegenstand „Medienökonomie" selbst angelegt. Die empiristische Rekonstruktion der ökonomischen Dependenzen der Medien- und Informationsgesellschaft wird daher, wenn sie nur deskriptiv angelegt und ausgerichtet ist, immer zu einer Hilflosigkeit gegenüber realen Problemen führen, denn welchen Wert hat die Ermittlung des Konzentrationsgrades der Medien ohne eine kritische Analyse der ökonomischen Implikationen und ihrer Konsequenzen? Ohne eine Bewertung versperrt sich die Wissenschaft die Möglichkeit, die Wertgeleitetheit des medienwirtschaftlichen Handelns zu beurteilen und verstellt die Lösung von Fragen, die angesichts der Bedeutung der Medien von höchstem Interesse sind (vgl. Lattmann 1988: 8).

> „Wissenschaft hat nicht nur die Aufgabe, unser Verfügungswissen in - besser: über - Natur und Gesellschaft zu vermehren. Zur Rückgewinnung wissenschaftlicher Wahrnehmungsfähigkeiten, die durch disziplinäre Eigenentwicklungen eher behindert als gefördert werden, gehört vielmehr auch die Wahrnehmung für ein gesellschaftliches System gerechtfertigter Bedürfnisse, für die Ausbildung eines Orientierungswissens." (Mittelstrass 1987: 156)

Diese Orientierung und damit die Erfüllung der gesellschaftlichen Verantwortung der Wissenschaft sind aber (tautologischerweise) ohne Normativität nicht zu leisten. Eine kritische, normative Medienökonomie und Medienanalyse ist somit geboten. Als solcherart anwendungsorientierte Sozialwissenschaft steht die Medienökonomie (insbesondere im Verwertungszusammenhang) immer im Konflikt zwischen der adäquaten Deskription und der Normierung des Verhaltens (als Verhaltensempfehlung oder Anleitung) (vgl. zu wissenschaftstheoretischen Erörterungen des Problems Wenturis/Van Hove/Dreier 1992: 147). Wenn auch Subjektivismen und Spekulationen in dieser Medienökonomie keinen Platz haben, so muss doch Raum sein für wohl begründete Normen. Mit dem Anerkennen von Vernunft muss man auch mit so etwas wie praktischer Vernunft rechnen.

Darüber hinaus werden mit dem Verzicht auf eine dualistische Ontologie, die Sein und Sollen kennt, bestehende Macht- und Herrschaftsstrukturen vorschnell legitimiert. Da der empirische Nachvollzug häufig den Anschein der Objektivität erfüllt, entfällt die Notwendigkeit, die dahinter liegenden Normen und Mechanismen transparent zu machen. Gesellschaftliche (vor allem also Herrschafts-) Interessen werden als wertfreie Sachaussagen verkleidet und lediglich als effiziente Ressourcenallokation dargestellt. Beck (1985: 255) weist sicher zu Recht darauf hin, dass die Wissenschaften nicht mehr nur als Quelle für Problemlösungen, sondern zugleich auch als Quelle für Probleme ins Visier kommen. Die ohnehin illusionäre Haltung einer „wertfreien" Wissenschaft trägt durch Abwarten, Beschwichtigen und Nichthandeln zur immer weiteren Zuspitzung gesellschaftlicher Probleme bei (vgl. Zinn 1990: 123). Gerade im Medienbereich stellt ein solches Procedere eine unzulässige und problematische Verkürzung dar, da es eben nicht allein um die sinnvolle Allokation von Ressourcen, sondern auch und besonders um die Wahrnehmung der öffentlichen Funktion der Medien und ihrer sozialen Verantwortung geht.

4 Eine Definition von Medienökonomie als transdisziplinäre Theorie der Medien

Medienökonomie wird konsequent als Teil der Kommunikations- und Medienwissenschaft oder als Teil der Wirtschaftswissenschaften an Hochschulen institutionalisiert. Zwar sind auf der institutionellen Ebene erste Formen interdisziplinärer Zusammenarbeit erkennbar (zum Beispiel in der Fachgruppe Medienökonomie der Deutschen Gesellschaft für Publizistik- und Kommunikationswissenschaft). Die wissenschaftssoziologischen Probleme bleiben aber virulent, so insbesondere die Frage nach dem Zusammenhang von Institution und Erkenntnis. Um aber die Dilemmata der Medienökonomie zu überwinden, um die transdisziplinäre Problemorientierung voranzutreiben, um die ethischen, normativen Erfordernisse - trotz der institutionellen Verankerungen, die fortbestehen werden - zu verankern, muss eine transdisziplinäre Medienökonomie sich von der institutionellen Ebene lösen und eine analytische Dimension anstreben. Damit ist keine Reduktion im Erkenntniswert oder der Methode selbst präjudiziert, denn in der institutionellen, methodischen und theoretischen Vielfalt liegen eindeutig Vorteile. Wissenschaftlicher Erkenntnisfortschritt dürfte jedoch umso bedeutsamer werden, je weniger wissenschaftliche Disziplinen mit ihren Ansprüchen und je mehr die gemeinsame Arbeit an Problemorientierungen im Zentrum stehen. Nicht Leitwissenschaften, sondern Leitbegriffe, die sich an Problemen des Erkenntnisgegenstandes orientieren, sollten im Vordergrund stehen.

Unter diesen Vorzeichen schlagen wir folgende Arbeitsdefinition von Medienökonomie vor, die sich nicht am disziplinären Eigensinn, sondern an den Problemen des Gegenstands orientiert:

Medienökonomie ist ein Lehr- und Forschungsprogramm, das die Grundlagen, Formen und Folgen der öffentlichen Kommunikation im Hinblick auf deren ökonomische Verfasstheit zum Inhalt hat. Im Zentrum der Medienökonomie steht das Zusammen- und Wechselspiel ökonomischer und publizistischer Faktoren. Die ökonomischen Strukturen, Leistungen und Funktionen der Kommunikation und ihrer Entwicklung werden im Hinblick auf ihren Einfluss auf die Herstellung von Öffentlichkeit (private und institutionelle Kommunikation, Individual- und Massenkommunikation) erforscht. Aufgrund des polymorphen disziplinären Zugriffs auf medienökonomische Phänomene stellt die Medienökonomie ein transdisziplinäres Konzept dar, in dessen Zentrum die Problemorientierung steht, die eine kritische Analyse und eine verantwortungsbewusste Bewertung der ökonomischen Grundlagen der öffentlichen Kommunikation erfordert. Das Leitbild der Medienökonomie gründet darauf, das wissenschaftliche Erkenntnisinteresse offen zulegen und die Ergebnisse im Hinblick auf die wirtschaftliche Effizienz ebenso zu prüfen wie auf die sozialverantwortlichen Anforderungen an medienökonomisches Handeln.

> Medienökonomie ist ein Lehr- und Forschungsprogramm, das die Grundlagen, Formen und Folgen der öffentlichen Kommunikation im Hinblick auf deren ökonomische Verfasstheit zum Inhalt hat. Im Zentrum der Medienökonomie steht das Zusammen- und Wechselspiel ökonomischer und publizistischer Faktoren. Die ökonomischen Strukturen, Leistungen und Funktionen der Kommunikation und ihrer Entwicklung werden im Hinblick auf ihren Einfluss auf die Herstellung von Öffentlichkeit (private und institutionelle Kommunikation, Individual- und Massenkommunikation) erforscht. Aufgrund des polymorphen disziplinären Zugriffs auf medienökonomische Phänomene stellt die Medienökonomie ein transdisziplinäres Konzept dar, in dessen Zentrum die Problemorientierung steht, die eine kritische Analyse und eine verantwortungsbewusste Bewertung der ökonomischen Grundlagen der öffentlichen Kommunikation erfordert. Das Leitbild der Medienökonomie gründet darauf, das wissenschaftliche Erkenntnisinteresse offen zulegen und die Ergebnisse im Hinblick auf die wirtschaftliche Effizienz ebenso zu prüfen wie auf die sozialverantwortlichen Anforderungen an medienökonomisches Handeln.

5 Anmerkungen zur Problemorientierung der Medienökonomie

Ein Lehr- und Forschungsprogramm, in dessen Kern die Problemorientierung steht, erfordert es auch, diese Probleme zu benennen. Angesichts aktueller Turbulenzen, die die Kirch-Insolvenz im Medienmarkt ausgelöst hat, erscheint dies als ein einfaches Unterfangen. Gerade Problemorientierung erfordert es jedoch, nicht nur die oberflächlichen Phänomene, sondern auch die dahinter liegenden Mechanismen zu erfassen, denn diese Mechanismen wirken nicht nur in Krisensituationen, sie stellen vielmehr Strukturmerkmale dar, die auch beim business as usual eine große Rolle spielen. Insofern stellen auch die im Folgenden aufgeführten Felder einen Ausschnitt dar, an dem sich ein problembezogenes Forschungsprogramm orientieren könnte.

5.1 Medienkonzentration und Machtakkumulation

Das wissenschaftliche Interesse am Thema Macht und Medien ist nur gering ausgeprägt. Dies mag auch am schwer fassbaren Gegenstand liegen, Medienmacht ist, dem Janusgesicht entsprechend, eine Kombination von Meinungs- und ökonomischer Macht, also von Operationen sowohl in den öffentlichen Arenen wie auf den Wirtschaftsmärkten.

> „Medien sind", so Rudolf Maresch (zitiert nach Schmidt 1999: 142), „auf eine erstaunliche Weise souverän geworden. Sie diktieren Denk-, Handlungs- und Wahrnehmungsweisen, sie bestimmen Modi, Tempi und Rhythmik der Informationsgewinnung, Informationsspeicherung und Informationsweitergabe, und sie geben in Gestalt vereinheitlichender technischer Normen und Standards Verkopplungs- und/ oder Entdifferenzierungsgeschwindigkeiten vor."

Die mediale Souveränität findet jedoch zum Beispiel dort ihre Grenzen, wo die Medien durch systemische Einflüsse (politische Regulierung) oder gesellschaftliche Erwartungen (Gewaltdebatten) reguliert werden, was allerdings eher rückläufige Regulierungsformen sind.

Der gerade eröffneten Debatte über „Medienregulierung durch die Gesellschaft" (vgl. Jarren/Donges 2000) suchen die Medien eigene Instrumente und Verfahren des Widerstands entgegenzusetzen, um ihre Interessen machtvoll zu erhalten und auszubauen. Sie entfalten mit anderen Worten Medienmacht, die auf sehr unterschiedlichen Wegen und mit differenten Mitteln entsteht - und die beabsichtigte und unbeabsichtigte Folgen hat. Definiert man ökonomische Macht als die Verfügung über ökonomische Güter und die Fähigkeit, Produktions- und Tauschhandlungen zu initiieren oder zu verweigern, und publizistische Macht als die Verfügbarkeit über die Themensetzung in den öffentlichen Arenen, dann bieten sich den Medienunternehmen vielfältige und voneinander sehr verschiedene, aber kombinierbare Machtmechanismen. Auf der einen Seite ist dies die Definitionsmacht, die die Medien innehaben, weil sie Themen und Timing der Berichterstattung (mit-)bestimmen können. Am sichtbarsten wird dies in medienökonomischer Hinsicht durch Crosspromotion. Auf der anderen Seite gelangen zunehmend autonome, souveräne Medienorganisationen zu Organisationsmacht und Marktmacht. Beide Machtfaktoren zusammen verleihen den Medienunternehmen Gestaltungsmacht - bei den Aufmerksamkeitsregeln der Mediengesellschaft ebenso wie in den Wirtschaftskreisläufen. Bislang spielen Machtfaktoren und -verhältnisse jedoch nur eine untergeordnete Rolle in der wissenschaftlichen Analyse, die zunehmende Bedeutung der Medien dürfte aber den Blick verstärkt auf Machtmechanismen lenken.

5.1.1 Organisationsmacht

Organisationsmacht entsteht durch das Vermögen von Medienorganisationen, innerhalb der eigenen Organisation (innerorganisational) und zwischen Organisationen (interorganisational) Machtansprüche nicht nur zu formulieren, sondern auch durchzusetzen. Organisationsmacht beinhaltet die Verfügung über Ressourcen und die Kontrolle von Ereignissen (Herrschaft, Anordnung, Koalitionen, Koopetitionen). Organisationsmacht ist eng verbunden mit der betriebswirtschaftlichen Unternehmensperspektive.

5.1.2 Marktmacht

Marktmacht - als weitere Form von Macht - ist definierbar als ein Ergebnis von Austauschprozessen. Grundlegender Tauschmechanismus ist der zwischen den Medien als Anbietern und den Rezipienten, als Austauschprozesse lassen sich aber auch die vielfältigen Beziehungen zwischen Medienunternehmen und Werbung sowie Rechtehändlern und Zulieferern bezeichnen (vertikale Austauschprozesse) wie auch die horizontalen Verbindungen zwischen Medienorganisationen durch Beteiligungen, Allianzen, Übernahmen, Fusionen und Aufkäufe. In all diesen Fällen entsteht Marktmacht aufgrund des Vermögens, Produkte und Dienstleistungen monopolartig und rentabler als die Konkurrenz anbieten zu können und auf die marktlichen Bedingungen einwirken zu können (auf die Preisgestaltung, auf das Wettbewerbsumfeld, auf das Konkurrenzverhalten).

5.1.3 Gestaltungsmacht

Schon aus den bisherigen Ausführungen wird deutlich, dass Macht als ein aktiver Faktor anzusehen ist. Nicht von ungefähr wird immer vom Streben nach Macht gesprochen. Auch die Medienunternehmen verfügen über mindestens zwei Mechanismen aktiver Machtausübung. Bei beiden Mechanismen stützt sich die Machtausübung vor allem auf die Verfügbarkeit von Ressourcen, denn die Macht eines Akteurs besteht darin, ein mehr oder minder großes Vermögen zu besitzen, um die gewünschte Verhaltensbereitschaft bei anderen Akteuren zu erzeugen oder aufrechtzuerhalten. Und die Machtausübung eines Akteurs ist der Versuch, andere Akteure innerhalb von Machtbeziehungen zu veranlassen, ihre Verhaltensbereitschaften in das gewünschte konkrete Verhalten zu überführen (vgl. Küpper/Felsch 2000: 21).

Machtbeziehungen ergeben sich also insbesondere dann, wenn eine Anfangsverteilung von Ressourcen und Ereignissen sowie darauf gerichtete Interessen der Akteure vorhanden sind. Ressourcen sind dazu sehr breit aufzufassen, sie beinhalten autoritative Ressourcen ebenso wie allokative. Autoritative Ressourcen bestehen zum Beispiel in Einfluss, Reputation, Image, Beziehungen, Informationen, Organisationswissen, Führungsfähigkeiten und sie führen zu Verhandlungsmacht. Allokative Ressourcen umfassen unter anderem Kapital, Produktionsfaktoren, Produktionswissen, Rechte, Güter und sie führen zu Kapitalmacht (vgl. Altmeppen 2001).

5.2 Medienorganisationen und Verantwortung

Wenn von Macht die Rede ist (und von ihrem Missbrauch), dann liegt - unter der Voraussetzung des Januskopfes der Medien - die Frage nach dem (verantwortungsvollen) Umgang mit der Macht nahe. Unternehmensverantwortung im Medienbereich umfasst, anders als bei anderen Unternehmen, zwei Formen von Verantwortung: die ökonomische Verantwortung für Wachstum, Arbeitsplätze und shareholder-value, die publizistische Verantwortung für Information und Unterhaltung. Güterproduktion einerseits, Schaffung von Haushaltseinkommen (Wertschöpfung) andererseits als die Funktionen der Unternehmung, wie es die mikroökonomische Theorie lehrt (vgl. Schumann 1987: 99 ff.), kann bei Medien nicht von der publizistischen Verantwortung getrennt werden.

Fragen der Verantwortung können in der heutigen Medienlandschaft aber immer weniger individualethisch gelöst werden, schon wegen der Ablösung der publizistischen Persönlichkeiten durch Managementstrukturen, denn darin verschwindet die Möglichkeit, Verantwortung zu adressieren. Verantwortung von Medienunternehmen avanciert dementsprechend zu einer organisationellen oder institutionellen Frage, sie bezieht sich somit auf Formen struktureller und prozessualer Verantwortung.

Eine Theorie der Medienunternehmung oder Medienorganisation ist bislang jedoch ein Desiderat der Forschung (vgl. Jarren 2001; Theis 1994), was für die Kommunikations- und Medienwissenschaft schmerzlichere Auswirkungen hat als für die Wirtschaftswissenschaften. In die dortigen Unternehmens- und Organisationstheorien (vgl. von der Oelsnitz 2000; Picot u.a. 1997) lassen sich Medienunternehmen bruchlos einordnen, sie berücksichtigen allerdings die öffentliche Funktion der Medien kaum. Die Kommunikations- und Medienwissenschaft dagegen verfügt über keinen konsistenten Medienbe-griff, ihr fällt es schwer, die publizistischen und ökonomischen Funktionen der Medienunternehmen in ihren Interdependenzen zu analysieren. Ihre geringe Berücksichtigung von Organisation (die am ehesten in der PR-Forschung zu finden ist; vgl. Röttger 2000; Szyszka 1999; Bentele 1997) führt zu einer unterkomplexen Betrachtung des Verhältnisses von Öffentlichkeit und Organisation.

Da ist es wenig verwunderlich, wenn allenfalls ansatzweise über eine Verantwortung der Medienunternehmen diskutiert wird. Dies wäre aber Voraussetzung, um die Instrumente zu identifizieren, die - im Sinne einer rekursiven Regulierung (vgl. Jarren/Donges 2000) - zugänglich sind für das Einbringen von Verantwortungsstrukturen. Rechtliche, also systemfremde Verpflichtungen wie die Konzentrationskontrolle erweisen sich als zunehmend stumpfe Instrumente. Medienunternehmen passen sich diesen Instrumenten nur bedingt an, sie entwickeln genug Verhandlungsmacht, um kartellrechtliche Vorschriften zu umgehen. Es dürfte daher beim Thema Verantwortung der Medienunternehmen künftig wichtiger werden, die opportunistische Unternehmensverantwortung durch eine verpflichtete Verantwortung zu ersetzen.

5.3 Medienmanagement und Medienstrategien

Was Medienorganisationen wollen und was sie können, wurde bislang vor allem aus der Perspektive des Journalismus thematisiert. Das Wollen - in Form der Festlegung organisationaler Ziele - und das Können - in Form der Kernkompetenzen - differenziert sich jedoch immer mehr aus: Das Fernsehen hat eine eigene Unterhaltungskompetenz neben dem Journalismus aufgebaut, Zeitungsverlage denken über neue Geschäftsmodelle für die Netzkommunikation nach. Damit entsteht allmählich ein Zweig „Medienmanagement", der nicht mehr allein auf Redaktionsmanagement beschränkt ist (wobei allerdings die Institutionalisierung durch Studiengänge der Analyse durch empirische Forschung weit voraus ist). Wie die Medienorganisations- war auch die Medienmanagementforschung lange Zeit verschüttet, Ansätze aus den 70er Jahren wurden nicht fortgeführt. So basiert denn auch die Medienmanagementforschung derzeit vor allem auf Extrapolationen der allgemeinen Managementforschung und hat sich insbesondere dem Januskopf von ökonomischen und publizistischen Managementanforderungen noch kaum zugewandt.

Soll die Medienmanagementforschung jedoch mehr sein als die bruchlose, insbesondere also effiziente Adaption jedweder Managementspielarten (Marketing, Qualitätsmanagement, Kundenbindungsmanagement etc.; vgl. Karmasin/Winter 2000) in Medienorganisationen, und soll stattdessen Medienmanagement als eigenständige Subdisziplin etabliert werden, dann sind verstärkte theoretische und empirische Anstrengungen notwendig, in ökonomischer wie publizistischer Hinsicht.

Sieht man Medienmanagement als einen Prozess an, in dem die Handlungsfähigkeit einer Medienorganisation hergestellt, erhalten oder ausgebaut wird, dann avancieren Kommunikation und Entscheidung zu den wesentlichen Operationen dieses Prozesses. Medienmanager entscheiden über die Ziele und Vorgehensweisen der Unternehmen, sie kommunizieren die Entscheidungen, kontrollieren deren Umsetzung und variieren bereits gefällte Entscheidungen, wenn es die Situation erfordert. Zum Kern einer eigenständigen Medienmanagementforschung gehört dementsprechend auch eine Auseinandersetzung mit den Zielen und Strategien der Medienorganisationen. Über diesen Weg wird es möglich, die publizistischen und die ökonomischen Ziele der Unternehmen zu evaluieren und somit auch Hinweise zu erhalten, welche Zusammenhänge und Unterschiede zwischen dem Geschäft und dem publizistischen Auftrag bestehen.

5.4 Medienprodukte und Mediennutzer

Medienangebote sind

> „immaterielle, öffentliche Güter mit externen Effekten und teilweise meritorischem Charakter. Es sind komplexe Erfahrungs- und Vertrauensgüter, deren Nutzen vom Rezipienten ex ante nicht beurteilt werden kann." (Kiefer 2001: 155)

Was in der ökonomischen Begrifflichkeit klar beschreibbar ist, bereitet der Kommunikations- und Medienwissenschaft erhebliche Kopfschmerzen. Sie beschäftigt sich mit den Funktionen der Medien und den Leistungen für das öffentliche Gemeinwohl, mit normativen Zuschreibungen also zu einem Produkt, das sich für die Medienunternehmen rechnen muss. In den Medienangeboten kulminiert der Januskopf der Medien idealtypisch, was auf der ökonomischen Seite Kosten und Preise, sind auf der kommunikationswissenschaftlichen gesellschaftlicher Auftrag und Erwartungen.

Aus dem Dilemma, dass Medienangebote vielfältigste Eigenschaften und Erwartungen bündeln, kann vor allem eine transdisziplinäre Perspektive heraushelfen. Wenn sich der Zuschauer verstreut (vgl. Hasebrink 1994), kann dies nicht nur auf situativ unterschiedliche Nutzenserwartungen und Aufmerksamkeitsregeln zurückgeführt werden, sondern hat einen wesentlichen Grund auch darin, dass vielfach kein Ausschlussprinzip herrscht - das Zappen von einem Sender zum anderen hat keine monetären Konsequenzen für die Nutzer. Und umgekehrt zeigt die zögerliche Akzeptanz des Pay-TV, dass die Nutzer nur bedingt bereit sind, marktgerechte Preise für Medienangebote zu zahlen.

Dieser doppelte „Wert" von Medienangeboten, einerseits gesellschaftlich wünschenswert, andererseits betriebswirtschaftlich rentabel zu sein, wird bislang zu sehr durch die disziplinären Brillen betrachtet, Wirtschaftswissenschaftler vernachlässigen die gesellschaftliche Bedeutung der Medienangebote und sehen den Nutzer als Konsumenten; Kommunikations- und Medienwissenschaftler unterschätzen die ökonomischen Faktoren und sehen den Nutzer als Rezipienten.

5.5 Medienmärkte und Marktstrategien

Medienunternehmen stehen in publizistischem und ökonomischem Wettbewerb. Dieses aus der Unteilbarkeit der Medienangebote entstehende Faktum wird durchaus unterschiedlich bewertet, wirtschaftswissenschaftlich wird der ökonomische Wettbewerb favorisiert, kommunikations- und medienwissenschaftlich werden die Folgen (abnehmender) publizistischer Vielfalt priorisiert. Überzeugende analytische wissenschaftstheoretische Konzepte der Interdependenzen zwischen den Wettbewerbsformen liegen nicht vor. Dabei bietet beispielsweise das institutionenökonomische SVE-Modell (Marktstruktur, -verhalten, -ergebnis) durchaus Ansatzpunkte für weiterführende Analysen, denn es gründet darauf, dass medienunternehmerisches Handeln zu bestimmten Marktveränderungen führt. Allerdings müsste das Modell dafür stärker kommunikationswissenschaftlich redefiniert werden, indem der Markt nicht als statisches Konstrukt, sondern als Beobachterkonstrukt aufgefasst wird. Solchermaßen dient er den Medienunternehmen zur Einschätzung von Marktchancen und Marktnischen und insgesamt zur Festlegung ihrer Marktstrategien. Die Umsetzung dieser Strategien durch unternehmerisches Handeln führt zu bestimmten Marktstrukturen, die wiederum von der Konkurrenz beobachtet und durch eigenes Markthandeln beantwortet werden. Das Marktergebnis hat demgemäß nur eine bestimmte zeitliche Dauer, bevor es durch (re-)aktives Handeln von Rezipienten und Konkurrenten wieder verändert wird.

Medienmärkte und Marktstrategien stehen somit in einem engen Verhältnis rekursiver Regulierung und Strukturierung. Für eine medienökonomisch fundierte Analyse bieten sich damit Ansatzpunkte empirischer Erforschung an: Welche Strategien verfolgen Medienunternehmen? Werden diese Strategien vom geschäftlichen Erfolg oder vom publizistischen Anspruch geleitet? Welches Marktergebnis wird angestrebt? Inwiefern haben wechselnde Marktstrukturen Rückwirkungen auf die Ziele und die Organisationsform der Medienunternehmen?

Viele Fragen, wenig Wissen. Wenn die Gesellschaft aber vieles von dem, was sie weiß und worüber sie spricht, aus den Medien weiß, dann sollte die Gesellschaft mehr über die Medien und ihre Funktionsweisen wissen. Das dabei immer auch ökonomische Codes und Operationsweisen mitlaufen, legitimiert eine deutlichere Akzentuierung wirtschaftlicher Analysen. Da aber Medien im gesellschaftlichen Auftrag handeln (und wirtschaften), legt der Januskopf der Medien ein transdisziplinäres wissenschaftliches Programm „Medienökonomie“ nahe.

Kommentierte Literaturhinweise

Knoche, Manfred (1999): Media Economics as a Sub Discipline of Communication Science, in: Hans Bernd Brosius/Christina Holtz-Bacha (Hg.): German Communication Yearbook, New York: 69-100

Der Beitrag bietet eine Übersicht und Bewertung zu den Ergebnissen der Medienökonomie als Teildisziplin der Kommunikationswissenschaft bis Ende der 90er Jahre.

Schusser, Oliver (1998): Medienökonomie: Wissenschaft oder Mode, in: Die Betriebswirtschaft (5): 591-602

Der Beitrag befasst sich aus wirtschaftswissenschaftlicher Sichtweise mit dem Stand und der Entwicklung der Medienökonomie.

Siegert, Gabriele (2002) (Hg.): Medienökonomie in der Kommunikationswissenschaft. Bedeutung, Grundfragen und Entwicklungsperspektiven, Münster: Lit

Der Sammelband bietet die aktuellste und umfassendste Zusammenfassung der Medienökonomie aus kommunikationswissenschaftlicher Sicht. Der erste Teil der Beiträge befasst sich aus interner Perspektive mit Standortbestimmungen der Medienökonomie, der zweite Teil beleuchtet die Vernetzung der Medienökonomie mit anderen kommunikationswissenschaftlichen Teildisziplinen.

Von ‚neuen Medien' zu ‚dynamischen Systemen'

Eine Bestandsaufnahme zentraler Metaphern zur Beschreibung der Emergenz öffentlicher Kommunikation

Martin Löffelholz

Angesichts der volkswirtschaftlichen Bedeutung der Kommunikations- und Medienbranche besteht ein großer Bedarf an wissenschaftlich fundierten Aussagen über die kurz-, mittel- und langfristigen Chancen und Risiken öffentlicher Kommunikation. Die Veränderungen von Medien und Kommunikation werden zumeist jedoch mit Hilfe von Metaphern beschrieben, die theoretisch nicht eingeordnet werden. Angesichts dieser Situation werden in dem vorliegenden Beitrag zentrale Begriffe und damit verknüpfte Ansätze zur Beschreibung der Emergenz öffentlicher Kommunikation vorgestellt und auf ihre Wissenschaftstauglichkeit untersucht. Vier Gruppen von Ansätzen, die von jeweils unterschiedlichen Bezugsebenen ausgehen, werden unterschieden: die Evolution der Medien (medienbezogene Ansätze), der Wandel der Gesellschaft (gesellschaftsbezogene Ansätze), die Vernetzung von Computern (vernetzungsbezogene Ansätze) sowie die Dynamik von Systemen (systembezogene Ansätze).

1 Dynamik der Medien - Stagnation der Theoriebildung?

Dass die Bedingungen, Strukturen und Funktionen öffentlicher Kommunikation sich im Zuge des gesellschaftlichen Wandels verändern, ist unstrittig (vgl. zum Beispiel die Beiträge in Publizistik 1997: (1)). Die deutsche Kommunikationswissenschaft brauchte für diese Einsicht jedoch, grosso modo, etwas länger. Nicht die grundlegende Studie zum ‚Strukturwandel der Öffentlichkeit', die der

Soziologie und Philosoph Jürgen Habermas bereits Anfang der 60er Jahre vorlegte (vgl. Habermas 1976), weckte die Disziplin. Technologische Innovationen (wie die Satellitenübertragung von Fernsehsignalen) und medienpolitische Stellungnahmen (wie in der Regierungserklärung von Willy Brand 1972) erhöhten in den 70er Jahren zwar die Aufmerksamkeit des Faches. Aber erst im nächsten Jahrzehnt erfolgte der Durchbruch - zumindest quantitativ: Hunderte wissenschaftlicher Arbeiten wurden in den 80er Jahren publiziert, um die Perspektiven neuer Medien wie Bildschirmtext, Kabelfernsehen oder Privatrundfunk zu ergründen (vgl. Weischenberg et al. 1995). Diese intensive Analyse der Bedingungen, Formen und Konsequenzen medienbezogener Veränderungsprozesse setzte sich in den Folgejahren fort. Zusätzliche Schubkraft bekam die Forschung in den Neunzigern vor allem durch den Relevanzgewinn der netzbasierten Kommunikation. Seither gilt die „Interaktivität neuer Medien" als zentrale „Herausforderung an die Kommunikationswissenschaft" (Hans-Bredow-Institut 1995).

Heute, zu Beginn des 21. Jahrhunderts, liefern Multimedia und Mobilkommunikation, Globalisierung und Content-Produktion, Segmentierung und Synchronisation, Ökonomisierung und Trivialisierung genügend Irritationen, um die Zahl von Veröffentlichungen zur Entwicklung der öffentlichen Kommunikation kontinuierlich hoch zu halten. Die Anzahl der (populär-) wissenschaftlichen Beiträge, in denen versucht wird, die Zukunft von Medien und Kommunikation auszuloten, ist kaum bestimmbar. „Kein Kongress verstreicht, keine Fachzeitschrift erscheint, ohne dass selbst- oder fremdernannte Augurinnen und Auguren die Zukunft der Medien kneten und beugen." (Schrape/Trappel 2001: 38) Insofern verwundert nicht, dass viele dieser Knetarbeiten mehr zeitgeistiges Marketinggetöse als wissenschaftliche Auseinandersetzung bieten. Es ist eben opportun, mit Begriffen wie Wandel, Entwicklung und Dynamik zu hantieren, um die Bedingungen, Chancen und Konsequenzen von Medienkommunikation zu charakterisieren. Manche akademisch daher kommenden Reden über digitale, multimediale, interaktive und sonstige ‚neue Medien' gehören freilich mehr zu einer legitimierenden Debatte über die Relevanz der (Kommunikations-)Wissenschaft als zu einer systematischen Analyse der Emergenz öffentlicher Kommunikation. Auch deshalb provozieren Fragen nach den (ökonomischen) Perspektiven der öffentlichen Kommunikation keineswegs widerspruchsfreie Antworten.

Das ist problematisch. Denn der Bedarf an prognostischen Aussagen über die kurz-, mittel- und langfristigen Möglichkeiten und Risiken öffentlicher Kommunikation ist enorm. Angesichts der gewachsenen volkswirtschaftlichen

Bedeutung der Kommunikations- und Medienbranche (vgl. Heinrich 1999: 367 ff., 451 ff., 551f., Heinrich 1994: 54 ff.) gilt das vor allem für ökonomische Fragestellungen. Noch stärker als früher rückt die „Ökonomisierung der Medienindustrie" (Jarren/Meier 2001) in den Fokus wissenschaftlicher Aufmerksamkeit. Mittlerweile mag das gestiegene Angebot an Aussagen zur (ökonomischen) Entwicklung der Medienkommunikation die entsprechende Nachfrage zwar ausbalancieren. Fraglich bleibt gleichwohl deren Qualität. Den hohen Ansprüchen an eine medienbezogene Innovations- und Trendforschung steht kein hinreichend niveauvolles Angebot gegenüber. Vor allem „fehlt es bislang an einem integrativen Gesamtkonzept" (Blumler 1997: 16).

Diese Defizite beruhen, einerseits, auf der unvermeidbaren Reflexivität prognostischer Verfahren, die in der Rede über selbsterfüllende (oder selbstzerstörende) Prognosen ihren Ausdruck findet. Im Forschungsprozess kann diese Reflexivität nicht hinlänglich berücksichtigt werden, weil dies einen infiniten Prozess erzeugt. Anderseits erweisen sich viele medienbezogene Trendanalysen als theoretisch unzureichend begründet; gefeit davor war auch unsere Delphi-Studie zur Zukunft des Journalismus nicht (vgl. Weischenberg/Altmeppen/Löffelholz 1994). Ohne theoretische Fundierung lässt sich die Emergenz öffentlicher Kommunikation jedoch nur begrenzt beschreiben, geschweige denn erklären - oder gar prognostizieren.

> Ohne theoretische Fundierung lässt sich die Emergenz öffentlicher Kommunikation nur begrenzt beschreiben, geschweige denn erklären - oder gar prognostizieren.

Denn eine Prognose ohne theoretische Einbettung bleibt „bloße Mutmaßung", wie Schrape und Trappel (2001: 38) ausgehend von ihrer langjährigen Erfahrung mit medienökonomischer Zukunftsforschung konstatiert haben.

Warum wird in vielen (ökonomischen) Prognosen zur Entwicklung der Medien auf eine theoretische Fundierung verzichtet? Die Gründe sind mannigfaltig: Neben Kostenerwägungen, die keineswegs nur für die kommerzielle Kommunikationsforschung relevant sind, erschweren kurze Innovationszyklen und die Entwicklungsdynamik der Kommunikations- und Medienbranche zweifellos eine theoretische Grundlegung. Eine weitere Ursache der Theorielosigkeit prognostischer Kommunikationsforschung liegt in der zuständigen Disziplin selbst. Prozessorientierung wird in der Kommunikationswissenschaft im besten Fall im Sinne der Theorien des sozialen Wandels oder im Sinne einer nicht-teleologischen Form der Geschichtsschreibung interpretiert. Dass eine darüber hinaus gehende theoretische Modellierung des Wandels öffentlicher

Kommunikation heuristischen Wert besitzt, wurde bislang nicht hinreichend expliziert, obgleich nur eine konsequente Prozessorientierung kommunikationswissenschaftlicher Theorien die Implikationen statischer Gleichgewichtsmodelle überwinden kann (vgl. Löffelholz 1999: 268 ff.).

Nach wie vor neigt die Kommunikationswissenschaft dazu, die Veränderung der öffentlichen Kommunikation mit Hilfe von Metaphern zu erfassen, die eher en vogue als elaboriert erscheinen. Die theoretischen Anstrengungen anderer (sozial-)wissenschaftlicher Disziplinen zur Beschreibung gesellschaftlicher Veränderungsprozesse werden dagegen kaum zur Kenntnis genommen. Manche Begriffe, die in der Kommunikationswissenschaft verwendet werden, erlangten eine gewisse Prominenz - wie die ‚neuen Medien', die ‚Informationsgesellschaft' oder ‚Multimedia'. Andere blieben, nach einem ersten Hype, stecken, wie die ‚Datenautobahn', das ‚digitale Nirwana' oder die ‚Telepolis'. Willig nimmt die scientific community, zu der sich Unternehmensberater, Marketingfachleute und Medienpolitiker gesellen, nahezu jedes Schlagwort auf und beschwört seine geradezu heilsbringende Erklärungskraft. Gelegentlich übertrifft die Rasanz des begrifflichen Wandels sogar das Innovationstempo der Computerchipindustrie.

Angesichts dieser Unübersichtlichkeit werden in dem vorliegenden Beitrag ausgewählte zentrale Begriffe und die damit verknüpften Ansätze zur Beschreibung der Emergenz öffentlicher Kommunikation vorgestellt und auf ihre Wissenschaftstauglichkeit untersucht. Diese Bestandsaufnahme dient als Vorarbeit zur Ausarbeitung einer Theorie der Medienentwicklung, auf deren mögliche Bausteine Neverla (2000: 177) kürzlich verwiesen hat. Im deutschen Sprachraum, auf den sich die Darstellung konzentriert, lassen sich vier Gruppen von Ansätzen unterscheiden, die von jeweils unterschiedlichen Bezugsebenen ausgehen:

- die Evolution der Medien (medienbezogene Ansätze),
- der Wandel der Gesellschaft (gesellschaftsbezogene Ansätze),
- die Vernetzung von Computern (vernetzungsbezogene Ansätze),
- die Dynamik von Systemen (systembezogene Ansätze).

2 Medienbezogene Ansätze

Um auf die Veränderung der öffentlichen Kommunikation aufmerksam zu machen, wurden medienbezogene Ansätze mit als Erste eingesetzt - ein Hinweis auf die Relevanz und Dominanz des Medienbegriffs für die Beschreibung und Analyse von Kommunikation. Eingeleitet wurde der Diskurs über den Wandel der Medienkommunikation über eine wenig einfallsreiche Metapher, die zunächst nichts anderes versprach als schlicht neue Medien.

2.1 *Die ‚neuen Medien‘: vom technizistischen Reduktionismus zur ‚New Media Theory‘*

Wann der Terminus ‚neue Medien‘ erstmals in einem wissenschaftlichen Kontext verwendet wurde, ist ungeklärt. Vieles deutet darauf hin, dass ein wissenschaftliches Bewusstsein der Differenz von alten und neuen Medien in den 70er Jahren entstand. Das 1971 veröffentlichte Lexikon der „Publizistik“ (vgl. Noelle-Neumann/Schulz 1971) beispielsweise verzeichnet keinen entsprechenden Eintrag. Auch in der Literaturübersicht von Hans Bohrmann und Rolf Sülzer (1973), in der wichtige zwischen 1960 und 1972 erschienene publizistikwissenschaftliche Arbeiten vorgestellt und kommentiert werden, findet sich der Begriff nicht. In den 60er Jahren hatte die nach dem zweiten Weltkrieg aufstrebende Disziplin offenbar genug damit zu tun, ihr Erkenntnisinteresse neu abzustecken und den Übergang von einer normativ-hermeneutisch ausgerichteten Geisteswissenschaft zu einer stärker empirisch-analytisch operierenden Sozialwissenschaft zu bewältigen.

Der Aufschwung des Begriffs begann Anfang der 70er Jahre. Woher die Impulse kamen, zeigt der Titel einer der ersten wissenschaftlichen Untersuchungen, in welcher dem Begriff ‚neue Medien‘ eine orientierende Rolle zugewiesen wurde: „Die Zukunft von Rundfunk und Fernsehen in der Auseinandersetzung mit den neuen elektronischen Medien.“ (Lenhardt 1972) Ausgelöst wurde die Debatte um ‚neue Medien‘ primär durch die Frage, ob weitere Fernseh- und Hörfunkprogramme, die nun technisch realisierbar und juristisch legitim waren, tatsächlich eingeführt werden sollten. Die Diskussion konzentrierte sich zunächst auf die Konsequenzen ‚neuer Medien‘ für den öffentlich-rechtlichen Rundfunk. Später wurde sie angereichert mit wirtschaftspolitischen Argumenten über das Wachstumspotential neuer Informations- und Kommunikationstechnologien. Konsequent wurden ‚neue Medien‘ vor allem als neue Technologien betrachtet,

> „die in Zukunft das ganze Informationswesen verändern: die Satelliten für weltweite Kontakte, das Kabelfernsehen für die Kommunikation im eigenen Umkreis, die audiovisuellen Medien für Programme nach Wunsch und die Computeranlagen, die jede Datenmenge in den Bruchteilen einer Sekunde verarbeiten und an jeden Platz der Welt transportieren können.“ (Brepohl 1974: 159)

Die in dieser Zeit schnell wachsende Zahl einschlägiger Publikationen führte freilich erst 1982 dazu, dass der Begriff ‚neue Medien‘ als wissenschaftliches

Ordnungsinstrument in der „Jahresbibliographie Massenkommunikation" (Ubbens 1982: 6 und 99) aufgenommen wurde - allerdings in Anführungszeichen.

In wissenschaftlichen Studien dient der Terminus seit seiner ersten Verwendung in der Regel als komplexitätsreduzierende Sammelbezeichnung für diverse kommunikations-, informations- und medientechnologische Innovationen. Gelegentlich impliziert er zusätzlich deren mögliche - vor allem ökonomische - Konsequenzen. Von den ‚alten' unterscheiden sich die ‚neuen' Medien demnach primär durch eine innovative, noch nicht etablierte Technologie. Das damit dem Begriff inhärente Konzept lässt sich im Wesentlichen in drei Dimensionen explizieren: In der Sachdimension dominieren Aussagen über kommunikationsbezogene Technologien. In der Zeitdimension unterstellt die Differenz von ‚neu' und ‚alt' einen nicht näher spezifizierten, jedoch eher abrupten als prozesshaften Übergang. Schließlich suggeriert die Unterscheidung von ‚neu' und ‚alt' das Vorhandensein von Kriterien zu ihrer Abgrenzung, die - wie etwa ‚Akzeptanz' oder ‚Etablierungsgrad' - in der Sozialdimension zu analysieren sind.

Diese Differenzierungsmöglichkeiten des Modells werden bisher freilich nicht genutzt. Im Gegenteil: Von der technizistischen Verortung der ‚neuen Medien' hat sich die Kommunikationswissenschaft bis heute nicht wirklich gelöst.

Diese Differenzierungsmöglichkeiten des Modells werden bisher freilich nicht genutzt. Im Gegenteil: Von der technizistischen Verortung der ‚neuen Medien' hat sich die Kommunikationswissenschaft bis heute nicht wirklich gelöst.

Zwar wird der Terminus schon geraume Zeit als „unpräzise" (Weischenberg 1982: 113) kritisiert. Das ändert jedoch nichts an seiner vielfachen und vielfach unreflektierten Verwendung - und zwar unabhängig vom jeweiligen Erkenntnisinteresse. Ob die ‚neuen Medien' analytisch, affirmativ oder kritisch betrachtet werden, verändert das begriffliche Reflektionsniveau offenbar nicht (vgl. zum Beispiel Vorderer 1995; Brepohl 1993; Eurich 1988). Welche Entwicklungen im Detail unter dem Terminus subsumiert werden und was diese eint, eine gemeinsame begriffliche Beschreibung also legitimiert, wird dabei genauso wenig problematisiert wie die Frage, wann ein ‚neues' Medium als ‚altes' zu attribuieren ist und was die Kriterien dafür sind. Denn: „Das, was neu ist, ist immer nur neu relativ zu einem alten Medium." (Döbler/Stark 2002: 64) Unklar bleibt schließlich der zugrunde gelegte Medienbegriff selbst. Wird dieser nicht expliziert, bleibt der Terminus ‚neue Medien‘ eine Metapher des außerwissenschaftlichen Diskurses.

> Unklar bleibt schließlich der zugrunde gelegte Medienbegriff selbst. Wird dieser nicht expliziert, bleibt der Terminus ‚neue Medien‘ eine Metapher des außerwissenschaftlichen Diskurses.

Einen Versuch, die Ausgangspunkte für eine Theorie der neuen Medien („New Media Theory“) zusammenfassend zu beschreiben und den Ansatz damit auf eine solidere wissenschaftliche Grundlage zu stellen, hat Denis McQuail kürzlich unternommen. Die Kommunikationswissenschaft muss sich zunächst die Probleme einer solchen Theoriebildung vergegenwärtigen: „Die Vielfalt der Kategorie ‚neue Medien‘ und ihr ständig wechselnder Charakter setzt der Theoriebildung über ihre ‚Konsequenzen‘ objektive Grenzen.“ (McQuail 2000: 127; übers. ML) Daher ist es erforderlich, genauer anzugeben, wie ‚neue Medien‘ klassifiziert werden. Vier Gruppen lassen sich nach Auffassung von McQuail gegenwärtig unterscheiden: interpersonale Kommunikationsmedien, interaktive Spielmedien, Informationsrecherchemedien sowie kollektiv-partizipatorische Medien. Trotz der damit verbundenen Varianz können bestimmte Kriterien identifiziert werden, die dazu beitragen, aus dem Blickwinkel eines individuellen Nutzers ‚neue‘ von ‚alten‘ Medien abzugrenzen. Als derartige Kriterien zu nennen sind der Grad an Interaktivität, also wie aktiv der Nutzer am Kommunikationsprozess teilnimmt; der Grad von Sozialpräsenz, die der Nutzer erfährt (Soziabilität); der Grad an wahrgenommener Autonomie des Nutzers gegenüber den Medienangeboten bzw. den Quellen; der Grad der ‚Verspieltheit‘ als Beziehung zwischen Unterhaltungsorientierung und Nützlichkeitserwägungen; sowie der Grad der Privatheit inklusive des Grades an Personalisierung und Einzigartigkeit (vgl. McQuail 2000: 127f.).

Mit dieser - hier nur stichwortartig vorgestellten - Taxonomie bietet der Ansatz die Möglichkeit, Hypothesen über die Differenzen zwischen ‚alten‘ und ‚neuen‘ Medien zu entwickeln, die nach entsprechender Operationalisierung empirisch geprüft werden können. Ein weiterer Vorteil liegt in der Überwindung des technologischen Reduktionismus, der die Beschreibung der ‚neuen Medien‘ bis in die heutige Zeit charakterisiert. Schließlich relativiert der Ansatz die Unterschiede zwischen ‚alten‘ und ‚neuen‘ Medien. In ihren Primärfunktionen sind beide sogar gleich einzustufen:

> „Despite the differences, the ‚new media' are being used and exploited in much the same way as the old media for selling, advertising, propaganda and persuasion and much besides." (McQuail 2000: 124)

2.2 *‚Multimedia': Integration und Interaktivität auf digitaler Basis - eine neue Welt?*

Begriffliche Konkurrenz erhielt die Rede über ‚neue Medien' in den 90er Jahren mit der Metapher ‚Multimedia', die in kurzer Frist eine vergleichbar große Prominenz erlangte und damit andere Termini - wie zum Beispiel „Telematik-Ecke" (Volpert 1988: 23) oder „Mediamatik" (Latzer 1997) - hinter sich ließ. Schon in den 70er Jahren tauchte ‚Multimedia' gelegentlich auf, um den parallelen Einsatz von Musik, Film, Vortrag, Theater, Fernsehen und Diaprojektion für künstlerische oder werbende Zwecke zu bezeichnen (vgl. Weyh 1994: 101). Im 1982 publizierten Handwörterbuch der Massenkommunikation und Medienforschung wird der Begriff ‚Multi-Media-System' gleichgesetzt mit dem Terminus ‚Medienverbund' als „Wort zur Bezeichnung des Zusammenfügens und -wirkens der großen elektronischen Medien (Radio und Fernsehen) mit herkömmlichen Informationsträgern wie Buch, Arbeitsbogen etc. im Unterricht." (Silbermann 1982: 304)

Im medienökonomischen Kontext benutzt Schütz (1989: 315) den Terminus ‚Multi-Media-Verbund', um die Beteiligung von Printverlagen an privatkommerziellen Hörfunk- und Fernsehsendern zu charakterisieren. Die Jahresbibliographie Massenkommunikation verzeichnet den ersten Eintrag einer Publikation, die den Begriff im Titel führt, Anfang der 90er Jahre: „Multimedia concentration regulation in Europe" (Lange/Loon 1990; vgl. Ubbens 1992: 21). Als technischer Fachbegriff wurde ‚Multimedia' erstmals 1991 in Quellen verwendet, die in der Jahresbibliographie Massenkommunikation aufgenommen wurden (vgl. Ubbens 1992: 108f.). Dann ging alles sehr schnell: Innerhalb weniger Jahre erschienen so viele - vor allem populärwissenschaftliche - Publikationen mit Bezug zu der Metapher, dass die Gesellschaft für deutsche Sprache ‚Multimedia' 1995 zum ‚Wort des Jahres' kürte (vgl. Wilke/Imhof 1996a: 9f.).

Es verwundert daher nicht, dass in der allgemein-öffentlichen wie in der spezifisch-wissenschaftlichen Debatte verschiedene Sichtweisen von ‚Multimedia' kommuniziert werden. Darunter finden sich so offene - konkret: so undifferenzierte - Definitionen, dass der Begriff wissenschaftlich untauglich würde, beließe man es dabei.

Es verwundert daher nicht, dass in der allgemein-öffentlichen wie in der spezifisch-wissenschaftlichen Debatte verschiedene Sichtweisen von ‚Multimedia' kommuniziert werden. Darunter finden sich so offene - konkret: so undifferenzierte - Definitionen, dass der Begriff wissenschaftlich untauglich würde, beließe man es dabei.

Ein Beispiel:

> „Bei Multimedia handelt es sich eigentlich um Massenmedien *nach* ihrem Ende, um öffentliche Kommunikation *nach* ihrem Ende. Alle Formen sind eingeschlossen: alle Medien, das Massenhafte und das Individuelle, das Öffentliche und das Private." (Berghaus 1997: 83; kursiv im Original)

Analog zur Betrachtung ‚neuer Medien', mit der Berghaus (1997: 75) ‚Multimedia' konsequenterweise gleichsetzt, bleibt der Begriff vage - und steht gleichzeitig für dramatische Konsequenzen. ‚Multimedia' führt uns an die „Schwelle zu einem generellen Kultur- und Gesellschaftswandel" (Berghaus 1997: 83 und 1994: 409). Das betrifft auch die zuständige Wissenschaft: „Auf theoretischem Gebiet gehört dazu ein fundamentaler Paradigmenwechsel (...)." (Berghaus 1994: 405)

Definitionsversuche dieser Provenienz sind keine Ausnahme. Klaus Beck und Gerhard Vowe konstatieren eine insgesamt „uneinheitliche, inkonsistente und fluktuierende Verwendung des Begriffs Multimedia (...)." (Beck/Vowe 1995: 559) Nach ihrer Studie lassen sich in der öffentlichen Diskussion vier idealtypische Perspektiven identifizieren. ‚Multimedia' wird beobachtet als (a) technisches Konstrukt, (b) als Kommunikationsprozess, (c) als ökonomischer Faktor sowie (d) als politisches Problem (vgl. Beck/Vowe 1995: 556f.). Vergleicht man wissenschaftliche Definitionsversuche der Metapher miteinander, dominiert jedoch - wie im Verständnis ‚neuer Medien' - eine technizistische Betrachtung.

> „Mit dem Begriff ‚Multimedia' ist gemeint, dass bisher getrennte Kommunikationstechniken (sozusagen ‚Unimedien') miteinander verschmelzen. Es findet eine Integration von gesprochener Sprache, Text, Video, Audio, Telekommunikation, Unterhaltungselektronik und Computertechnik statt." (Wilke/Imhof 1996a: 9).

Ähnlich definiert Lutz Michel ‚Multimedia' als „Integration von Texten, Daten, Grafiken, Bewegtbildern und Klängen auf einer digitalen Basis" (Michel 2002: 26). Als wesentliche Merkmale von ‚Multimedia' werden die digitale Plattform, eine mehrmodale Angebotsstruktur (integrative Verwendung verschiedener Daten- bzw. Medientypen), eine Interaktivität höheren Grades, das Prinzip der Hypermedialität sowie die individualisierbare Nutzung genannt (vgl. Michel

2002: 26; Wersig 2000: 143 ff.; Wilke/Imhof 1996a: 9; Booz/Allen/Hamilton 1995: 27).

Dieses Verständnis, das eine bestimmte technische Basis fokussiert, welche wiederum spezifische Angebotsformen und Nutzungsmuster ermöglicht, bezeichnet Michel als „engen Multimediabegriff" (Michel 2002: 26). Dieser sorge für eine klare Unterscheidung gegenüber den klassischen Massenmedien: „Multimedia definiert somit ein neues Medium, das deutlich von den etablierten Medien abzugrenzen ist." (Michel 2002: 26f.; kursiv im Original) Gleichzeitig wird ‚Multimedia' als eine Teilmenge der ‚neuen Medien' kategorisiert. Das ist jedoch nicht konsentiert. Eine die ‚alten' und die ‚neuen' Medien weniger voneinander abgrenzende, stärker prozessorientierte Position vertreten die Autoren des Gutachtens „Zukunft Multimedia", das im Auftrag des Deutschen Bundestags erarbeitet wurde:

> „Multimedia ist (...) keine eigene neue Welt, sondern eine weitere Dimension in den zusammenwachsenden Welten der Telekommunikations-, Computer-, Unterhaltungs- und Medienindustrie." (Booz/Allen/Hamilton 1995: 28)

Gestützt wird eine solche offenere Beschreibung durch die beobachteten strukturellen Anpassungen in den etablierten Medien. Diese unternehmen seit längerem erhebliche Anstrengungen, ihre Produktions- und Angebotsstrukturen auf eine ebenfalls digitale technische Basis umzustellen (vgl. Michel 2002: 27).

Die Prämissen des Modells, das die Metapher ‚Multimedia' implizit charakterisiert, lassen sich so zusammenfassen: In der Sachdimension reduziert der Begriff die Komplexität neuer Kommunikations- und Medientechnologien, indem er deren konvergente Entwicklung unterstellt. Dezidierter als die Metapher ‚neue Medien' bezieht sich ‚Multimedia' nicht nur auf technologische Aspekte, sondern auch auf Angebots- und Nutzungsstrukturen. Ohne beispielsweise die Konsequenzen von Multimodalität für den Rezeptionsprozess mitzudenken, kann multimediale Technologie nicht adäquat beschrieben werden. Wird ‚Multimedia' als ‚neues Medium' verstanden, handelt man sich mit der Metapher in der Zeitdimension die schon beschriebenen Probleme ein. Vorzuziehen wäre in diesem Fall der Begriff ‚Mediamatik' (Kunstwort aus Medien und Informatik), der den Entdifferenzierungsprozess von Medien (primär: Rundfunk), Telekommunikation und Computertechnologie beschreiben soll. In der Sozialdimension lenkt die Metapher ‚Multimedia' die wissenschaftliche Aufmerksamkeit auf die Frage, inwieweit neue (weiterreichende) Möglichkeiten von Interaktivität tradierte Kommunikationsrollen verändern.

Hinweise auf Theorien, mit deren Hilfe es gelingen kann, ‚Multimedia' im Hinblick auf kommunikationswissenschaftliche Erkenntnisinteressen genauer zu beschreiben, finden sich in der wissenschaftlichen Literatur kaum. Eine (vordergründige) Ausnahme stellt der von Peter Ludes und Andreas Werner herausgegebene Sammelband „Multimedia-Kommunikation" (Ludes/Werner 1997) dar, in dem nicht nur der Untertitel „Theorien" zum Thema ankündigt, sondern ein ganzes Kapitel mit der viel versprechenden Überschrift „Theorien und Trends" versehen ist. So anregend die Lektüre zeitweise ist, so wenig freilich geht es in den Beiträgen um Theorien im (kommunikations-)wissenschaftlichen Sinn. Auch der Versuch, die gesamtgesellschaftliche Relevanz der Metapher hervorzuheben, indem die Entstehung einer „multimedialen Gesellschaft" (Brauner/Bickmann 1994) unterstellt wird, führt über subjektive Einzelbeobachtungen nicht hinaus. McQuail (2000) verzichtet übrigens auf eine Auseinandersetzung mit dem Begriff.

3 Gesellschaftsbezogene Ansätze

Dramatisches verheißen Ludes und Werner auch im Hinblick auf die gesellschaftliche Dimension der Emergenz öffentlicher Kommunikation. Folgt man ihren Ausführungen, so entsteht derzeit „ein neuer Gesellschaftstyp, die ‚Multimedia-Informationsgesellschaft'" (Ludes/Werner 1997: 7). Was damit gemeint ist? Nun, das sucht sich der Leser schon zusammen; immerhin weist ihr Buch mehr als 200 Seiten auf. Eine neue Gesellschaftsformation zu entdecken, gehört wohl zu den wichtigsten Aufgaben im akademischen Leben von Sozialwissenschaftlern. Die Zahl entsprechender Konzepte ist ebenso groß wie ihr heuristischer Wert strittig (vgl. Schimank/Volkmann 2000; Kneer/Nassehi/Schroer 1997). Werden nicht elaborierte Ansätze wie die ‚Multimedia-Informationsgesellschaft' oder die ‚multimediale Gesellschaft' und gering elaborierte wie die ‚virtuelle Gesellschaft' (vgl. Bühl 1997) beiseite gelegt, bleiben drei kommunikationszentrierte Gesellschaftskonzepte, deren bisherige Differenzierung, Diffusion und Akzeptanz eine genauere Darstellung sinnvoll erscheinen lassen: die ‚Informationsgesellschaft', die ‚Mediengesellschaft' sowie die ‚Kommunikationsgesellschaft'.

3.1 Die ‚Informationsgesellschaft': Modernisierung oder Mythos?

Der Begriff ‚Informationsgesellschaft' entwickelte sich im Verlauf der letzten vier Jahrzehnte zu einer Schlüsselkategorie politischer und ökonomischer Diskurse über den sozialen Wandel von Industriegesellschaften. Erstmals wurden damit Information und Kommunikation in den Fokus einer Gesellschaftsbeschreibung gerückt. Die kritische Debatte des Begriffs, die in Deutschland spät einsetzte (vgl. Michalski 1997; Kleinsteuber 1996a), änderte an seiner häufigen Verwendung wenig.

➲ Werden nicht elaborierte Ansätze wie die ‚Multimedia-Informationsgesellschaft' oder die ‚multimediale Gesellschaft' und gering elaborierte wie die ‚virtuelle Gesellschaft' beiseite gelegt, bleiben drei kommunikationszentrierte Gesellschaftskonzepte, deren bisherige Differenzierung, Diffusion und Akzeptanz eine genauere Darstellung sinnvoll erscheinen lassen: die ‚Informationsgesellschaft', die ‚Mediengesellschaft' sowie die ‚Kommunikationsgesellschaft'.

Zwar postulieren (besser: prophezeien) manche schon eine „Post-Information Society" (Negroponte 1995). Aber nach wie vor wird der Begriff genutzt, um den Relevanzgewinn des Kommunikationssektors als Basistrend gesellschaftlicher Veränderung zu charakterisieren - auch im aktuellen wissenschaftlichen Kontext (vgl. unter anderem Meckel 2001; Gerber/Debatin 2000; Donges/Jarren/Schatz 1999; Latzer et al. 1999; Jarren 1999). Einigkeit über die Verwendung des Terminus besteht freilich nicht. Drei Leitvorstellungen konnten wir vor gut einem Jahrzehnt identifizieren (vgl. Löffelholz 1993; Löffelholz/Altmeppen 1991): die ‚Informationsgesellschaft' als Informationsökonomie, als nachindustrielle Gesellschaft sowie als informatisierte Industriegesellschaft. Da diese Systematisierung verschiedentlich übernommen wurde (vgl. zum Beispiel Michalski 1997; Bühl 1997; Tauss/Kollbeck/Mönikes 1996) und weiterhin zugänglich ist (vgl. Löffelholz/Altmeppen 1994), reicht es an dieser Stelle aus, die drei Vorstellungen zusammenfassend zu skizzieren.

Zunächst diente der Begriff dazu, Gesellschaften als Informationsökonomien zu beschreiben. Anfang der 60er Jahre konstatierten japanische Wissenschaftler, dass die Informations- und Kommunikationsbranche für den Strukturwandel der Industriegesellschaft ebenso zentral seien wie die Transport- und Schwerindustrie für den Übergang von der Agrar- zur Industriegesellschaft. Diese Idee steht in der Tradition des - oft kritisierten - Paradigmas einer linearen Modernisierung, nach der gesellschaftliche Entwicklung als Übergang von traditionalen zu modernen Gesellschaften zu betrachten ist. Nach und nach ergänzte der Begriff ‚Informationsgesellschaft' den lange Zeit gebräuchlichen Terminus ‚moderne Gesellschaft', in dessen Kontext die Rolle der Massenmedien als Entwicklungsdemiurgen des ‚sozialen Wandels' ausführlich thematisiert worden war (vgl. zum Beispiel Kunczik/Zipfel 2001: 110 ff.). Ergänzt wurde der Informationsgesellschafts-Ansatz durch die Modifikation des volkswirtschaftlichen Sektorenmodells: Das als Differenzierung des Wirtschaftssystems bis dahin gebräuchliche Drei-Sektoren-Modell (Landwirtschaft, Industrie, Dienstleistungen) wurde um den Informationssektor erweitert. Gegen den Informationsökonomie-Ansatz spricht vor allem seine Beschränkung auf technische und ökonomische Indikatoren, was eine reduktionistische Sicht der ‚Informationsgesellschaft' provoziert (vgl. Löffelholz 1993; Löffelholz/Altmeppen 1991 und 1994).

Im Unterschied zu diesem wirtschaftsdeterministischen Ansatz hat der Soziologe Daniel Bell das Konzept einer nachindustriellen Gesellschaft entworfen, in dem sozialer Wandel als multidimensionaler Prozess modelliert wird. Zur ‚Informationsgesellschaft' wird die nachindustrielle Gesellschaft, weil der Informationssektor gegenüber der Güterproduktion relevanter wird, weil die Produktion primär von Informationen statt von Rohstoffen und Energie abhängig ist und weil sich die gesellschaftliche Leitorientierung verändert. Während in Industriegesellschaften Privateigentum als axiales Prinzip gilt, geht es in nachindustriellen Gesellschaften primär um die Gewinnung und Verwertung von Informationen. Theoretisches Wissen wird so zur Leitlinie sozialer Organisation, und die nachindustrielle Gesellschaft entwickelt sich zur ‚Informationsgesellschaft', die für Bell gleichbedeutend mit einer ‚Wissensgesellschaft' ist. Problematisch an seiner Sichtweise ist, dass die Relevanz ökonomischer Aspekte für die Entwicklung marktwirtschaftlich organisierter Gesellschaften offensichtlich unterschätzt wurde. Nach wie vor bestimmen nicht das theoretische Wissen die Modalität der Informationsgesellschaft, sondern primär ökonomische Prinzipien, technologischer Anpassungsdruck und der Staat als Aggregator einzelwirtschaftlicher Interessen (vgl. Löffelholz 1993; Löffelholz/Altmeppen 1991 und 1994).

Im Konzept der ‚Informationsgesellschaft' als informatisierte Industriegesellschaft werden die Informations- und Kommunikationstechnologien aufgrund ihrer Multifunktionalität, ihrer Vernetzungsmöglichkeiten, ihrer Diffusionsgeschwindigkeit und ihrer Diffusionsbreite als zentrale Ursachen des sozialen Wandels angesehen. Ihre Einführung wird als Anfang der Informatisierung der Gesellschaft betrachtet, die deshalb auch als zweite industrielle Revolution interpretiert wird: Der Automatisierung der Handarbeit folgt, so die gebräuchliche Formel, die Automatisierung der Kopfarbeit. Informatisierung kann daher als Teil industriegesellschaftlicher Konzepte analysiert und die Informationsgesellschaft nicht als nachindustrielle Gesellschaft, sondern als informatisierte Industriegesellschaft marktwirtschaftlicher Prägung konzeptualisiert werden (vgl. Löffelholz 1993; Löffelholz/Altmeppen 1991 und 1994). Unter dieses

Begriffsverständnis zu subsumieren sind neuere Ansätze, in denen die wechselseitigen Konsequenzen von Informatisierungs- und Globalisierungsprozessen thematisiert werden. Der Terminus wird dabei erweitert zur „globalen Informationsgesellschaft“ (Martin 1995; vgl. unter anderem Meckel 2001; Donges/Jarren/Schatz 1999).

Zusammengefasst wird mit dem Terminus ‚Informationsgesellschaft‘ in der Sachdimension die gesamtgesellschaftliche Relevanz der Informationsökonomie, der Informationstechnologie und des Informationsbegriffs betont. Im Zentrum steht eine theoretisch gering elaborierte, reduktionistische Betrachtung von Information als quantitativer Ausdruck für technisch getauschte Daten (vgl. Kleinsteuber 1996a: 28). Informationsprozesse können jedoch nicht ohne Bezug auf kognitive, soziale und kulturelle Aspekte adäquat beschrieben werden (vgl. Schmidt 2000: 104 ff.). Hinweise darauf finden sich unter anderem schon bei Colin Cherry (1963), der sich als Professor für Nachrichtentechnik keineswegs mit einem eng geführten Verständnis von Informationen als Signalen zufrieden gab. Seit auch im politischen, ökonomischen und technischen Diskurs klarer geworden ist, dass es keineswegs ausreicht, Informationen in Form digitalisierter Daten zu akkumulieren und verfügbar zu machen, nimmt die Relevanz des in diesem Sinne anspruchsvolleren Terminus ‚Wissensgesellschaft‘ zu. Dessen theoretische Basis wurde schon in Bells Konzept der ‚postindustriellen Gesellschaft‘ angedeutet. Aktuelle Bemühungen richten sich auf eine „wissenssoziologische Unterfütterung der reflexiven Moderne“ (Ahrens/Gerhard 2002: 79; vgl. Gabriel 1997).

Im Unterschied zum Informationsbegriff wird die Bedeutung ökonomischer und technologischer Faktoren für den Wandel zur ‚Informationsgesellschaft‘ in den beschriebenen theoretischen Konzepten intensiv thematisiert. Um die Prozesshaftigkeit des Übergangs zu charakterisieren, wurde (und wird) in diesem Zusammenhang von der ‚Informatisierung‘ der Industriegesellschaft gesprochen. Zugrunde liegt dabei ein technikdeterministisches Verständnis gesellschaftlicher Entwicklung. Vernachlässigt werden die Kontingenz von und die Reziprozität zwischen technologischen Innovationen und ihrer sozialen Umwelt sowie die (latenten) Folgen von Modernisierungsprozessen (vgl. Löffelholz 1993). Ungeklärt bleibt auch die weitergehende Frage, ob und wie die ‚Informationsgesellschaft‘ die sozialen Verhältnisse von Gesellschaftsformationen transformiert (vgl. McQuail 2000: 122f.).

In der Zeitdimension stützt sich der Ansatz maßgeblich auf die veralteten Prämissen modernisierungstheoretischer Überlegungen, wonach sozialer Wandel als linearer Prozess aufzufassen ist und Gesellschaften durch technologischen Fortschritt eine ‚höhere' Entwicklungsstufe erklimmen können. In der Sozialdimension suggeriert der Ansatz, von Bells differenzierteren Überlegungen abgesehen, macht-, kontroll- und dominanzfreie Sozialverhältnisse. Michalski (1997: 210) kommt daher zu dem Fazit: „Insgesamt simplifiziert und verschleiert das Konzept der Informationsgesellschaft aus einer technikdeterministischen Perspektive sozio-ökonomische Prozesse." Für Cees Hamelink war das schon in den 80er Jahren klar: „In contemporary society - almost worldwide - a powerful myth is being persuasively told by numerous storytellers. It is the myth of the information society." (Hamelink 1986: 7)

Der Erfolg des Ansatzes, seine enorme Verbreitung im politischen und ökonomischen Diskurs, beruht insofern nicht auf seiner theoretischen Tiefenschärfe, sondern auf seiner komplexitätsreduzierenden Leistung zur Beschreibung gravierender gesellschaftlicher Umbrüche, deren Bedingungen, Formen und Konsequenzen nicht hinreichend analysiert sind.

Der Erfolg des Ansatzes, seine enorme Verbreitung im politischen und ökonomischen Diskurs, beruht insofern nicht auf seiner theoretischen Tiefenschärfe, sondern auf seiner komplexitätsreduzierenden Leistung zur Beschreibung gravierender gesellschaftlicher Umbrüche, deren Bedingungen, Formen und Konsequenzen nicht hinreichend analysiert sind.

Vermutlich beförderte gerade diese begriffliche Offenheit und Biegsamkeit seine Diffusion. Schon längst hat die häufige alltagssprachliche Verwendung der Metapher eine Eigendynamik entwickelt, die den Terminus als wissenschaftlichen Begriff fragwürdig macht.

3.2 Die ‚Mediengesellschaft': heterarchische Ausbildung einer reflexiven Struktur

Als Komplementär-, vor allem aber als Konkurrenzbegriff zur ‚Informationsgesellschaft' etabliert sich seit rund zwei Jahrzehnten in der wissenschaftlichen Literatur der Terminus ‚Mediengesellschaft'. Winfried Schulz benutzte den Begriff Mitte der 80er Jahre in seiner Antrittsvorlesung an der Universität Erlangen-Nürnberg, um die Veränderungen der politischen Realität durch Massenmedien zu charakterisieren (vgl. Schulz 1984). Im Funkkolleg Medien und Kommunikation, Anfang der 90er Jahre, erfuhr der Terminus eine breitere Rezeption (vgl. Deutsches Institut für Fernstudien 1991). Dennoch spielt er im außerwissenschaftlichen Diskurs weiterhin eine untergeordnete Rolle. Gerade deshalb eignet er sich möglicherweise als Fachterminus. Der zuständigen Disziplin jedenfalls erscheint er zentral: Die Deutsche Gesellschaft für Publizistik-

und Kommunikationswissenschaft beschreibt ihr Selbstverständnis neuerdings unter Rückgriff auf den Begriff, ohne diesen freilich näher zu erläutern (vgl. DGPuK 2001).

Neben allgemeinen sozial- und kulturtheoretischen Überlegungen fließen in das mit dem Begriff verbundene Konzept insbesondere historiographische Studien zur Genese und Entwicklung von Medien ein. Autoren wie Jan Assmann, Elisabeth Eisenstein, Joachim Höflich, Michael Giesecke, Hans-Ulrich Gumbrecht, Harold Innis, Marshall McLuhan, Klaus Merten, Joshua Meyrowitz, Walter Ong, Neil Postman, Ulrich Saxer, Siegfried J. Schmidt und andere haben die Evolution der Medien in Verbindung mit gesellschaftlichen Ursachen und Konsequenzen thematisiert (vgl. unter anderem Faßler/Halbach 1998). Damit liegen vielfältige Vorarbeiten für eine Mediengeschichte „als Geschichte der Gesellschaft auf dem Wege zu einer *Mediengesellschaft*" (Schmidt 2000: 176; kursiv im Original) vor, die „allerdings systematisch aufgearbeitet werden müssten." (Schmidt 2000: 178) Insofern ist Saxer zu widersprechen, der behauptet, dass mit den Analysen von McLuhan oder Meyrowitz schon „umfassende Theorien der Mediengesellschaft konzipiert" (Saxer 2000: 86) worden sind. Auch andere Überlegungen zur ‚Mediengesellschaft' erweisen sich bestenfalls als Bausteine einer möglichen Theorie. Das gilt beispielsweise für den Versuch, in Auseinandersetzung mit Bells Konzept einer ‚postindustriellen Gesellschaft' so genannte „nachindustrielle, funktional differenzierte Medien- und Kommunikationsgesellschaften" (Ludes 1998: 104) zu identifizieren. Über eine eklektizistische Ansammlung theoretischer Versatzstücke gehen die Überlegungen nicht hinaus. Eindrucksvoll wird zudem demonstriert, wie kurz die Verfallszeit von Gesellschaftsdiagnosen sein kann: Noch ein Jahr zuvor vertrat derselbe Autor die Idee einer ‚Multimedia-Informationsgesellschaft' (vgl. Ludes 1998; Ludes/Werner 1997).

Nicht zwangsläufig muss die Kombination separat eingeführter Gesellschaftskonzepte unplausibel sein. So bemüht sich Manfred Faßler, die ‚Informations- und Mediengesellschaft' als eine Beschreibungssystematik zu entwickeln. Die Kernaussage seiner Begründung lautet: „Medien sind die Verbreitungsstruktur von Informationen, da sich ‚Informationen' nicht selbst verbreiten." (Faßler 1997: 333) Mit dem Begriff ‚Informations- und Mediengesellschaft' möchte er „die beschreibbare Art und Weise gesellschaftlich verbreiteter und verarbeiteter Verteilungs- und Aufmerksamkeitsstrukturen" (Faßler 1997: 335) hervorheben. Von technologie- bzw. ökonomie-deterministischen Vorstellungen tradierter Ansätze zur ‚Informationsgesellschaft' grenzt er sich deutlich ab. Als ‚Mediengesellschaft' bezeichnet er „die Strukturen der Speicherung, Verbreitung, selektiven Verteilung und sozial differenzierten Nutzung von Aufmerksamkeitsmustern (...).“ (Faßler 1997: 337) Diese Sicht verbindet er, nicht immer stringent, mit diversen sozial-, kommunikations- und kulturtheoretischen Überlegungen und Thesen. Insgesamt entsteht damit zwar kein ausgearbeitetes Konzept. Immerhin jedoch liefert der Beitrag Anregungen, eine komplexere Theorie der ‚Mediengesellschaft' zu entwickeln.

Systematischer entfalten Siegfried J. Schmidt (2000: 175 ff.), Klaus Merten (1999: 187 ff.) und Ulrich Saxer (1998: 52 ff.) ihre Ansätze zur Identifikation einer ‚Mediengesellschaft'. Saxer definiert Mediengesellschaften als

> „moderne Gesellschaften, in denen Medienkommunikation, also über technische Hilfsmittel realisierte Bedeutungsvermittlung, eine allgegenwärtige und alle Sphären des gesellschaftlichen Seins durchwirkende Prägekraft entfaltet.“ (Saxer 1998: 53)

Medienkommunikation entfaltet sich auf drei Ebenen: den Institutionen, wie Saxer die Makroebene nennt, den Organisationen als Mesoebene sowie den konkreten individuellen und kollektiven Vermittlungsprozessen, wie Saxer die Mikroebene bezeichnet. Als maßgebliche Ursache für die Herausbildung der ‚Mediengesellschaft' verortet Saxer die wachsende Komplexität der Gesellschaft, die in der zunehmenden Zahl gesellschaftlicher Subsysteme sichtbar wird. Aufgrund dieses Differenzierungsprozesses „gewinnt *Kommunikation*, der Prozess der Zeichen- bzw. Bedeutungsvermittlung für ihren Zusammenhalt und ihr Funktionieren immer größeres Gewicht.“ (Saxer 1998: 53; kursiv im Original)

Merten interpretiert - ebenfalls ausgehend von systemtheoretischen Prämissen - die Evolution der Medien als Teil einer umfassenden Ausdifferenzierung des Kommunikationssystems. Auf verschiedenen Evolutionsstufen erbringt Kommunikation spezifische Leistungen für die Stabilisierung von Gesellschaft. Verbesserte Kommunikationsstrukturen wiederum begünstigen die weitere Verbesserung der Kommunikation. Gesellschaft und Kommunikation entwickeln sich also ko-evolutiv. In bestimmten Gesellschaftstypen finden sich bestimmte Typen von Kommunikation. Während zum Beispiel archaische Gesellschaften durch den Kommunikationstypus ‚Interaktive Kommunikation' gekennzeichnet sind, werden Industriegesellschaften durch interaktive, noninteraktive sowie massenmedial vermittelte Kommunikation charakterisiert. Auffällig dabei: „Das „Kommunikationssystem als Subsystem der Gesellschaft wächst (...) prinzipiell *schneller* als alle anderen gesellschaftlichen Teilsysteme.“ (Merten 1999: 188; kursiv im Original)

Noch größere Relevanz erhält das „Kommunikationssystem“ in postindustriellen Gesellschaften. In Anlehnung an Bells Dreistadiengesetz gesellschaftlicher Entwicklung konstatiert Merten, dass in postindustriellen Gesellschaften nicht mehr die Probleme des Transports von Materie (Agrargesellschaft) und Energie (Industriegesellschaft) im Mittelpunkt stehen, sondern des Transports von Informationen. Dieser Entwicklungsschritt markiert eine besondere Leistung, weil

> „die Anwendung des kommunikativen Prinzips der Vernetzung auf Kommunikation die Ausbildung einer reflexiven Struktur bedeutet, was, wie bei allen Fällen der Installation reflexiver Struktur, grundsätzlich eine *emergente* Leistung verheißt.“ (Merten 1999: 207; kursiv im Original)

Empirisch zu beobachten sind eine enorme Ausweitung des Medienangebotes, die Etablierung von Metamedien als reflexiver Struktur des Mediensystems sowie eine weitere Beschleunigung der Medienevolution, „die allein es allemal rechtfertigen würde, von Mediengesellschaft zu sprechen“ (Merten 1999: 208).

Siegfried J. Schmidt beruft sich auf die Arbeiten Mertens und erweitert diese um die Einsicht, dass

> „die ökonomischen, politischen, sozialen und kulturellen Veränderungen durch die Etablierung neuer Medien stets in direkter Wechselbeziehung mit den dadurch ausgelösten kognitiven und kommunikativen Veränderungsprozessen gesehen werden müssen.“ (Schmidt 2000: 176)

Die komplexen, miteinander verschränkten Prozesse zur Herausbildung einer ‚Mediengesellschaft‘ können nicht in Form linearer Kausalitäten beschrieben werden, sondern allenfalls als „*Ko-Evolutionen* im Sinne heterarchisch geordneter Kreiskausalitäten.“ (Schmidt 2000: 177; kursiv im Original) Explizit grenzt er sich damit von einem teleologischen Verständnis der Gesellschaftsentwicklung ab, wie es in den Konzepten zur ‚Informationsgesellschaft‘ und, anders begründet und keineswegs reifikativ gemeint, auch in den Überlegungen Mertens zum Ausdruck kommt. Für eine historiographische Fundierung der ‚Mediengesellschaft‘ stützt sich Schmidt vor allem auf Studien zur Evolution spezifischer Medien sowie auf die von ihm ausgearbeiteten Theorien zur Kognition, Kommunikation, Medien und Kultur, die er in einem integrativen Medienkonzept verbindet (vgl. Schmidt 2000: 93 ff. und 177f.).

Anders als Merten setzt sich Schmidt mit den Strukturen und Funktionen der ‚Mediengesellschaft‘ in Abgrenzung zu anderen Gesellschaftskonzepten nicht ausführlich auseinander. Stärker interessieren ihn die Schritte, die zur Herausbildung einer ‚Mediengesellschaft‘ führen. Dabei geht es ihm darum, Entwicklungskonstanten der Medienevolution als „wiederkehrende Invarianzen im Sinne typisierbarer Einheiten in der Vielfalt der Detailentwicklungen" (Schmidt 2000: 185) zu identifizieren. Als solche Invarianzen, die regelmäßig als Konsequenzen der erfolgreichen Implementation neuer medientechnologischer Dispositive zu beobachten sind, beschreibt er unter anderem die Disziplinierung der Wahrnehmung, das Versprechen auf Demokratisierung sowie Kommerzialisierungs- und Individualisierungsprozesse (vgl. Schmidt 2000: 185 ff.).

Insgesamt bietet das Konzept der ‚Mediengesellschaft' Ansatzpunkte für eine theoretische Beschreibung der Emergenz öffentlicher Kommunikation. In sachlicher Hinsicht bündelt der Ansatz verschiedene Indikatoren für die Herausbildung einer ‚Mediengesellschaft'. Verstanden wird dieser Prozess als Ko-Evolution von Medien und Gesellschaft: Um den Integrationsbedarf sozialer Systeme zu bewältigen, gewinnt das Mediensystem Relevanz (Mediatisierung); gleichzeitig bewirkt es Leistungssteigerungen für die Gesellschaft und das Kommunikationssystem selbst. Zu bezweifeln ist jedoch, dass damit eine holistische Gesellschaftsbeschreibung vorliegt. Ähnlich wie andere Versuche zur Diagnose moderner Gesellschaften steht der Begriff ‚Mediengesellschaft' für ein Gesellschaftskonzept „unter einem bestimmten Blickwinkel, aber doch mit dem Anspruch einer grundlegenden Charakterisierung." (Kneer/Nassehi/Schroer 1997: 9) In Auseinandersetzung mit Ansätzen beispielsweise zur ‚Erlebnisgesellschaft', ‚postmodernen Gesellschaft', ‚Zivilgesellschaft', ‚Weltgesellschaft', ‚Risikogesellschaft' oder ‚Marktgesellschaft' kann die ‚Mediengesellschaft' Konturen gewinnen. Mit der Konzentration auf die Identifikation von Invarianten der Medienentwicklung eignet sich der Ansatz als Rahmen, um Einzelstudien - etwa zur Relevanz medienökonomischer Entwicklungen für gesellschaftliche Emanzipationsprozesse (vgl. Ludwig 1999) oder den Einfluss der Kohortensukzession auf die Verbreitung von Medien in der Gesellschaft (vgl. Peiser 1999) - für die weitere Ausarbeitung einer Theorie der Emergenz öffentlicher Kommunikation zu verknüpfen.

3.3 Die ‚Kommunikationsgesellschaft': Erzeugen und Abarbeiten von Widersprüchen

Bedenkenswert erscheinen darüber hinaus Studien zur Dialektik und Dynamik der ‚Kommunikationsgesellschaft'. In der wissenschaftlichen wie außerwissenschaftlichen Diskussion wird der Begriff gelegentlich als Synonym zur ‚Informationsgesellschaft' oder zur ‚Wissensgesellschaft' gebraucht, ohne jedoch deren Diffusionsgrade erreicht zu haben. 1983 benutzte zum Beispiel der damalige Bundespostminister Christian Schwarz-Schilling die Metapher im Sinne einer positiven Utopie: Neue Informations- und Kommunikationstechnologien würden unter anderem eine gerechtere Gesellschaft schaffen. In der Wissenschaft erzeugte diese Prophezeiung einen allenfalls kritischen Nachhall (vgl. Löffelholz/Altmeppen 1991: 62). Auch die Werke des Soziologen Richard Münch zur ‚Kommunikationsgesellschaft', obgleich mehr als eine kursorische Skizze einer Gesellschaftsdiagnose, wurden - wie andere seiner Arbeiten (vgl. Haller 1999: 261) - wenig beachtet. Dass der Begriff im kommunikationswissenschaftlichen Diskurs nicht reüssierte, mag damit zu tun haben, dass das Fach sich mit den Beziehungen von Öffentlichkeit, Medien und Gesellschaft kaum gesellschaftstheoretisch auseinandersetzt - abgesehen von dem systemtheoretischen Diskurs. In diesem freilich dominiert nicht (mehr) der Strukturfunktionalismus Talcott Parsons, auf den Münch sich stützt, sondern die Luhmannsche Variante der Systemtheorie. Im Denken Luhmanns stellt der Terminus ‚Kommunikationsgesellschaft' einen Pleonasmus dar: Keine Gesellschaft ist ohne Kommunikation möglich, weil Kommunikationen die Elemente jeder Gesellschaft sind (vgl. Luhmann 1985: 191 ff.).

Damit wird schon angedeutet, dass das Konzept von Münch und die Ansätze zur ‚Mediengesellschaft' nicht einfach kombinierbar sind. Gleichwohl liefert Münch, ausgehend von seinen Untersuchungen zur Struktur und Kultur der Moderne, verschiedene „Bausteine zum Aufbau einer Theorie der Kommunikationsgesellschaft" (Münch 1991: 14; vgl. Münch 1995), die für eine theoretische Beschreibung der Emergenz öffentlicher Kommunikation anregend sein können. Von einer ‚Kommunikationsgesellschaft' spricht Münch, weil der gesellschaftlichen Kommunikation eine wichtigere gesellschaftliche Relevanz zukommt. Die wachsende Relevanz zeigt sich in verschiedener Weise (vgl. Kron 2000: 48f.): Die Gesellschaft wird vermehrt durch kommunikative Prozesse und ihre Regeln bestimmt (kommunikative Durchdringung). Die Zahl der Kommunikatoren, die in einem immer engmaschigeren Netz miteinander verbunden werden, wächst (Verdichtung der Kommunikation). Die Gesellschaft informiert sich immer schneller über immer mehr (Beschleunigung der Kommunikation). Kulturelle und institutionelle Grenzen werden von Kommunikation immer häufiger überschritten (Globalisierung der Kommunikation).

Die ‚Kommunikationsgesellschaft' entsteht in einem dialektischen Prozess. Dialektik nennt Münch

> „die Entwicklung von Kultur und Gesellschaft aus der Dynamik von Widersprüchen, die stets Aktivitäten zum Abarbeiten von Widersprüchen hervorrufen. Diese Aktivitäten erzeugen indessen neue Widersprüche. So entwickeln sich Kultur und Gesellschaft in einem endlosen Prozess des Erzeugens, Abarbeitens und Wiedererzeugens von Widersprüchen." (Münch 1991: 20)

Der Übergang von der Industrie- zur ‚Kommunikationsgesellschaft' ist durch dialektisch verlaufende Entwicklungen auf verschiedenen Ebenen charakterisiert.

Als erste Ebene analysiert Münch die Dialektik der modernen Kultur: Zwischen den Weltkulturen bildet sich ein globaler Diskurs heraus, dessen unbeabsichtigte Konsequenzen kommunikativ verarbeitet werden müssen, was wiederum zu unbeabsichtigten Folgen führt (vgl. Münch 1991: 27 ff.). Aufgrund der „Expansion der Kommunikation" (Münch 1991: 87) entstehen vermehrt Zusammenbrüche der Kommunikation. Das Misstrauen wächst, es kommt zu Kommunikationsverweigerung, strategischem Machteinsatz und sogar Gewaltanwendung, die letztlich wieder kommunikativ verarbeitet werden müssen. Das kennzeichnet die zweite Ebene, die „Dialektik der gesellschaftlichen Kommunikation." (Münch 1991: 85) Die dritte Ebene schließlich, die „Dialektik der gesellschaftlichen Entwicklung" (Münch 1991: 133), resultiert aus dem Relevanzgewinn von Ökonomie, Politik, solidarischem Gruppenleben und kultureller Kommunikation als gesellschaftlichen Subsystemen. Diese überlagern sich, tragen Konflikte aus und suchen nach Vorherrschaft. So entsteht eine Gesellschaft, in der sich vieles nicht mehr entsprechend der Eigenrationalität der einzelnen Subsysteme abspielt, sondern in Interpenetrationszonen der Subsysteme. Um die Konflikte zwischen den Subsystemen in gesellschaftlichen Fortschritt umsetzen zu können, werden Institutionen der geregelten Kommunikation zwischen den Subsystemen erforderlich (vgl. Münch 1991: 135 ff.) Mit dem Aufbau von Institutionen der intersystemischen Kommunikation wird „die Kommunikationsgesellschaft auf ein neues Niveau der gesellschaftlichen Kommunikation" (Münch 1991: 24) gehoben.

Insgesamt stützt die Studie von Münch die These, dass die Emergenz gesellschaftlicher Kommunikation über eine historische Analyse der Medienevolution nicht hinreichend zu erklären ist. In dieser Hinsicht gleicht der Ansatz den Positionen von Vertretern der ‚Mediengesellschaft', die ebenfalls auf die Bezüge zwischen gesellschaftlichem und medialem Wandel verweisen. Betonen jene den ko-evolutiven Charakter dieses Prozesses, rückt Münch seine Dialektik in den Mittelpunkt. Im Kern stützt sich Münch auf eine Analyse der Paradoxien der Moderne und auf das Konzept der Interpenetration, welches er an anderer Stelle ausgearbeitet hat. Insgesamt wird hervorgehoben, dass mit der Theorie Münchs „die Moderne in einem fundamentaleren Sinne als ‚Risikogesellschaft' verstanden werden muss, als Ulrich Beck mit diesem Begriff zum Ausdruck gebracht hat." (Kron 2000: 54). Darüber hinaus ist es Münchs Verdienst, den Wandel der Gesellschaft als Wandel der Kommunikationsverhältnisse differenziert zu beschreiben. Skepsis an seiner Vorgehensweise bleibt jedoch bestehen - vor allem, weil seine Vorarbeiten zur Theorie der ‚Kommunikationsgesellschaft' keineswegs überzeugen.

> „Es ist dies zum ersten eine häufige Vermischung von faktischen, hypothetischen und als ‚Gesetzen' dargestellten Aussagen, zum zweiten eine nur oberflächliche Integration von wissenschaftlichen Erklärungen und empirischen Daten unterschiedlichster Provenienz, und zum dritten eine außerordentliche Vagheit im Hinblick auf die angebotenen Erklärungen, Aussagen und Prognosen." (Haller 1999: 267)

4 Vernetzungsbezogene Ansätze

Eindeutiger als die gesellschaftsbezogenen Konzepte zur Beschreibung der Emergenz öffentlicher Kommunikation entwickelten sich die vernetzungsbezogenen Ansätze ausgehend von technischen Entwicklungen. Nicht nur das ‚Netz der Netze', wie manche populäre Geschichte des Internet suggeriert (vgl. zum Beispiel Hafner/Lyon 1997), sondern alle bisherigen kommunikationstechnischen Innovationen werden durch das Prinzip der Vernetzung charakterisiert. Als 1969 vier US-Universitäten über das Arpanet, das Netz der Advanced Research Project Agency des US-Verteidigungsministeriums, miteinander verbunden wurden, existierten längst andere technikbasierte Kommunikationsnetze: die wegegebundenen interaktiven Telegraphen- und Telefonnetze, das wegeungebundene interaktive Sprechfunknetz sowie Radio und Fernsehen als wegeungebundene Verteilnetze (vgl. Wersig 2000: 176).

Betrachtet man den Sachverhalt grundsätzlicher, so geht offenbar jegliche Steigerung der Leistungsfähigkeit menschlicher Kommunikation (auch) auf das Prinzip der Vernetzung zurück:

> „Neben den Verbindungen über Wasser sind die inner- und außerstädtischen Straßen und Wege die ersten Netzwerke gewesen, auf denen sowohl Dinge oder Menschen als auch Informationen transportiert wurden; das Netz der Eisenbahnlinien brachte in dieser Hinsicht bereits eine Trennung mit sich. Um den Verkehr auf großen Entfernungen kontrollieren und steuern zu können, wurden mit der Eisenbahn auch die ersten Telekommunikationsnetze, die elektrischen

> Telegrafenverbindungen, mithin die Vorläufer der heute auf Kabel und Satelliten gestützten Computernetze, geschaffen." (Rötzer 1995: 57)

Die Vernetzung der Gesellschaft durch den Ausbau der Kommunikationsinfrastruktur induzierte zwei Diskurse zum Wandel öffentlicher Kommunikation, die sich eigenständig ausprägten und gleichzeitig miteinander verschränkten. Im ersten Diskurs stand und steht der Raumbezug im Vordergrund, im zweiten der Technikbezug. Die Vorstellung einer kleiner werdenden Welt geht vor allem auf den kanadischen Mediensoziologen Marshall McLuhan zurück, den die ‚elektronische Interdependenz' in den 60er Jahren zu seiner viel zitierten - und viel kritisierten - Metapher vom ‚globalen Dorf' inspirierte (Krotz 2001: 70 ff.; Bühl 1997: 26 ff.). Der damit ausgelöste Diskurs bezog sich von Beginn an auch auf die Veränderung der ökonomischen, politischen, kulturellen und sozialen Verhältnisse. Heute wird dieser Diskurs primär in der Metapher ‚Globalisierung' gebündelt (vgl. Löffelholz 2000a).

Im zweiten Diskurs zur Beschreibung der Entwicklung öffentlicher Kommunikation werden Begriffe benutzt, welche zunächst lediglich nachrichtentechnische Verbindungen bezeichneten. Stand in der Debatte zunächst der Ausdruck ‚Telekommunikation', unter dem die klassischen Telegraphen- und Telefonnetze subsumiert wurden, im Vordergrund, gewannen nach und nach Ansätze an Bedeutung, welche die Vernetzung von Computern betonen. Ihr Relevanzgewinn beruht auf der rasanten Diffusion der Computer(netz)-technologie. Computer gelten als universell einsetzbar, sind mit anderen Technologien gut kombinierbar und können in unterschiedlichste Handlungsabläufe integriert werden. Hochindustrialisierte Marktgesellschaften - allen voran die USA, Japan sowie die Länder der Europäischen Union - fördern den Aufbau moderner Kommunikationsinfrastrukturen mit enormem finanziellem Aufwand. Transitionale Gesellschaften wie Indien, Thailand oder die Philippinen ziehen seit einiger Zeit nach. Sogar auf dem afrikanischen Kontinent bemühen sich einige Regierungen, gemeinsam mit internationalen Organisationen, um Anschluss (vgl. Donges/Jarren/Schatz 1999; Brüne 1999; Löffelholz/Altmeppen 1994).

Zur Bezeichnung der damit verbundenen Chancen, Formen und Folgen vernetzter Kommunikation wurden diverse Begriffe getestet. Als nicht sonderlich erfolgreich erwies sich (bisher) das „Netz-Medium" (Neverla 1998). Auch die Rede vom ‚Cyberspace', die 1984 mit William Gibsons Roman ‚Newromancer' begann, gewann im öffentlichen Diskurs nur eingeschränkte Relevanz. Gebraucht wird diese Metapher in doppelter Konnotation - im Sinne einer möglichst realistischen Einbindung von Menschen in eine ‚virtuelle Realität' (vgl. Wersig 2000: 138; Bühl 1997) sowie - ähnlich wie ‚Online-Kommunikation' (vgl. zum Beispiel Neuberger/Tonnemacher 1999; Rössler 1998) - als Alternative zum Terminus ‚Internet'. Der Begriff ‚Internet' besitzt seit Mitte der 90er Jahre die weitaus größte Relevanz, zumindest im Hinblick auf seine weltweite Diffusion. Um aktuelle Wandlungsprozesse zu benennen, wurde zunächst jedoch, vor allem im politisch-administrativen System der USA, die Metapher ‚Information Superhighway' favorisiert.

4.1 Der ‚Information Superhighway': Herrschaftsmetapher zur Akzeptanzbeschaffung?

Angesichts der Bedeutung des Straßennetzes für die Entwicklung der Industriegesellschaft ist unmittelbar nachvollziehbar, warum die Metapher des ‚Highway' auf kommunikative Infrastrukturen übertragen wurde. Schon Anfang der 70er Jahre wurde das US-Kabelfernsehen als „Electronic Communications Highway" bezeichnet vgl. Smith 1972). Aber erst seit 1993, als Al Gore, der damalige Vizepräsident der USA, den Terminus popularisierte, wird er häufiger verwendet. Animiert durch einen intensiven Gebrauch in den USA, sah der Hamburger Politikwissenschaftler Hans Kleinsteuber Mitte der 90er Jahre den ‚Information Superhighway' sogar als „zentrale Metapher" (Kleinsteuber 1996b: 19) an, die er deshalb einer ausführlichen, nach wie vor lesenswerten Analyse unterzog (vgl. Kleinsteuber 1996b). Im deutschen Sprachraum, aber auch im internationalen Kontext, wird der Begriff freilich kaum (mehr) gebraucht. Das gilt insbesondere für sein deutsches Pendant, die ‚Datenautobahn'. Über einen schlagwortartigen Gebrauch - wie beispielsweise in der Studie „Journalisten auf der Datenautobahn" (Mast et al. 1997) - kam die deutsche Übersetzung trotz einer kurzzeitigen Popularität kaum hinaus (vgl. Canzler et al. 1995).

Ihren Wert bezieht die Metapher vom ‚Information Superhighway' aus der Analogie zu Assoziationen, die mit ihrem Vorbild, dem Schnellstraßensystem der USA, verknüpft werden. Highways verbinden eine Vielzahl von Punkten miteinander, kreuzen sich und ermöglichen Fahrten in viele Richtungen. In diesem Sinne ist das Highway-Netz nicht-hierarchisch strukturiert. Weder die asphaltierten Straßen noch die digitalen Datennetze kommen des Weiteren ohne funktionalen Bezug zu menschlichem Handeln aus: Sie setzen eine Nutzung durch den Menschen voraus. Charakteristisch ist darüber hinaus, dass Highways in zwei Richtungen gleichzeitig genutzt werden können. Diese Analogie ist vor allem deshalb relevant, weil massenmediale Kommunikation bis dahin stets einseitig gerichtet war. In der Metapher stecken daher, wie Kleinsteuber meint, „deutliche Momente einer Ablehnung des kommerziellen Fernsehens und einer Schaffung von individuellerer Interaktivität." (Kleinsteuber 1996b: 43) Diese Einschätzung ist jedoch nicht konsentiert: Andere Autoren verwenden den Begriff gerade im Kontext von Konsequenzen der Digitalisierung für das US-Fernsehen (vgl. zum Beispiel Stipp 1994). Zugang zu den Highways haben alle - vorausgesetzt, sie verfügen über die notwendige Infrastruktur. Ein motorisiertes Gefährt bzw. ein Computer mit Netzwerkanschluss stellen die Mindestvoraussetzungen dar. Mit diesem Hinweis auf mögliche Zugangsgrenzen reflektiert die Metapher durchaus die Debatte über die Frage, wie demokratisch das Kommunikationsnetz eigentlich ist (vgl. Kleinsteuber 1996b: 27f.).

Möglicherweise erklären die Unterschiede zwischen dem materiellen und dem virtuellen Highway, die Kleinsteuber ebenfalls herausarbeitet, warum der Begriff sich im weiteren Diskurs nicht durchsetzen konnte und als wissenschaftlich untauglich zu bewerten ist. Während das Highway-Straßennetz nur die Städte miteinander verbindet, ermöglicht der ‚Information Superhighway' den gleichberechtigt schnellen Anschluss jedes Haushaltes. Nicht berücksichtigt wird mit der Highway-Metapher auch die Vielfalt vorhandener Kommunikationsnetze, die eine jeweils unterschiedliche Leistungsfähigkeit besitzen. Prinzipiell kann sich zwar jeder einen schnellen Zugang verschaffen. Realiter existieren aber schmal- und breitbandige Netze unter anderem auf Telephondraht-, Stromleitungs-, Glasfaser- oder Koaxialkabelbasis. Schließlich schafft der ‚Information Highway' eine neue Raumwahrnehmung, die - anders als beim materiellen Highway - nicht mehr auf faktischen Entfernungen beruht. So können leichter als früher menschliche Gemeinschaften entstehen, deren Ausgangspunkt nicht in der persönlichen Begegnung liegt (vgl. Bühl 1997: 16 ff.; Kleinsteuber 1996b: 28 ff.).

Weitere Ursachen für den Relevanzverlust des ‚Information Superhighway' liegen offenbar in der Verwendung des Begriffes in der politischen Auseinandersetzung. Bühl bewertet den Terminus zusammenfassend als „Herrschaftsmetapher mit dem Ziel der Akzeptanzbeschaffung" (Bühl 1997: 30). Latzer beurteilt sie als Instrument zur „Initiierung gewaltiger Investitionen in den Infrastrukturausbau ohne entsprechenden Bedarf." (Latzer 1997: 40f.) Eine zusätzliche Erklärung, warum sich der Begriff insbesondere in den USA nicht durchsetzen konnte, liefert Kleinsteuber: Anhänger der Republikaner sahen den Terminus als „politische Symbolwaffe der demokratischen Partei" (Kleinsteuber 1996b: 32). Sie tendierten deshalb eher zur ‚Cyberspace'-Metapher, die sie mit dem ‚Internet' gleichsetzten.

4.2 *Das ‚Internet': offener Assoziationsraum zum Wandel der ‚Massen'-Kommunikation*

Als wichtigster Ausgangspunkt des heutigen Internet wird üblicherweise das Arpanet genannt. Dieses war ein Netz von Computern. Das Internet im eigentlichen Wortsinn, also als Netz von Computernetzen, begann jedoch erst knapp ein Jahrzehnt später, Gestalt anzunehmen. Nachdem im Oktober 1977 das erste Drei-Netze-System (Arpanet, Packet Radio Network, Satnet) erfolgreich zusammengeschaltet worden war, entstand Anfang 1978 am Information Science Institute in Kalifornien die Idee, aus dem Übertragungskontrollprotokoll TCP den Teil abzutrennen, der für das Routing der Datenpakete verantwortlich war. Das Ergebnis nannte man Internet-Protokoll (IP). Unter den vielfältigen weiteren Voraussetzungen zum Ausbau des Internet können zwei Entwicklungen hervorgehoben werden, die maßgeblich dafür sorgten, dass aus einer Spezialistentechnologie ein Masseninstrument wurde. 1991 wurde das in Genf entwickelte World Wide Web freigegeben, und 1993 kam mit Mosaic der erste kommerzielle Browser auf den Markt (vgl. Hafner/Lyon 1997: 280f. und 305f.). Damit waren entscheidende Schritte gemacht, um den Einsatz und die Nutzung des Internet exponentiell wachsen zu lassen und den Begriff zu popularisieren.

Im deutschen Sprachraum wird die Metapher erst seit 1995 intensiver gebraucht. Sogar in kommunikationswissenschaftlichen Fachkreisen wurde die Entwicklung eines weltweiten Daten- und Kommunikationsnetzes lange kaum wahrgenommen. So thematisierte keiner der 53 Medienexperten, die wir in unserer Delphi-Studie zur Zukunft des Journalismus Ende der 80er Jahre befragten, das ‚Internet' (vgl. Weischenberg/Altmeppen/Löffelholz 1994). Zwar gab es Analysen zu medialen Innovationen wie Bildschirm-, Video- und Kabeltext. Deren Bedeutung als „Vorläufermedien des Internet" (Tonnemacher 1999) wurde jedoch nicht erkannt. Ab Mitte der 90er Jahre findet sich der Terminus mit zunehmender Häufigkeit sowohl in einschlägigen kommunikationswissenschaftlichen Fachzeitschriften als auch in entsprechenden Bibliographien.

Mit dem Begriff wird zum einen die technische Infrastruktur aus vernetzten Computernetzwerken (physikalische Schicht) und den dazu gehörigen Protokollen (Protokollschicht) gekennzeichnet. Zum anderen subsumiert der Terminus die verschiedenen Dienste (Anwendungsschicht), die von der technischen Infrastruktur ermöglicht werden, also World Wide Web, Email, Usenet, File Transfer Protocol, Internet-Telephonie, Videokonferenzen und andere (vgl. Quandt 2000: 488 ff.). Erst mit den einzelnen Diensten (Anwendungsprogrammen) werden die Bedingungen, Formen und Konsequenzen der Kommunikation genauer festgelegt. Daher werden sie als „configurations of communication" (Morris/Ogan 1996: 42) oder „Kommunikationsmodi" (Dobal/Werner 1997: 114) bezeichnet. Ähnlich beschreiben Kubicek/Schmid/Wagner (1997: 34) die unter dem Begriff Internet subsumierten Dienste als „Medien zweiter Ordnung". Gemeint sind damit „soziokulturelle Institutionen zur Produktion von Verständigung bei der Verbreitung von Information mit Hilfe von Medien erster Ordnung" (Kubicek 1997: 220). In diesem Sinn wird die Metapher ‚Internet' kommunikationswissenschaftlich relevant.

Seine Relevanz als Metapher zur Beschreibung der Emergenz (auch: nicht-)öffentlicher Kommunikation erhält der Terminus ‚Internet' nicht allein, weil mit ihm eine Vielzahl innovativer Medien zweiter Ordnung auf einen begrifflichen Nenner gebracht werden. Sein Potenzial bezieht er vor allem aus der expansiven Diffusion der Internet-Technologie als Medium alltäglicher Kommunikation. Diese drückt sich unter anderem in der Vervielfältigung von Anwendungsmöglichkeiten sowie in rasant wachsenden Nutzerzahlen aus (vgl. Ridder 2002; IP/CMI 2001). Insofern verwundert nicht, dass mit dem Begriff mannigfaltige Assoziationen verbunden werden, die seine Bedeutung zusätzlich steigern. So verweist das ‚Internet' auf die Möglichkeit engerer Relationen zwischen bislang weitgehend unabhängig voneinander operierender Medien (vgl. Rössler 1998: 19 ff.; Latzer 1997). Das ‚Internet' verspricht eine new economy (vgl. Brill/de Vries 1998), deren neuartige Strukturen nicht deshalb in Frage zu stellen sind, weil die einstige Börseneuphorie nun einer nüchterneren und angemesseneren Betrachtung gewichen ist. Schließlich gewinnt der Begriff an Bedeutung, weil die scheinbar gesicherten Differenzen zwischen Individual- und Massenkommunikation damit in Frage zu stellen sind und, gleichzeitig, netzbasierte und massenmediale Kommunikation sich in zentralen Dimensionen unterscheiden - von der Organisationsstruktur über den Produktionsfokus bis zu den Interaktionsmöglichkeiten (s. Tabelle 1).

Tabelle 1: Vergleich massenmedialer und netzbasierter Kommunikation

Dimension	Massenmediale Kommunikation	Netzbasierte Kommunikation
Organisationsstruktur	zentralisiert	dezentralisiert
Marktzutritt	sehr begrenzt	begrenzt
Produktionsfokus	nachfrageorientiert	angebotsorientiert
Produktionszyklus	alternierend	permanent
Produktstruktur	geschlossen	offen
Produkttiefe	gering bis mittel	sehr hoch
Produktaktualität	mittel bis hoch	sehr hoch
Rezeptionsfokus	angebotsorientiert	nachfrageorientiert
Interaktivität	gering	hoch

Quelle: nach Löffelholz 1999: 275

Zusammenfassend lässt sich konstatieren: Für die Beschreibung der Emergenz von Kommunikation kommt dem Begriff ‚Internet' eine große Relevanz zu - insbesondere, weil die damit einher gehenden Veränderungen der Bedingungen, Strukturen und Leistungen von Medienkommunikation eine schlichte Übertragung bisheriger Theoriebestände auf die Netz-Kommunikation als wenig einleuchtend erscheinen lassen. Mit dem ‚Internet' werden keineswegs nur vernetzte Computernetze als Medien erster Ordnung charakterisiert. Gleichzeitig steht die Metapher für eine Summe von Anwendungsprogrammen als Medien zweiter Ordnung, die eine Weiterführung der Kommunikationstheorie über die Denkfigur der ‚Massenmedien' hinaus provozieren. In Frage stehen damit alle Strukturen der ‚klassischen' massenmedialen Kommunikation - soziale, sachliche und zeitliche. Das macht die zentrale wissenschaftliche Bedeutung des Begriffs aus (vgl. Löffelholz/Quandt 2002). Gleichwohl: Dass die skizzierten hohen Erwartungen an das Veränderungspotential des ‚Internet', die dem Begriff sowohl in Wissenschafts- wie Alltagsdiskursen gegenwärtig zu besonderer Prominenz verhelfen, mittel- und langfristig erhalten bleiben, ist nicht anzunehmen. Das Ende des einstigen Börsenbooms verweist schon heute auf das Ende der Internet-Euphorie: Es wird - nach und nach - selbstverständlich, über das und mit dem Internet zu agieren. Damit verlieren das ‚Internet' und darauf bezogene Termini wie beispielsweise ‚E-Commerce' ihre innovative Semantik. Insofern ist der Niedergang der Metapher als offener Assoziationsraum für den Wandel der Massenkommunikation absehbar. Das bedeutet freilich keinen Abschied vom ‚Internet' als wissenschaftlichem Begriff zur Beschreibung netzbasierter, integrativ verknüpfter Medien zweiter Ordnung.

4.3 Globalisierung: Interdependenz, Synchronisation oder reflexive Modernisierung?

Anders als in den bisher beschriebenen vernetzungsbezogenen Ansätzen wurde der in der Metapher ‚Globalisierung' gebündelte Diskurs durch komplexere Irritationen ausgelöst (vgl. Luger 1994). In der Kommunikationswissenschaft intensivierte sich die Diskussion über die Bedingungen und Konsequenzen der Globalisierung nach dem Zweiten Weltkrieg (vgl. als historischen Überblick Mowlana 1996). Gesellschaftskritische Wissenschaftler wie Herbert Schiller rückten in den 70er Jahren ökonomische Einflüsse in den Mittelpunkt (vgl. Mohammadi 1999: 3). Seither läuft eine differenzierte Debatte zur ‚Globalisierung', die freilich keineswegs zu einer tragfähigen Definition führte. Der Soziologe Ulrich Beck bezeichnet ‚Globalisierung' deshalb als das

> „am meisten gebrauchte - missbrauchte - und am seltensten definierte, wahrscheinlich missverständlichste, nebulöseste und politisch wirkungsvollste (Schlag- und Streit-) Wort der letzten, aber auch der kommenden Jahre." (Beck 1997: 5)

Insgesamt können vier zentrale Verständnisse von ‚Globalisierung' unterschieden werden. Diese grenzen sich nicht scharf voneinander ab, sondern sind miteinander verknüpft. Der Begriff ‚Globalisierung' steht demzufolge für politische Demokratisierung, wachsende Interdependenz, kulturelle Synchronisation und reflexive Modernisierung (vgl. Löffelholz 2000a).

> Der Begriff ‚Globalisierung' steht demzufolge für politische Demokratisierung, wachsende Interdependenz, kulturelle Synchronisation und reflexive Modernisierung.

Trotz dieser Bedeutungsvielfalt werden die Ursachen von ‚Globalisierung' zumeist auf die Einführung neuer technischer Infrastrukturen reduziert. Schon Ende der 70er Jahre skizzierte der Politikwissenschaftler Michael Margolis die Vision einer vernetzten Demokratie, in der gigantische Datenbanken alle gewünschten Informationen bereitstellen und eine direkte Demokratie ermöglichen würden. Die kommunikationstechnisch induzierte ‚Globalisierung' erschien als Instrument zur Durchsetzung einer gerechteren, demokratischeren und friedlicheren Gesellschaft (vgl. Margolis 1979). Diese mehrfach variierte Grundidee erhielt Mitte der 90er Jahre, mit der Expansion des World Wide Web, neuen Schub, veränderte aber nicht ihre Charakteristika - auch nicht im Hinblick auf die als unidirektional begriffenen Zusammenhänge zwischen Technik (unabhängige Variable) und Kommunikation (abhängige Variable). Aktuell zeigt sich das etwa in dem Unterfangen, die Beziehung von Internet und Globalisierung zu beschreiben: „Die durch das Internet ermöglichten

Kommunikationsweisen machen den eher abstrakten Begriff der Globalisierung konkret erfahrbar (...).“ (Theis-Berglmair 1998: 177)

Der prominenteste kommunikationswissenschaftliche Ansatz zum Verständnis von ‚Globalisierung‘ ist mit einer Vorstellung verknüpft, die in den 60er Jahren von dem kanadischen Medienwissenschaftler Marshall McLuhan entwickelt wurde: „Die elektronische Interdependenz (gemeint sind die neuen Kommunikationstechnologien; ML) verwandelt die Welt in ein globales Dorf.“ (McLuhan 1968) Demnach bedeutet ‚Globalisierung‘ eine Intensivierung von wechselseitigen Abhängigkeiten über nationale Grenzen hinweg. Das Modell getrennter Staatenwelten wird durch das Modell transnationaler Interdependenzen und globaler Vernetzung ersetzt. Normativ wird damit die Idee verbunden, dass mit der Vernetzung gesellschaftlicher Teilbereiche (Volkswirtschaften, Nationen) Interdependenzen verstärkt und Konfliktivität gesenkt wird. Angenommen wird des Weiteren, dass die industrielle Standardisierung von Produktionsweisen und Produkten zu einer Homogenisierung und Synchronisation kultureller Muster und Orientierungen führt. Früh darauf aufmerksam gemacht haben bereits Vertreter einer Kritischen Theorie der Gesellschaft (vgl. Horkheimer/Adorno 1944). In neuerer Zeit wurde die damit verbundene Unterstellung eines kulturellen Konvergenzprozesses simplifizierend als „McDonaldisierung der Gesellschaft“ (Ritzer 1998) beschrieben.

Sowohl die traditionellen Kulturimperialismuskonzepte als auch die kulturelle Konvergenztheorie verkennen freilich die Paradoxien und Ambivalenzen kultureller ‚Globalisierung‘. Diese Auffassung vertreten unter anderem Anthony Giddens und Ulrich Beck. Für sie kann ‚Globalisierung‘ mit Hilfe eines Zwei-Phasen-Modells gefasst werden. In der ersten Phase, der frühen Moderne, bedeutet Globalisierung vor allem eine Expansion der westlichen Ökonomie, Politik und Kultur. In der zweiten Phase, der reflexiven Moderne, bedeutet Globalisierung nicht mehr nur nationale Grenzen überschreitende Expansion - etwa im Sinne eines Transfers westlicher Kulturvorstellungen -, sondern eine Rückbezüglichkeit dieser Entwicklung auf einzelne Kulturen, Nationen oder Individuen. Reflexive Modernisierung führt dazu, die Evolution von Widersprüchen als entscheidende Dimension der Globalisierung zu begreifen. Widersprüche wie normativer Universalismus und Partikularismus, kulturelle Bindung und Fragmentierung, politische Zentralisierung und Dezentralisierung, sozialer Konflikt und Ausgleich charakterisieren die ‚Globalisierung‘. Der Begriff ‚Globalisierung‘ vermittelt insofern Einheit und Fragmentierung, also das Bewusstsein der Welt als einem singulären Platz (vgl. Beck 1997: 92 ff.; Robertson 1992: 100). Dieser Blickwinkel ermöglicht, wie Roland Robertson argumentiert hat, das Lokale als Aspekt des Globalen zu verstehen. Er schlägt vor, kulturelle Globalisierungsprozesse deshalb als ‚Glokalisierung' zu konzeptualisieren (vgl. Robertson 1998).

Abgesehen von Einzelarbeiten (vgl. zum Beispiel Luger 1994) werden solche komplexeren (medien-)soziologischen und kulturwissenschaftlichen Annäherungen an den Begriff ‚Globalisierung' in der deutschsprachigen Kommunikationswissenschaft bisher kaum berücksichtigt. Wird die Metapher verwendet, dann meist im Sinne eines politik- und nationalstaatszentrierten Verständnisses (vgl. zum Beispiel Donges/Jarren/Schatz 1999). Unsere aktuelle Bestandsaufnahme internationaler Grundlagentexte zur transkulturellen Kommunikation liefert demgegenüber einen Überblick über die Vielfalt theoretischer Perspektiven und zeigt die Potentiale der mit der Metapher verbundenen Ansätze zur Beschreibung der Emergenz öffentlicher Kommunikation auf (vgl. Hepp/Löffelholz 2002). Deutlich wird dabei, dass die wissenschaftliche Verwendung und theoretische Weiterführung des Begriffs keineswegs darin münden muss, die - aufgrund gravierender Schwächen - längst beiseite gelegte Taxonomie der ‚Four Theories of the Press' auszugraben, um den ‚Globalismus' zu erweitern und das Ergebnis als „Five Theories of the Media" (Meckel 2001: 149) zu deklarieren.

Für eine Bilanz zur Relevanz der Metapher ‚Globalisierung' ist es noch zu früh. Ihre elaboriertere Verwendung im kommunikationswissenschaftlichen Diskurs hat gerade erst begonnen. Deutlich wird jedoch, dass die weitere Ausarbeitung einer Theorie der Medienevolution sich sinnvollerweise an komplexeren mediensoziologischen und kulturwissenschaftlichen Diskursen orientieren wird, die ihren Ausdruck unter anderem in den Studien von Roland Robertson finden.

„Für Robertson sind (...) *gegenwärtige* Globalisierungen und *gewusste, massenmedial reflektierte* Globalisierungen zwei Seiten derselben Prozesse. Damit ist die Herstellung dieser kulturell-symbolischen Reflexivität der Globalisierung *die* Schlüsselfrage der Kultursoziologie der Globalisierung. (...) In diesem Sinne zielt Globalisierung daher nicht nur auf die ‚Objektivität zunehmender Interdependenzen'. Gefragt und untersucht werden muss vielmehr, wie sich der Welthorizont in der transkulturellen Produktion von Sinnwelten und kulturellen Symbolen öffnet und herstellt." (Beck 1997: 88; kursiv im Original)

5 Fazit und Ausblick: die Theorie dynamischer Systeme als Theorie der Medienevolution?

Um die Emergenz öffentlicher Kommunikation begrifflich zu fassen, bedient sich die Kommunikationswissenschaft einer wachsenden Zahl von Metaphern: Mit der Beschleunigung der Medienevolution beschleunigte sich die Entstehung und Diffusion relevanter Begriffe. Die (zeitweise) populärsten Termini - ‚neue Medien', ‚Multimedia', ‚Datenautobahn' und ‚Internet' - beruhen auf simplifizierenden Ursachenerklärungen des medialen Wandels: In Anlehnung an modernisierungstheoretische Konzepte, deren Glanzzeit vier Jahrzehnte zurück liegt, wird technischen Innovationen die entscheidende Rolle zur Veränderung der öffentlichen Kommunikation zugewiesen (s. Tabelle 2). Vermutlich erklärt gerade dieser Reduktionismus den hohen Popularisierungsgrad der genannten Metaphern.

Die technizistische Banalisierung des medialen Wandels provozierte sowohl in der Kommunikationswissenschaft wie in der Informatik vereinzelt Versuche, die entsprechenden Begriffe in anspruchsvolleren theoretischen Ansätzen zu nutzen. Zu erwähnen sind hier vor allem McQuail's „new media theory" (vgl. McQuail 2000) sowie die Einführung des Terminus ‚Internet' zur Beschreibung netzbasierter, integrativ verknüpfter Medien zweiter Ordnung (vgl. Kubicek/Schmid/Wagner 1997). Diese Versuche demonstrieren, dass definitorische Arbeit die Verwendung von Begriffen ermöglicht, welche aufgrund ihrer Popularisierung wissenschaftlich eigentlich verbraucht waren. Die entsprechenden Termini - ‚neue Medien', ‚Multimedia' und ‚Internet' - implizieren gleichwohl eine zu eng geführte Modellierung des medialen Wandels. Die gesellschaftliche Dimension der Emergenz öffentlicher Kommunikation bleibt genauso unberücksichtigt wie die offenkundige Reflexivität der Medienevolution.

Tabelle 2: Synopse ausgewählter Metaphern zur Beschreibung der Emergenz öffentlicher Kommunikation

Metapher	**Bezugsebene**	**Axialer Prozess**	**Ursachenerklärung**
Neue Medien	Medien	Modernisierung	Technische Innovationen
Multimedia	Medien	Modernisierung	Technische Innovationen
Informationsgesellschaft	Gesellschaft	Informatisierung	Technischer und ökonomischer Wandel
Mediengesellschaft	Gesellschaft	Reflexive Mediatisierung	Funktionale Differenzierung
Kommunikationsgesellschaft	Gesellschaft	Dialektische Dynamik	Evolution von Widersprüchen
Datenautobahn	Vernetzung	Modernisierung	Technische Innovationen
Internet	Vernetzung	Modernisierung	Technische Innovationen
Globalisierung	Vernetzung	Reflexive Modernisierung	Evolution von Widersprüchen
Dynamisches System	System	Differenzierung	Kontingenz und Selbststeuerung

Der Erfolg gesellschaftsbezogener Ansätze zur Beschreibung des medialen Wandels basiert daher auch auf den Defiziten medien- und vernetzungsbezogener Metaphern. Das gilt vor allem für die ‚Informationsgesellschaft‘, die der technizistischen und modernisierungstheoretischen Betrachtung der Medienevolution eine gesellschaftliche Dimension verleiht. In diesem Sinn stellt die ‚Informationsgesellschaft‘ einen Komplementärbegriff zu den Metaphern ‚neue Medien‘, ‚Multimedia‘, ‚Datenautobahn‘ und ‚Internet‘ dar. In Abgrenzung dazu bietet der Terminus ‚Mediengesellschaft‘, fundiert insbesondere durch die Arbeiten von Klaus Merten, Siegfried J. Schmidt und Ulrich Saxer, einen komplexeren Rahmen zur Beschreibung der Emergenz öffentlicher Kommunikation. Vorteilhaft ist besonders die Verknüpfung kommunikationswissenschaftlicher, soziologischer und kulturwissenschaftlicher Perspektiven. Die Evolution der Medien erscheint damit nicht als separater Prozess, sondern gleichermaßen als Konsequenz wie Antriebskraft des sozialen Wandels. Ähnliches gilt für die ‚Kommunikationsgesellschaft', die sich als wissenschaftlicher Begriff jedoch kaum etablieren konnte.

Unter den vernetzungsbezogenen Metaphern kommt dem Begriff ‚Globalisierung' eine besondere Stellung zu. Einerseits rekurriert der Terminus - anders als ‚Datenautobahn' und ‚Internet' - nicht direkt auf Kommunikation und Medien. Andererseits ermöglicht gerade das seine elaboriertere Verwendung. Anspruchsvollere Begriffsverständnisse bieten freilich weder die traditionellen Kulturimperialismuskonzepte noch die kulturelle Konvergenztheorie. Komplexere mediensoziologische und kulturwissenschaftliche Diskurse beziehen die Paradoxien und Ambivalenzen kultureller ‚Globalisierung' ein und verbinden diese mit dem medialen Wandel. Erst damit wächst die Relevanz des Begriffs ‚Globalisierung' zur Beschreibung der Emergenz öffentlicher Kommunikation.

Die vergleichende Betrachtung der verschiedenen Metaphern und der damit verbundenen Ansätze zeigt, dass die Kommunikationswissenschaft von einer theoretischen Modellierung der Medienevolution und der Dynamik öffentlicher Kommunikation weit entfernt ist. Sicherlich finden sich einzelne Versuche einer theoretisch anspruchsvolleren Beschreibung. Insgesamt aber gleicht die Situation eher einer Großbaustelle, auf der an verschiedenen Ecken Arbeiten begonnen haben, ohne dass erkennbar wäre, welches Gebäude entstehen soll.

Auszunehmen davon ist freilich der Ansatz von Herbert Kubicek, Ulrich Schmid und Heiderose Wagner. Ihr Anspruch ist es, ein integratives Modell des Evolutionsprozesses medialer Innovationen zu erarbeiten (vgl. Kubicek/Schmid/Wagner 1997: 57). Ausgehend von der sozialwissenschaftlichen Technikforschung verknüpfen sie ein kommunikationswissenschaftlich fundiertes Kommunikationsmodell und einen elaborierten Medienbegriff mit soziologischen Überlegungen zur Institutionalisierung medientechnologischer Innovationen in Form komplexer Organisationen. In Anlehnung unter anderem an Giddens Strukturationstheorie unterscheiden sie eine prozessuale und eine strukturelle Dimension der Institutionalisierung medialer Innovationen. Im Hinblick auf die „Prozessmomente" stützen sich Kubicek et al. auf die Theorie der Innovationsnetzwerke, wonach Technikentwicklung in allen Phasen von unterschiedlichen sozialen Netzwerken getragen wird. Zur Differenzierung „struktureller Konfigurationen" gehen sie von einem dreigliedrigen Öffentlichkeitsverständnis aus: Binnenöffentlichkeiten, Teil-Öffentlichkeiten und globale Öffentlichkeiten. Auf diese Weise sollen die Interessen, Mittel und Strategien der Nutzer in das Analysemodell medialer Institutionalisierungsprozesse integriert werden (vgl. Kubicek/Schmid/Wagner 1997: 19-57). Angesichts des Standes der sonstigen Arbeiten zur Ausarbeitung einer Theorie der Medienevolution ist das Modell, trotz seines Eklektizismus, in der Tat hilfreich in dem Bemühen, „für die Problematik der Entstehung, des Wachstums und der Öffnung von Medien (zu) sensibilisieren, die von den Produzenten und Entwicklern neuer Medien in der Regel kaum antizipiert werden." (Kubicek/Schmid/Wagner 1997: 57)

Das beschriebene Modell des Evolutionsprozesses medialer Innovationen deutet die Richtung an, in welche die weitere Arbeit an einer Theorie der Medienevolution gehen kann. Neben einer systematischen Integration der beschriebenen kommunikationswissenschaftlichen Arbeiten erscheint es insbesondere sinnvoll, den soziologischen Diskurs zur Theorie dynamischer Systeme intensiver einzubeziehen (vgl. Löffelholz 1999; Müller/Schmid 1995a). Assoziationen wie Trend, Kontinuität und Steuerbarkeit, die seit den 20er Jahren die sozialwissenschaftliche Debatte über die Evolution der Gesellschaft prägten, werden von Attributen wie Kontingenz, Unsicherheit und Selbststeuerung abgelöst. In Abgrenzung zu unilinearen Stufenmodellen soziokultureller Anpassung (Sozialdarwinismus), die auf einem trivialen Biologismus basieren, ist auf dieser Grundlage davon auszugehen, dass die Veränderungen von Medien nicht zu einer - wie auch immer gearteten - Höherentwicklung führen müssen. Es gibt keine Gewähr dafür, dass Variation, Selektion und Stabilisierung als relevante Evolutionsmechanismen die Medien als dynamische Systeme dauerhaft in eine bestimmte Richtung verändern. Im Gegenteil: Für moderne Gesellschaften ist eine reflexive Modernisierung geradezu charakteristisch. Evolution ermöglicht dynamischen Systemen Bestandssicherung, ohne jedoch eine höhere Fähigkeit zur Selbststeuerung und eine günstigere Umweltanpassung zu gewährleisten. Selbstorganisierende soziale Systeme als Produkt der funktionalen Differenzierung moderner Gesellschaften weisen Merkmale auf, die gängige Konzepte des sozialen Wandels grundlegend in Frage stellen: Selbstorganisierende Systeme sind multi-hierarchisch und struktur-determiniert, sie generieren intern Handlungsoptionen, ihre Komponenten sind komplex.

In Anlehnung an differenzierungstheoretische Überlegungen können drei Dimensionen zur Beschreibung der Evolution von Medienkommunikation unterschieden werden: dominante Mechanismen, dominante Systemdynamiken und dominante Muster.

➲ In Anlehnung an differenzierungstheoretische Überlegungen können drei Dimensionen zur Beschreibung der Evolution von Medienkommunikation unterschieden werden: dominante Mechanismen, dominante Systemdynamiken und dominante Muster.

In den verschiedenen Kernphasen der Medienevolution - Variation, Selektion und Stabilisierung - kommen unterschiedliche Mechanismen zum Tragen. Für Variation sorgen vor allem technische Innovationen, die ihrerseits von den Strukturen und Leistungen bestimmter Interaktions- und Organisationssysteme abhängig sind. Ob technische Innovationen institutionalisiert werden, hängt von ökonomisch geprägten Selektionsprozessen ab, die freilich nur dann erfolgreich verlaufen können, wenn sie sich mittel- und langfristig in Abhängigkeit von nutzungsspezifischen Faktoren stabilisieren. Sowohl ökonomische Selektion als auch nutzerspezifische Stabilisierung unterliegen wiederum jeweils spezifischen Systemdynamiken. Die Differenz von tradierter und innovativer Medienkommunikation impliziert insofern keine einfache Zweiwertigkeit (wie etwa zwischen ‚neuen' und ‚alten Medien'), sondern gibt das Kontinuum an, in dem sich mediale Innovationen institutionalisieren (s. Tabelle 3).

Tabelle 3: Evolution von tradierter und innovativer Medienkommunikation

Dimension	**Tradierte Medienkommunikation**	**Innovative Medienkommunikation**
Dominante Mechanismen	Ökonomische Selektion Nutzerspezifische Stabilisierung	Technische Variation Ökonomische Selektion
Dominante Systemdynamik	Organisationen Funktionssysteme	Interaktionssysteme Organisationen
Dominante Muster	Integration des Neuen Komplementarität	Integration des Alten Substitution

Quelle: nach Löffelholz 1999: 274

Die Dynamik öffentlicher Kommunikation entsteht dabei aus der nicht auflösbaren Widersprüchlichkeit von funktionaler Differenzierung und operativer Geschlossenheit sozialer Systeme. Um trotz der steigenden Spezialisierung (funktionale Differenzierung) und dementsprechend wachsender Kontingenz gesellschaftlicher Teilsysteme eine funktionsfähige Gesellschaft zu konstituieren, nehmen die Interdependenzen zwischen den gesellschaftlichen Subsystemen zu. Im Zuge steigender Autonomie und Rekursivität einzelner Subsysteme wachsen jedoch gleichzeitig die Independenzen sozialer Systeme, die schließlich zu operativer Geschlossenheit, Selbstorganisation und Heterarchie führen. Soll eine funktional differenzierte Gesellschaft erhalten bleiben, kann gesellschaftliche Integration deshalb nicht über eine hierarchische Instanz hergestellt werden, sondern allein über diskursive Abstimmungsprozesse operativ zwar geschlossener, strukturell aber gekoppelter Teilsysteme. Abstimmungsprozesse erfolgen dabei prinzipiell systemintern (selbstreferenziell), aber auf der Basis systemexterner Informationsangebote, die Bewusstsein und Kommunikation sowie soziale Systeme miteinander koppeln. Die strukturelle Kopplung von Systemen beeinträchtigt ihre jeweilige Selbstreferentialität nur insofern, als sie die Kontingenz der Strukturvariation von Systemen selektiv beeinflussen kann.

Sowohl die wachsenden Interdependenzen als auch die zunehmenden Independenzen sozialer Systeme führen zu einer größeren Kommunikationsdichte, die unter anderem in der expandierenden Menge der Informationsangebote beobachtbar wird. Um den in der Weltgesellschaft wachsenden Integrationsbedarf sozialer Systeme zu bewältigen, entstand das moderne Mediensystem, das gravierende Leistungssteigerungen für die Gesellschaft bewirkt und gleichzeitig selbstreferenziell zu weiteren Leistungssteigerungen des Kommunikationssystems führt. Die Herausbildung selbstorganisierender Systeme, die Optionen intern generieren, selektieren und aggregieren, geht darüber hinaus offenbar ebenfalls mit quantitativ komplexeren Kommunikationen einher, die über eine entsprechende Strukturbildung (zum Beispiel spezialisierte Medien) die Selbst-Reproduktion der Selbst-Organisation absichern. Damit sind einige Aspekte der Theorie dynamischer Systeme benannt, die für die Ausarbeitung einer Theorie der Medienevolution hilfreich sein können.

Kommentierte Literaturhinweise

Habermas, Jürgen (1976): Strukturwandel der Öffentlichkeit. Untersuchungen zu einer Kategorie der bürgerlichen Gesellschaft, 8. Aufl., Neuwied/Berlin: Luchterhand

Aus einer kapitalismuskritischen Perspektive analysiert Habermas die Veränderungen der öffentlichen Kommunikation. Öffentlichkeit und Gesellschaft werden als interdependent betrachtet. Das Werk gehört zu den Klassikern der theoretisch fundierten Literatur über die Emergenz der Medienkommunikation.

Löffelholz, Martin/Thorsten Quandt (2002) (Hg.): Die neue Kommunikationswissenschaft. Berufsfelder, Themen und Theorien im Internet-Zeitalter - eine Einführung, Wiesbaden: Westdeutscher Verlag

In der Einführung werden die Konsequenzen der Informatisierung, Globalisierung und Ökonomisierung der Gesellschaft für die Kommunikationswissenschaft beschrieben. Ein Schwerpunkt sind die Bedingungen, Strukturen und Folgen der rasanten Diffusion des Internets. Neben theoretischen und methodologischen Aspekten werden konkrete Perspektiven für neue (und traditionelle) Kommunikationsberufe ausgelotet.

Robertson, Roland (1992): Globalization. Social theory and Global Culture, London: Sage

Globalisierung kann keineswegs nur als ökonomischer Prozess verstanden werden, sondern berührt und verändert alle Bereiche der Kultur einer Gesellschaft. Sozialtheoretisch fundiert, liefert das Werk einen grundlegenden Einblick in die Formen und Funktionen der sich herausbildenden globalen (Medien-)Kultur. Es geht dabei nicht, wie Robertson argumentiert, um Homogenisierung *oder* Desintegration: Der Begriff ‚Globalisierung' vermittelt Einheit *und* Fragmentierung.

Schimank, Uwe/Ute Volkmann (2000) (Hg.): Soziologische Gegenwartsdiagnosen. Eine Bestandsaufnahme, Opladen: Leske+Budrich

Der Sammelband liefert einen Überblick über soziologische Gegenwartsdiagnosen. Vorgestellt werden eine Vielzahl von Ansätzen, die für die Beschreibung der Emergenz der öffentlichen Kommunikation Relevanz besitzen. Dazu gehören u.a. die Konzepte der Risikogesellschaft (Beck), der funktionalen Differenzierung (Luhmann), der Kommunikationsgesellschaft (Münch), der Simulationsgesellschaft (Baudrillard) oder die These der McDonaldisierung (Ritzer).

Schmidt, Siegfried J. (2000): Kalte Faszination. Medien, Kultur, Wissenschaft in der Mediengesellschaft, Weilerswist: Velbrück

Gestützt auf eine interdisziplinäre Perspektive werden die Zusammenhänge zwischen Medien, Kommunikation, Kultur und Kognition beschrieben. Gesellschaftlicher und medialer Wandel verlaufen danach in Wechselwirkung mit kognitiven und kommunikativen Veränderungen. Diese Prozesse werden als Ko-Evolutionen aufgefasst. Anhand einer Analyse der Entwicklungskonstanten der Medienevolution wird die Herausbildung einer Mediengesellschaft konstatiert.

Politische Ökonomie der Alltagspublizistik

Suchen und Prüfen von Grundlagen für ein Theorieprogramm

Manfred Rühl

Ich habe nicht nötig zu denken, wenn ich nur bezahlen kann; andere werden das verdrießliche Geschäft schon für mich übernehmen. (Kant 1785)

Wirtschaftsprobleme der öffentlichen Kommunikation (public communication), insbesondere solche der Alltagspublizistik (everyday public communication), sind leichter zu formulieren, zu bearbeiten und zu lösen, lässt man sich von der Kommunikationswissenschaft grundbegrifflich, methodisch und theoretisch ausrüsten. Die Alltagspublizistik versucht das Bescheidwissen der Welt zu fördern und zu steigern. Ihre Leistungen (und Fehlleistungen) werden zu Beginn des 21. Jahrhunderts von den alltagspublizistischen Kommunikationssystemen Journalismus, Public Relations, Werbung und Propaganda prozessiert, die funktional von je eigenen Gesichtspunkten geleitet und von spezifisch vorprogrammierten Entscheidungsprogrammen strukturiert werden. Alltagspublizistische Werke haben seit eh und je einen ökonomischen Warencharakter, der hier im Wandel der europäischen Tradition der Politischen Ökonomie beobachtet werden soll.

1 Ökonomie und Alltagspublizistik

Die Alltagspublizistik nimmt im frühen 17. Jahrhundert sachlich und sozial Gestalt an. In der Schichten- und Klassengesellschaft des französischen Absolutismus und seines Wirtschaftssystems, des Merkantilismus, lokalisierbar im organisations- und marktförmigen Kontext der in Paris erscheinenden Gazette, und vielfältig verbunden mit dem Bureau d'Adresse et de rencontre des Théophraste Renaudot, ist bereits eine teils persuadierende, teils manipulierende Alltagspublizistik zu beobachten. 150 Jahre jünger als die Buchpublizistik, wird die Alltagspublizistik in Europa im 19. und 20. Jahrhundert als Journalismus, Public Relations, Werbung und Propaganda funktional spezifiziert und strukturell ausdifferenziert - im Wechselspiel zur Industrialisierung, Alphabetisierung, Urbanisierung und Demokratisierung der Gesellschaft. Presse und Rundfunk bilden bis heute die dominierenden Gegenstandsarten (vgl. Rühl 1999, 2001).

Eingebettet in die Kommunikationskulturen der Weltgesellschaft werden tagaus, tagein typisierte Alltagsthemen als „lesbare" Werke und als „(ver)käufliche" Waren produziert und rezipiert. Zur organisationsförmigen Produktion und zur haushaltsförmigen Rezeption der Alltagspublizistik sind in jedem Fall gesellschaftlich knappe Ressourcen zu beschaffen: sinnmachende Information, gültiges Geld, kommunikationsberufliche Arbeit, öffentliche Aufmerksamkeit, verbindliches Recht, mitmenschliche Achtung (Moralgrundsätze), viel Zeit und andere mehr. Aus alltagspublizistischen Ressourcenkombinationen haben dezentral operierende Produktionsorganisationen Programme vorprogrammiert, die kontinuierlich „gefahren" werden. Auch für das haushaltsförmige Rezipieren alltagspublizistischer Angebote sind solche, gesellschaftlich knappe Ressourcenkombinationen Vorbedingungen. Die Produktionsergebnisse werden auf publizistischen Märkten angeboten und nachgefragt. Dabei appelliert die produzierende und vertreibende Alltagspublizistik an die Gedächtnisse der Weltöffentlichkeit, die sie gestern und vorgestern mit einem publizistischen „Bescheidwissen" ausgestattet hat, um situativ rezipierende Publika zu gewinnen. Journalismus, Public Relations, Werbung, Propaganda, künftig womöglich noch weitere alltagspublizistische Teilsysteme, operieren persuadierend, primär überredend und überzeugend. Zwischen ihnen hat ein weltweit verbreiteter Manipulationsverdacht ständige Spannungsverhältnisse aufgebaut. Unter Manipulation verstehen wir, mit Donald M. MacKay (1968), dass das Wissen und die Entscheidungen anderer gesteuert werden, ohne sich selbst der Gefahr einer entsprechenden Gegensteuerung auszusetzen.

Will man ein unvoreingenommenes Bild von den politisch-ökonomischen Aspekten der modernen Alltagspublizistik gewinnen, dann ist theoriehistorisch bewusst zu machen, dass sie in Europa langwierige Übergänge erlebt haben: von der Adelsgesellschaft zur bürgerlichen Gesellschaft, deren Ausformungen als Industriegesellschaft, heute unterwegs zur Weltgesellschaft (vgl. Stichweh 2000; Rühl 1999). Je nach gesellschaftspolitischer Großwetterlage hat die Alltagspublizistik unterschiedliche poltisch-ökonomische Probleme. Sie sind keine Universalprobleme, sondern entstehen auf drei Ebenen alltagspublizistischer Beziehungen:

(1) als Funktionsbeziehungen zu Politik, Wirtschaft, Erziehung, Recht, Wissenschaft, Sport usw. (Makropublizistik);

(2) als Marktbeziehungen, die alltagspublizistische Leistungen und Gegenleistungen verschiedener gesellschaftlicher Systeme konfrontieren (Mesopublizistik) und

(3) als organisations- und haushaltsinterne Aufgaben, die selbst gestellt und erledigt werden (Mikropublizistik).

Medienökonomische und medienpolitische Projektforschungen (piecemeal research) überraschen immer wieder, dass sie alltagspublizistischen Funktionen, Leistungen und Aufgaben wenig Rechnung tragen. Der im deutschen Sprachraum über Jahrzehnte vorherrschende publizistikwissenschaftliche Normativismus (Emil Dovifat) behandelte politisch-ökonomische Probleme von Gegenstandsarten (Zeitungen, Rundfunk, Medien) nur am Rande. Die Konzeption eines Kommunikationssystems Alltagspublizistik als produzierendes und rezipierendes Gesamtsystem, mit konkurrierenden, koordinierenden und kooperierenden Märkten, Organisationen und Haushalten, konnte deshalb nicht entstehen.

Theorien alltagspublizistischer und politisch-ökonomischer Probleme sind seit der Antike zu beobachten. Erst als die Politische Ökonomie in der zweiten Hälfte des 18. Jahrhunderts den Markt (und nicht mehr den Haushalt) in den Mittelpunkt des Interesses rückte, entsteht mit Adam Smiths sozialwissenschaftlicher Systemtheorie eine Theorie der Wirtschaftsgesellschaft (commercial society bzw. civilized society). Smith differenziert ein system of commerce und ein system of agriculture als Prozessformen, um auf die Darstellungsform system of political economy zu schließen. Politische Ökonomie heißt in der Kritik von Karl Marx und Friedrich Engels kapitalistische Gesellschaft, die für Unrecht gehalten wird. Die Politische Ökonomie mutiert zur Neoklassik und erhält im 20. Jahrhundert mit dem Keynesianismus eine beharrliche Konkurrenz. Neoklassik und Keynesianismus bestimmen, oft modifiziert und differenziert, bis heute die Poltische Ökonomik. In der zweiten Hälfte des 19. Jahrhunderts beginnen im deutschen Sprachraum die methodisch der Historik verpflichteten Nationalökonomen Karl Knies, Albert Schäffle, Karl Bücher und Max Weber an einer Theorie der Sozialökonomik zu arbeiten. Diese Richtung wird von der Wirtschaftssoziologie und der wissenschaftlichen Sozialpolitik weiterentwickelt (vgl. Lange 1994), während in den Wirtschaftswissenschaften mehrere Varianten der Neoklassik und des Keynesianismus vorherrschen - mit marginaler Beteiligung neo-post-marxistischer Ansätze.

Eine sozialwissenschaftliche Studie über die politische Ökonomie der Alltagspublizistik kann an keine dieser Traditionen unmittelbar anknüpfen. Sie tut gut daran, multidisziplinäre Erkenntnisse und Probleme, ausgerichtet auf Probleme öffentlicher Kommunikation, zu untersuchen, um Erfahrungen anhand neuerer Problemsichten abzuklären. Der vorliegende Ansatz sucht, mithilfe des heute verfügbaren sozialwissenschaftlichen Theorienpluralismus, nach alternativen Erklärungsmöglichkeiten - in Distanz zur Gegenstandsart Medien und der schwach begründeten Massenkommunikation.

2 Medien und Massenkommunikation

Medium und Mittel sind alteuropäische Bezeichnungen für Objekte, von Subjekten behauptet (vgl. Rühl 2000). Medienbegriffe in unüberschaubarer Menge, verkrustet durch theoretische Ablagerungen, befinden sich im Umlauf. Für Aristoteles (1979: 1112b) waren Medien Mittel zum Zweck. Einen Zweck konnte Karl Knies (1853, 1857) nicht benennen, der die gerade sozial institutionalisierten „Communicationsmittel“ Eisenbahn und Telegraf sozialökonomisch untersuchte. Metaphysisch wird der literarisch-theologisierende Aphoristiker Marshall McLuhan (1970), der Medien für menschliche Weiterungen (extensions of man) hält, wenn er beispielsweise das Rad als Beschleuniger des Fußes bezeichnet.

Massenmedien (mass media) werden in den 40er Jahren des 20. Jahrhunderts alltagssprachliches Gemeingut (als Kurzform für media of mass communication).[1] Den Massenmedien werden von Anbeginn zwei Eigenheiten zugeschrieben. Zum einen nennt man Rundfunk, Film oder das Buch die Massenmedien, weil sie als unpersönliche (impersonale) Mechanismen zwischen Sprecher und Publikum stehen sollen und somit von Dramen, Konversationen oder öffentlichen Ansprachen zu unterscheiden sind (vgl. Klapper 1949). Zum anderen meint das Wort Masse in diesem Zusammenhang nicht jene miserable Sorte Mensch, die Massenpsychologen beschreiben. Vielmehr steht Masse im Ausdruck Massenkommunikation für eine Menschenmenge (crowd), der die medienvermittelte Kommunikation physisch und finanziell leichter zugänglich gemacht werden kann (vgl. Wiebe 1952).

---

1 Zum Karrierebeginn der Begriffe Massenkommunikation und Massenmedien vgl. Rühl 1999.

In der zweiten Hälfte des 20. Jahrhunderts nennen viele Disziplinen viele uneinheitliche Medien, etwa Luft, Licht, Elektrizität, Gestik, Mimik, Sprache, Schriftzeichen, Literatur, Fotografien, Radiergummi, Schreibmaschine, Videotext, Satellitenantennen, Telefax, Kabelfernsehen, Internet, Online-Nutzung, Handys usw. (vgl. Hiebel et al. 1999). Ohne theoretische Kontrolle sollen diese Medien übertragen, speichern, digitalisieren, kombinieren, reproduzieren und öffentliche Aufgaben übernehmen können. Sie gelten als mächtig und weltsichtfördernd, wenn sie als Individuen, Gruppierungen oder Organisationen auftreten. Als generalisierte Kommunikationsmedien stehen sie für Liebe, Wahrheit, Recht und Wissen, als Massenmedien sind sie Verbreiter von Mitteilungen, können Massen informieren oder beeinflussen und dienen als Kulturspiegel der Gesellschaft und gesellschaftlicher Institution. Unausgesprochen wird diesem babylonischen Medienbegriffswirrwarr eine gemeinsame Methodologie unterstellt, damit Medien wissenschaftsfähig werden. Viele Medien, die gestern noch für „neu" gehalten wurden, existieren heute nur noch als Einträge in Medienlexika, die selbst recht kurze Verfallszeiten haben.

Die praktische Massen(medien)forschung behandelt Medien fantastisch (vgl. Rühl 1998). Seit etwa sechzig Jahren bildet die wissenschaftliche Medien(kommunikations)forschung viele Ein-Weg-Verlaufsmodelle, die Kommunikation kausal begründen. Nach diesen Kommunikationsmodellen transportieren Medien (Kanäle) die Aussagen (Botschaften, Mitteilungen) zielbestimmt, wenn sie selbstselektierende Akteure (Individuen, Manager, Gatekeeper, Organisationen) als Zeichen und Symbole an Rezipientenkollektive vermitteln, um in deren Innern etwas zu bewirken. Der Tatort heißt erst Massengesellschaft, dann Mediengesellschaft, heute vorwiegend Informationsgesellschaft. Weitere Termini sind im Gespräch. Leider werden sie nicht zu soziohistorischen Theorien über Medien/Gesellschafts-Beziehungen ausgebaut. Stattdessen vermutet man zwischen Emittenten und Rezipienten der Ein-Weg-Verlaufsmodelle Mediationen, die metaphorisch als Sinnmacher, Plattform, Träger, Vereinfacher, Wegweiser, Unterrichter, Fenster zur Welt, Spiegel zur Selbstbeobachtung oder als Wahrheitsblockaden bezeichnet werden (vgl. McQuail 1983). Mediationen sollen Psychisches (Wahrnehmungen, Einstellungen, Meinungen) und Soziales (Privatheit, Öffentlichkeit politisches und ökonomisches Handeln) verändern.

Medien kommen direkt, kompakt und innovativ daher, als dinghaft-evolutionäre Errungenschaften, die geeignet sind, in allen Lebenslagen „wichtig" zu sein. In ihrem scheinbar unbegrenzten Wachstum finden Medien keine epistemischen Bindungen zur Bildung von Kommunikationstheorien (vgl.

Anderson 1996). Solange die Kommunikation mit unilinearen Modelltheorien als Transfer oder als Vermittlung durch Medien beschrieben wird, sind Informationen und Mitteilungen als empirische Korrelate zu definieren, ohne Themen, Sinn und Verstehen zu problematisieren. Die Massen(medien)forschung untersucht hauptsächlich Wirkungen aus psychischen Perspektiven. Weniger Augenmerk erfahren Untersuchungen sozialer Auswirkungen (social impacts) von Medien auf Familien, Haushalte, Organisationen, Märkte oder Gesellschaftsbereiche. Bevorzugt untersucht man psychische Medienwirkungen (psychic effects), die an Individuen und Kollektiven als „ganze Menschen" gemessen werden. Durch Medienfragen gewonnene Daten sollen etwas über Kommunikation aussagen, obwohl keine Kommunikationsfragen gestellt werden.

Gegenwärtig rangieren in der Medienforschung Fragen der Digitalisierung und der Vernetzung ganz vorne. Schon werden (wieder) Mediengesetze formuliert („Moores Gesetz", „Metcalfes Gesetz"), die, wie weiland „Riepls Gesetz" von 1913, oft zitiert, ohne begründet zu werden. Niemand gibt Auskunft, ob logische, philosophische oder erfahrungswissenschaftliche Gesetzesverständnisse gemeint sind und ob Medien in Verhältnissen stehen zu Informationen, Kommunikationen oder zur Publizistik.[2] Wirtschaftswissenschaftlich werden Medien als öffentliche, private oder meritorische Güter (commodities) bzw. als Dienstleistungen (services) beobachtet. Viele Medienfragen formuliert man als Wirtschaftsfragen, die Produktion, Absatz, Umsatz, Standort oder Konzentration im Auge haben. Kommunikations- oder Publizistikfragen werden nicht eigens ins Denkspiel gebracht. Medienbegriffe können dann alltagsvernünftig einer unbestimmten Objektewelt zugeordnet werden, die mit Problemen der Publizistik und der politischen Ökonomie nichts zu tun hat - oder doch?

3 Ausgangslage für ein sozialwissenschaftliches Theorieprogramm

Mit der funktional vergleichenden Systemtheorie als Erkenntnishilfe definieren wir: Die Alltagspublizistik reproduziert sich selbst, als autonome Einheit in der Weltgesellschaft, durch das kontinuierliche Prozessieren programmierter Programme (programmed program processing) des Journalismus, der Public Rela-

2 Das 1965 von Gordon Moore aufgestellte „Mediengesetz" prognostiziert: Die Transistoren der Chip-Produktion werden sich pro Schaltkreis alle 18 Monate verdoppeln. Diese Regelhaftigkeit soll bislang der Fall gewesen sein. Künftig allerdings soll das „Gesetz" hochwahrscheinlich nicht mehr gelten, weil die zwischenzeitlich unverhältnismäßig angestiegenen Produktionskosten bei der Formulierung des Gesetzes noch keine Rolle gespielt haben.

tions, der Werbung und der Propaganda, anhand gesellschaftlich knapper Ressourcen, vorrangig in der Absicht, zu überreden und zu überzeugen.

➲ Die Alltagspublizistik reproduziert sich selbst, als autonome Einheit in der Weltgesellschaft, durch das kontinuierliche Prozessieren programmierter Programme (programmed program processing) des Journalismus, der Public Relations, der Werbung und der Propaganda, anhand gesellschaftlich knapper Ressourcen, vorrangig in der Absicht, zu überreden und zu überzeugen.

Dieses kommunikationswissenschaftliche Erklärungsmodell (vgl. Rühl 2001) beansprucht, zusammen mit einem empirisch bewährten sozialwissenschaftlichen Theorienpluralismus, politisch-ökonomische Probleme der Alltagspublizistik in ihren sachlichen, sozialen und zeitlichen Dimensionen besser problematisieren, bearbeiten und lösen zu können als rivalisierende Ansätze.

Ein umfangreiches Gedankengut über Beziehungen zwischen der klassischen Politischen Ökonomie und der klassischen Publizistik ist in sozialwissenschaftlichen Theorien zu finden (vgl. Lange 1994; 1989; Hardt 1979). Sie haben in der zweiten Hälfte des 19. und im frühen 20. Jahrhundert ihre theoretischen Horizonte erweitert, um selbstgestellte Forschungsfragen mit sozialanalytischen Instrumenten, teilweise schon sozial(system)ökonomisch zu untersuchen. Von ihnen werden ausdrücklich sozialökonomische Auswirkungen der Eisenbahn und des Telegrafen ausgeleuchtet (vgl. Knies 1853, 1857). Eine organisch konzipierte Gesellschaftstheorie operiert mit den Begriffen und Problemen von Kommunikation, Symbol, Organisation, Verkehr, Presse, Technologie, Öffentlichkeit, Persuasion, öffentliche Meinung, Volk, Nation und versucht, ein eigenes Publizistiksystem zu konstruieren (vgl. Schäffle 1875). Es folgen Analysen von Presse, Reklame, von Arbeit und Rhythmus, der Buchpreisbindung oder der Massenproduktion (vgl. Bücher 1981). Und mit Wirtschaft und Gesellschaft (vgl. Weber 1985) werden, von einer wohldefinierten sozialökonomischen Theorie durchdrungen, kulturelle Voraussetzungen und Folgen, auch methodologische Reflexionen, etwa zur Inhaltsanalyse, bedacht (vgl. zum Überblick Rühl 1999). Knies, Schäffle und Bücher diskutieren über ein halbes Jahrhundert über Programm der Pressereform. Mit dem Lehrbuch der Politischen Ökonomie, das Karl Heinrich Rau 1851 - 1855 in erster Auflage vorlegt (vgl. Rau 1868), wird eine klassische Konzeption begründet; die der (theoretischen) Volkswirtschaftslehre, der (praktischen) Volkswirtschaftspolitik und einer auf Staatstätigkeiten spezialisierten Finanzwissenschaft/Finanzpolitik. Diese für die Volkswirtschaftslehre noch heute brauchbare Facheinteilung schwingt mit, als in den 70er Jahren eine Theorie der Kommunikationspolitik konzipiert wird.

Die deutsche Zeitungs- und Publizistikwissenschaft, deren Vertreter gerne politisieren, bringt keine gesamtpublizistische Theorie mit politisch-ökonomischen Problemsichten hervor. In den USA setzte sich an der Wende zum 20. Jahrhundert eine Publizistik/Gesellschaft-Perspektive durch, die beabsichtigte, publizistikpraktische Reformen im Zusammenhang mit Stadt und Fabrik soziologisch zu untersuchen. Viele US-amerikanische Sozialwissenschaftler hatten in Deutschland studiert. John Dewey, Robert E. Park, Albion Small, Edward A. Ross und William Sumner untersuchen - in der Regel mit Reformabsichten - die Presse in den amerikanischen Großstädten. Sie spüren politisch-wirtschaftlichen Kontrollen nach, vorrangig unter dem Gesichtspunkt der Macht, verfolgen soziale Auswirkungen der Technologien auf Arbeitsbedingungen und prüfen weitere Spannungsverhältnisse zwischen Publizistik, Gesellschaft, Politik, Wirtschaft und Kultur - oft unmittelbar angeregt von Albert Schäffle, Karl Bücher, Max Weber, Ferdinand Tönnies, vor allem von den Theorien Georg Simmels (vgl. Rühl 1999; Hardt 1979).

Seit den 60er Jahren arbeiteten, unabhängig voneinander, aus sozialwissenschaftlichen Perspektiven, Franz Ronneberger in Deutschland und Ithiel de Sola Pool in den USA an einer Theorie der Kommunikationspolitik - beide mit dem Analysepotenzial damaliger Systemtheorien (vgl. Ronneberger 1966; 1978-1986; Pool et al. 1973, 1974). Der Begriff Publizistikpolitik wird vorgeschlagen (vgl. Müller-Neuhof 1974), findet aber kein Echo. Das Hauptaugenmerk der anschließenden Forschungen gilt einer primär politikwissenschaftlich ausgerichteten Kommunikationspolitik (vgl. Rühl/Stuiber 1983; Langenbucher 1974, 1979), die bald von einer medienpolitischen Stückwerkforschung (piecemeal research) zurückgedrängt wird (vgl. Jarren 1998). Mikro- und makroökonomische Fragestellungen werden medienpolitisch und medienökonomisch untersucht. Die Gegenstände sind Kommunikatoren, neueste Technologien, Medienkonzentrationsprozesse, einzelne Presse-, Rundfunk- und Filmwirtschaftsfragen, Finanzierungsprobleme - meistens unter Neuigkeitsaspekten beobachtet. Eine gesamthafte Politische Ökonomie der Medien, in der publizistik- und wirtschaftswissenschaftliche Wissensbestände zusammengeführt und auf ihre kommunikationspolitische Wissenschaftsfähigkeit geprüft werden könnten, blieb unerkannt.

4 Publizistiksystem und System Alltagspublizistik: Stationen ihrer Entstehung und ihrer ökonomischen Dopplung

In der deutschen Fachsprache werden Publizistik und öffentliche Kommunikation (public communication) sinngleich verstanden. Der Anfang wird beim Buchdruck gesucht. Doch ein unvoreingenommener Blick auf die Geschichte der öffentlichen Kommunikation macht aufmerksam, dass Homer bereits in der Odyssee die öffentliche Rede in der Stadtgesellschaft (polis) als orale Publizistik beschreibt. Mit seinen Texten über Politik, Ethik und Rhetorik reflektiert Aristoteles (1979, 1991-1996, 1999) die orale Publizistik wissenschaftlich. Nach seinem Dafürhalten verläuft die öffentliche Kommunikation als Rhetorik über den Markt (agora), wo die versammelten (männlichen) Vollbürger situativ Politik praktizieren, die sie gesellschaftsorientiert kultivieren.

Die Ökonomie war in den Schichtengesellschaften Europas, von der Antike bis ins 18. Jahrhundert, auf den Haushalt (oikos) bezogen. Die altgriechische polis war durch die Herrschaft, der oikos durch den Haushalt charakterisiert. Die Stadt repräsentierte die Politik, das Haus die Ökonomik. Die Abläufe des Wirtschaftens werden handschriftlich (skriptografisch) für eine zahlenmäßig kleine, aber lese- und diskussionsfähige Öffentlichkeit festgehalten. Skriptografische Bücher kennt man schon in Mesopotamien, Alt-Ägypten und in den altorientalischen Reichen, wo sie wirtschaftliche, politische, administrative und religiöse Texte enthielten, die an die Herrschenden in Staat und Tempel gerichtet waren. Erst im Übergang von stratifizierten zu funktional differenzierten Gesellschaftssystemen findet in der Neuzeit die Wirtschaft im Markt die zentrale Bezugsgröße. Die Wissenschaft wird nunmehr zu der sich überregional, national und international durchsetzenden Produktionsökonomie.

Das technisch Neue an Gutenbergs Druckverfahren (seit 1450) war die Möglichkeit, Metallbuchstaben wieder zu verwenden. Sachliche, soziale und zeitliche Folgen des technisch nach Gutenberg über Jahrhunderte stagnierenden Buchdrucks revolutionieren die Publizistik, auch die orale.

Buch und Zeitung, die beiden neuartigen typografischen Druckerzeugnisse, haben von Anfang an zwei komplementäre Seiten: als lesbare Werke und wirtschaftliche Waren. Ihre Produktion, Distribution und Rezeption formen „publizistische Kreisläufe“, die durch gesellschaftlich knappe, monetär beschaffte Ressourcen in Gang gehalten werden. Ressourcen der Buch- und Alltagspublizistik sind vor allem städtische Standorte, spezialisierte Teilarbeit, Papier, Druckerschwärze, Satzgeräte, Pressen, Nachrichten, Manuskripte, „Boten und Posten“, Kredite und Kapital, Agenten und Korrespondenten, Messen, Auslieferungslager und unterschiedlich knapp bemessene Zeit. Aus literaten und kaufkräftigen Publika werden buch- und alltagspublizistische Öffentlichkeiten, aufgeschlossen für neue Weltsichten, unterschiedliche Wissensarten und sozialen Wandel, die durch Anschlusskommunikation im öffentlichen Gerede bleiben (vgl. Rühl 1999).

➲ Typografische Druckerzeugnisse haben von Anfang an zwei komplementäre Seiten: als lesbare Werke und wirtschaftliche Waren.

Kopieren im Mittelalter die Skriptorien der Klöster religiöse Bücher für den kirchlichen Eigenbedarf, so produziert das frühneuzeitliche Typographeum, selbst ein organisatorischer Übergang vom Handwerksbetrieb zur Manufaktur, unternehmerisch, für persönlich unbekannte Käufer und Leser. Die publizistischen Kreisläufe bilden teils monetäre, teils nicht-monetäre Gegenkreisläufe.

Der zu erwartende Warenerfolg typografischer Bücher wird (monetär) kalkulierbar, der Werkerfolg durch Lesen kann nur (nicht-monetär) geschätzt werden. Die Druckunternehmen kennen Fremdfinanzierung, denn die Städte hatten sich bereits auf die Geldwirtschaft umgestellt. In der Reichsstadt Nürnberg beispielsweise gibt es seit 1365 „Wechselstuben", die Leistungen anbieten, die später für Universalbanken typisch werden. Die Geld- und Warenbewegungen der Buchproduktion hält die (in Italien) erfundene doppelte Buchführung fest. Landessprachliche Bücher, einschließlich Bibelübersetzungen, werden stärker nachgefragt als die traditionell in lateinischer Sprache verfassten - wenngleich auf den Märkten und Messen Mittel- und Westeuropas noch im 15. Jahrhundert Bücher gegen Bücher getauscht werden. Europa kennt noch keine Copyright-Konventionen, so dass beispielsweise die Waren- und Werkerfolge der Ende des 15. Jahrhunderts publizierten Schedelschen Weltchronik durch einen Raubdruck frühzeitig beendet wurden. Raubdrucke und eine zunehmende politisch-religiöse Zensur verkürzen die Reichweiten des Buchvertriebs, schränken den Absatz der Auflagen ein und schmälern die unternehmerischen Gewinnerwartungen. Wer der „gemein man" eigentlich war, der die Bücher gelesen und über sie kommuniziert haben soll, wissen wir nicht so genau (vgl. Giesecke 1991; Engelsing 1974). Leserschaft und Käuferschaft gehören jedenfalls zum funktional spezifischen Kommunikationssystem Buchpublizistik.

Eineinhalb Jahrhunderte nach dem Buch erscheint mit der Zeitung ein neuartiger Publikationstypus, der einen eigenen Doppelkreislauf zu Stande bringt. Themen der frühen Zeitungen sind wunderliche Handlungen, wahrhaftige Kontrafakturen und „schröckliche" Ereignisse, ein Mix aus Fakten und Fiktionen, noch ohne Kritik und ohne Anzeigen. Zeitungen orientieren sich von Anbeginn an Außergewöhnlichem und Überraschendem, soweit sie für das

Volk, dem die Zeitungen überwiegend vorgelesen werden, auch Sinn machen. Die Standorte der Zeitungen waren die Städte mit oft weniger als 1000 Einwohnern. Die ersten Zeitungen erscheinen im ersten Jahrzehnt des 17. Jahrhunderts, die Relationen in der Reichsstadt Straßburg, der Aviso in der Residenzstadt Wolfenbüttel. Relationen und Aviso waren Kurzformen der mehrzeiligen Zeitungstitel; Überschriftenabstufungen waren noch unbekannt. Mit der Produktion und dem Vertrieb entwickelte man eigene Zeitrhythmen: zunächst eine wöchentliche Erscheinungsweise, fünfzig Jahre später die Tageszeitung. Setzer, Korrektoren, Drucker, Possilierer, Illuministen und Komponisten erhielten bereits einen Stundenlohn (vgl. Neudörfer 1875). Sie arbeiten in Avisenhäusern und Zeitungsbuden, wo auch Ablassformulare, Kalender, Flugschriften, Traktate, Pasquillen und Messrelationen hergestellt wurden, unter der Regie der Eigner, die in Personalunion das Typographeum und die Redaktionsarbeiten „managen" (vgl. Stöber 2000).

Das kontinuierliche Machen, Kaufen und Lesen der Zeitungen lässt eine latente Zeitungsöffentlichkeit entstehen. Große Teile der Bevölkerung wissen aus der Zeitung über den Alltag Bescheid, weit weniger wissen näheres über die Zeitung selbst. Aus dieser Zeitungsöffentlichkeit werden, anhand von Einzelausgaben, immer wieder Publika gewonnen. Christian Thomasius und andere Frühaufklärer, allen voran Kaspar Stieler mit seinem Ratschlagbuch Zeitungs Lust und Nutz (1695/1969), propagieren Ende des 17. Jahrhunderts ein bürgerliches Zeitungslesen, das ein für den Alltag brauchbares Bescheidwissen vermitteln soll. Die Zeitungen sollen dem Volk zu einer besseren Lebensführung verhelfen. Im 18. Jahrhundert werden Zeitungen universitäre Lehrmittel. August Ludwig Schlözer, der in Göttingen lehrende Professor für Politik und Mitbegründer so unterschiedlicher Disziplinen wie der empirischen Geschichtswissenschaft, der Wirtschaftspolitik und der Statistik, wird zum Protagonisten des akademischen Zeitungslesens (vgl. Rühl 1999, 2002).

5 Kommunikation und die gesellschaftlich-kulturelle Mitwelt

Selbst die heutige Kommunikationswissenschaft behandelt ihre Grundbegriffe extrem salopp. Deshalb ist es für eine Sicht auf die Politische Ökonomie der Alltagspublizistik ratsam, einige Grundbegriffe abzuklären. Die Antike hat für Kommunikation (communication) eine großflächige Sinnprovinz abgesteckt, die Austausch, Bedeutung, Gemeinschaft, Gewährung, Mitteilung, Umgang, Verbindung und Verkehr umfasst. Über die 800 Jahre klassische Rhetorik, die von Aristoteles über Quintilian bis Augustinus reicht, liegen viele philologische und philosophische Studien vor, aber kaum kommunikationswissenschaftliche (vgl. Burke 1969). Francis Bacon distanzierte sich Anfang des 17. Jahrhunderts vom Kommunikationsbegriff der klassischen Rhetorik, da sie nur auf Handeln und Einfluss ausgerichtet sei. Adam Smith konzipierte in seinem Schlüsselwerk Theory of moral sentiments (1976) die menschliche Kommunikation als Ego/Alter-Prozess im Spiegel der Gesellschaft (vgl. Rühl 1999). Charles Horton Cooley und besonders George Herbert Mead analysierten zu Beginn des 20. Jahrhunderts die Humankommunikation als sinnhafte Aktivität im Unterschied zum Verhalten (behavio[u]r). Mead suchte nach Erklärungen für das Entstehen von Sinn (meaning), von Geist (mind) und von Kommunikation und fragte grundsätzlich: Wie entsteht das menschliche „self" (unterschieden nach „I" und „me") im sozialen Prozess? Wie kommen Symbole zustande? Wie schaffen es die Menschen, Sprachen zu bilden? Und wie kommt es zu quantitativen und qualitativen Veränderungen in der Kommunikation (vgl. Strauss 1956)?

Nicht die semantisch-gesellschaftsstrukturellen Kommunikationsforschungen Meads, sondern die sinnabstinenten behavioristischen und technisch-physikalischen Kommunikationsvorstellungen prägen in der zweiten Hälfte des 20. Jahrhunderts die Massen(medien)forschungen. Ein innenorientiertes Ein-Weg-Standardmodell stellt Kommunikation als einzelnen Akt vor, der im Kern aus fünf Elementen besteht: aus Initiator, Rezipient, Beförderungsmittel (Medium), Mitteilung und Wirkung. Für diesen Kommunikationsbegriff sind drei Richtungen auszumachen:

(1) Aus tierischem und menschlichem Verhalten werden Aussagen über die menschliche Kommunikation abgeleitet, ohne Sinn und Formen zu problematisieren.

(2) Eine Art Gegenbewegung bildeten sozialpsychologische und soziologische Studien, die Sprache auf Zeichen und Symbole und deren Wirkungen in sozialen Situationen zurückführten.

(3) Die bereits angesprochene physikalisch-technische Forschung interessiert sich für Signale und wie sie in großen Mengen kostengünstig von Ort zu Ort zu transportieren sind.

Ingenieure halten eine Kommunikation für gelungen, wenn eine Quelle (source of message) Signale durch einen Kanal an einen Empfänger am Ziel (receiver at the destination) transmittiert. Semantische Aspekte der menschlichen Kommunikation machen Ingenieuren keine Probleme, sie halten sie für irrelevant (vgl. Shannon/Weaver 1976). Wird das Signal „Information" genannt, dann stiftet der Ausdruck „Informationstheorie" nicht nur bei Sozialwissenschaftlern einige Verwirrung.

5.1 Kommunikationssysteme

Nach einer geläufigen Redensart gehören zur Kommunikation immer zwei. Sozialwissenschaftlich kann dem zugestimmt werden, vorausgesetzt, es wird nicht an „ganze Menschen" gedacht. Denn nicht Menschen vollziehen Kommunikation, dies gelingt nur Kommunikationssystemen. Lebende Organsysteme und psychische Bewusstseinssysteme gehören zur Mitwelt der Kommunikationssysteme, sind jedoch an jedem Kommunikationsfall beteiligt.

Ist neuerdings von Autopoiesis die Rede, dann erinnert der Wortteil poiesis an eine der beiden aristotelischen Grundformen des Handelns. Aristoteles (1979) schreibt poiesis, wenn er das planvoll angelegte (handwerkliche) Herstellen selbständiger Objekte (Produkte) meint, und er schreibt praxis, wenn er faktische Vollzüge zielgerichteten Handelns (Denken, Heilen, Wirtschaften, Musizieren) im Sinne hat. Von Autopoiesis spricht zuerst der Biologe Humberto Maturana (1985). Nach seiner Auffassung reproduzieren sich Organsysteme im Modus Leben, Kombination eigener Elemente. Für den Soziologen Niklas Luhmann (1987), der sich - mithilfe der System/Umwelt-Theorie - für die Selbstreproduktion des Humansozialen im Modus Kommunikation interessiert, ist die Autopoiesis der Kommunikation ein gesellschaftliches Vermögen, das eine Kommunikationsvergangenheit voraussetzt.

Kommunikation hat keinen bekannten Anfang und kein absehbares Ende. Alle menschlichen Kommunikationssysteme sind in allen Phasen mit der eigenen Vergangenheit vernetzt, durch die persönlich-psychischen und kulturell-lesbaren Gedächtnisse (Archive, Bibliotheken, Museen). Sachlich kann Kommunikation verstanden werden als Synthese der Elemente Sinn, Information, Thema und Äußerung (Mitteilung). Sinn symbolisiert die bewahrte Kommunikationskultur, Information ist das Neue, Themen grenzen das ein, wovon die Rede ist und Äußerungen regen an, weiterzukommunizieren. Sozial wird Kommunikation dreifach differenziert:

(1) als einfache Kommunikationssysteme (Gespräche, Dialoge, Diskurse);
(2) als organisierte Kommunikationssysteme (Unternehmen, Anstalten, Verbände, Parteien), die seit 200 Jahren rapid zunehmend, und
(3) als Systeme öffentlicher Kommunikation (Publizistiksysteme).

Dabei bleibt das Verstehen von Kommunikation immer riskant. Wird Kommunikation verstanden, dann nie perfekt.

Als autopoietisches Kommunikationssystem ist die Alltagspublizistik in den Sach-, Sozial- und Zeitdimensionen einer gesellschaftlichen Mitwelt funktional ausdifferenziert (vgl. Rühl 2001). Systemintern verfügt sie über eine Produktionsseite, strukturiert durch Organisationsformen (Verlag, Anstalt, Agentur) und über eine Rezeptionsseite in den Formen des Haushalts (Familie, Elternhaus, Heime, Ein-Personen-Haushalt). Produktion und Rezeption operieren, wie dargelegt, mit gesellschaftlich knappen Ressourcen in unterschiedlichen Kombinationen.[3]

5.2 *Öffentlichkeit und Kommunikationsfreiheit*

Obwohl die öffentliche Kommunikation als Rhetorik seit der Antike bekannt ist, wird die Öffentlichkeit als Sozialität erst im 18. Jahrhundert zum Schlüsselbegriff der emergierenden bürgerlichen Gesellschaft Europas. Erst werden das Englische und das Französische, dann das Deutsche Nationalsprache. Im Englischen und im Französischen bedeutet public schon im 17. Jahrhundert allgemein zugänglich, während publik im Deutschen bis in die zweite Hälfte des 18. Jahrhunderts staatlich meint, etwa vorgegebene höhere Staatszwecke. Immanuel Kant (1796) interpretiert sein Prinzip Publizität als allgemein zugänglich, öffentlich kundbar machen. Er schreibt jedem Bürger (nicht jedoch dem unmündigen Untertanen) einen eigenen Verstand und eine vernunftrationale Urteilskraft zu, die, zusammen mit der Kritik als Prüfstein vernünftigen Argumentierens, in öffentliche Diskussion zur Wahrheitsfindung führen. Adam Smith (1974) entwirft, mit der Zielvorstellung des Wohlstands der Nationen, eine Theorie der Wirtschaftsgesellschaft (commercial society), zu deren Verwirklichung öffentliche Aufgaben, öffentliche Gewalt, öffentliche Meinung und öffentliches Vertrauen gehören (vgl. Rühl 1999).

Die Kommunikationsfreiheit (Rede-, Meinungs- und Pressefreiheit) wird das zentrale Grundrecht der im 19. Jahrhundert expandierenden Verfassungs-

---

3 Medienökonomisch werden - wie in den Wirtschaftswissenschaften üblich - knappe Ressourcen auf die Produktionsfaktoren verteilt (vgl. Heinrich 1994: 20). Sozialwissenschaftlich beobachtet müssen die Produktions- und die Rezeptionsseite über gesellschaftlich knappe Ressourcen verfügen, die auf sozialen Märkten (wirtschaftliche Märkte eingeschlossen) zu ermitteln und zu bezahlen sind.

gesellschaften.[4] Die Öffentlichkeit wird zunächst idealtypisch gedeutet, als Kommunikation von Angesicht zu Angesicht der zum Publikum versammelten Privatleute (vgl. Habermas 1990). Die Zeitungslexika, zu Konversationslexika ausgebaut (zuerst der Brockhaus, 1805), unterstützen die Lese(r)revolution und eine öffentliche Meinung, die als Austausch von Ansichten und Bildungsgütern verstanden wird. Durch unterschiedliche Gewichtungen wird eine Gesellschaft im ständigen Übergang definiert: Von der Agrar- zur Handels-, zur Industrie-, und zur Dienstleistungsgesellschaft. Um die Wende zum 20. Jahrhundert beginnt man innerhalb der Alltagspublizistik zwischen Journalismus, Werbung, Public Relations (Publicity) und Propaganda zu unterscheiden. Mit den Elementbegriffen Publikum, Öffentlichkeit, Geheimnis, Privatheit, Gemeinschaft, Gesellschaft, Demokratie, Republik, Revolution, Wahlvolk, Mandats- und Amtsträger wird versucht, eine gesellschaftliche Theorie der Publizistik zu konstruieren (vgl. Schäffle 1875). Die Öffentlichkeit wird die Kardinalproblematik der Moderne (vgl. Dewey 1927, 1996).

5.3 Alltäglichkeit

Gleich anderen Sozialwissenschaften befindet sich die Kommunikationswissenschaft in einem gebrochenen Verhältnis zu Alltag und Alltäglichkeit. Der Alltagsverstand (common sense) erfasst den Alltag durch selbst gesetzte Zwecke, die das eigene Handeln erreichen soll. Das Alltägliche wird umschrieben als das Übliche, das Gewöhnliche, das Normale, das sich ausweiten lässt auf wiederkehrende Grundbedürfnisse (Essen, Trinken, Schlafen), um als Durchschnitt, Mittelmaß oder Einerlei bewertet zu werden. Der Alltag ist das Innen, wo alles routiniert erledigt wird, im Unterschied zum unkontrollierbaren Außen. Seit dem 19. Jahrhundert verdrängt der städtisch-bürgerliche Alltag den dörflich-bäuerlichen Alltag in Europa zunehmend. Als eigene Lebensstile können beide kaum mehr unterschieden werden. Der städtisch-bürgerliche Alltag wird so komplex wie die liberalen Theorien des Wirtschaftens, die insofern widersprüchlich sind, als sie das menschliche Individuum in den Mittelpunkt

4 Die Rede- und Pressefreiheit wird 1791 im Ersten Zusatzartikel (First Amendment) der US-Verfassung verankert, und zwar als Unterlassungsvorschrift: „Congress shall make no law abridging (...) the freedom of speech or the press". In Deutschland werden Kommunikationsfreiheit, einschließlich Pressefreiheit, im Artikel 118 der Weimarer Verfassung (1919) und im Artikel 5 des Grundgesetzes der Bundesrepublik (1949) verbrieft - in Verbindung mit den Grundrechten Menschenwürde, Gleichheitsgrundsatz, Gewissensfreiheit, Versammlungsfreiheit. Artikel 27 der DDR-Verfassung (1974) gewährt die Meinungs- und Pressefreiheit in Verbindung mit der Staatsidee (Artikel 1) dem Arbeiter- und Bauernstaat, unter Führung der Arbeiterklasse und ihrer marxistisch-leninistischen Partei.

stellen und gleichzeitig sein Zweck/Mittel-Denken durch variationsreiche Wirtschaftsmärkte neutralisieren (vgl. Rühl 2001).

Im Unterschied zu den alltagsungebundenen Büchern wählen die Zeitungen schon in ihrer Frühzeit außergewöhnliche Themen (Kriege, Fürstenhochzeiten, Monstrositäten, Naturkatastrophen), die im Milieu des Alltags verstanden werden. Die Reduktion des teils faktischen, teils fiktionalen Außergewöhnlichen auf das Verstehensniveau des Alltags blieb der entscheidende Auswahlgesichtspunkt für alltagspublizistische Produktionen und Rezeptionen. Journalismus, Public Relations, Werbung und Propaganda orientieren sich als alltagspublizistische Teilbereiche - mit Blick auf die wahrscheinliche Mitwelt - an organisationseigenen bzw. haushaltseigenen Prämissen.

Erwartet die Alltagspraxis, dass sich die Wissenschaft „praxisnah" verhält, dann ist klarzustellen: „Eine Wissenschaft kann, darüber sollte die Praxis sich keine Illusionen machen, nur Fragen beantworten, die sie selbst stellt." (Luhmann 1968: 49) Die Wissenschaft verpflichtet sich auf selbstgestellte theoretische und methodische Prämissen. Postuliert eine Programmpraxis, mit Blick auf ein Publikum: „Der Köder muss dem Fisch, nicht dem Angler schmecken", dann ist dies keine wissenschaftsfähige Hypothese. Die Wissenschaft ist jedoch theoretisch-methodisch gerüstet, diese Aussage als schlaumeierökonomische Alltagsrede zu qualifizieren.

6 Das Kommunikationssystem Alltagspublizistik, seine Funktion und seine Probleme

Die Alltagspublizistik kann als Systemeinheit öffentlicher Kommunikation in Differenz zu einer gesellschaftlich-kulturellen Mitwelt bestimmt, erkannt und wiederhergestellt werden. Kopplungen zwischen der Alltagspublizistik und ihren gesellschaftlichen Mitwelten (Haushalte, Organisationen und Märkte der Familie, der Politik, der Wirtschaft, des Rechts etc.) können gelingen, weil sie alle Kommunikationssysteme sind. In Verfassungsgesellschaften, die allen Kommunikationssystemen die Kommunikationsfreiheit zur Selbstdarstellung anbieten, wird alltagspublizistischen Teilsystemen (Presse, Film, Rundfunk, Journalismus, Public Relations, Werbung), aber auch Haushalten als Formen alltagspublizistischer Rezeption, die Kommunikationsfreiheit eingeräumt.

Die Funktion, derentwegen die Alltagspublizistik gesellschaftlich ausdifferenziert und als besonderes Kommunikationssystem der Gesellschaft zusammengehalten wird, kann als zirkuläres Herstellen, Bereitstellen, Annehmen und Verarbeiten, als ein Prozessieren anhand programmierter Programme (programmed program processing) verdichtet werden, als kontinuierliche Re-Produktion und Re-Rezeption, zum anschließenden Weiterkommunizieren.

> Die Funktion, derentwegen die Alltagspublizistik gesellschaftlich ausdifferenziert und als besonderes Kommunikationssystem der Gesellschaft zusammengehalten wird, kann als zirkuläres Herstellen, Bereitstellen, Annehmen und Verarbeiten, als ein Prozessieren anhand programmierter Programme (programmed program processing) verdichtet werden, als kontinuierliche Re-Produktion und Re-Rezeption, zum anschließenden Weiterkommunizieren.

Das programmatische Prozessieren der Alltagspublizistik hat keinen anderen Sinn als die Alltagspublizistik erneut zu ermöglichen. Dadurch gewinnt die heute selten skriptografisch, überwiegend typografisch und zunehmend elektronografisch operierende Alltagspublizistik ihre Einheit. Sie soll weiterexistieren, auch nach politischen Wenden, wirtschaftlichen Konjunkturen, selbst nach verlorenen Kriegen und dem Umbau des Religionssystems. Die Alltagspublizistik reprozessiert ihre programmierten Programme in der Dualität von Werken und Waren. Deren Nicht-Erfolge (verschobene Themen, abgesetzte Serien, fehlgeplante Kampagnen) sind mitzudenken, denn als temporäre Komponenten können sie morgen oder später einmal, in anderen alltagspublizistischen Konstellationen, erfolgreich werden. Sie können als Werke erfreuen (oder enttäuschen) und/oder als Waren Gewinne erzielen (oder Verluste einfahren).

Traditionell beobachtet die Kommunikationswissenschaft Zeitungen, Zeitschriften, Radio und Fernsehen als Gegenstandsarten. In politisch-ökonomischer Perspektive werden daraus Güter oder Dienstleistungen, die produziert, distribuiert und konsumiert werden, zur Befriedigung individueller oder kollektiver Bedürfnisse. Mediale Gegenstandsforschungen haben die Tendenz, Kommunikation dinghaft zu vereinfachen, wie die gängigen Kommunikationsmodelle zeigen. Vereinfacht man die menschliche Kommunikation auf Zweck/Mittel-Beziehungen, dann geraten ihre ästhetischen und therapeutischen Fähigkeiten außer Betracht. Wir behandeln keine Medien als Gegenstandsarten, sondern wahlen, einer Einsicht Max Webers folgend, Probleme als

Bezugseinheiten kommunikationswissenschaftlicher Forschung.[5] Demnach macht sich die Alltagspublizistik selbst Probleme, deren Lösungen den Einsatz von genannten Ressourcen erfordern, unter den Prinzipien der Knappheit und der Zahlung.

6.1 Prinzip Knappheit

Wirtschaftswissenschaftliche Theorien begreifen die Knappheit als Mängellage, die ins Verhältnis gesetzt wird zu gegebenen Bedürfnissen und deren Befriedigung. Güter und Dienstleistungen sind nicht knapp, sie werden knapp durch Beziehungen. Hält man Arbeit, Informationen, Kapital, Unterhaltung oder Wissen für knapp, dann in Relation zu fehlenden Arbeitsplätzen, zu bestimmten Themen, zu Programmabsichten oder zu Fußballübertragungsrechten. Vorstellungen von alltagspublizistischer Knappheit implizieren Kognitionen über Sparsamkeit oder einen vorsichtigeren Mitteleinsatz. Meistens liegt dem ökonomischen Knappheitsdenken das Prinzip Summenkonstanz zugrunde. Es werden Budgets aufgestellt und „gefahren“, die aufgrund rechtlicher Zugeständnisse umgeschichtet werden können. Budgets bilden Summen, die nicht zu vermehren, nur unterschiedlich zu verteilen sind.

Überdenken wir das programmierte Programmprozessieren der Alltagspublizistik am Beispiel des gebührenfinanzierten Rundfunks, dann sind die Rundfunkgebühren nicht knapp als endliche Geldmenge. Das Prinzip Knappheit entsteht selbstreferenziell. Dies wird deutlicher, spezifiziert man die alltagspublizistische Funktion auf Leistungen und Aufgaben. So kann man alltagspublizistisch beabsichtigen, der Öffentlichkeit die Welt transparenter zu machen, und zwar auf dem Rezeptionsniveau des Bescheidwissens, zur Verbesserung alltagsgebräuchlicher Lebensführungen (vgl. Rühl 2001). Unter dieser Selbstverpflichtung des öffentlich-rechtlichen Rundfunks, in Relation zu Einzelprogrammen und der Verwirklichung einer breiten Themenvielfalt, können Rundfunkgebühren knapp werden (vgl. Rühl 1984, 1985, 1989). Die Knappheit wird gesteigert durch ausbleibende Rundfunkgebühren, wenn sozial Schwache davon befreit werden oder wenn eine geplante Gebührenerhöhung ausbleibt. Rundfunkgebühren sind kein marktwirtschaftlich zu ermittelnder, sondern ein verordneter wohlfahrtsstaatlicher Preis. Mit Rundfunkgebühren sind alltags-

5 „Nicht die ‚sachlichen‘ Zusammenhänge der ‚Dinge‘, sondern die gedanklichen Zusammenhänge der Probleme liegen den Arbeitsgebieten der Wissenschaften zugrunde: wo mit neuer Methode einem neuen Problem nachgegangen wird und dadurch Wahrheiten entdeckt werden, welche neue bedeutsame Gesichtspunkte eröffnen, da entsteht eine neue ‚Wissenschaft‘.“ (Weber 1991: 44)

publizistische Werkerfolge zu finanzieren. Insofern sind sie nicht unmittelbar vergleichbar mit Erlösen des privaten Rundfunks, die als Warenerfolge erzielt werden. Die Rechnungstechnik, Rundfunkgebühren in Relation zu setzen zu einschaltbereiten Empfangsgeräten kann nicht einer „Grundversorgung" zugeschrieben und durch „Einschaltquoten" gemessen werden, beides, aufgrund eines empirisch zugänglichen Kommunikationsbegriffs, kommunikationspoli tisch fragwürdige Vorstellungen.

6.2 Prinzip Zahlung

Monetäre und nicht-monetäre Leistungen (und Gegenleistungen), das Beschaffen und das Einsetzen alltagspublizistischer Ressourcen, verlaufen als Zahlungen über soziale Märkte. Alltagspublizistische Zahlungen können - ohne publizistikpolitische Verluste - nicht auf wirtschaftliche Akte und nicht auf die Warenerfolge der Alltagspublizistik reduziert werden. Mögliche Identitätsmerkmale einer politischen Ökonomie (Machtstreben, Abbau von Herrschaft, Verfügungsgewalt über Geld) wirken alltagspublizistisch mit, ohne andere „Zahlungsmittel" auszuschließen (vgl. Rühl 1993). Fixiert man - wie in monetarisierten Gesellschaften üblich - Zahlungen auf Geld, dann gerät aus dem Blick, dass, zusammen mit gültigem Geld, weitere gesellschaftlich knappe Ressourcen für die alltagspublizistischen Produktionen und Rezeptionen zu zahlen sind. Dazu gehören vor allem geschenkte Aufmerksamkeit, gesellschaftsrelevantes Alltagswissen (angesichts neuartiger Formen der Illiteralität!),[6] Kommunikationsfreiheit, einzelgesetzliche Rechtsnormen, mitmenschliche Achtung (Moral), beruflich qualifizierende Arbeit, durchsetzungsfähige Themen, sinnhafte Informationen, anschlussfähige Mitteilungen und sozial freizusetzende Zeit. Für Nachrichtenprogramme über „das Wichtigste aus aller Welt", für Public Relations-Kampagnen pro Euro und contra AIDS, für ein lebenslanges Lehren des Lernens für den Alltag kann mit alltagspublizistischen Ressourcen gesellschaftspolitisch und kommunikationskulturell Bedeutsames geleistet werden. Dabei ordnen die Preise, die für die Ressourcen zu bezahlen sind, die alltagspublizistischen Kommunikationsverläufe.

6 Zu Beginn des 19. Jahrhunderts waren nach historischen Schätzungen drei Viertel der deutschen Bevölkerung illiterat; zur Zeit der Reichsgründung (1871) soll es nur noch ein Viertel gewesen sein. Der Begriff funktionale Illiteralität, mit dem die UNESCO nach dem Zweiten Weltkrieg den Analphabetismus in den ehemaligen Kolonien bekämpfte, wird heute in mehreren, semantisch unterschiedlichen Formen auf unterschiedliche Problemfelder bezogen (vgl. Rühl 2002).

Eine sozialwissenschaftliche Perspektive wird gut daran tun, ihr Blickfeld, über das Geld hinaus auf möglichst viele gesellschaftsstrukturelle und kommunikationskulturelle Ressourcen auszuweiten, die marktförmig kombinierbar einzusetzen sind.[7] In den asymmetrischen Verhältnissen zwischen Produzenten, Rezipienten und Öffentlichkeit(en) ist die Messbarkeit alltagspublizistischer Werkerfolge auszutesten - über Warenerfolge hinaus.

7 Einschätzen einer politischen Ökonomie der Alltagspublizistik

Weder die Kommunikationswissenschaft noch die Wirtschaftswissenschaften scheinen gerüstet zu sein, politisch-ökonomische Probleme der Alltagspublizistik funktions- und systembezogen zu formulieren, zu bearbeiten und zu lösen (vgl. Rühl 1998a). Viele Wirtschafts- und Sozialwissenschaftler favorisieren „die Medien" als analytische Bezugseinheit. Dabei unterliegen sie der Gefahr, die Begriffe Kommunikation, Öffentlichkeit, Markt, Organisation und Haushalt unzureichend zu problematisieren. Vielleicht wissen wir eine Menge über politisch-ökonomische Probleme der Alltagspublizistik. Aber wissen wir auch, was wir wissen und was wir wissen können? Die populäre Forderung, dass Wissenschaft und Praxis vielmehr zusammenarbeiten müssten, bleibt vordergründig ideologisch, solange nicht mitbedacht wird, ob, und wenn ja, wie dies möglich sein soll. Das praktische Erfahrungswissen (knowhow) und das wissenschaftsfähige Wissen (researchable knowledge) gehen von je eigenen theoretisch-methodischen Prämissen und Beobachtungen aus. Dies erkannte schon der Theologe und Pädagoge Friedrich Schleiermacher (2000), als er gleichwohl der Praxis den Vorrang vor der Theorie einräumte. Das Problem könnte gelöst werden, gelänge es, eine Metatheorie zu rekonstruieren, die wissenschaftlich und praktisch vergleichbare politisch-ökonomische Fragestellungen an die Alltagspublizistik zu richten zuließe.

Die epistemische System/Mitwelt-Theorie erhebt, zusammen mit dem methodischen Komplement Äquivalenzfunktionalismus, den Anspruch, eine solche Erklärungshilfe zu sein. Ein erkenntnistheoretischer Mitbewerber ist in den Sozialwissenschaften nicht in Sicht. Der system(mitwelt)theoretische Ansatz scheint hinreichend abstrakt zu sein, die Fülle des Hergebrachten und des Künftigen als gesellschaftstheoretische Alltagspublizistik ordnen zu können und vergleichbar zu machen. Ohne theoretisch-methodische Abstraktion sind

7 Zu erinnern ist, dass bereits Adam Smith soziale Märkte kannte: für innere Sicherheit, Landesverteidigung oder Rechtspflege (vgl. Rühl 1999).

politisch-ökonomische Probleme der Alltagspublizistik nach Inhalt, Aufbau, Methodik und Theoriebildung nicht zu bearbeiten - ganz zu schweigen von einer Ordnungstheorie.

Zurzeit institutionalisiert man an deutschsprachigen Hochschulen Lehrstühle und Professuren für Medienpolitik und Medienökonomie. Sie werden nicht lehren, was nicht erforscht ist. Was als Lehre bereitsteht, sind ungeordnete, unabhängig voneinander entstandene kommunikationswissenschaftliche und politisch-ökonomische Wissensbestände sowie eine an Apparaten, Antennen und Gerätschaften orientierte Mediologie in der Tradition Marshall McLuhans. Da die Ergebnisse der politisch-ökonomischen Medien-Stückwerkforschung nicht zu puzzeln sind, ist das vorliegende, multidisziplinäre Wissen system(mitwelt)relational zu reanalysieren, also aufzubrechen und zu synthetisieren, unter Bezugnahme auf weltgesellschaftliche Neuerungen und kommunikationskulturelle Strömungen.

Die Alltagspublizistik stand schon einmal vor einer funktional vergleichbaren Problemlage, nämlich ausgangs des 19., anfangs des 20. Jahrhunderts. Die Einzelgesellschaften Europas waren mit betroffen von Industrialisierung, Literalisierung, Urbanisierung und Demokratisierung, auch ihre Alltagspublizistiken. Neuartige Beschaffungsorganisationen (Nachrichtenagenturen, Anzeigenagenturen) konnten vor allem für den politischen Teil „zuliefern", doch die neuen Zulieferer tendierten als Organisationsformen zur wettbewerbsverzerrenden Konzentration. Politik und Wirtschaft etablierten eine konzern- bzw. parteieigene Presse und die Parteien und Verbände, die organisierten Interessen also, waren gleichzeitig aufgefordert, an der am Gemeinwohl ausgerichteten Alltagspublizistik rekonstruierend mitzuwirken (vgl. Seeling 1996). Vorformen kündigten den Rundfunk an, ohne dass auch nur im Entferntesten seine späteren Ausmaße hätten abgeschätzt werden können. Eine strukturierte Selbstkontrolle und eine auf Universitätsniveau mögliche berufliche Qualifizierung des alltagspublizistischen Nachwuchses markierten vage Erwartungshorizonte. Ein Versuch, politisch-ökonomische Funktionen und Strukturen der Alltagspublizistik unter den Bedingungen der Gesellschaft makrotheoretisch zu beschreiben (vgl. Schäffle 1875), blieb ziemlich folgenlos.

Seit den 80er Jahren des 20. Jahrhunderts macht der Wettbewerb zwischen dem öffentlich-rechtlichen und dem privaten Rundfunk deutlich, dass das Primat der alltagspublizistischen Werkerfolge auch im deutschsprachigen Raum auf Warenerfolge umgepolt werden kann. Eine vorrangige Orientierung an alltagspublizistischen Warenerfolgen hat in den Vereinigten Staaten von Amerika Tradition. „Media is an enterprise operated for profit" heißt die altliberale

Leitformel. Sie gibt keinen Platz frei, weder für eine Staatspublizistik noch für eine öffentlich-rechtliche Publizistik. Alltagspublizistische Warenerfolge werden anhand von Einschaltquoten, Umsatzzahlen und Unternehmenserlösen gemessen. Werkerfolge sind in den USA möglich, als Angebote einzelner Verlage, Sender und Networks. Eine makropublizistische Politik, die der Kommunikationskultur und der weltgesellschaftlichen Sonderstellung der USA entspricht, konnte noch nicht beobachtet werden.

In Deutschland, Österreich und in der Schweiz hat das Primat alltagspublizistischer Werkerfolge eine eigene Tradition. Der Wandel dieser Alltagspublizistiken vollzog sich gemeinsam mit dem Wandel von der Adelsgesellschaft zur bürgerlichen Gesellschaft, hin zur Weltgesellschaft - mit regional uneinheitlichen Geschichtsverläufen. Diese mitteleuropäische Werkorientierung bevorzugt lokale und regionale Gesichtspunkte und eine, verglichen mit der amerikanischen, ziemlich breite Themenvielzahl und Themenvielfalt. Politik, Wirtschaft und Sozialpolitik, Heimat und Mundart, Kirche, Sport, Verkehr, Tourismus, Kunst, Literatur, Musik, Erziehung, Gesundheit, Wissenschaft und viel Unterhaltung bilden die Ausgangslage für stil- und genrereiche Werkerfolge. Seit Einführung eines „elektronischen", erwerbswirtschaftlich operierenden Rundfunks wird im deutschen Sprachraum das Primat des alltagspublizistischen Werkerfolgs in Frage gestellt. Für Werkerfolge gibt es (noch?) keine überzeugenden Schätz- und Messverfahren. Es geschieht wohl aus Verlegenheit, dass Ergebnisse alltagspublizistischer Warenerfolge, weithin durch die protowissenschaftlichen Messverfahren der Markt-, Meinungs- und Nutzungsforschung ermittelt, als Messergebnisse von Werkerfolgen ausgegeben werden.[8]

Wichtiger als das Messen ist das Verstehen dessen, was gemessen wird. Für die Alltagspublizistik Europas stehen publizistikpolitische Wiederbeschreibungen (redescriptions) an. Der fortdauernde Prozess der Wiedervereinigung Deutschlands und jener der Erstvereinigung Europas setzen das tradierte föderative Prinzip und eine alltagspublizistische Re-Regionalisierung und Re-Lokalisierung auf die Agenden gesellschaftspolitischer Überprüfung. Nach dem Wegbrechen der sowjetsozialistischen Ideologiekonkurrenz gilt es, eine Re-Liberalisierung der alltagspublizistischen Politikökonomie zu bedenken. Ernsthaft zu prüfen ist die neuere These von der alltagspublizistischen Selbstversorgung durch das Internet. Sie soll sich beobachten lassen als das Verhalten Ein-

8 Protowissenschaftlich nennen wir empirische Vorgehensweisen, die anhand alltagsverständlicher Konzepte, Begriffe und Metaphern Alltagspublizistisches durchaus sorgfältig beobachten und beschreiben, ohne ihre Datenaggregationen von wissenschaftsfähigen Forschungshypothesen leiten zu lassen.

zelner am Bildschirm, während von organisations-, markt-, und haushaltsförmigen Prozessen der Produktion und der Rezeption von Alltagspublizistik in Beziehung zur Gegenwartsgesellschaft niemand spricht. Die Festlegung auf Beobachtungen des Umgangs von Einzelnen mit technologischen Einzelobjekten (Zeitungsexemplaren, Fernsehapparaten) verstellt den Blick auf Haushaltsformen (Familie, Elternhaus, Ein-Personen-Haushalte, Heime etc.), aber auch auf die Frage, ob Kindheit, Jugend, Schule, Literalität und Alter nicht grundsätzlich überdacht und vergleichend zu untersuchen sind, wenn es um eine alltagspublizistische Lesbarkeit der Welt geht.

Zu Beginn des 21. Jahrhunderts ist die sozialwissenschaftliche Forscherfantasie mehr denn je gefordert, variate Muster und neuartige Strukturen einer Publizistikpolitik in und mit der Technologisierung und Medialisierung der Welt zu entwerfen. Die vorstehenden Überlegungen haben politisch-ökonomische Probleme der Alltagspublizistik als Einheit in Differenz zur Weltgesellschaft im Sinn. Das Hauptaugenmerk liegt auf einer lehrbaren Forschung, für die es gilt, ein kommunikationswissenschaftliches Forschungsprogramm zu erarbeiten. An Markt-, Organisations- und Haushaltsformen orientierte alltagspublizistische Produktions- und Rezeptionsforschungen suchen ständig nach Anregungen aus der Praxis. Allein mit Alltagsvernunft und Alltagserfahrungen kommt keine analysierende und synthetisierende kommunikationswissenschaftliche Forschung zurande.

Kommentierte Literaturhinweise

Hardt, Hanno (1979): Social Theories of the Press. Early German & American Perspectives. Forword by James W. Carey, Beverly Hills/London: Sage

Ausgehend von der These, dass ohne das Verständnis wissenschaftstheoretischer und methodologischer Zusammenhänge keine kommunikationswissenschaftlichen Probleme zu vergegenwärtigen sind, wird die Herkunft massenkommunikativer Theorien aus dem Werk von Albert Schäffle, Karl Knies, Karl Bücher, Ferdinand Tönnies und Max Weber sekundäranalytisch untersucht. Massenmedien werden nicht in individuenorientierten, psychologischen Zusammenhängen, sondern im makrosozialen Kontext von Politik, Wirtschaft und Kultur beobachtet.

Lange, Elmar (1994) (Hg.): Der Wandel der Wirtschaft. Soziologische Perspektiven, Berlin: Sigma

Dieser Band enthält Beiträge, die sich auf die autopoietische Systemtheorie und die Kybernetik zweiter Ordnung beziehen, um mit wirtschaftssoziologischen Theorieansätzen Probleme der Wirtschaft als einem selbstreferentiellen System zu beschreiben.

Rühl, Manfred (1993a): Ökonomie und publizistische Leistungen. Wer bezahlt, und vor allem: wie? - Eine nicht nur wirtschaftliche Problematik für die Publizistikwissenschaft, in: Heinz Bonfadelli/Werner A. Meier (Hg.): Krieg, Aids, Katastrophen ... Gegenwartsprobleme als Herausforderung der Publizistikwissenschaft, Konstanz, UVK-Medien: 307-326

Statt wirtschaftliche und publizistische Leistungen und Gegenleistungen von vornherein je einer Disziplin zuzuordnen, deren Vergleiche üblicherweise an begrifflichen Unklarheiten und methodischen Unvereinbarkeiten scheitern, werden mit dem Kommunikationsmodus „Zahlung“ monetäre und nicht-monetäre, in jedem Fall gesellschaftlich knappe Ressourcen (Arbeit, Aufmerksamkeit, mitmenschliche Achtung, Geld, Information, Recht, Sinn, Zeit) in den Prozessen der Alltagspublizistik aufgespürt und als gesamtgesellschaftliche Wechselverhältnisse problematisiert.

Rühl, Manfred (1999): Publizieren. Eine Sinngeschichte der öffentlichen Kommunikation, Opladen/Wiesbaden: Westdeutscher Verlag

Vor dem Horizont von zweieinhalbtausend Jahren Studium der Kommunikationsgeschichte beschreibt dieser umfassende Überblick Zusammenhänge und Umbrüche der Theoriebildung von öffentlicher Kommunikation, der Publizistik also. Leitfiguren repräsentieren die sachlich, sozial und zeitlich unterscheidbaren Aspekte der öffentlichen Kommunikation in Relation zu europäisch-nordamerikanischen Gesellschaftsstrukturen.

Rühl, Manfred (2001): Alltagspublizistik. Eine kommunikationswissenschaftliche Wiederbeschreibung, in: Publizistik (46): 249-276

Die moderne Alltagspublizistik beschreibt sich selbst als produzierendes und rezipierendes Gesamtsystem in der Weltgesellschaft. Alles dreht sich um das Prozessieren vorprogrammierter Programme der auf Überreden und Überzeugen ausgerichteten Organisationen, Haushalte und Märkte des Journalismus, der Public Relations, der Werbung und der Propaganda. Als Alltagspublizistik konkurrieren, koordinieren und kooperieren sie in vielerlei dezentralen Kommunikationsverhältnissen gegenüber „dem Rest der Welt“. Die autopoietische Systemtheorie und die Methode des vergleichenden Funktionalismus werden als Erkenntnishilfen herangezogen.

Medienpädagogik als Mediationsagentur zwischen Medienökonomie und Medienkultur

Thomas A. Bauer

Unter dem Begriff Medienpädagogik formiert sich ein zunächst praktischer, erst später theoretisch nachgeholter Diskurs, der das pädagogische Interesse an den Wertperspektiven der gesellschaftlichen Kommunikation in die Medienwissenschaft einmischt. Unter Referenz auf Systemtheorie, Konstruktivismus-Perspektive und Cultural Studies stellt sich aber heraus, dass Medienpädagogik ein genuin kommunikationswissenschaftliches Diskursformat darstellt, in dem sich die Theoreme der gesellschaftskritischen Medienanalyse mischen. In diesem Sinne ist Medienpädagogik eine Vermittlungsagentur zwischen Medienökonomie und Medienkultur, die sich theoretisch, methodisch, didaktisch und praktisch zunehmend effizienter organisiert. Sie bringt die Wertperspektiven der Medienkultur mit denen der Medienökonomie in ein für den subjektiven Mediengebrauch Sinn und Nutzen stiftendes Verhältnis.

Bei so fungibel versprachlichten Begriffen wie Medienpädagogik, Medienökonomie oder Medienkultur ist generell Skepsis geboten. Selbstverständlich werden sie zunächst (auch in dieser Abhandlung) nur als Chiffren für Konstruktionen verwendet, als systemische Kürzel, hinter denen sich eine komplexe Welt von Deutungen verbirgt. Gerade bei dem Kürzel Medienpädagogik muss man wahrnehmen, dass da zu schnell bei gleichzeitiger Verwischung von Experten- und Laienwissen (Alltagswissen und Wissenschaftswissen) Verbindungen hergestellt und quasi missionarisch kommuniziert (vgl. Giesen 1999: 197) werden, die auf den ersten Blick wie eine Problemlösung aussehen (vgl. Bauer 1997). Ein zweiter, vertiefter Blick macht deutlich, dass erst eine Lösung sein kann, was hinreichend problematisiert wurde. Was problematisiert eine pädagogische Lösung von Medienkommunikation?

Sie problematisiert die theoretischen und praktischen Möglichkeiten der Realisierung und Durchsetzung des pädagogischen Postulats, den individuellen Lebensvollzug unter den Bedingungen einer medienvermittelten Gesellschaft durch kommunikative Kompetenz zu gewährleisten. Sie richtet ihr Erkenntnisinteresse darauf, sichtbar zu machen, aus welchen humanen Haltungen diese Kompetenz aus den Ressourcen der Technik, der Ökonomie und der Kultur der Medien zu schöpfen möglich ist. In diesem Sinne kann das Projekt der Medienpädagogik zwischen ökonomischer Rationalisierung und kultureller Orientierung des gesellschaftlichen Mediengebrauchs einen dritten Weg aufzeigen und sich als Mediationsagentur zwischen Medienökonomie und Medienkultur theoretisch und praktisch glaubwürdig etablieren.

1 Integratives Kommunikationsverständnis

Es gibt keine gesellschaftsfreie Kommunikation wie es keine kommunikationsfreie Gesellschaft gibt. Kommunikation entsteht aus Gesellschaft, sie vergesellschaftet und sie ist das empirische Dispositiv von Gesellschaft. Private Kommunikation ist so medieninfiziert wie die öffentliche, direkt medienvermittelte Kommunikation für den privaten Lebensvollzug relevant ist. Begriffliche Trennungen widersprechen der realen Textur. Wenn in einem gesellschaftsanalytischen Zusammenhang von Kommunikation die Rede ist, ist implizit immer auch von den Medien dieser Kommunikation die Rede und umgekehrt. In organisierten Gesellschaften sind alle Kommunikationsvorgänge mittelbar oder unmittelbar mediatisiert.

Zwischenmenschliche und medienvermittelte Kommunikation sind auf Identitätsfindung, Realitätsbestimmung und Umweltorientierung ausgerichtet und in Bezug auf diese für den subjektiven und gesellschaftlichen Lebensvollzug doch letztlich entscheidenden Kriterien sind beide Modi des Handelns als „Mengen von kulturell geprägten Praktiken" (Krotz 1997: 118) von auf eine generalisierte Umwelt gerichteten Interaktionen zu verstehen. Also spricht man, wenn man eine solche Funktionsbestimmung ernst nimmt, besser gleich von einer gesellschaftlich integrierten Kommunikation. Und nur von einer solchen kann im Zusammenhang von Medienpädagogik die Rede sein, weil es im Rahmen von Gesellschaften keine medienunabhängige Existenz gibt (vgl. Hartmann 2000). Also erübrigt es sich zumindest von dieser Seite, die oft und immer wieder geführte Debatte darüber weiter zu verfolgen, ob man von Medien- oder von Kommunikationspädagogik reden solle. Die Pädagogik meint (sinnvollerweise) beides oder das eine des anderen und das andere des einen wegen. Seit überdies die praktische Medienpädagogik den Kompetenzbegriff entdeckt hat (vgl. Kirsch 1999; Zeitter 1987) - die theoretische kennt ihn schon lange (vgl. Bauer 1979; Baacke 1973) - kommt auch von dieser Seite das Argument, dass Medienkompetenz als pädagogisches Ziel nur Sinn in Bezug auf Kommunikation macht und kommunikative Kompetenz (vgl. Bauer 2001) als Habitus der Persönlichkeit eine Qualitätsgrundlage für den sozialen Mediengebrauch ausmacht. Wenn also im Folgenden (nur) von Medienpädagogik die Rede ist, dann als eine Begriffsabkürzung für die dahinter liegende Komplexität.

Medien und Pädagogik haben gemeinsame Referenzsysteme: Bildung, Politik, Kultur, Wirtschaft. In diesen Referenzsystemen treffen sie aufeinander, bilden gesellschaftlich koeffiziente Strukturen oder entdecken sich zueinander in widersprüchlicher Lage. Die Relationalität von Medien und Pädagogik ist nicht direkt und unmittelbar, sondern systemvermittelt und systembedingt. Weniger klar aber ist, wie diese Relationalität jenseits vordergründiger normativer Plausibilität epistemologisch, theoretisch, methodologisch und praxeologisch bestimmt werden kann. Das bleibt ein kommunikationswissenschaftliches Projekt.

Um diese Medien-Pädagogik-Relation kommunikationswissenschaftlich auszuloten, braucht es ein metatheoretisches Modell, das ganz bewusst hoch greift und hochabstraktiv ansetzt (vgl. Schmidt 1995), um sich von den normativen Einmischungen des alltagstheoretischen Diskurses unbelastet halten zu können (vgl. Habermas 1981a). Medienpädagogik ist ein Denk- und Handlungszusammenhang, der sich aus der intentionalen Praxis der Pädagogik entwickelt hat und sich nun, typisch für Systembildungen, durch die Nachlieferung wissenschaftlicher Kommunikation (über die Praxis) ausdifferenziert und durch die Entwicklung von zunehmend erkennbaren Strukturen (Theorien, Themen, Fachabgrenzung, Professionalisierungsstrategien etc.) zunehmend Systemqualität beansprucht. Die Frage ist: Ist diese wissenschaftliche Nachlieferung auch mehr als nur praktische Theorie, ist sie fähig und offen genug für kontroverse Erkenntnisse, ist sie selbstreflexiv? Um solche Zweifel auszuräumen, sollte man sich der Mühe einer anspruchsvollen Theorie unterziehen. In diesem Sinne ist die nachfolgende Reflexion der Versuch einer Skizze zu einem systemtheoretischen Profil der Medienpädagogik. Erst in einem solchermaßen ausgreifenden theoretischen Ambiente ist es möglich, aber auch notwendig, den medienökonomischen Bezug von Medienpädagogik auszumachen. Als theoretisch begründetes Bildungsprogramm ist Medienpädagogik eine Qualitätsressource der Medienökonomie.

2 Medienpädagogik als systemtheoretisches Konstrukt

Medienpädagogik ist im Verhältnis zur Medienrealität, die selbst eine Konstruktion aus Beobachtung ist, eine Konstruktion auf nachgeordneter (Beobachter- bzw. Kommunikations-)Ebene (vgl. Merten 1999: 82f.). Als ein wissenschaftlich und durch Praxis konstruierter Handlungszusammenhang ist sie in Relation zur Medienrealität bzw. zur real existierenden Medienordnung/ Medienkultur in der Position einer Beratungsagentur, die unter Berufung auf mehr oder minder philosophisch abgestützte und verallgemeinerte Wertmatrizen bestimmte Weltzustände als erreichenswert postuliert. Sie geht von einer gegenwärtig defekten Weltordnung/Kulturordnung/Medienordnung aus und ist bemüht (mithilfe medientheoretischer Modelle oder medienpsychologischer Explikationen) herauszufinden, wer wo welche Defekte produziert, zulässt oder provoziert. Sie weiß, mit Handlungsanweisungen autorisiert zum kulturell legitimierten Umgang mit Medien, das Verhalten von (heranwachsenden) Menschen auf wünschbare Weltzustandsziele auszurichten. Ein solcher Anspruch, der überdies mit Unterstellungen (Medien als Oberfläche oder Spiegel defekter Weltordnungen) arbeitet, stellt sich zwischen Evolution und Kausalität bzw. zwischen Erfahrung und Intervention (vgl. Fuchs 1999).

Dort liegt auch das Dilemma der Selbsterklärung der Medienpädagogik. Insbesondere in der Arbeit mit und an Heranwachsenden (Rezipienten) positioniert sie gesamtgesellschaftlich pädagogisierte Ansprüche gegenüber subjektiv und aus dem Milieu begründetem Mediengebrauch, mitunter ziemlich kulturpessimistisch und elitär. Sie muss sich daher mit dem Argument auseinandersetzen, mit gesellschaftlichen Systemordnungen subjektive Lebenswelten zu verletzen, indem sie übergeordnete Interessen (zum Beispiel Medienkompetenz) in ein substrukturelles und im Grunde selbstreferentielles Systemverhalten einschleust und so fluktuierende und differente (überraschende) Muster des persönlichen Lebensvollzugs absorbiert. Subjektive Kommunikations- und Weltaneignungsmuster sind natürlich (sic!) dissipativ, mehr oder minder fluide und selbstgenügsam. Darin behauptet sich eine Persönlichkeit der Medien-Umwelt gegenüber Individualität, relativer Autonomie und (persönlichem) Bewusstsein (Maturana 1996: 94). Man kann davon ausgehen, dass nicht nur physische oder biotische Prozesse natürlich und in diesem Sinne autopoietisch, evolutiv und telos-frei sind, sondern dass auch kulturelle und soziale Prozesse eine solche evolutionäre Natur (der Dynamik aus Erfahrung) für sich reklamieren können. Wie bei biotisch-natürlichen Systemen lässt sich auch bei kulturellen und sozialen Systemen vermuten, dass sie durch ihre Umwelt gewissermaßen in ihrer autopoietischen Dynamik aufgehalten werden, indem dissipative und fluktuierende Strukturen (was ja bei Kommunikation natürlich ist) vom Gesamtsystem absorbiert werden (vgl. Jantsch 1996: 166f.). Seit man die Welt rational (Descartes) zu sehen gelernt hat, weiß man aber, dass zunächst nichts an sozialen Prozessen (Erfahrungen) gut oder schlecht, gelungen oder misslungen ist, es sei denn, man ordnet sie zu (was man in der Regel tut oder tun muss), setzt sie also in Bezug zu sozialen Ordnungen und räumt den Prinzipien (Wertausgangspositionen) solcher Ordnungskonstruktionen Präferenz ein. Dann werden solche Erfahrungen nach der Differenz von Brauchbarkeit und Unbrauchbarkeit (Systemkompatibilität) als gut oder schlecht, als erfolgreich oder missglückt gewertet. Das Steuerungsmoment der Medienpädagogik ist demnach, systemtheoretisch betrachtet, die Vorstellung, dass Systeme, die sich (durch Beobachtung) bilden, indem sie Kommunikationen ausgrenzen, ohne Bewusstsein - oder unter strategischem Ausschluss von Bewusstsein - operieren. Soziale Systeme sind kommunikativ verfasst und reproduzieren sich durch Kommunikation (Fuchs 1999: 25). Um sich „rein" und unterscheidbar (Umweltdifferenz) zu erhalten, grenzen sie jene Kommunikationen aus, die eine praktikable System-Umwelt-Differenz irritieren und eine strategische Balance (zum Beispiel Marktmodell, Nachfrage-Angebot-Nachfrage-Relation) destabilisieren könnten.

So bleibt es (auch) der Medienpädagogik unbenommen, sich selbst als gesellschaftliche und kommunikative Verfassung zu etablieren und sich gegen vermischte Kommunikationsumwelten so abzugrenzen, dass sie als System, also als kommunikative Eigenwelt (Inhalte und Intentionen) Anerkennung, Anschluss und Partner findet. Systeme floaten nicht frei, sondern stets ausgerichtet auf und vernetzt mit anderen (Problemaustauschbeziehungen, vgl. Luhmann 1971) und in Relation zu anderen Systemen (fließende Kausalitäten). Konkreter formuliert: In einer organisierten (Kommunikations-)Umwelt haben nicht-organisierte Interventionen keine Chance auf Nachhaltigkeit. Daher macht es Sinn, das Interventionspotential (Wissen und Bewusstsein) aus den selbstreflexiven (kritischen) Ressourcen des (Medien-)Systems so herauszuarbeiten, dass es auch systemische Aufmerksamkeit erreicht.

Medienpädagogik muss sich nicht als Mediengegenwelt, muss sich nicht auf der kulturellen Überholspur oder auf der ethischen Entschleunigungsspur beweisen, sondern etabliert sich gesellschaftlich effektiv genug - um beim Bild der Straße zu bleiben - als Leitlinie zwischen den Spuren. In diesem Sinne ist sie ein koeffizienter Faktor kultureller Fortbewegung. So realisiert sie sich über den Weg des bewusst kreativen Diskurses als Mediationslinie, als ein dritter (mittlerer) Weg, der die kreativen Ressourcen von Medienökonomie und Medienkultur in synergetisches Handeln bindet.

> Medienpädagogik etabliert sich gesellschaftlich effektiv genug als Leitlinie zwischen den Spuren. In diesem Sinne ist sie ein koeffizienter Faktor kultureller Fortbewegung. So realisiert sie sich über den Weg des bewusst kreativen Diskurses als Mediationslinie, als ein dritter (mittlerer) Weg, der die kreativen Ressourcen von Medienökonomie und Medienkultur in synergetisches Handeln bindet.

Je mehr der medienpädagogische Diskurs sich ausdifferenziert, was er nur durch Kommunikationen kann, desto mehr und desto notwendiger ist er darauf angewiesen, sich im Wege der Auseinandersetzung von anderen medienwissenschaftlichen Diskursen (zum Beispiel Medienökonomie) zu unterscheiden und diese Unterscheidung unter den Bedingungen eines allen Systemkonstruktionen (Medienökonomie, Medienkultur, Medienpädagogik) gemeinsamen Referenzhorizonts sichtbar zu machen. Ein solcher gemeinsamer Referenzhorizont ist die Gesellschaft als Kommunikationszusammenhang widersprüchlicher Erfahrungen (Berger/Luckmann 1977), nicht (lediglich) deren politisch, ökonomisch oder pädagogisch formulierten Ordnungsvorstellungen. Vielmehr bildet er sich ab in den Wahrnehmungen von kommunikativer Erfahrung (Fuchs 1999: 123), er ergibt sich im Umgang mit (durchaus differenten) Kommunikationen über (durchaus differenzierbare) Ordnungsvorstellungen der Kommunikation.

Aus dieser Ableitung lässt sich Medienpädagogik in systemtheoretischem Sinne beschreiben

- als dialektisch vermittelnde Perspektive, durch die Medienökonomie und Medienkultur als Thematisierungs- und Tatzusammenhänge sichtbar werden, die in dem Maße einander brauchen wie sie einander widersprechen,
- als ein im pädagogischen Handlungszusammenhang entstehendes System von wissenschaftlich legitimierter Dischronifizierung von Systembeziehungen (Kultur-Ökonomie-Politik),
- als synergetische Thematisierung von Widerspruch,
- als antizyklische Bewegung des Bewusstseins zur Thematisierung von potentiell bildungskulturellem Sinn (Bauer 2001a: 168),
- als ein theoretisches wie praktisches Projekt der subjektiven Bestimmung von Sinn (vgl. Bauer 1979) unter den Bedingungen offener (subjektiver) Erfahrung,

- als Evolution von Modellen subjektiver und intersubjektiver Wahrnehmung unter den Bedingungen medialer Zufälligkeit und Kontingenz der Konstruktion von Sinn,
- als das Eingeständnis der Notwendigkeit von Intervention für kommunikative Kreativität und kreative Kommunikation unter den Bedingungen systemisch organisierten Erlebens von Realität,
- zwischen Sollens- und Wollensethik (Krämer 1995: 127 ff.) als ein Ort der Animation bewusst-kreativen Handelns gegenüber zweckrationaler Performation von Oberflächen,
- als die Mobilisierung der persönlichen Zumutung von wachsender Komplexität gegenüber der gefälligen Reduktion von Komplexität,
- als die persönliche Kontrolle der subjektiven Grenzen gegenüber der Begehrlichkeit des folgenlosen Übertritts,
- als der Wille zur eigenen und der anderer Überraschung gegenüber einer medial berechneten Ich- und Weltauslegung.

In dieser Profilskizze soll die Einsicht nicht unerwähnt bleiben, dass die Systemtheorie ausgebildete Strukturen (gerne) als Lösungen versteht, die sie erst und nur dadurch sind, dass sie die den Lösungen entsprechenden Probleme aufzuwerfen in der Lage sind. Der theoretische Sitz einer solchen Problemproduktion (als Medienpädagogik) ist genau dort zu suchen, wo die kritische Analyse gesellschaftlicher Zusammenhänge die Perspektiven der Medienkritik zueinander in ein dialogisch-dialektisches Verhältnis bindet. In diesem methodologischen Verständnis, auf das noch näher einzugehen sein wird, ist Medienpädagogik nicht nur eine Fußnote der Medienökonomie, sondern eine der möglichen Thematisierungs- und Problematisierungslinien einer integrativen kommunikationswissenschaftlichen Betrachtung von Medienkultur (vgl. Paus-Haase 2002) - wie umgekehrt Medienökonomie eine der Problembeschaffungskomponenten der Medienpädagogik ist. Medien sind ein kulturell-systemischer Ausdruck, der im weitesten Sinne ökonomischen Bewältigung von gesellschaftlicher Komplexität, wie Pädagogik ein systemisch-kultureller Ausdruck der gesellschaftlichen (individuellen oder kollektiven) Bewältigung von ökonomischer Komplexität ist. Eine ernst zu nehmende ökonomische Theorie der Medienkommunikation (bzw. eine kommunikationswissenschaftliche Ökonomik der Medien) entzieht sich nicht nur nicht den Wert- und Wertentscheidungsfragen, sondern arbeitet auf diese hin (vgl. Karmasin 1996: 109, 1998: 321 ff.).

Eine ernst zu nehmende Medienpädagogik entzieht sich nicht der Frage des ökonomischen Zusammenhangs von Produktion, Verteilung und Konsumption von Kultur- und symbolischen Gütern, sondern arbeitet darauf hin. Gerade unter den nun gegebenen Bedingungen von zunehmender struktureller, funktionaler und ästhetischer Konvergenz, der Globalisierung der Medienmärkte und der Digitalisierung der Medientechnik (Dekomposition/Transkomposition von Realität) wären Theorie und Praxis der Medienpädagogik jenseits oder außerhalb von Medienökonomie wissenschaftliche Blindflüge und praktische Blindschläge. Weil sich in diesem Sinne in den Medien die Gesellschaft trifft, treffen in deren kritischer Betrachtung auch die Erkenntnis- und Erklärungsmodelle des (pädagogischen) wissenschaftlichen Diskurses der Gesellschaft über sich selbst aufeinander. Wie die Medien Agenturen der Selbstbeobachtung der Gesellschaft sind, ist der medientheoretische Diskurs eine Agentur der koeffizienten Beobachtung dieser Beobachtung. Will man also die pädagogische Reflexion der gesellschaftlichen Kommunikation nicht neben, sondern in theoretischer und methodologischer Korrespondenz zu dem ökonomischen Register der Medien- und Kommunikationswissenschaft ordnen, dann kann man dies nur in einer kommunikationswissenschaftlich integrativen und systemischen Auffassung von Medienpädagogik glaubwürdig machen.

3 Zum Verhältnis von Medien und Pädagogik: Das Dilemma von Erfahrung und Sinn

Pädagogik versucht das Handeln auszurichten: Entweder auf Sinn als Modus von Erfahrung und Subjektivitätsbestimmung (vgl. Habermas 1981: 167) oder auf Rationalität als Modus der Modernisierung von Kultur und Technisierung von Handeln (vgl. Habermas 1981: 146). Die systemische Kolonialisierung lebensweltlich kontextierter und kommunizierter Sinnerfahrung findet in „der Pädagogik" ihren institutionellen Ausdruck (vgl. Habermas 1981a: 489f.).

Bei Medienpädagogik handelt es sich auf den ersten Blick schlicht um eine normative Einmischung in einen alltäglichen Erfahrungszusammenhang, um eine diffuse normative Vermutung, dass Medienvorgänge, weil sie als Kommunikationszusammenhänge auszuzeichnen sind, für die Pädagogik ein relevantes Projekt zu sein hätten, wie umgekehrt Pädagogik oder Bildung für die Medienkommunikation ein relevantes Funktionsthema sein müssten (zum Beispiel Postman 1985). Beiden Einheiten, also Medien und Pädagogik, werden gesellschaftliche Aufgaben oder sogar „Wirkungen" unterstellt, die mit der Phantasie einer homogenen und mit sich identen Gesellschaft zu tun haben. Diese Vermutung gründet - zunächst - in dem Glauben an die Mächtigkeit der Medien wie die der Pädagogik (paradigmatisch für diese Auffassung der Titel von Gottschlich 1999: 209; Beer 1960). Dieser Glaube an die Mächtigkeit (Autorität) entspringt einer bürgerlich aufgeklärten Ökonomie von Welt („Wissen ist Macht", vgl. dazu Kamper 1998: 87) und hat erfahrungsgemäß zwei Seiten. Zum einen die der Angst vor Einfluss und Mächtigkeit der Medien bzw. der Pädagogik und zum andern die des Anspruchs auf Einfluss und Mächtigkeit von Medien und/oder Pädagogik. Die Zusammenhangsvermutung ist also nicht zufällig, sondern gründet in einem archaischen Paradigma zur gesellschaftlichen Definition von Macht durch das Setzen von Grenzen (vgl. Weber 1971: 16). Grenzen sind Dispositive der Macht und in diesem Sinne restriktive Methoden zur exklusiven Innendefinition der Identität von Systemen.

Die Methode besteht darin, die Komplexität von Bedeutung und Deutbarkeit (Variabilität, Kausalität, Pluralität, Multiplizität) sowie von Erfahrungen im sozialen Umgang mit Deutungen durch soziale Ordnungen in der ursprünglichsten Auslegung des Wortes sinnbildlich zu machen und sie somit als Objekte zu determinieren. Auf diese Weise den Improvisationen eine sozial regulierte und determinierte Sinninterpretation vorzugeben, ist ein Vorgang systemischer Objektivierung (vgl. Fuchs 1996). Das reduziert Komplexität, entlastet die subjektive Sinnimprovisation und richtet die Aufmerksamkeit auf herrschaftlich schon besetzte und sanktionierte Interessen. In diesem Kontext betrachtet ist die Begriffswahl „Medienpädagogik" ebenso signifikant wie unbehaglich. Gerade deshalb sollte man sie nicht verschleiern durch neologische Termini wie zum Beispiel „Medienkompetenz". Durch solche Umschreibungen euphemisiert man den herrschaftsverdächtigen Tatzusammenhang von Medien und Pädagogik, mit dessen kritischen Implikationen man durchaus konfrontiert bleiben sollte.

Wichtiger aber als die Frage der Bezeichnungsform ist, was dann mit der Aufschrift Medienpädagogik tatsächlich bezeichnet werden soll. Es kann ja nicht reichen, zu behaupten, die Medienpädagogik beschäftige sich in pädagogischer Ambition mit „den Wirkungen" der Medien (vgl. Publizistik 1988) wie es ebenfalls unzulänglich bleibt, der Medienpädagogik den Part der Formulierung von Verantwortung und Kompetenz (Ethik) zuzuschieben, ohne dabei über Unterschiede zu sprechen. Medienökonomie, Mediensoziologie oder kulturwissenschaftliche Medientheorien sind Agenturen der offenen Phänomenologie, sie setzen zunächst keine Präferenzen, weder im Subjekt/Objekt-Schema (Wer hätte zum Beispiel die Verantwortung für welche Effekte?) noch im Zeitschema (Was wären zum Beispiel die Medien der Zukunft ohne die

Reflexion ihrer Gegenwart?) von kommunikationswissenschaftlicher Medienbetrachtung (vgl. Fuchs 1999: 11f.). Medienpädagogik dagegen überschreitet bewusst die Grenze des Beobachterstatus, verfolgt interventionistische Absichten und muss sich daher auch wegen der dieser Intervention zugrunde liegenden Präferenzen legitimieren.

Wie alle Wissenschaft, die sich im Schnitt von vertikalen (Sinn) und horizontalen (Erfahrung) Deutungslinien deklarieren muss, ist auch Medienpädagogik des wissenschaftlichen Anspruchs (Verlässlichkeit, Fundierung, Objektivierbarkeit, Differenzierung, Diskursivität) wegen eine kommunikative Positionierung auf einem vertikalen Kontinuum zwischen einer Ideenwelt von Kommunikation und einer Realwelt von Kommunikation unter den Bedingungen konkreter Gesellschaften sowie auf einem horizontalen Kontinuum zwischen Theorie (Modellbildung) und Praxis unter den Bedingungen gesellschaftlicher Legitimation. Das Idealitäts-Realitäts-Schema hat vertikalen Modellcharakter, weil es die Schwierigkeit thematisiert, der (medienkulturellen) Realität (übergeordneten) Sinn abzugewinnen, wie es umgekehrt die Herausforderung beschreibt, Ideale durch reales Handeln konkret abzubilden. Das Theorie-Praxis-Schema hat horizontalen Modellcharakter, weil es den Versuch der Positionierung von Kompetenz durch Diskurs thematisiert, den die Wissenschaft (Medienpädagogik) im Spannungsfeld zwischen Theorie und Praxis einzunehmen gedenkt.

Diese Positionierung zwischen Sinn und Erfahrung, die für Wissenschaften gleich notwendig wie dilemmatisch ist, ist in der Medienpädagogik bisher weder ernsthaft angegangen noch ausreichend metatheoretisch diskutiert worden (vgl. Bauer 1996). Der von der (bildungstheoretischen) Pädagogik unterstellte universelle Sinn von Kommunikation ist aus konstruktionstheoretischer Perspektive in Frage zu stellen. Denn Sinn ist kein Prinzip, sondern ein Nachtrag (Fuchs 2001: 52), eine der Erfahrung nacheingetragene und eine aus dem Gebrauch destillierte Größe der Zuordnung von Bedeutung. Sinn ist fluide, ein flüchtiges und veränderliches Medium. Sinn hat keine eigenständige Form oder Gestalt. Er entsteht im Gebrauch und vergeht mit dem Verbrauch. Sinn liegt nicht vor der Kommunikation, sondern wird durch sie konstruiert.

Als gesellschaftliche Praxis macht Kommunikation auch wirtschaftlichen Sinn, den mit pädagogischer Ambition (Werte!) zu kultivieren ebenso wichtig ist wie die Sicherstellung sozialhumaner Wertvorstellungen. Sinn braucht eine konkrete Formgebung. In diesem Zusammenhang ist die pädagogisch ambitionierte Kommunikationswissenschaft (Medienpädagogik) ein Labor der kulturellen Formgebung kommunikativen Sinns.

Als anthropologisches Labor ist Medienpädagogik eine unverzichtbare Komponente in der medienökonomischen Analyse. Es geht um die Anforderung, die die Gesellschaft den Medien zuordnet und an sie delegiert. In den Medien meint die (institutionalisierte) Gesellschaft die Beobachtung ihrer selbst objektivieren zu können, um sich dann an ihnen zu orientieren. Es geht um den Druck, den Menschen und Gesellschaft im Umgang mit Medien wahrnehmen, Entwicklungen des Wissens, der Kommunikation und der Kultur zu beschleunigen. Es sind eben diese medialen Transformationen gesellschaftlicher Denk- und Handlungszusammenhänge, die einer Analyse aus der Perspektive der Frage des Menschen nach sich selbst bedürfen (vgl. Faßler 2001). Der anthropologische Blick ist vermutlich die entscheidende, notwendige und bewusster zu experimentierende Perspektive, die die humankulturelle Dimension der Medienökonomie glaubwürdig machen kann.

4 Register der pädagogischen Medienbetrachtung - Anmerkungen zur Entwicklungsgeschichte der Medienpädagogik

Das zu Beginn schon grob umschriebene gegenseitige Interesse von Medien und Pädagogik ist im Blick einer systemischen Analyse nichts anderes als ein bildungsbetonter und an der Bildung der Gesellschaft interessierter impliziter Diskurs der Medien- und Kommunikationsforschung, der sich wegen der Komplexität der Problemstellung und der Praxisrelevanz zu einem eigenständigen Objekt der Wissenschaft und Praxis zu entwickeln versucht. Diese Eigenständigkeit macht theoretisch und methodisch aber nur Sinn auf der Ebene der objekttheoretischen und operationalen Analyse, in universaltheoretischen Zusammenhängen der Kommunikationswissenschaft wäre eine fachliche, disziplinäre Eigenständigkeit sinnwidrig und kontraproduktiv. Um es noch einmal zu unterstreichen: Medienpädagogik als eine an gesellschaftlicher Kommunikationsbildung interessierte Erschließungsperspektive kommunikationswissenschaftlicher Theorie ist auf universaltheoretischer Ebene kontextuell, integrativ und multiperspektivisch. Sie ist eine offene Agentur kommunikationswissenschaftlicher Ressourcen, aus der abzuleiten ist, wie man über Kommunikation - selbst ein Konstrukt - so reden kann, dass man implizite Unterschiede explizieren kann. Der Rede von Kommunikation liegt aber kein Weltmodell von Kommunikation zugrunde, sondern wieder nur das Reden von Kommunikation. So kann - auch die „beste" - Medienpädagogik nicht über wahr oder falsch von Kommunikation urteilen, sondern „bestenfalls" Auskunft darüber geben, wie man „am besten“ das mögliche Wahre und das mögliche Falsche in der gesellschaftlichen Gestaltung dessen, was der gesellschaftliche Diskurs selbst mit Kommunikation zu beschreiben und zu bedeuten beabsichtigt, erinnert. Aus diesem skeptizistischen Blickwinkel nimmt sich die Geschichte der Medienpädagogik - insbesondere im Hinblick auf ihre stete Versuchung, sich den Status einer Disziplin anzueignen - mehr als eigenartig aus.

Die Interessensperspektive ist systemisch und hat ihren historischen wie inhaltlichen Ausgangspunkt in einem Selbstverständnis von Pädagogik (vgl. Stotz 1996), dem entsprechend sie sich als gesellschaftliche Einrichtung mit öffentlichem Auftrag zur Wahrung, Kultivierung und Entwicklung ethischer Konventionen im Umgang mit Wissen und Bewusstsein positioniert. Um dies zu erreichen, bemüht sie sich um die zugangsfähige Verteilung des dazu als notwendig gedachten Wissensgutes (basic knowledge, sensitive knowledge, pragmatic knowledge, vgl. Bauer 1979: 76). Die Auffassung der Pädagogik, gegenüber der Gesellschaft eine übergeordnete Position innezuhaben, drückt sich semantisch in der Wortkombination aus, die insinuiert, die Pädagogik habe eine wie immer geartete (Über-)Ordnungsfunktion gegenüber den Medien. Das heißt, die Medienpädagogik vermutet für sich, sie könne dieses soziale Verlangen (vgl. Fuchs 1999: 7) nach expliziter Beratung nur dann aufrechterhalten, wenn sie die diffusen Funktionserwartungen der Gesellschaft nach pädagogischer Absicherung gegenüber relativer Ratlosigkeit auch in Strukturen sichtbar macht.

Praxis und Wissenschaft der Pädagogik werden dementsprechend zunehmend bemüht und im ungefähren zeitlichen Gleichklang mit der technologischen Entwicklung sowie der zunehmenden Nutzung der Massenmedien mit Objektstrukturen ausgestattet. Wissenschaftlich werden zunächst Referenzdisziplinen (Anthropologie, Soziologie, Psychologie, Praxeologie des Lehrens und Lernens) gesucht, deren Theorien dazu verwertet werden, den Interessensblick der Pädagogik im Hinblick auf den kulturellen Gebrauch der Medien zu objektivieren und das Ordnungsinteresse der Pädagogik damit gesellschaftlich sichtbar zu machen. Zum Teil entwickelt sich sogar so etwas wie ein eigenständiger medienpädagogischer Theorienkomplex (vgl. Baacke 1990), in dem sich ein zunehmend ausdifferenzierter kommunikationswissenschaftlicher Diskurs mit dem ebenso interdisziplinär angelegten bildungswissenschaftlichen Diskurs so mischt, dass daraus eine kulturwissenschaftlich geformte Position (vgl. Baacke 1997) der Medienpädagogik entsteht, mit der sie sogar beanspruchen konnte, eine Erschließungsperspektive der Kommunikationswissenschaft (vgl. Wodraschke 1979) zu sein. In anderen Worten: Kommunikationswissenschaft wäre ohne die ethische Prämisse der Selbstverpflichtung zur Generierung und laufenden Weitergestaltung von Ordnungswissen im Hinblick auf den kulturellen Gebrauch von Medien nichts anderes als ein Ort der Produktion von Herrschaftswissen (Enzensberger 1987). Sie braucht die Perspektive der Medienpädagogik als inhärente Linie ihrer Theoriebildung. Der Makel, dass sie dies auch auf weiten Strecken versäumt hat, ist auch durch neue Leitbilder nicht so leicht wettzumachen (vgl. Theis-Berglmair/Bentele 2000).

4.1 Bildung im Dilemma von gesellschaftlichen Heilsvorstellungen

Die entscheidendste Schwelle zu einem theoretisch reputablen Status hat die Medienpädagogik im Laufe ihrer eigenen Geschichte erst überschritten, als sie sich weitgehend der Analyse der kritischen Theorie anschloss bzw. viele Thesen der Frankfurter Schule zu ihrer eigenen Argumentation machte. So wichtig diese gesellschaftskritische Öffnung war, so sehr ist sie aber auch in deren Modellen hängen geblieben. So ist es der Medienpädagogik zwar gelungen, auf einen fahrenden Zug (den Emanzipations- und Aufklärungsanspruch der Kritischen Theorie, vgl. zum Beispiel Bauer 1979; Dröge 1973) aufzuspringen, allerdings mit phänomenologisch fragwürdigen und später auch erkenntnistheoretisch fragwürdigen Modellen der Medienkommunikation (kausale Einflussmodelle, lineare Wirkungsmodelle, unilaterale Modelle der Manipulation, Reduktion des Menschenbildes auf anthropologische Oberflächenmodelle).

Die Kritik der Frankfurter Schule an den Medien entstand aus einer ökonomischen Interpretation von Medienkultur, die bislang tatsächlich fehlte. Sie prägte kritische Leitbegriffe (zum Beispiel „Bewusstseinsindustrie"), mit deren Hilfe Strategien der Medienproduktion und Phänomene des ästhetischen Gebrauchs von Medien (Fiktionalisierung, Standardisierung, Sensationalisierung, Dramatisierung, Personalisierung, Trivialisierung von Ereignissen, vgl. Zöchenbauer 1975; Prokop 1974a) als Manipulation privilegierter Klassen bzw. privilegierter Berufe (elitärer Zugang zu den Produktionsmitteln, Herrschaftswissen) an den unaufgeklärten Massen zu enttarnen hoffte (vgl. Ehmer 1971).

So ambitioniert diese aus normativ-kritischer Perspektive der gesellschaftlichen Wirklichkeit entwickelten Ideen vom gesellschaftlichen Sein des Menschen mit und gegenüber Medien waren, so problematisch bzw. undurchdacht waren die epistemologischen Prämissen. Das Medienverständnis war apparativ (Produktionsmaschine), das Kommunikationsverständnis wurde linear (Transport), aktional und arbeitsteilig interpretiert, die Funktion der Medien wurde paradigmatisch kausal (Einflusswirkung) ausgelegt. Der alltagskulturelle Kontext wurde weder theoretisch (kontextuelles Verständnis von Manipulation bzw. interessenbesetzter Kommunikation) noch methodisch (kontextuelle Kulturanalyse anstatt Objekt- bzw. Medienanalyse) mitgedacht. Der kulturkritische Blick war auf das Objekt anstatt auf die Objektumwelt gerichtet.

Diese Wende der Betrachtung brachten (erst) die Cultural Studies, die, obwohl relativ synchron zur Frankfurter Schule und mit ähnlich kritischer Ambition entwickelt (vgl. Hall/Hobson 1980), nur mit großer Verzögerung im deutschen Sprachraum Fuß fassen konnten, weil die kritische Analyse ja schon mit viel philosophischem Aufwand besetzt war (vgl. Göttlich/Winter 1999; Mikos 1997). Während die Frankfurter Schule nach wie vor von der Vorstellung ausgeht, Kultur sei die Objektivation elitären Klassenbewusstseins, versteht das Projekt der Cultural Studies den Prozess der alltäglich-kontextuell und interaktional ausgehandelten Aneignung von Wirklichkeit als das eigentlich gesellschaftliche Kulturphänomen (vgl. Hall 1980).

Dieses kann nicht analysiert und wissenschaftlich verstanden werden, ohne die Betroffenen zu Beteiligten (der Forschung/Studies) und die Beteiligten zu Betroffenen (Verstehen als Lernen durch die kontextuelle Verwiesenheit des Forschers) zu machen. Bei aller Ähnlichkeit zwischen der Kritischen Theorie und den Cultural Studies ist der Unterschied durch die Methodologie wie auch durch den phänomenologischen Ansatz beträchtlich größer.

Die große Sympathie der Medienpädagogik zur Kritischen Theorie ist theorie- und ideologiegeschichtlich bemerkenswert. Sie führte sogar zu einer kultur- und gesellschaftskritischen Konkordanz und teilweise sogar zu strategischer Allianz der damals großteils in kirchlichem Milieu generierten medienkritischen Reflexion mit der marxistisch ansetzenden Analyse der Medienrealität (vgl. Zöchbauer 1975; Kreimeier 1974). Aber diese Komplizenschaft ist nicht nur verdächtig, sondern auch verständlich.

Der Verdacht bezieht sich auf die strategische Nutzung der approximativen Ähnlichkeiten des normativ-kritischen (geisteswissenschaftlichen) Ansatzes mit der kulturpessimistischen Analyse der Kritischen Theorie einer damals geisteswissenschaftlich weithin diffus reflektierenden Medienpädagogik, die sich mit der kritischen Theorie im Rücken eine wissenschaftliche Kredibilität und damit soziale Reichweite sowie institutionelle Durchsetzung zu sichern hoffte. Jedenfalls ist es auffällig, dass die pädagogisch ambitionierte Medienanalyse in den siebziger und achtziger Jahren des vergangenen Jahrhunderts mit dieser Reputation ausgestattet institutionell (Gründungen von wissenschaftlichen Instituten zur Medienpädagogik) Fuß fassen konnte.

Das Verständnis der Komplizenschaft der beiden Lager folgt aus dem Vergleich des philosophischen Hintergrunds und dessen normativ-kulturkritischer

Ausrichtung. Beiden geht es um eine von konversationeller Makulatur befreite Kulturpraxis (zum Beispiel Postman 1985), um die Primat- und Unikatstellung einer an Idealen ausgerichteten Kultur der Medienkommunikation. Beide halten die Medien für pathogene Apparaturen von Macht und Einfluss und als solche für schuldig an der Pathologie der Gesellschaft (vgl. Breisach 1978; Hickethier 1974).

Beide Denklager gehen von einer teleologischen Wesensbestimmung von Kommunikation aus. Zum einen wird Kommunikation vermutet als der Weg der Offenbarung und Freilegung von Wahrheit (vgl. Habermas 1981: 381; Habermas 1981a: 69f.; 1983), zum andern als der Ort jener Universalien, hinter denen es dann keine andere Wahrheit mehr zu suchen gäbe und wo weltimmanente Herrschaft keine Legitimität habe (vgl. Gottschlich 1999). In beiden Interpretationsschulen wird Kommunikation als Ressource von Homogenität, von Nähe zum wahren Selbst und von Übereinstimmung von Wahrheit und Realität erachtet. In diesem Sinne verfolgen beide Schulen in seltener Widersprüchlichkeit konservativ-emanzipatorische Interessen, weil beide auf die Achsen Macht und Autorität bzw. Freiheit und Subjektivität konzentriert sind (vgl. Schmolke 1996; Horkheimer/Adorno 1969; Adorno 1968).

Radikal konstruktivistisch betrachtet ist Kommunikation nichts anderes als die Projektion von intendierten Ergebnissen des Handelns (vgl. Köck 1996: 353). Die Vorstellung des Gelingens besetzt den Begriff Kommunikation positiv, die des Scheiterns negativ, obwohl auch dieses - konstruktivistisch betrachtet - nichts anderes ist als Kommunikation. Das konstruktivistisch also genuin provisorische, improvisatorische, situativ-fallible, das kasuale, dissipative und nie zu Ende gebrachte Projekt der Verständigung zwischen Menschen wird in den beiden ungleichen Denklagern Christentum und Marxismus gleichermaßen ontologisiert, ideologisch-theoretisch überhöht und als etwas verstanden, das ist, weil und indem man es tut.

Diese ontologische Objektbestimmung von Kommunikation führt zwangsweise zu der Annahme, dass darin auch die Verantwortung eingeschrieben sei für das, was immer und überall zu sein hat, was nicht in Frage gestellt werden kann, was also wahr ist (vgl. Weber 1997). Beiden Denksystemen ist eine nostalgische und zugleich realistisch-materialistische Vorstellung von Kommunikation eigen, die überdies pädagogisch romantisiert wird und auf einer Zwei Welten-Theorie der Kommunikation baut, die zwischen der (ökonomisch belasteten) Medienkommunikation und der (im Grunde heilfähigen, heilbaren oder aufklärbaren) Individualkommunikation unterscheidet (vgl. Kellner 1999: 343). In dieser romantisierten Vorstellung der humanen (interpersonalen) Verständigung ist Kommunikation ein Vorgang der Herstellung (Austausch) von Übereinstimmung, die am sichersten unter den Bedingungen gegenseitiger physischer Wahrnehmung (soziale Kontrolle) erreicht wird, die aber unter den Bedingungen der technischen Vermittlung (Distanz, Beliebigkeit, Künstlichkeit) leidet und anfällig ist für Selbstentfremdung. Beiden Lagern ist ein hierarchisches Ordnungsmodell von Kommunikation (Wahrheitsfindung im Theorem der Komplementarität) zu Eigen, das in einer pluralitären und relativierenden Konversation durch Medien bedroht ist.

In der Folge der kritischen Gesellschaftsanalyse mit und nach den Thesen der Frankfurter Schule entstand eine Fülle medienpädagogischer Praxisanleitungen zur theoretischen und praktischen Aufklärung gegenüber den Medien und der durch sie verteilten Ware. Mit etwas Verzögerung mündete der in diesem Zusammenhang auch forcierte kognitive Lernansatz in eine Auffassung von medienpädagogischer Theorie, die sich selbst als „handlungstheoretisch" bezeichnet. Theoretisch begründete Medienkritik, ideologiekritisch gelenkte Medienanalyse und lerntheoretisch begründete Medienexperimente führten zu Medienlabors in Schule, Berufsbildung und Erwachsenenbildung. Das Ziel, das man darin bis heute verfolgt, wird mit dem Begriff „Medienkompetenz" sehr pragmatisch und weitgehend technisch-kompensatorisch (Systemanpassung durch Ausgleich von Benachteiligung und Behinderung) (vgl. Bauer 1988) ausgelegt. In diesem Muster kann man auch die technische Nachrüstung von Schulen durch PC- und Internettechnologie kritisch sehen. Nicht die Ausstattung ist das Problem, sondern die („medienpädagogische") Begründung für diese Ausstattung. Sie konzentriert sich auf einen strategischen Vorgang anstatt auf die kulturellen Welten, die diesen Vorgängen Sinn oder Widersinn attestieren.

Durchforstet man den Fundus der theoretischen Medienpädagogik, dann fällt auf, dass wirtschaftspädagogische Themenstellungen so gut wie nicht vorkommen. Dabei böte gerade die ökonomische Analyse der Mediengesellschaft Problemzusammenhänge, deren (mindestens) theoretische Lösung in Entscheidungsfaktoren zu suchen ist, die die medienökonomische Praxis des produktiven wie des rezeptiven Mediengebrauchs begründen. Die mitunter schon bewusstlos wiederholten Zeitbilder gesellschaftlich wünschenswerten Mediengebrauchs (Sinnstiftung, Orientierung, Identitätsstiftung, Konstruktion des Selbst, Entwicklung der sozialen Kompetenz, Ausformung kommunikativer Performanz etc.) haben ja auch eine individuelle und gesellschaftliche ökonomische Rationalität (Interessensicherung, Wettbewerb, Gewinn etc.), die wie die Vernunft der Humanität (erst) durch Bildung nachhaltig wird. Aus eben diesem Grunde wäre eine extrinsische medienökonomische Argumentation der Medienpädagogik (zum Beispiel „Man darf den Anschluss nicht verlieren.") nicht wirklich eine ausreichende Ausschöpfung des Wissens der Medienökonomie für gesellschaftliche Bildungsziele. Eine intrinsische Argumentation fehlt aber noch weithin. Sie müsste das Wissen um die Bedingungen ökonomischer Rationalität des sozialen Mediengebrauchs einbringen in die Diskurse um Medien- und Meinungsfreiheit, Kommunikationsgerechtigkeit, Abbau von Wissenskluft, Kompensation von problematischen Folgen der Globalisierung, sinnproduktive Ausschöpfung von Konvergenz, nachhaltige Sicherstellung von Sozialkapital etc. So gesehen ist die medienökonomische Argumentation im medienpädagogischen Thematisierzusammenhang noch ausständig. Sie wäre im Bemühen um die theoretische Differenzierung der Medienpädagogik vor allem ein Gewinn an Praxeologie.

5 Ein medienpädagogisches Registermodell: Kompetenzansprüche und Performanzprobleme

Unter dem Stichwort Medienpädagogik wurden und werden aber immer noch bildungstheoretisch und -analytisch getrennte Handlungsfelder der praktischen Bildungsarbeit rubriziert, die - um der Medienpädagogik einen fachlichen Auftritt zu ermöglichen - gerne aufgeteilt werden in Medienkunde, Medienerziehung und Mediendidaktik (vgl. zum Beispiel Bauer 1979). Dabei handelt es sich um unterschiedliche Register ein und desselben Instruments. Das Instrument ist der pädagogische - theoretische wie praktische - Apparat, mit dem eine Objektwelt, nämlich die der Medienkommunikation (vor allem) im Lebenszusammenhang von Kindern und Jugendlichen mit medientechnologischen Tools und lerneffizienten Methoden des Lehrens im Systemkontext von sekundären Sozialisationsinstanzen (Mediendidaktik) so analysiert werden soll, dass einmal faktisch-reale Strukturen (Medienkunde) sichtbar und einsichtig werden, dass zum Andern das subjektive Medienverhalten kritischer Reflexion (Medienerziehung) unterzogen wird, um dann daraus Haltungen des vernünftigen Mediengebrauchs einzuüben.

Das hier verwendete Registermodell beansprucht sowohl theoretische Kompetenz wie auch bildungspraktische Relevanz. Mit der Wahl des Begriffes „Register" bzw. „Kompetenzregister" anstatt des Begriffes Kompetenzbereiche soll deutlich werden, dass die Medienpädagogik, auch wenn sie sich in ihrer Darstellung oft ungeschickt positioniert hat und ihre Performance wissenschaftsgeschichtlich denkbar schlecht gelungen ist, eine wissenschaftliche Codierung für den kompetenten Blick der Pädagogik auf ein gesellschaftliches Aktionsfeld ist, in dem einfach zu viele für die humane Gestaltung der Gesellschaft entscheidende Handlungsströme zusammenfließen, als dass man diese sich selbst überlassen könnte. Medienkunde, Medienerziehung und Mediendidaktik sind im traditionellen Pädagogikansatz wie getrennt zu realisierende Bereiche medienpädagogischen Handelns betrachtet worden. Als Register aber sind sie zu beschreiben wie Zugriffe auf ein und dasselbe Thema (Medienkommunikation) mit unterschiedlicher Akzentuierung. Zugleich liegen sie in Kongruenz und Konkordanz zueinander. Das Eine gibt jeweils dem Anderen einen gesteigerten Grad an Zuständigkeit und Relevanz. Medienkunde gewinnt durch Medienerziehung an pädagogischem Sinn wie Medienerziehung ohne Medienkunde eine zahnlose Ausrüstung wäre. Mediendidaktik wiederum, verstanden als die Gestaltung des gesamten Lernzusammenhangs, ist der Garant für die Effizienz der Medienerziehung wie umgekehrt Medienerziehung ohne didaktische Auslegung bestenfalls eine institutionell legitimierte Belästigung von Lernenden wäre.

Auch wenn Medienkunde, Medienerziehung und Mediendidaktik gerne als Bereiche oder Ebenen der Medienpädagogik bezeichnet werden, spricht einiges dafür, diese Objekteinteilung zugunsten einer integrierten Auffassung der Medienpädagogik aufzugeben und mit der Vorstellung des Registers die unterschiedlichen Spielweisen und Akzentuierungen zu ersetzen. Aus einer integrierten Phänomenologie von Kommunikation und Bildung, in der sich Bildung als ein Fall von Kommunikation und Kommunikation als ein Fall von Bildung darstellt, ergibt sich der Blick auf eine mehrfache Kontextualität von Medienpädagogik, durch die die zuvor dargestellte Bereichsverteilung von Medienkunde, Medienerziehung und Mediendidaktik obsolet wird. Die kritische Analyse der Bildung von Kommunikationskultur und der Kommunikation von Bildung unter den Bedingungen einer medienvermittelten Gesellschaft ist der fachlich „abgrenzbare“ Kompetenzbereich der Medienpädagogik. Diese Identifizierung als Fach bzw. als Disziplin wird sie nie erreichen, so lange sie sich wie ein Baukasten gibt, in dem unter dem Selektionsprinzip pädagogischer Relevanz - wenn auch noch so interdisziplinär zusammengetragene - Einzelbetrachtungen für die Verwertung in der pädagogischen Praxis eingelegt werden. Ein solches Ordnungsmuster ist generell problematisch, weil es insinuiert, Wissen wäre nichts anderes als für den Einzelgebrauch dauerhaft präparierte Erfahrung, die, in einen anderen Forschungskontext gestellt, die Funktion hätte, Baulücken zu füllen. Das macht noch keine transdisziplinäre Architektur des Wissens, bestenfalls eine nach außen ansehnlich geschlossene Fassade.

Ein Blick in die (vor allem frühen) Lehrpläne und Lehrbücher (vgl. Tulodziecki 1989; Eschenauer 1989) der Medienpädagogik genügt, um zu sehen, dass das dort gelagerte Wissen zu einem guten Teil nach der Kausalitätslogik schulmedizinischer Wissenschaft (Pathologie der Kommunikation) gesammelt und nach der Logik schulmedizinischer Praxis (Anamnese der Symptome, Diagnose im Gebrauch eingeübter Theorien, Therapie in Form von Rezepten für Prävention oder Selbstbehandlung) aufbereitet wird. Abgesehen davon, dass die pädagogische Praxis (zum Beispiel Lehrer) an der gesellschaftlichen Aufgabenstellung der Pädagogik im Allgemeinen und an der Medienpädagogik im Besonderen vorbei denkt, wenn sie sich in der Rolle des Operateurs oder Therapeuten versteht, tut sie sich auch selbst keinen Gefallen, wenn sie diese Funktion durch das Sammeln und Verteilen von Rezepturen zu erreichen meint. Vermutlich muss man im Zusammenhang mit dieser kritischen Anmerkung zur schulischen Praxis der Medienpädagogik aber auch einräumen, dass das schulische System der Planung, Vermittlung und Evaluation (Lehrpläne, Unterrichtsstruktur, Schulorganisation und Prüfungssysteme) dazu verleitet, so komplexen und zugleich fluiden Inhalten, wie sie der Medienpädagogik eigen sind, nur dann Herr zu werden meint, wenn festgeschrieben wird, was man wie und in welcher Dosis verabreichen kann. Da im Kontext der Schulorganisation die Unterrichtsarbeit im Sinne intendierter Lernziele letztendlich output-orientiert ist, ist die Versuchung groß, schon den gedanklichen Input diesem Zweck entsprechend zu rationalisieren, ihn output-orientiert zu selektieren und zu begrenzen. Damit minimiert man die vermutete Belastung mit fluidem und vielleicht gar nicht wieder verwertbarem theoretischen Wissen und konzentriert den Blick auf Praktikabilität und Wiederholbarkeit.

Was bei einer so erworbenen oder wiedergegebenen Medienpädagogik auf der Strecke bleibt, ist nicht nur die reflexive Auseinandersetzung der Lehrenden mit dem, was sie vermitteln, sondern vor allem die intrinsische Struktur des Erkennens, die intrinsisch motivierte Erfahrung von Lehrern und Lernenden und mithin die Mobilisierung des Potentials von nicht-intendierten (evolutiv-kreativen) Prozessen individueller und gesellschaftlicher Lebenserfahrung (vgl. Fuchs 1999: 36).

6 Mediative und diaskopische Kulturbetrachtung

Zwischen den Positionen einer (nur) kritischen Mission und dem Verlangen nach fachsystematischen Strukturen nimmt die integrative und kontextuelle Medien- bzw. Kommunikationspädagogik am besten die Position einer diaskopischen Kulturbeobachtung ein, die sich als komplementäres Register in die allzu oft an Oberlächen interessierte monotopische medien- und kommunikationswissenschaftliche Analyse mischt. Eine solchermaßen sich verstehende Medienpädagogik ist ein Gestaltungsprinzip der performativen Partitur der Kommunikationswissenschaft. Sie braucht kein Fach zu sein, in dem die Bücher der Kommunikationswissenschaft nach einem systematischen Ordnungsprinzip (das wäre bestenfalls so etwas wie eine interdisziplinäre Medienkunde) abgelegt werden, sondern gibt sich besser im Sinne der zuvor schon beanspruchten koeffizienten Kompetenz (der Medienpädagogik) als Agentur der an hintergründigen Vernetzungen interessierten und dort (diskursiv) verweilenden Beobachtung. Sie entzieht sich der Beschleunigung ebenso wie der Stagnation. Sie nimmt Partei für den sozialen und kommunikativen Gebrauch von Medien (Medienkultur) aus Interesse an jeweils individueller und gesellschaftlicher Gestaltung der Lebensbezüge (Kommunikationskultur), um diese in ihrem Verhältnis zu den gesellschaftlichen Phantasien von Kommunikation verstehen zu können und sie den beteiligten Akteuren selbst verstehbar zu machen. Das ist im Grunde mediative Aktionsforschung, die aus Beteiligung Betroffenheit und aus Betroffenheit Beteiligung generiert.

> ➲ Medienpädagogik nimmt Partei für den sozialen und kommunikativen Gebrauch von Medien (Medienkultur) aus Interesse an jeweils individueller und gesellschaftlicher Gestaltung der Lebensbezüge (Kommunikationskultur), um diese in ihrem Verhältnis zu den gesellschaftlichen Phantasien von Kommunikation verstehen zu können und sie den beteiligten Akteuren selbst verstehbar zu machen. Das ist im Grunde mediative Aktionsforschung, die aus Beteiligung Betroffenheit und aus Betroffenheit Beteiligung generiert.

Wenn daraus Wege des Gelingens wie auch des Scheiterns gesellschaftlicher Kommunikation sichtbar werden, hat intersubjektiv geteilte Erfahrung subjektiven Sinn gemacht. Darin liegt das unaufwendige medienpädagogische Erlebnis.

Den Anspruch, solche Erlebnisse (theoretisch) darstellen, erklären und unter den Bedingungen edukativer Praxis (zum Beispiel durch medienpädagogische Curricula) rekonstruieren zu können, ist allerdings nur dann glaubwürdig, wenn die wissenschaftliche Medienpädagogik sich der Mühe unterzieht, sich auf theoretisch weit ausgreifende diasystemische Referenzmodelle zu beziehen, in und aus denen die Bestimmung von Kommunikationswerten theoretische Geltung (Erklärung, Ordnung, Klassifikation, Prognose) relevieren kann. Dies verlangt eine integrative, diaskopische und kontextuelle Methode der Betrachtung.

Ethnographische Kritik, eine Methode kulturtheoretisch ansetzender Kommunikationsanalyse, kommt diesem Anspruch nach Kontextualität, Diaskopie und Mediation methodisch wohl am nächsten. Sie konzentriert sich nicht mit einer analytischen Lupe auf Auffälligkeiten in dem Verhältnis der Positionen von Medien und Rezipient, sondern interpretiert das alltagskulturelle Umfeld, in dem und aus dem sich eine spezifische (vielleicht auffällige) Medien-Rezipienten-Konstellation ergeben kann (vgl. Ang 1999: 323), im Diskurs mit Betroffenen und unter Einbindung ihrer subjektiven Lebenssichten. Während die analytische, fast traditionell naturwissenschaftlich ansetzende und auf das Objekt fixierte Betrachtung mit Typologien und Klassifikationen (zum Beispiel des Medienkonsums von Rezipienten) arbeitet und - um diesen die Welt zu erklären - Auffälligkeiten registriert, interpretiert die ethnographische (sozial-kontextuelle) Methode (mediale) Aneignungsweisen von Wirklichkeit und die ihnen zugrunde liegenden Zustände aus der subjektiven Bedeutungsgeschichte (vgl. Hepp 1998: 24). Das Interesse der Ethnographie ist nicht die Bestätigung von Annahmen und nicht das Erreichen vorgenommener Erkenntnispositionen, sondern das Entdecken von Vergessen, das Verstehen durch bewusste Dekonstruktion. Um dies zu erreichen, erlaubt sie sich exemplarisch, eklektizistisch und (in begründet heterodoxer Auswahl) herätisch vorzugehen (vgl. Grossberg 1986).

In diese kulturtheoretische Modellbildung der Medienpädagogik muss die Perspektive der Medienökonomie noch einmal eingemahnt werden. Sie ist eine implizite Perspektive, insofern der gesellschaftliche Lebensvollzug ökonomischer Rationalität folgt. Sie muss im Rahmen wissenschaftlicher Analyse aber explizit gemacht werden, um die Zielsetzungen der medienpädagogischen Praxis (zum Beispiel Medienkompetenz) mit eben dieser Rationalität auszubalancieren.

7 Medienpädagogik - ein kontextueller Diskurs zwischen Medienkultur und Medienökonomie

In Entsprechung zu den bisherigen Ableitungen ist daher nicht zu verlangen, dass die wissenschaftliche Medienpädagogik ihren (diaskopischen) Blick über den kategorialen Medienzusammenhang hinaus lenkt, sondern diesen als konstruktiven Faktor des allgemeinen kulturellen Lebensvollzugs impliziert. Das geht - wissenschaftlich-methodisch - nur über den Weg der Kontextierung von

Zusammenhängen und Perspektiven. Eine solche theoretische und methodische Kontextierung kann dann für sich die Reputation gewinnen, eine Kompetenzressource für die Praxis der Medienpädagogik zu sein, wenn sie dieses Diskursfeld so absteckt, dass dabei die transdisziplinäre Vernetzung der theoretischen Betrachtung sichtbar wird. Darüber hinaus muss die Medienpädagogik gar nicht einen eigenen theoretischen Raum definieren. Es reicht, wenn sie die transdisziplinäre Vernetzung der pädagogisch ambitionierten Phänomenologie von Kommunikation releviert und diesen durch Bezüge (Kontexte) hergestellten Raum diskursiv besetzt.

Die Kontextualität ist mehrfach vorhanden (vgl. Hepp 1998: 41):

- Zum einen thematisiert sich im medienpädagogischen Handlungszusammenhang der schon mehrfach angesprochene Bildungskontext, der Medien und Pädagogik zueinander in ein diskursives Verhältnis setzt.
- Zum zweiten muss man in diesem Kontext den bisher vorwiegend medienökonomisch geführten Qualitätsdiskurs, der sich nun endlich auch zunehmend von der frühen kritischen Analyse der Akteursebene (vgl. Langenbucher 1984) auf die Sicherung von Qualität auf unternehmerischer Ebene (vgl. Wyss 2000: 149f.; Fabris 1999; Reiter/Ruß-Mohl 1992) und der des redaktionellen Managements/Verfahrensmanagements (vgl. Altmeppen 2000: 47) entwickelt, auch medienpädagogisch einbinden, weil Qualität der Medien letztendlich eine intertextuelle und intersystemische Kategorie (vgl. Karmasin 1998: 365) von Medienkultur ist. Die Qualität der Medien in Frage zu stellen macht nur Sinn in der Annahme eines ethologisch problematisierbaren Entsprechungsverhältnisses von Handlungsabsichten und Handlungserwartungen (vgl. Karmasin 1998). Daher ist die Rolle des Rezipienten/Konsumenten in diesem Zusammenhang ebenso relevant wie die des Produzenten für relevant gehalten wird.
- Zum dritten rückt immer mehr der kulturelle Kontext in das Licht der Betrachtung. Medien und Bildung sind Lernorte der Kommunikation und als solche zueinander sowohl konkurrent als auch kongruent.
- Last, not least ist der situative Kontext nicht zu übersehen, der Lehrende und Lernende in ein Spannungsverhältnis von organisatorischer bzw. institutioneller Rationalität und lebensweltlich betonter Suche nach Erfahrung bringt.

Medienpädagogik ist die für eine verantwortliche gesellschaftliche Praxis der Kommunikation engagierte wissenschaftliche Analyse von Medienkultur, die ihrerseits nichts anderes beschreibt als die Erfahrung, dass die symbolische

Wirklichkeit, mit der wir uns umgeben, in der wir uns selbst reflexiv verstehen, vermittels der wir einander Verständigung signalisieren und über die die Gesellschaft sich selbst beobachtet, Riten des Alltags sind, die (nur) im Wege symbolischer Interaktion, also mediatisiert und medialisiert sich ereignen.

> Medienpädagogik ist die für eine verantwortliche gesellschaftliche Praxis der Kommunikation engagierte wissenschaftliche Analyse von Medienkultur, die ihrerseits nichts anderes beschreibt als die Erfahrung, dass die symbolische Wirklichkeit, mit der wir uns umgeben, in der wir uns selbst reflexiv verstehen, vermittels der wir einander Verständigung signalisieren und über die die Gesellschaft sich selbst beobachtet, Riten des Alltags sind, die (nur) im Wege symbolischer Interaktion, also mediatisiert und medialisiert sich ereignen.

Aus dieser Erfahrung potentiellen subjektiven Sinn zu ziehen, diese Erfahrung als Ressource der Gestaltung von gesellschaftlichem Leben zu nutzen, dieser Erfahrung einen den Desideraten humaner Gesellschaft entsprechenden kritischen Interpretationsrahmen zu geben, ist der epistemologische Ort der Medienpädagogik. Sie ist eine bewusst-kreative Perspektive, durch die sowohl der teleologische Gehalt dieser Erfahrung wie auch der kritische Blick darauf thematisiert und im Sinne einer lernenden Gesellschaft intersubjektiv verbindlich gemacht werden kann. So verstanden ist Medienpädagogik die - an der Qualität des nie zu Ende gebrachten gesellschaftlichen Verständigungsprojekts engagierte - Intervention im Interesse der Ausbalancierung von subjektiver Selbstthematisierung und medialer Narration. Wenn Medienpädagogik so eingebunden ist in das gesellschaftliche Bildungsprojekt, ist sie ein Dispositiv kommunikativer Qualität, ist sie der diskursive Ort der Qualitätskontrolle und Qualitätsentwicklung gesellschaftlicher Kommunikationskultur, die pädagogisch ambitionierte Beobachtung der gesellschaftlichen Selbstbeschreibung im medialen Diskurs.

Um nicht an der Oberfläche zu bleiben und um nicht in Verdacht zu geraten, simplen Plausibilitäten das Wort zu reden, die gerade im Zusammenhang von pädagogischer Ratlosigkeit bei Fragen des Umgangs mit Medien (vgl. Merz 2000) wie Rezepte zur schulischen Prävention oder zur Therapie von medienverursachten Kulturverfallssyndromen oder zur häuslichen Heilpraxis von medienverursachten Persönlichkeitsschäden gerne verteilt werden, muss die Medienpädagogik deklarieren, welchen Begriff von Medien für welche Vorstellung von Kommunikation sie mit welchem Verständnis von Pädagogik verknüpft und problematisiert. Nur so kann Medienpädagogik Seriosität beanspruchen. Sie muss darüber hinaus ihren Diskurs mit Modellen relevieren, die über die Objektwelt hinausreichen, die nicht an den Grenzen ontologischer Beschreibung stehen bleiben, die sich nicht der Apparatur und der Technologie der Machbarkeit unterwerfen und die nicht in den berechenbaren Bezügen der Mechanik denken. Nichts wäre zynischer als dies: Ein work-minded-Modell von Medien im Blick auf ein closed-minded-Modell von Gesellschaft mit einem power-minded-Modell von Pädagogik therapeutisch behandeln zu wollen. Diese Engführung kann nur vermieden - und wo sie schon eingegangen wurde, wieder aufgelöst werden - durch konsequente Entgrenzungsperspektiven von Medien, Kommunikation und Pädagogik. Systemtheoretische, symbolisch interaktionistische und kulturwissenschaftliche Thematisierungen des Zusammenspiels von Medien und Pädagogik können diese diaskopischen Transzendierungen leisten. In diesem Sinne bleibt die Medienpädagogik - vor allem im Hinblick auf die zunehmende Vernetzung von gesellschaftlicher Kommunikation - in einem paradigmatischen Sinne work in progress.

Kommentierte Literaturhinweise

Baacke, Dieter (1997): Medienpädagogik, Tübingen: Niemeyer

Dieter Baackes Ansatz ist im weitesten Sinne anthropologisch und anthropozentrisch. Er stellt ab auf die Entwicklung von kommunikativer Kompetenz - genauso wie er davon ausgeht, dass die Kompetenz des Weltverstehens den individuellen Lebensvollzug menschlich macht. In dieser äußerlich eher bescheidenen Schrift findet Baackes langjährige Forschung und Reflexion komprimierten Ausdruck.

Faßler, Manfred (2001): Netzwerke. Einführung in die Netzstrukturen und verteilte Gesellschaftlichkeit, München: Fink

Fasslers Analyse der Mediengesellschaft apostrophiert sich selbst nicht medienpädagogisch, ist aber implizit in Ansatz, Zielsetzung und Analyse ein ausgesprochen wertvoller Problemaufriss, der sich der anthropologischen Frage ganz bewusst stellt. In diesem Sinne ist sein Werk ein ausgezeichneter Fundus an Argumentation, der überdies die medienpädagogische Frage von der verengenden Problematisierung der Medienwirkung ablenkt.

Paus-Haase, Ingrid/Claudia Lampert/Daniel Süss (2002) (Hg.): Medienpädagogik in der Kommunikationswissenschaft, Wiesbaden: Westdeutscher Verlag

Dieser Reader reflektiert auf dem Niveau der weitest gediehenen Entwicklung die Stellung der Medienpädagogik im Rahmen der Kommunikationswissenschaft, differenziert gut nachvollziehbar zwischen den verschiedenen medienpädagogischen Positionen und zeigt deren Perspektiven und Potenziale auf. Ein Buch, das eine verlässliche Orientierung gibt.

WIRTSCHAFTSWISSENSCHAFTLICHE PERSPEKTIVE I

Massenmedien, Werbung und Märkte

Eine wirtschaftstheoretische Analyse[1]

Rüdiger Pethig

Untersucht wird das Zusammenspiel von Medien-, Werbe- und Konsumgütermärkten, in dem der Werbung die Rolle eines wichtigen ökonomischen Motors der gesamten Medienwirtschaft zukommt. Als Schlüssel zum Verständnis der Medienwirtschaft wird daher das Dreiecksverhältnis von Medienunternehmen, Medienkonsumenten/Konsumenten und Werbewirtschaft betrachtet. Unter Berücksichtigung der ökonomischen Besonderheiten der Medien als Mittel zur Verbreitung von Informationsgütern wird die Medienwirtschaft mit theoretischen Methoden der Industrieökonomik analysiert. Dabei geht es sowohl um Erklärungsansätze (positive Analysen) als auch um normative Aussagen auf der Basis der Wohlfahrtsökonomik.

1 Grundlagen einer ökonomischen Analyse der Medien

Ökonomen beschäftigen sich mit Gütern, deren Angebot mit Kosten verbunden ist und die nachgefragt werden, weil sie Nutzen stiften. In der Medienwirtschaft handelt es sich um Informationsgüter, die in vielfältig differenzierter Form auftreten. Hier beschränken wir uns auf die Unterscheidung zwischen journalistischen und werblichen Informationsgütern und bezeichnen zur Vermeidung umständlicher Terminologie die ersteren als Redaktionsgüter und die letzteren als Werbegüter. Unter Medienwirtschaft verstehen wir verkürzend die Produktion, den Vertrieb und den Konsum beider Typen von Informationsgü-

1 Für wertvolle Anregungen bin ich Marco Runkel dankbar. Alle verbleibenden Mängel gehen aber zu meinen Lasten.

tern durch Einschaltung der Massenmedien Zeitung, Zeitschrift, Hörfunk oder Fernsehen.

> ➲ Unter Medienwirtschaft verstehen wir verkürzend die Produktion, den Vertrieb und den Konsum journalistischer und werblicher Informationsgüter durch Einschaltung der Massenmedien Zeitung, Zeitschrift, Hörfunk oder Fernsehen.

Da in der Medienwirtschaft knappe Ressourcen eingesetzt werden und diese mit anderen Verwendungen konkurrieren, ist die Gesellschaft aufgefordert zu entscheiden (1) über das Ausmaß und die Struktur der Versorgung mit den genannten Informationsgütern und (2) über die institutionellen Arrangements der Bereitstellung, die spezifische Effizienz- und Verteilungsimplikationen haben.

Diese Fragestellungen untersucht die volkswirtschaftlich und theoretisch orientierte Medienökonomik[2] als Teilbereich der ökonomischen Markt- und Allokationstheorie. Sie behandelt sowohl positive als auch normative Fragestellungen. Zur positiven Analyse gehört die Beschreibung der Entwicklung und Situation der Medienwirtschaft, aber auch die Erklärung der Ressourcenallokation bei Anwendung alternativer Allokationsverfahren, Institutionen und Regulierungskonzepte. Die normative Analyse der Allokationstheorie basiert auf der Wohlfahrtsökonomik, die ein Kriterium für eine „gute" Ressourcenallokation vorschlägt und dann institutionelle Arrangements in der Medienwirtschaft danach beurteilen kann, ob sie „gute" Allokationen hervorbringen.[3]

---

2 Diese ist unter anderem von Steiner (1952) initiiert worden und konzentrierte sich zunächst auf die ökonomischen Implikationen der Frequenzknappheit im Rundfunk, die heute keine wesentliche Rolle mehr spielt. In ihrer weiteren Entwicklung wurde sie methodisch zunehmend ein integraler Teil der (mainstream) volkswirtschaftlichen Theorie (vgl. unter anderem Runkel 1998; Blind 1997; Owen/Wildman 1992; Schmitz 1989; Pethig 1988; Spence/Owen 1977 und Owen/Beebe/Manning 1974).

3 Im vorliegenden Beitrag soll unter anderem gezeigt werden, dass die Wohlfahrtsökonomik auf sehr einfache, aber fruchtbare Weise in der Analyse der Medienwirtschaft angewendet werden kann. Wir teilen nicht die Position von Kiefer (2001: 393), dass die ökonomische Wohlfahrtsdiskussion für die Entwicklung einer normativen Theorie der Medien weitgehend irrelevant sei. In dem von uns wie auch überwiegend in der gesamten Wirtschaftswissenschaft vertretenen methodologischen Individualismus ist weder für Meritorik noch für Paternalismus Platz.

Zur positiven Analyse gehört die Beschreibung der Entwicklung und Situation der Medienwirtschaft, aber auch die Erklärung der Ressourcenallokation bei Anwendung alternativer Allokationsverfahren, Institutionen und Regulierungskonzepte. Die normative allokationstheoretische Analyse der Medienwirtschaft basiert auf der Wohlfahrtsökonomik, die ein Kriterium für eine „gute" Ressourcenallokationen vorschlägt und dann institutionelle Arrangements in der Medienwirtschaft danach beurteilen kann, ob sie „gute" Allokationen hervorbringen.

Entstehen unerwünschte Ergebnisse, liegt medienpolitischer Handlungsbedarf vor, und es ist zu prüfen, welche „Handlungen", das heißt alternative Institutionen oder Regulierungsmaßnahmen, die unbefriedigende Ist-Situation verbessern können. In diesem Beitrag konzentrieren wir uns auf Erklärungsansätze und ihre normativen Implikationen, während Deskription, medienpolitische Fragestellungen sowie die Sonderrolle des öffentlichen Rundfunks weitgehend unberücksichtigt bleiben.[4]

Aus volkswirtschaftlicher Sicht ist die Medienwirtschaft ein Wirtschaftssektor ähnlich wie zum Beispiel die Landwirtschaft oder die Maschinenbauindustrie. Allerdings nimmt sich dieser Sektor im gesamtwirtschaftlichen Kontext relativ bescheiden aus. Im Jahre 1998 gibt es dort rund 160.000 Beschäftigte und etwa 32 Milliarden Euro Umsatz (Heinrich 2001: 36f.). Damit sind nur gut 0,4 Prozent der Erwerbstätigen im Mediensektor beschäftigt, und der Gesamtumsatz der Branche liegt kaum über den Umsatzerlösen von Unternehmen wie Bayer, BASF oder Preussag.

Es mag sein, dass die Medienwirtschaft aus diesem Grunde bei Ökonomen bisher nicht allzu viel Beachtung gefunden hat. Dieser „kleine Sektor" weist jedoch eine Reihe relevanter Besonderheiten auf, die auch aus ökonomischer Sicht so gravierend und einzigartig sind, dass die Medienökonomik viel mehr leisten muss als eine gewöhnliche Branchenanalyse über die Entwicklung des Sektors und seines Anteils an der gesamtwirtschaftlichen Wirtschaftsleistung.

Die zentralen Spezifika der Medienwirtschaft sind:

(a) Alle Informationsgüter sind öffentliche Konsumgüter im Sinne der Wirtschaftstheorie, deren „Vertrieb" an einen zusätzlichen Nutzer nichts oder nur wenig kostet.

4 Zu den hier nicht behandelten Themen vgl. auch zum Beispiel die medienökonomischen Lehrbücher von Heinrich (1999, 2001) und Kiefer (2001).

(b) Durch den Vertriebs- und Konsumverbund von Redaktions- und Werbegütern werden nicht nur Werbemärkte und Medienmärkte (auch Rezipientenmärkte genannt) aneinander gekoppelt, sondern zusätzlich auch noch alle Märkte für Konsumgüter, deren Anbieter Werbung in Massenmedien platzieren. Die Medienwirtschaft durchdringt somit nahezu alle Bereiche der Wirtschaft und ist deshalb kein Wirtschaftssektor im engeren Sinne.

Die Öffentliche-Güter-Eigenschaft der Informationsgüter, die später konkretisiert wird, ist verantwortlich dafür, dass Märkte nicht das zu leisten vermögen, was man üblicherweise von ihnen erwarten kann. Es kommt zu Marktversagen. In der Wirtschaftstheorie sind öffentliche Güter als „Störfaktoren" in der Marktwirtschaft gründlich untersucht worden, und zwar ohne nennenswerten Bezug zur Medienwirtschaft. Öffentliche Güter stehen im Zentrum der Finanzwissenschaft (public economics) und spielen dort eine wichtige Rolle bei der Beantwortung der grundlegenden Frage, unter welchen Bedingungen die Bereitstellung bestimmter Güter durch den Markt oder durch den Staat erfolgen sollte. Hier zeigt sich, und das ist für die Medienwirtschaft ebenfalls relevant, dass die Wirtschaftstheorie auch den Anspruch hat, komparative Analysen alternativer Allokationsverfahren durchzuführen, in denen staatliche branchenspezifische Regulierung eine mehr oder weniger große Rolle spielt.

Wenn man die Medienwirtschaft konzeptionell mit wirtschaftstheoretischen Methoden analysieren will, müssen die relevanten Begriffe und Konzepte präzise festgelegt und Vereinfachungen der komplexen Realität vorgenommen werden. Wir wollen unter Medien im engeren Sinne alle Mittel zur Verbreitung bzw. zum Vertrieb von Informationsgütern verstehen. Ein Programm ist eine Zusammenstellung von Informationsgütern bestimmter Arten und Qualitäten, das ein gewisses Profil erkennen lässt. Den Begriff Programm beziehen wir nicht nur auf Rundfunk, sondern auch auf Printmedien. Wenn ein Programm sowohl Redaktions- als auch Werbegüter enthält, nennen wir es ein Verbundprogramm. Die Menge der Werbegüter eines Verbundprogramms bilden das Werbeprogramm, und die Menge der Redaktionsgüter das Redaktionsprogramm. Ein Medium im weiteren Sinne (im Folgenden kurz: ein Medium) wird konstituiert durch ein Programm sowie dessen Vertrieb unter Verwendung eines Mediums im engeren Sinne. Medienunternehmen sind Anbieter von Medien (im weiteren Sinne) - und dazu gehören auch zum Beispiel alle öffentlich-rechtlichen Rundfunkveranstalter.

> Wir wollen unter Medien im engeren Sinne alle Mittel zur Verbreitung bzw. zum Vertrieb von Informationsgütern verstehen. Ein Programm ist eine Zusammenstellung von Informationsgütern bestimmter Arten und Qualitäten, das ein gewisses Profil erkennen lässt. Den Begriff Programm beziehen wir nicht nur auf Rundfunk, sondern auch auf Printmedien. Wenn ein Programm sowohl Redaktions- als auch Werbegüter enthält, nennen wir es ein Verbundprogramm. Die Menge der Werbegüter eines Verbundprogramms bilden das Werbeprogramm, und die Menge der Redaktionsgüter das Redaktionsprogramm. Ein Medium im weiteren Sinne (im Folgenden kurz: ein Medium) wird konstituiert durch ein Programm sowie dessen Vertrieb unter Verwendung eines Mediums im engeren Sinne. Medienunternehmen sind Anbieter von Medien (im weiteren Sinne) - und dazu gehören auch zum Beispiel alle öffentlich-rechtlichen Rundfunkveranstalter.

Die in dem weiter oben aufgeführten Punkt (2) angesprochene Besonderheit der Medienwirtschaft illustriert Abbildung 1 in einem stark vereinfachten Schema. Als zentraler Teil der Medienwirtschaft gelten im öffentlichen Bewusstsein wohl die Medienmärkte, auf denen Medienkonsumenten als Leser, Zuhörer oder Zuschauer nachfragen, was Zeitungs-, Zeitschriften-, Hörfunk- oder Fernsehunternehmen anbieten. Da die meisten Medienunternehmen jedoch mehr als die Hälfte ihrer Erlöse in Werbemärkten erzielen, müssen die Werbemärkte zusammen mit den Märkten für Werbegüter als ein wichtiger ökonomischer Motor der Medienwirtschaft angesehen werden.[5] Zu erwähnen ist noch, dass die Medienanbieter in der Realität nicht alle oder möglicherweise keine der von ihnen zusammengestellten und verbreiteten Informationsgüter über Märkte beziehen, wie in Abbildung 1 dargestellt. Eigenproduktion ist eine empirisch relevante Alternative, allerdings mit Unterschieden sowohl zwischen den Medien als auch zwischen einzelnen Anbietern des gleichen Mediums.

5 Die Auffassung von Kiefer (2001: 238), dass das „(...) Dreiecksverhältnis von Fernsehanbieter, Rezipient und Werbewirtschaft (...) die Modellannahmen der Ökonomie [sprengt]“, ist uns unverständlich. Die Herausforderung besteht vielmehr darin, in der wirtschaftstheoretischen Analyse der Medienwirtschaft geeignete Annahmen zu setzen, und dazu wollen wir hier einen kleinen Beitrag leisten.

Abbildung 1: Akteure und Märkte in der Medienwirtschaft

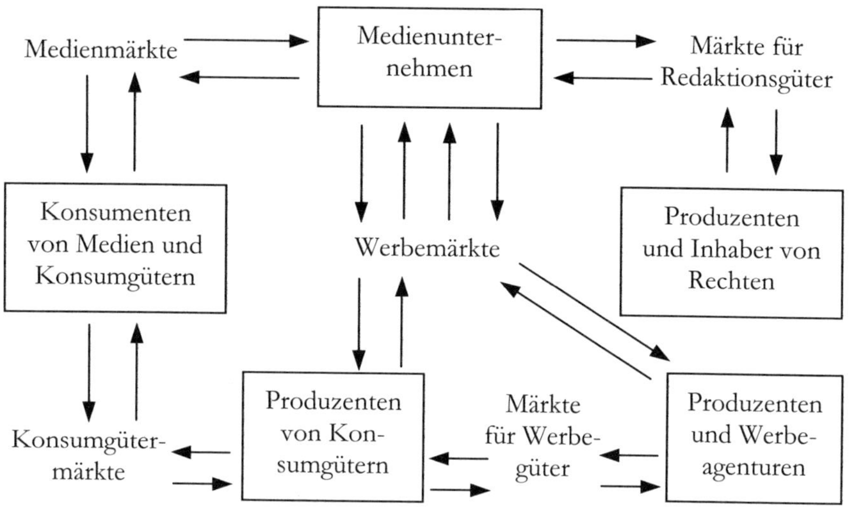

2 Möglichkeiten der Finanzierung von Medienunternehmen

In jedem Medienunternehmen entstehen Kosten, und jedes Unternehmen erwirtschaftet Erlöse entweder mit dem Ziel, diese Kosten zu decken oder Gewinne zu erzielen. Während sich Medienunternehmen und Unternehmen aus anderen Branchen auf der Kostenseite im Wesentlichen gleichen, gibt es auf der Erlösseite grundlegende Unterschiede. Im Normalfall stammen die Erlöse eines Unternehmens aus dem Verkauf seiner Produkte. Im Mediensektor liegt dieser Normalfall vor, wenn Programme gegen Entgelt abgegeben werden. Typische Entgeltmedien sind Zeitungen und Zeitschriften, nicht aber Hörfunk. Der Anteil des Entgeltfernsehens (Pay-TV, Pay-per-channel oder Pay-per-view) am gesamten Fernsehen ist zwar noch vergleichsweise gering (mit Unterschieden im internationalen Vergleich), aber er wird künftig vermutlich wachsen.

Eine Besonderheit der deutschen Medienwirtschaft ist der öffentliche Rundfunk. Das Ziel der öffentlichen Medienunternehmen ist nicht die Erwirtschaftung eines Gewinns, wie bei allen übrigen (privaten) Medienunternehmen, sondern die Erfüllung des öffentlich-rechtlichen Programmauftrags.[6] Die Programme des öffentlichen Rundfunks werden im Wesentlichen durch Abgaben finanziert, die meist als „Rundfunkgebühren" bezeichnet werden. Relevant im Kontext unserer Untersuchung ist, dass diese Abgaben nicht als ein Entgelt für die Inanspruchnahme einer Dienstleistung anzusehen sind, denn die Zahlungsverpflichtung entsteht allein dadurch, dass ein Haushalt (mindestens) ein empfangsbereites Rundfunkgerät besitzt.[7] Auch solche Medienkonsumenten, die nur anderen als öffentlichen Rundfunk nutzen, müssen die „Rundfunkgebühr" entrichten. Die „Rundfunkgebühr" ist daher eine pauschale, politisch festgesetzte Zwangsabgabe und hat insofern den Charakter einer Steuer, die keinen nennenswerten Einfluss darauf hat, welche und wie viele öffentliche Programme ein Medienkonsument nutzt.

Die dritte wichtige Finanzierungsform von Medienunternehmen sind Erlöse aus Werbung, die bei allen Massenmedien mit Ausnahme des Entgeltfernsehens eine mehr oder weniger große Rolle spielen, denn die Werbewirtschaft in Deutschland lässt sich ihre Werbung insgesamt rund 30 Milliarden Euro kosten, und der Anteil der Massenmedien an diesen Mittlerdiensten liegt bei etwa 75 Prozent. Die Massenmedien sind also mit Abstand die wichtigsten Werbemittler. Werbung ist die Verbreitung von Werbegütern unter Verwendung eines Mediums im engeren Sinn mit dem Ziel, die Einstellung von Konsumenten zu dem beworbenen Produkt oder Unternehmen in einer für Absatz und/oder Image des Unternehmens günstigen Weise zu beeinflussen.

> ➲ Werbung ist die Verbreitung von Werbegütern unter Verwendung eines Mediums im engeren Sinn mit dem Ziel, die Einstellung von Konsumenten zu dem beworbenen Produkt oder Unternehmen in einer für Absatz und/ oder Image des Unternehmens günstigen Weise zu beeinflussen.

Eine notwendige Bedingung dafür, dass Werbegüter (Werbebotschaften) die gewünschte Wirkung entfalten, ist also, dass sie diejenigen Konsumenten erreichen, die als Käufer der beworbenen Produkte in Frage kommen. Die Medien, die dafür sorgen, erzielen für ihre Mittlerdienste Erlöse aus Werbung und fi-

6 Leider ist dieses eng mit der Rechtsprechung des Bundesverfassungsgerichts verbundene Unternehmensziel nicht operational. Eine Möglichkeit, das Ziel für analytische Zwecke zu konkretisieren, ist die Annahme der Wohlfahrtsmaximierung. In der Theorie der öffentlichen Unternehmen ist das eine übliche Vorgehensweise.

7 Obwohl im Rundfunkstaatsvertrag ausdrücklich von Gebühr gesprochen wird, ist die deutsche „Rundfunkgebühr" aus finanzwissenschaftlicher Sicht eine Abgabe zur Finanzierung der Gesamtveranstaltung Rundfunk. So auch das Bundesverfassungsgericht.

nanzieren sich ganz oder teilweise daraus. Diese Medien nennen wir Werbeerlösmedien.

Allerdings ist die wirtschaftliche Bedeutung der Werbung nicht für alle Medien gleich groß. Bei Zeitungen hat die Werbefinanzierung einen Anteil zwischen zwei Dritteln (Deutschland) und der Hälfte (Europa). Bei Zeitschriften beträgt der Werbeanteil mit deutlichen Unterschieden zwischen einzelnen Zeitschriftentypen durchschnittlich gut 50 Prozent. Im privaten Fernsehen und Hörfunk ist der Anteil in Deutschland sehr hoch, da bislang ja nur ein einziger Sender werbefreies Entgeltfernsehen anbietet. Auch der öffentliche Rundfunk erwirtschaftet Werbeerlöse, die allerdings seit der Zulassung privaten Rundfunks stark zurückgegangen sind und zurzeit im öffentlichen Fernsehen nur noch gut sieben Prozent, im öffentlichen Hörfunk knapp drei Prozent der Gesamterlöse ausmachen. Dieser deutliche Rückgang kam nicht allein dadurch zustande, dass private Medienunternehmen hinzukamen, sondern auch dadurch, dass die regulativen Beschränkungen der Werbemöglichkeiten, denen die privaten Rundfunkanbieter unterliegen, wesentlich weniger restriktiv als die Regulierung der öffentlichen Anbieter sind.

Weil der Anteil des Werbeerlöses am Gesamterlös bei sehr vielen Massenmedien recht groß ist, werden Größe und Struktur des Mediensektors maßgeblich von der Werbewirtschaft geprägt.[8] Durch den Verbund von Redaktions- und Werbeprogramm entsteht den werbetreibenden Firmen ein Vorteil, wenn die Kosten der Verbreitung der beiden Arten von Informationsgütern auf getrennten Wegen höher sind als im Verbund. Die Kostenreduktion durch Verbund ist bei Printmedien sicherlich erheblich, im Rundfunk aber kaum vorhanden. Dennoch bevorzugt die Werbewirtschaft im Allgemeinen auch im Rundfunk Verbundprogramme gegenüber reinen Werbeprogrammen, weil die Nutzung eines Verbundprogramms nur durch Verbundkonsum möglich ist. Dieser Verbundkonsum erlaubt es der Werbewirtschaft wiederum, die Aufmerksamkeit der Medienkonsumenten für das Redaktionsprogramm auszunutzen. Wir werden in Abschnitt 5.2 zeigen, dass die Konsumenten aufgrund des Verbundkonsums mit mehr Werbegütern „gefüttert“ werden als sie ohne diesen Verbund zu konsumieren wünschten.

8 Es ist zwar ein müßiges Gedankenexperiment, sich einen Mediensektor ohne jegliche Werbung vorzustellen, aber wie immer ein solcher Sektor aussähe, er wäre sicherlich erheblich kleiner.

3 Werbung auf Konsumgütermärkten

Die Werbewirtschaft setzt Werbung für verschiedene Zwecke ein, aber ihr primäres Ziel ist, den Absatz der beworbenen Produkte zu steigern. Damit stellt sich etwas vereinfachend die Werbung für Konsumgüter als einer von mehreren Wettbewerbsparametern eines Unternehmens auf dem Markt für Konsumgüter dar. Wie dieser Parameter eingesetzt wird, hängt wesentlich von Art und Intensität des Wettbewerbs im relevanten Markt ab, und dafür ist wiederum unter anderem die Zahl und Größe der Wettbewerber von Bedeutung. In der Industrieökonomik werden komplexe Oligopolmodelle analysiert, in denen die Firmen Preise und Werbung strategisch einsetzen. Im Rahmen dieses Beitrags begnügen wir uns jedoch damit, grundlegende Zusammenhänge auf sehr einfache Weise mit heuristisch-explikativem Anspruch darzulegen. Wir werden im ersten Schritt die Nachfrage nach Werbekontakten in einem lehrbuchmäßigen Monopolmodell[9] erläutern und danach zeigen, wie sich die Ergebnisse ändern, wenn zwei Firmen (Duopol) im Wettbewerb Werbung treiben.

3.1 Werbung im Monopol für Konsumgüter

Es wird unterstellt, die Preisabsatzfunktion eines Monopolisten auf einem Konsumgütermarkt sei gegeben durch

$$p = P(x, w) := A(w) - bx \quad \text{mit} \quad A(w) := a + e\sqrt{w} \tag{1}$$

a, b und e sind positive Parameter, p ist der Absatzpreis, x die produzierte und abgesetzte Menge des Produkts und w ist die „Menge an Werbung", die der Monopolist auf dem Werbemarkt nachfragt. Wie wir später in Abschnitt 4.2 ausführlicher erörtern, fassen wir diese Menge w als Werbekontakte, also als die Anzahl der Kontakte von Medienkonsumenten mit einem Werbegut auf, das Informationen über das beworbene Konsumgut enthält. $A(w)$ gibt die Werbewirkung der Werbekontakte auf den Absatz an, wobei e ein Indikator für die Stärke der Absatzerhöhung ist. (1) bringt die Hypothese zum Ausdruck, dass der Absatz mit zunehmender Zahl der Werbekontakte ceteris paribus

9 Wir werden hier eine vereinfachte Version des Modells von Dorfman/Steiner (1954) diskutieren.

unterproportional steigt. Die Kosten des Monopolisten werden spezifiziert durch

$$K(x,w) := f_x + k_x x + f_w + p_w w\,. \tag{2}$$

Dabei sind f_x und f_w die Fixkosten der Produktion bzw. der Werbung; k_x sind die Grenzkosten der Produktion und p_w ist der Preis pro Werbekontakt, den wir im Folgenden kurz Werbepreis nennen; f_x, f_w, k_x und p_w sind aus Sicht der Firma positive Konstante.

Wir nehmen an, der Monopolist will seinen Gewinn, also die Differenz aus den Verkaufserlösen $E(x,w) := x \cdot P(x,w)$ und den Kosten $K(x,w)$ durch geeignete Wahl von x und w maximieren. Als Lösung dieser Maximierungsaufgabe erhalten wir

$$x_M := \frac{(a-k_x)2p_w}{4bp_w - e^2} = \frac{4bp_w}{4bp_w - e^2}x_o \text{ mit } x_o := \frac{a-k_x}{2b}, \tag{3a}$$

$$w_M := \left(\frac{e(a-k_x)}{4bp_w - e^2}\right)^2 = \frac{4b^2e^2}{\left(4bp_w - e^2\right)^2}x_o^2, \tag{3b}$$

$$p_M := a - b\frac{4bp_w - 4e^2}{4bp_w - e^2}x_o > a - bx_o := p_o := \frac{a+k_x}{2}, \tag{3c}$$

In (3) ist (p_o, x_o) die Monopollösung für den Fall, dass der Monopolist auf jegliche Werbung verzichten würde ($w = 0$ und $f_w = 0$). Angenommen, mit der Strategie (p_o, x_o) werde ein positiver Gewinn erzielt. Da bei Aufnahme von Werbung zusätzliche Fixkosten f_w entstehen, wird der Monopolist dann und nur dann zur Lösung (3) übergehen, wenn der maximale Gewinn der Strategie (p_M, x_M, w_M) mindestens so groß ist wie der maximale Gewinn der Strategie (p_o, x_o). Unter Berücksichtigung von (1) - (3) lässt sich nach einigen Umformungen zeigen, dass diese Bedingung erfüllt ist, wenn

$$\frac{(a-k_x)^2 e^2}{4b\left(4bp_w - e^2\right)} > f_w\,.$$

Die ökonomisch relevanten Informationen aus dieser Ungleichung und aus den Gleichungen (3) fassen wir nun zusammen in der Aussage 1.

➲ Aussage 1

Wenn es sich für den Monopolisten lohnt zu werben,

(a) dann führt Werbung zu einer Erhöhung des Absatzes $\left(x_M > x_o\right)$ und zu einer Preiserhöhung $\left(p_M > p_o\right)$;

(b) dann ist die durch Werbung erzielbare Gewinnerhöhung umso größer, je niedriger der Werbepreis p_w ist, je kleiner die Fixkosten der Werbung f_w sind und je stärker die Werbung den Absatz stimuliert (*e* groß);

(c) dann steigt die Nachfrage des Monopolisten nach Werbekontakten mit sinkendem und mit steigendem *e*.

3.2 Gruppenspezifische Werbung im Monopol für Konsumgüter

In der Preisabsatzfunktion (1) wurde implizit unterstellt, dass alle Werbekontakte bezüglich der zu erwartenden Absatzsteigerung gleichwertig sind. In der Realität sind der Werbewirtschaft Zielgruppen bekannt, bei denen eine gegebene Anzahl von Werbekontakten eine größere Absatzsteigerung bewirkt als in einer anderen Nutzergruppe. Besonders bekannt geworden ist das Interesse der Werbewirtschaft an der Gruppe der 19- bis 49-Jährigen. Um die Zielgruppenproblematik aus der Sicht des Monopolisten zu modellieren, nehmen wir nun an, das Konsumgut werde auf zwei Teilmärkten verkauft. Die Preisabsatzfunktion für Teilmarkt *i* laute

$$p_i := a + e_i\sqrt{w_i} - bx_i\,,\, i = 1, 2.$$

Mit der Annahme $e_i > e_j$ bringen wir zum Ausdruck, dass im Teilmarkt *i* eine größere Werbewirkung als im Teilmarkt *j* erreicht wird, so dass man die Nachfrager auf Teilmarkt *i* als die Zielgruppe des Monopolisten bezeichnen kann. Ferner gehen wir davon aus, dass die Medienunternehmen Verbundprogramme zur Verfügung haben, mit denen sie zielgenau die Käufer auf Teilmarkt 1 oder 2 ansprechen können,[10] und dass sie deshalb unterschiedliche Werbepreise p_{w1} und p_{w2} für die Teilmärkte verlangen können. Andererseits ist es aber realistisch anzunehmen, dass der Monopolist keine Differenzierung seines Absatzpreises auf den Teilmärkten durchsetzen kann. Er maximiert also seinen Gewinn

$$x_1\left(a+e_1\sqrt{w_1}-bx_1\right)+x_2\left(a+e_2\sqrt{w_2}-bx_2\right)-k_x\left(x_1+x_2\right)-p_{w1}w_1-p_{w2}w_2-f_x-f_w$$

unter der Bedingung eines einheitlichen Absatzpreises, $p_1 = p_2 = p$, also unter der Bedingung

$$e_1\sqrt{w_1}-e_2\sqrt{w_2}=b\left(x_1-x_2\right).$$

Es lässt sich zeigen, dass im Gewinnmaximum gilt:

$$x_1 > x_2 \text{ sowie } w_1 > \frac{e_2^2}{e_1^2}w_2 \text{ genau dann, wenn } \frac{p_{w2}}{p_{w1}} > \frac{e_2^2}{e_1^2}. \qquad (4)$$

Die Ungleichheitszeichen treffen in (4) zum Beispiel zu, wenn $e_1 > e_2$ und $p_{w1} = p_{w2}$. Verglichen mit einer Situation, in der es gar keine Werbung gibt $(w_1 = w_2 \equiv 0)$, steigt in diesem Fall der Absatz auf dem Zielgruppen-Teilmarkt 1 stärker als auf dem anderen Teilmarkt $(x_1 > x_2)$, obwohl die Anzahl der Werbekontakte der Zielgruppe, w_1, nicht größer als in der anderen Gruppe zu sein braucht.

➲ Aussage 2

Angenommen, verschiedene Käufergruppen (Teilmärkte) lassen sich durch Werbung gezielt ansprechen, und die Werbepreise (je Werbekontakt), nicht aber der Absatzpreis werden nach diesen Käufergruppen differenziert. Dann macht der Monopolist die Verteilung der Nachfrage nach Werbekontakten auf die Käufergruppen davon abhängig, wie das Verhältnis der Werbepreise p_{w1} und p_{w2} zu den Werbewirkungsparametern e_1 und e_2 ist. Wird ein von Käufergruppen unabhängiger, einheitli-

10 Darauf wird in Abschnitt 5 zurückzukommen sein.

cher Werbepreis verlangt, wirbt der Monopolist verstärkt, und unter Umständen ausschließlich, in seiner Zielgruppe.

Bei genügend Wettbewerb ist zu erwarten, dass die letzte Ungleichung in (4) als Gleichung erfüllt ist. Dann ist die Werbewirtschaft indifferent, auf welchem Teilmarkt geworben wird. Aber wie wir noch in Abschnitt 5.4 sehen werden, kann ein Medienunternehmen dann bei gleicher Reichweite größere Werbeerlöse durch ein Programm erzielen, das die Zielgruppe attrahiert als durch ein die andere Gruppe ansprechendes Programm.

3.3 Werbung im Duopol für Konsumgüter

Auf Konsumgütermärkten herrschen überwiegend oligopolistische Strukturen vor, die dadurch gekennzeichnet sind, dass Anbieter heterogener Güter, oft Markenartikel, die Auswirkungen der Preis- und Werbestrategien ihrer Konkurrenten spüren und darauf reagieren. Uns interessiert hier die Frage, wie die Gesamtnachfrage der Konsumgüterbranche nach Werbung durch den oligopolistischen Wettbewerb beeinflusst wird. Zur Reduktion von Komplexität betrachten wir im Folgenden zwei Firmen (Duopol) und ignorieren die Abhängigkeit der Nachfrage nach dem Produkt der einen Firma vom Preis des Konkurrenten sowie die Interdependenz der Absatzpreise, um uns nur auf den Wettbewerb durch Werbung zu konzentrieren. Gleichung (1) ersetzen wir durch die Preisabsatzfunktionen[11] der Firmen $i = 1, 2$:

$$p_i = P^i\left(x_i, w_i, w_j\right) = A^i\left(w_i, w_j\right) - b_i x_i \quad \text{mit } i, j = 1, 2; i \neq j, \qquad (5)$$

wobei $A^i\left(w_i, w_j\right) := a_i + e_i\sqrt{w_i - c_i w_j}$.

Zu den in ihrer Bedeutung schon bekannten Parametern hinzugekommen ist der Parameter c_i, der dem Betrage nach kleiner als eins, aber nicht Vorzeichen

11 Mathematisch korrekt (aber unanschaulich) muss (5) eigentlich lauten: $A^i\left(w_i, w_j\right) = a_i + e_i\sqrt{w_i - c_i w_j}$, wenn $w_i \geq c_i w_j$, und $A^i\left(w_i, w_j\right) = a_i + e_i\sqrt{c_i w_j - w_i}$, wenn $c_i w_j \geq w_i \geq 0$.

beschränkt ist.[12] $c_i > 0$ [bzw. $c_i < 0$] bedeutet, dass sich die Werbung der Firma *j* ceteris paribus negativ [positiv] auf den Absatz der Firma *i* auswirkt. Sind die beworbenen Güter bekannte Marken und enge Substitute, ist $c_i > 0$ zu erwarten. Wenn dann der Anbieter *j* zum Beispiel als Reaktion auf eine Werbekampagne $w_i > 0$ die Werbung $w_j = w_i / c_i$ wählen würde, könnte er die Werbewirkung von w_i auf den Absatz x_i vollständig neutralisieren. In diesem Fall hätte der Anbieter *i* die gleiche Preis-Absatz-Kurve wie in dem Fall, dass keiner der beiden Duopolisten Werbung betreiben würde. Falls Firma *j* dagegen für ein Produkt wirbt, das als Marke keinen Namen hat, wirkt sich dies für die Produzenten enger Substitute möglicherweise positiv aus: $c_i < 0$. Der zentrale Unterschied zwischen (1) und (5) besteht darin, dass Firma *i* nun nicht mehr „Herr im eigenen Haus" ist: Setzt sie p_i und w_i, ist ihre Absatzmenge x_i von der Werbung w_j ihres Konkurrenten abhängig; setzt sie x_i und w_i, bestimmt ihr Konkurrent über w_j den erzielbaren Absatzpreis p_i mit.

Die Kostenfunktionen der beiden Firmen sind wie in (2), nur in der Notation leicht angepasst:

$$K^i(x_i, w_i) := f_{xi} + k_{xi} x_i + f_{wi} + p_w w_i \,. \tag{6}$$

Aus (5) und (6) ergibt sich der Gewinn der Firma *i* als

$$G^i(x_i, w_i, w_j) := x_i P^i(x_i, w_i, w_j) - K^i(x_i, w_i)\,.$$

Da eine Kooperation zwischen beiden Firmen kartellrechtlich nicht zulässig ist, gehen wir davon aus, dass jede Firma die Werbung der anderen Firma beobachtet, sie als gegeben hinnimmt und auf dieser Basis ihren Gewinn mit den eigenen Aktionsparametern maximiert:

$$\underset{(x_i, w_i)}{\mathit{maximiere}}\; G^i(x_i, w_i, w_j) \quad \text{für} \qquad i, j = 1, 2;\ i \neq j.$$

12 Die Annahme $|c_i| < 1$ ist plausibel, da nicht anzunehmen ist, dass die Werbung der Firma *j* dem Absatz der Firma *i* mehr schadet bzw. nutzt als die eigene Werbung w_j ihr selbst nutzt.

Die Firmenstrategien (x_{D1}, w_{D1}) und (x_{D2}, w_{D2}) werden als Marktgleichgewicht[13] im Duopol bezeichnet, wenn für *i*, *j* = 1, 2, *i* ≠ *j*, folgende Bedingungen erfüllt sind:

(a) $G^i(x_{Di}, w_{Di}, w_{Dj}) \geq G^i(x_i, w_i, w_{Dj})$ für alle $(x_i, w_i) \geq 0$ und

(b) $G^i(x_{Di}, w_{Di}, w_{Dj}) \geq 0$.

Es lässt sich zeigen, dass es für die Firma *i* optimal ist, die eigene Nachfrage nach Werbung wie folgt von der Werbung des Konkurrenten abhängig zu machen:

$$w_i = w_{Mi} + c_i w_j \text{ mit } i, j = 1, 2; i \neq j \tag{7}$$

Dabei ist w_{Mi} analog zu w_M in (3b) die Werbung, die für Firma *i* gewinnmaximal wäre, wenn ihr Absatz nicht durch die Werbung der Firma *j* beeinflusst würde (das heißt wenn $c_i = 0$ wäre). Der Intuition entsprechend zeigt (7), dass Firma *i* auf eine Erhöhung der Werbung von Firma *j* mit einer Erhöhung/Verringerung der eigenen Werbung reagiert, wenn die Werbung der Firma *j* ihren eigenen Absatz verringert/erhöht. Aus der Lösung der Gleichungen (7) folgt, dass $w_{D1} > w_{M1}$ und $w_{D2} > w_{M2}$, wenn $c_1 > 0$ und $c_2 > 0$, und dass $w_{D1} < w_{M1}$ und $w_{D2} < w_{M2}$, wenn $c_1 < 0$ und $c_2 < 0$. Die aggregierte Nachfrage beider Firmen nach Werbung ist im Marktgleichgewicht

$$w_{D1} + w_{D2} = \frac{(1 + c_2)w_{M1} + (1 + c_1)w_{M2}}{(1 - c_1 c_2)}.$$

13 Es handelt sich hier um das so genannte Cournot-Nash-Gleichgewicht, das in der Industrieökonomik häufig (und mit unterschiedlichen Bezeichnungen) verwendet wird.

➲ Aussage 3

Verglichen mit der Situation, dass keine strategische Interdependenz durch Werbung vorliegt $(c_1 = c_2 = 0)$, gilt: Beeinträchtigt die Werbung der einen Firma den Absatz der anderen $(c_i > 0; i = 1, 2)$, schaukeln die Firmen ihre Werbung gegenseitig hoch. Fördert die Werbung der einen Firma den Absatz der anderen $(c_i < 0; i = 1, 2)$, reduzieren beide Firmen ihre Werbung.

Bei substitutiven Markenartikeln ist die Situation der wechselseitigen Beeinträchtigung durch Werbung empirisch besonders relevant. In diesem Fall kann eine Firma den höchsten Gewinn erzielen, wenn die andere völlig auf Werbung verzichtet. Gibt die werbetreibende Firma bei Null-Werbung der anderen Firma auch noch ihre Werbung auf, verringert sich ihr Gewinn zwar, ist aber typischerweise noch größer als im Marktgleichgewicht. Der Wettbewerb in Werbung ist also typischerweise mit Gewinneinbußen für beide Firmen verbunden, nicht nur im Vergleich zu der Situation, dass es keine strategische Interdependenz durch Werbung gibt (was sich die Firmen ja nicht aussuchen können), sondern auch gemessen an der Situation, dass beide Firmen völlig auf Werbung verzichten würden.

Hier liegt zweifellos ein Dilemma vor. Statt im Marktgleichgewicht zu verharren, könnten beide Firmen durch Reduktion ihrer Werbung (zum Beispiel auf $w_1 = w_2 = 0$) ihren Gewinn erhöhen. Dazu wäre aber eine bindende, kartellrechtlich nicht zulässige Absprache erforderlich, da jede Firma sonst einen Anreiz hätte, ihre Werbung wieder hochzufahren, bis das Marktgleichgewicht erreicht ist. Nicht nur für die beiden Firmen ist das ein Dilemma, sondern auch für die Gesellschaft, weil durch exzessive, sich in ihrer Wirkung teilweise neutralisierende Werbung Ressourcen vergeudet werden.

4 Die Werbemärkte

4.1 Die „Handelsware" auf dem Werbemarkt und ihre Preisgestaltung

Wie auf jedem Markt, gibt es auf dem Werbemarkt ein Angebot an und eine Nachfrage nach einem Gut, und einen Preis, der beide zum Ausgleich bringt (Markträumungspreis). Wie Abbildung 1 schematisch zeigt, stehen sich Unternehmen der Konsumgüterbranche, oft durch Werbeagenturen vertreten, und Medienunternehmen gegenüber. Die Werbewirtschaft erwartet von den Medienunternehmen eine Mittlerrolle, und zwar die Herstellung des Kontakts der Medienkonsumenten mit der Werbebotschaft. Kurz gesagt sind die Medienunternehmen Anbieter von Werbekontakten und die werbetreibenden Firmen sind Nachfrager nach solchen Kontakten. Im Falle einer Zeitung bietet das Medienunternehmen als Werbekontakte alle Zeitungskäufer und Abonnenten an und im Falle des Rundfunks alle Nutzer, das heißt alle Personen, die das Verbundprogramm konsumieren.

Zum Zeitpunkt des Geschäftsabschlusses ist die Zahl der tatsächlich zustande kommen werdenden Werbekontakte allerdings unsicher, wobei der Grad der Unsicherheit im Bereich des Rundfunks im Allgemeinen wohl höher als bei den Printmedien ist. In allen Fällen müssen unter Auswertung der Erfahrungen aus der Vergangenheit Erwartungswerte gebildet und Varianzen als Maß für die Unsicherheit berücksichtigt werden.[14] Mit anderen Worten, der Nachfrager nach Werbekontakten kauft genau genommen eine Lotterie und trägt die Chance günstiger, aber auch das Risiko ungünstiger Realisationen. Allerdings gibt es auf dem Werbemarkt auch Arrangements (auf die wir hier nicht eingehen), durch welche Anbieter von Werbekontakten ihren Werbekunden aus Kulanz oder durch Vertrag einen Teil des Risikos abnehmen.

Die Nachfrager nach Werbekontakten sind aber nicht nur mit der Unsicherheit darüber konfrontiert, wie viele Werbekontakte tatsächlich zustande kommen werden, sondern auch mit der Unsicherheit darüber, welche Werbewirkung die Werbebotschaft bei den tatsächlich kontaktierten Nutzern entfaltet. Es wäre daher im Interesse des werbetreibenden Unternehmens, den für die Verbreitung der Werbebotschaft zu zahlenden Geldbetrag nicht nur von

14 Zur Berücksichtigung dieser Unsicherheit auf dem Werbemarkt schlägt Heinrich (1999: 545) vor, „(...) die Verbreitungswahrscheinlichkeit und die Wirkungswahrscheinlichkeit von Werbebotschaften (...)" als das auf Werbemärkten gehandelte Gut zu betrachten. Dieser Vorschlag erscheint uns völlig unzweckmäßig. Denn wie soll man zwei Wahrscheinlichkeiten, also Zahlen zwischen Null und Eins, als ein Gut auffassen und was soll man unter der Menge eines solchen Gutes verstehen?

der Zahl der erwarteten Werbekontakte abhängig zu machen, sondern auch davon, welche Werbewirkungen bei den kontaktierten Konsumenten erzielt werden. Tatsächlich bemüht sich die Praxis trotz aller Schwierigkeiten bei der Ermittlung von Werbewirkungen, Gruppen von Medienkonsumenten zu identifizieren, die sich voneinander durch ihre Werbereagibilität unterscheiden (s. Abschnitt 3.2). Wenn es dann den Medienunternehmen gelingt, durch die Wahl ihres Redaktionsprogramms werbewirtschaftlich besonders „wertvolle" Publika anzusprechen, kommt man der theoretischen Vorstellung nahe, dass den werbetreibenden Unternehmen eigentlich daran liegt, auf dem Werbemarkt zusätzliche Nachfrage nach ihrem Produkt „zu kaufen". Die Zielgruppenproblematik greifen wir noch einmal in den Abschnitten 5.4 und 5.5 auf, bleiben im Übrigen aber bei der vereinfachenden Annahme, Werbekontakte seien bezüglich ihrer Werbewirkungen ein homogenes Gut.

In erster Annäherung setzt sich der Preis für Werbekontakte, kurz: der Werbepreis, in der Praxis aus zwei Komponenten zusammen: Dem Werbegrundpreis, der nach Merkmalen der Werbegüter und deren Platzierung differenziert ist, und einem Preis für jeden voraussichtlich vermittelten Werbekontakt. Üblicherweise wird diese zweite Preiskomponente als der für tausend voraussichtlich vermittelte Werbekontakte zu zahlende Geldbetrag angegeben, den man deshalb auch als Tausendkontaktepreis bezeichnet.

In erster Annäherung setzt sich der Preis für Werbekontakte, kurz: der Werbepreis, in der Praxis aus zwei Komponenten zusammen: Dem Werbegrundpreis, der nach Merkmalen der Werbegüter und deren Platzierung differenziert ist, und einem Preis für jeden voraussichtlich vermittelten Werbekontakt. Üblicherweise wird diese zweite Preiskomponente als der für tausend voraussichtlich vermittelte Werbekontakte zu zahlende Geldbetrag angegeben, den man deshalb auch als Tausendkontaktepreis bezeichnet.

Im Folgenden soll untersucht werden, wie Angebot und Nachfrage nach Werbekontakten zustande kommen. Wir wenden uns zunächst der Angebotsseite des Werbemarktes zu, betrachten also die Medienunternehmen als Anbieter von Werbekontakten. Dabei begnügen wir uns wie zuvor damit, grundlegende Probleme anhand eines Monopols zu analysieren.

4.2 Medienunternehmen aus der Perspektive des Werbemarktes

Wir bezeichnen mit n die Reichweite des betrachteten Mediums. Darunter verstehen wir die Zahl der Personen, die das Verbundprogramm genutzt haben, und setzen einfach die Reichweite bei Printmedien mit der verkauften Auflage gleich und im Rundfunk mit der Zahl der Nutzer des Verbundprogramms. Ferner sei m die Zahl der Werbegüter im Werbeprogramm, die ein Maß für den Umfang des Werbeprogramms ist. Somit ist $w = mn$ die Anzahl der von einem Medienunternehmen angebotenen Werbekontakte. Im Folgenden gehen wir zunächst davon aus, das Werbeprogramm habe einen gegebenen Umfang $m = \overline{m}$, und deshalb setzen wir vereinfachend $w = n$. Im Rundfunk ist ein konstantes Werbevolumen nicht unrealistisch, da bei gegebener Sendezeit die Zahl der Werbespots durch Regulierung begrenzt ist ($m \leq \overline{m}$) und da die Werbespielräume sowohl im öffentlichen als auch im privaten Rundfunk weitgehend ausgenutzt werden. Im Bereich der Printmedien kann die Relation von Werbe- und Redaktionsprogramm im Prinzip zwar frei gewählt werden, aber in der Praxis schwankt auch dort der Umfang des Werbeprogramms eines Mediums nicht sehr stark.

Ein Medienunternehmen kann zwischen alternativen Redaktionsprogrammen wählen. Es wird angenommen, die wesentlichen Merkmale eines solchen Programms könnten durch eine reelle Zahl π beschrieben werden, die sehr unterschiedliche Interpretationen zulässt. Zum Beispiel kann π als Maß oder Index der Relevanz, Tiefe und/oder Professionalität der Berichterstattung aufgefasst werden oder auch als eine Mischung mit unterschiedlichen Anteilen aus Information und Unterhaltung usw. Wir bezeichnen π im Folgenden einfach als Programmprofil oder kurz: als Programm (des Typs π).

Kosten entstehen dem Unternehmen sowohl für das Verbundprogramm als auch für dessen Vertrieb. Wir spezifizieren die Kosten für das Programm $\pi \geq 0$ als $K(\pi) := f + k_{\pi}\pi / 2$. Darin kommt zum Ausdruck, dass die Programme nach ihren Kosten in aufsteigender Folge geordnet sind. Die Fixkosten f sind die Kosten des preiswertesten Programms $\pi = 0$, insbesondere

Kapital- und Verwaltungskosten. Die Vertriebskosten seien gegeben durch $K(n) := f_n + k_n n$. Sie setzen sich aus einem Fixkostenteil f_n zusammen und einem von der Zahl der Nutzer abhängigen Teil $k_n n$.

$k_n \geq 0$ sind die Grenzkosten der Nutzung, also diejenigen Kosten, die dem Anbieter durch einen zusätzlichen Nutzer entstehen.[15] Bei Printmedien umfasst k_n alle direkten Papier-, Druck-, Maschinen-, Arbeits- und Zustellungskosten, die das einzelne Exemplar einer gegebenen Auflage verursacht, bis es der Leser in den Händen hält. Im Rundfunk gibt k_n die Kosten an, die dem Rundfunkanbieter entstehen, um einen (zusätzlichen) Medienkonsumenten zu erreichen. Bei gegebener technischer Reichweite[16] sind diese Kosten im Rundfunk vernachlässigbar gering. Die Gesamtkosten sind

$$K(n,\pi) := K(n) + K(\pi) = f + f_n + k_n n + \frac{k_\pi}{2}\pi .$$

Wir führen nun zusätzlich die - sicherlich nicht unkontroverse - Hypothese ein, dass die Attraktivität der Redaktionsprogramme durch den Einsatz höherer Finanzmittel zur Erstellung solcher Programme gesteigert werden könne. Eine unterproportional steigende Reichweite wird durch die einfache Funktion

$$n = \sqrt{c_o + \pi} \quad \text{(mit } c_o > 0 \text{ und konstant)} \tag{8}$$

beschrieben. Wir setzen die Inverse davon, nämlich $\pi = n^2 - c_o$, in den Kostenterm $k_\pi \pi / 2$ ein und können dann $k_\pi \left(n^2 - c_o\right)/2$ als diejenigen Kosten interpretieren, die entstehen, wenn durch eine entsprechende Programmwahl die Reichweite n erzielt werden soll. Durch Berücksichtigung dieser Zusammenhänge und durch Setzung $w = n$ wird $K(n, \pi)$ zu

$$K(w) := f_\pi + k_n w + \frac{k_\pi}{2} w^2 \quad \text{wobei } f_\pi := f + f_n - k_\pi c_o / 2 . \tag{9}$$

15 Beim Nutzer selbst fallen ebenfalls Grenzkosten der Nutzung an, zum Beispiel Zeitkosten, anteilige Kosten eines Rundfunkgeräts, Stromkosten und ähnliches, die wir hier aber unberücksichtigt lassen.

16 Die besonderen Probleme im Zusammenhang mit der technischen Reichweite und Möglichkeiten ihrer Veränderung werden hier nicht behandelt.

Medienunternehmen haben durch ihre Programmwahl zweifellos einen gewissen Einfluss auf die Reichweite ihres Mediums. Allerdings wird mit (8) die Interdependenz zwischen Werbe- und Medienmarkt nur rudimentär beschrieben, da es wesentlich vom Wettbewerb auf dem Medienmarkt abhängt, wie die Programmauswahl die eigene Reichweite beeinflusst. Bevor wir diesen Wettbewerb in Abschnitt 5.5 thematisieren, nehmen wir die in (9) zum Ausdruck kommende, verkürzte Sicht in Kauf, weil es diese Vorgehensweise ermöglicht, die Medienwirtschaft auf einfache Weise aus einer ebenso relevanten wie unüblichen Perspektive zu analysieren: Da Werbeerlöse für viele Medienunternehmen eine wesentliche Einnahmequelle sind, sollte ihr Unternehmen primär aus der Sicht des Werbe- statt des Medienmarktes betrachtet werden. Aus dem Verbund von Redaktions- und Werbeprogramm folgt, dass für ein gewinnorientiertes Medium, das ausschließlich Erlöse aus Werbung erzielt, die einzige Funktion des Redaktionsprogramms darin besteht, für Reichweite und damit für das Angebot von Werbekontakten zu sorgen.

➲ Aus dem Verbund von Redaktions- und Werbeprogramm folgt, dass für ein gewinnorientiertes Medium, das ausschließlich Erlöse aus Werbung erzielt, die einzige Funktion des Redaktionsprogramms darin besteht, für Reichweite und damit für das Angebot von Werbekontakten zu sorgen.

Diese Perspektive bringt Richard Schoonhoven (1992: 67) treffend mit seiner Feststellung zum Ausdruck: „There are working in broadcasting two different kinds of people. One needs money to make programmes. The other needs programmes to make money.“ Geld für Programme brauchen die Veranstalter des öffentlichen Rundfunks. Ihr Ziel ist das Angebot von Rundfunkprogrammen, und für sie sind Einnahmen aus Abgaben oder Werbung daher nichts als Geldmittel zur Finanzierung dieser Programme. Der andere Typ von Rundfunkmachern braucht Programme, um Geld zu verdienen. Von dieser „Art von Leuten“ interessieren uns hier diejenigen, die ihr Geld hauptsächlich durch Werbung verdienen.

In der Realität gibt es ein Nebeneinander von Werbemärkten, die auf der Angebotsseite sehr unterschiedlich strukturiert sind. Man findet typischerweise

Oligopole, aber auch Tendenzen zu Monopolen,[17] vor allem zu regionalen Zeitungsmonopolen. Da sich die Oligopolproblematik im vorliegenden Beitrag nicht adäquat behandeln lässt, beschränken wir uns auf zwei Themen: Zunächst werden die Ursachen dafür untersucht, dass im Werbemarkt nur für wenige Anbieter Platz ist, und dann modellieren wir den Werbemarkt als Monopol. Da wir nur Standardmodelle der Preistheorie anwenden, wird die Darstellung knapp gehalten.

4.3 *Polypolistisches Angebot und freier Marktzugang*

Angenommen, im Werbemarkt gäbe es identische Medienfirmen mit der Kostenfunktion (8), die alle den Werbepreis p_w als exogen gegeben betrachten (Preisnehmerverhalten). Der Gewinn jeder dieser Firmen,

$$G(w) = p_w w - f_\pi - k_n w - \frac{k_\pi}{2} w^2 ,$$

ist daher ausschließlich von ihrem Angebot an Werbekontakten abhängig. Aus der Bedingung erster Ordnung für ein Gewinnmaximum ermittelt man das Angebot an Werbekontakten in Abhängigkeit des Werbepreises als

$$w_A := \frac{p_w - k_n}{k_\pi} . \tag{10}$$

Weil aber $G(w) \geq 0$ für jede Firma eine hinreichende Bedingung für ein positives Angebot ist, muss zusätzlich zu (10) berücksichtigt werden, dass ein Angebot langfristig nur erfolgt, wenn $p_w = K_w(w) \geq K(w)/w$ bzw. wenn

$$p_w \geq p_{wu} := k_n + \sqrt{2 f_\pi k_\pi} , \tag{11}$$

p_{wu} ist die Preisuntergrenze, deren Unterschreitung die Firma zwingt, den Markt zu verlassen. Angenommen, $p_w = p_{wu}$. Durch Substitution von (11) in (10) berechnen wir das zugehörige Angebot an Werbekontakten als

$$w_{Au} := \sqrt{2 f_\pi / k_\pi} .$$

17 Vor Zulassung privater Sender hatte auch der öffentliche Rundfunk ein Werbemarktmonopol.

w_{Au} gibt die Menge der Werbekontakte an, die ein Medienunternehmen bei vollständigem Wettbewerb und freiem Marktzugang mindestens verkaufen muss, um im Markt zu überleben. Dieses Minimum ist umso größer, je höher die fixen Programmkosten und je kleiner die Grenzkosten der Reichweite sind. Wegen $w = n$ und (8) lässt sich aus w_{Au} leicht das zugehörige Programmprofil berechnen als

$$\pi_{Au} = \frac{2f_\pi}{k_\pi} - c_o .$$

Dass mit steigenden Kosten bei der Erhöhung der Programmattraktivität Programme mit weniger Reichweite gewählt werden, ist einleuchtend. Überraschend ist es dagegen, dass die Attraktivität der Programme mit steigenden fixen Programmkosten erhöht wird.

Um zu ermitteln, wie viele Medienunternehmen im Werbemarkt Platz haben, müssen wir die minimalen Werbekontaktangebote w_{Au} zur Gesamtnachfrage nach Werbekontakten in Relation setzen. In den Abschnitten 3.1 und 3.2 haben wir die Nachfrageseite des Marktes analysiert und gesehen, dass die Nachfrage mit steigendem Werbepreis sinkt. Vereinfachend unterstellen wir die lineare Beziehung

$$p_w = P(w) = a - bw . \tag{12}$$

Aus (11) und (12) berechnen wir die Nachfrage nach Werbekontakten zum Preise von p_{wu},

$$w_{Nu} := \left(a - k_n - \sqrt{2f_\pi k_\pi}\right)/b ,$$

und somit ist die Zahl der Firmen, die sich im Werbemarkt behaupten können,

$$\frac{w_{Nu}}{w_{Au}} = \frac{\left(a - k_n - \sqrt{2f_\pi k_\pi}\right)/k_\pi}{b\sqrt{2f_\pi k_\pi}} = \frac{k_\pi}{b}\left(\frac{a - k_n}{\sqrt{2f_\pi k_\pi}} - 1\right).$$

Aussage 4

Angenommen, die Medienunternehmen verhalten sich als Preisnehmer auf dem Werbemarkt und es herrscht freier Markteintritt. Dann gilt:

(1) Die Zahl der sich langfristig im Werbemarkt behauptenden Unternehmen ist umso kleiner,

- je kleiner der relevante Werbemarkt (a klein oder b groß);
- je größer die Grenzkosten der Nutzung, k_n;
- je größer die fixen Programmkosten, f_π;
- je teurer es ist, die Attraktivität des Programm zu erhöhen (k_π groß).[18]

(2) Das Programmprofil, das jedes Unternehmen im Markt wählt, hat eine umso größere Reichweite (= Attraktivität) und führt daher zu einem umso größeren Angebot an Werbekontakten,

- je weniger es kostet, die Attraktivität des Programms zu erhöhen (k_π klein);
- je größer die fixen Programmkosten, f_π.

Wir haben also vier wichtige Gründe dafür gefunden, dass die Anzahl der Werbekontakte anbietenden Unternehmen, die langfristig in einem Werbemarkt überleben können, relativ klein ist. Besonders gravierend sind die sehr hohen Fixkosten (f_π), die auch für reichweitenstarke Programme sorgen. Während bei Printmedien die variablen Vertriebskosten $(k_n n)$ eine nicht unerhebliche Rolle spielen, sind sie im Rundfunk vernachlässigbar klein. Die Grenzkosten der Nutzung sind ebenso wie die Größe des Marktes unerheblich für die Wahl der Programmprofile.

4.4 Der Werbemarkt als Monopol

Der Monopolist maximiert seinen Gewinn

18 Man kann zeigen, dass die Zahl der Firmen mit steigendem k_π genau dann sinkt, wenn $k_\pi > (a-k_n)^2/8f_\pi$.

$$G(w) = wP(w) - K(w)$$

bezüglich w. Er wählt daher unter Berücksichtigung von (8) und (12) das Angebot an Werbekontakten

$$w_M := \frac{a - k_n}{2b + k_\pi}$$

unter der Bedingung, dass $G(w_M) \geq 0$ bzw. dass

$$f_\pi \leq \frac{(a - k_n)^2}{2(2b + k_\pi)}.$$

Wenn wir wieder $w = n$ und (8) berücksichtigen, ermitteln wir

$$\pi_M = w_M^2 - c_0 = \frac{(a - k_n)^2}{(2b + k_\pi)^2} - c_o$$

als das Programmprofil des Monopolisten.

➲ Aussage 5

Wenn die fixen Programmkosten ein profitables Angebot erlauben, hat das vom Monopolisten gewählte Programmprofil eine umso größere Reichweite (= Attraktivität) und führt daher zu einem umso größeren Angebot an Werbekontakten,

- je weniger es kostet, die Attraktivität des Programms zu erhöhen (k_π klein);
- je kleiner die Grenzkosten der Nutzung, k_n;
- je größer der relevante Werbemarkt (*a* groß oder *b* klein).

Ein Vergleich der Aussagen 5 und 4 zeigt deutliche Unterschiede in den Bestimmungsgründen für die Programmwahl. Qualitativ gleich ist in beiden Fällen nur der Einfluss der Kostenkomponente k_π. In vollständiger Konkurrenz kommt es auf die fixen Programmkosten, aber nicht auf die Grenzkosten der Nutzung an, während es im Monopol gerade umgekehrt ist.

Wenn im Wettbewerbsmarkt für mindestens zwei Firmen Platz ist, lässt sich zeigen, dass die Firmen im Wettbewerb ein kleineres Programmprofil wählen als der Monopolist. Im Übrigen zeigt unsere Analyse, dass Werbeerlösmedien keineswegs unter allen Umständen das kostengünstigste Programm (hier: $\pi = 0$) wählen, wenn, wie von uns angenommen, Programme mit höherer Reichweite für mehr Geld zu haben sind. Wenn man (8) und $k_{\pi} > 0$ für plausible Annahmen hält, kann man höchstens sagen, dass Werbeerlösmedien stets das kostengünstigste unter allen Programmen wählen, die die gleiche Reichweite haben (vgl. auch Pethig 1998).

4.5 Der öffentliche Rundfunk und der private Werbeerlösrundfunk im Werbemarkt

Vor 1984 hatte der öffentliche Rundfunk in Deutschland ein Monopol auf dem Markt für Rundfunkwerbung, jedoch ist die vorstehende Analyse aus einer Vielzahl von Gründen auf das öffentliche Monopol nicht anwendbar.

(a) Die Zielsetzung des öffentlichen Rundfunks war und ist nicht Gewinnmaximierung, sondern sein Programmauftrag lautet, die Grundversorgung zu gewährleisten. Dies hat zwei Folgen:

(b) Die Werbeerlöse trugen zwar zur Zeit des öffentlichen Monopols etwa ebenso viel zur Finanzierung der Programme bei wie die Abgaben, aber die öffentlichen Programme wurden und werden auch im dualen Rundfunksystem, nach Aussagen der Verantwortlichen, nicht nach dem Gesichtspunkt der Reichweite zur Maximierung des Angebots an Werbekontakten ausgewählt.[19]

(c) Die verfassungsrechtlich abgesicherte Bestands- und Entwicklungsgarantie des öffentlichen Rundfunks ist substanziell eine Garantie dafür, dass Abgaben in dem für seine Finanzierung erforderlich gehaltenen Ausmaß erhoben werden. Einnahmen aus Werbung sind ein „Zubrot“, das willkommen ist, weil es ermöglicht, die Abgaben unter das sonst notwendige Niveau zu senken.

Bezüglich der Werbung stellt sich das öffentliche Rundfunkmonopol im Kontext unseres einfachen Modells folgendermaßen dar: Obwohl das öffentliche

19 Ob bzw. wie der öffentliche Rundfunk bei seinen Programmentscheidungen die Reichweite berücksichtigt, ist empirisch wohl schwer zu ermitteln.

Programm nach anderen Gesichtspunkten als dem der Reichweite ausgewählt wurde, hatte es natürlich faktisch eine Reichweite, die wir mit $n_{öM}$ bezeichnen wollen. Wegen der Werbezeiten- und -mengenregulierung setzen wir wieder $w_{öM} = n_{öM}$, so dass sich die Werbeerlöse einfach berechnen lassen: $e_{öM} := w_{öM}\left(a - bw_{öM}\right)$. In den ersten Jahren nach Einführung des Dualen Rundfunksystems sind die Werbeerlöse im öffentlichen Rundfunk drastisch gesunken. Um diese Entwicklung modelltheoretisch nachzuzeichnen, nehmen wir an, der öffentliche Monopolist erhalte Wettbewerb auf dem Werbemarkt durch einen neuen (privaten) Rundfunkanbieter, der gewinnorientiert ist und nur Erlöse aus Werbung erzielt. Der Anteil $\theta \in \left]0,1\right[$ der vom privaten Anbieter erzielten Reichweite n_p beruhe auf neu geschaffenem, zusätzlichen Medienkonsum, während der Anteil $(1-\theta)$ auf Kosten der Reichweite des öffentlichen Anbieters gehe, der Einbußen in seiner Reichweite klaglos hinnehme.[20]

Folglich gilt

$$n_{ö} = n_{öM} - (1-\theta)n_p \qquad \text{und} \qquad n = n_{ö} + n_p . \tag{13}$$

Wenn der in den Markt eintretende private Anbieter die Zusammenhänge aus (13) berücksichtigt, und wenn wir wieder $n_{ö} = w_{ö}$ sowie $n_p = w_p$ setzen, dann maximiert der private Anbieter seinen Gewinn

$$G(w_p) = w_p\left[a - b\left(w_p + w_{ö}\right)\right] - f_\pi - k_n w_p - \frac{k_\pi}{2} w_p^2$$
$$= w_p\left[a - b\left(w_{öM} + \theta w_p\right)\right] - f_\pi - k_n w_p - \frac{k_\pi}{2} w_p^2,$$

indem er das Angebot an Werbekontakten

20 Dass der öffentliche Rundfunk nach seinem eigenen Verständnis im Wettbewerb mit den privaten Anbietern steht, dafür gibt es zahlreiche Hinweise. Allerdings ist es wohl nicht leicht, seine unternehmenspolitischen Handlungen als Reaktion auf Aktionen der Wettbewerber zu identifizieren, insbesondere bezüglich der Reichweite.

$$w_p^{ö+p} = \frac{a - bw_{öM} - k_n}{2\theta b + k_\pi}$$

wählt.[21] Der Werbepreis ist $p_w^{ö+p} = a - b\left(w_{öM} + \theta w_p^{ö+p}\right)$ im neuen Marktgleichgewicht, und dieser Preis ist kleiner als der Preis $p_w^{öM} := a - bw_{öM}$ im öffentlichen Monopol.

➲ Aussage 6

Die Werbeerlöse des öffentlichen Anbieters sinken beim Übergang vom Monopol zum Dualen Rundfunk, und zwar sowohl in der Mengenkomponente $\left(w_ö < w_{öM}\right)$ als auch in der Preiskomponente $\left(p_w^{ö+p} < p_w^{öM}\right)$. Der Anteil des neuen privaten Anbieters am Werbemarkt ist umso größer, je stärker er seine Reichweite zu Lasten der Reichweite des öffentlichen Anbieters gewinnt (θ klein) und je kleiner die Reichweite im öffentlichen Rundfunkmonopol war ($w_{öM}$ klein).

In der bei weitem komplexeren Realität sind unter anderem noch folgende Besonderheiten zu beachten:

(a) Der Marktneuling konkurriert mit dem öffentlichen Anbieter zwar wie dargestellt auf dem Werbemarkt des ehemaligen Monopolisten, er kann sich aber zusätzliche lukrative Werbemärkte erschließen, die dem öffentlichen Rundfunk aufgrund des Werbeverbots nach 20 Uhr und an Feiertagen verwehrt sind.

(b) In der Praxis dürften sich die Werbepreise wegen (1) nicht so wie in unserem Modell entwickelt haben und auch deshalb nicht, weil der Nachfrageparameter *a* hier konstant gehalten wurde, während er in der Realität aufgrund des kontinuierlichen nominalen Wirtschaftswachstums gestiegen ist.

(c) Da in der Realität anders als im Modell mehr als ein privater Anbieter in den Werbemarkt eingetreten ist, muss auch der Wettbewerb zwischen den Neulingen berücksichtigt werden.

---

21 Hinreichend für $w_ö \geq 0$ ist $w_{aM} \geq (1-\theta) w_M$ mit $w_M = (a - k_n)/(2b + k_\pi)$.

5 Der Medienmarkt

Die Medienunternehmen haben wir in Abschnitt 4 als Anbieter von Werbekontakten betrachtet. Alle diese Unternehmen und natürlich auch solche, die keine Werbeerlöse erzielen, sind Anbieter auf dem Medienmarkt (s. Abbildung 1). Wir werden jetzt die Medienunternehmen aus der Perspektive des Medienmarktes analysieren.[22]

5.1 Entgeltmedien ohne Werbung mit gegebenem Programmprofil: die Reichweite

Zur Ermittlung der Nachfrage nach einem gegebenen Redaktionsprogramm spezifizieren wir die Präferenzen der Medienkonsumenten auf sehr einfache Weise durch die Vorstellung, dass jeder von ihnen den Geldbetrag kennt, den er für die Nutzung des Programms maximal zu zahlen bereit ist. Dieser Geldbetrag wird als seine Zahlungsbereitschaft bezeichnet. Ist sie größer als oder gleich groß wie das verlangte Entgelt, konsumiert er, andernfalls konsumiert er nicht. Ist seine Zahlungsbereitschaft negativ, konsumiert er das Programm auch dann nicht, wenn es unentgeltlich angeboten wird. Wir stellen uns nun vor, alle Medienkonsumenten werden von oben nach unten in der Reihenfolge ihrer Zahlungsbereitschaft geordnet. Die Zahlungsbereitschaft des Konsumenten $h \in [0, 1]$ sei

$$z = a - b \cdot h \,. \tag{14}$$

Demnach hat $h = 0$ die größte und $h = 1$ die kleinste Zahlungsbereitschaft, und die Zahlungsbereitschaft von $h = 1$ ist positiv, null oder negativ je nachdem, ob $b < a$, $b = a$ oder $b > a$.

Zur Klärung des Zusammenhangs von Preis und Zahl der Konsumenten, die das Programm zum gegebenen Preis nutzen, ist folgende Vorüberlegung geeignet. Angenommen, der Monopolist setzt den Preis $\tilde{p} \in [0, a]$. Dann gibt es einen Konsumenten $\tilde{h}$ derart, dass $\tilde{p} = a - b\tilde{h} =: \tilde{z}$. Dieser Konsument ist gerade noch bereit, das Programm gegen Entgelt zu nutzen. Wir bezeichnen

22 Teile der folgenden Ausführungen finden sich bei Runkel 1998; Blind 1997; Owen/Wildman 1992 und Schmitz 1989.

ihn als Grenznutzer. Aus (14) folgt, dass die Zahlungsbereitschaft aller Medienkonsumenten $h < \tilde{h}$ größer ist als $\tilde{p}$. Also werden alle Konsumenten $h \in \left[0, \tilde{h}\right]$ das Programm kaufen, so dass $n = \tilde{h}$ die Anzahl der Käufer ist. Deshalb lässt sich $p = a - bn$ als Preisabsatzfunktion des Monopolisten interpretieren.

Die gesamten Kosten des Monopolisten setzen sich zusammen aus den Kosten der Nutzung, $k_n n$, und den Fixkosten des Programms, f_π. Sie unterscheiden sich von (9) nur dadurch, dass jetzt $k_\pi = 0$ gesetzt wird, da in diesem Abschnitt die Reichweite ja explizit durch Interaktion von Angebot und Nachfrage bestimmt werden soll. Der Gewinn ist demnach $G(n) = p \cdot n - k_n n - f_\pi$ $= an - bn^2 - k_n n - f_\pi$ so dass die Monopollösung als $n_M := (a - k_n)/2b$ sowie $p_M := (a - k_n)/2$ unter der Bedingung $G(n_M) \geq 0$ ermittelt werden kann. Wir wollen zeigen, dass jedes Angebot gegen Entgelt zu einer Unterversorgung der Gesellschaft mit diesem Medium führt, und daher aus wohlfahrtsökonomischer Sicht suboptimal ist.

Die Wohlfahrt, die der Gesellschaft durch die Bereitstellung des Programms entsteht, ist die Differenz aus der aggregierten Zahlungsbereitschaft aller Nutzer und den volkswirtschaftlichen Kosten der Produktion und Nutzung. Für n Nutzer ist die Wohlfahrt definiert durch

$$W(n) := \int_0^n (a - b\xi)\, d\xi - k_n n - f_\pi = an - \tfrac{1}{2} bn^2 - k_n n - f_\pi .$$

Unter der Bedingung $W(n_W) \geq 0$ bzw. $(a - k_n)^2 \geq 2bf_\pi$ ist die Bereitstellung des Programms wünschenswert, und zwar mit der wohlfahrtsmaximalen Reichweite

$$n_W := \frac{a - k_n}{b} > n_M .$$

Ferner ergibt sich durch Einsetzen $p_W := a - bn_W = k_n < p_M$.

Aussage 7

(a) Sind die Grenzkosten der Nutzung vernachlässigbar gering ($k_n \approx 0$), wie bei allen elektronischen Medien, ist der unentgeltliche Zugang („Free-TV“) eine notwendige Bedingung für ein Wohlfahrtsoptimum.

(b) Wird für die Nutzung eines Mediums ein Entgelt verlangt, das über den Grenzkosten der Nutzung (k_n) liegt, wird das Wohlfahrtsoptimum verfehlt, weil die Reichweite des Mediums zu gering ist. Jeder Anbieter eines Entgeltmediums, ob Monopolist oder nicht, der einen Preis in Höhe der Grenzkosten der Nutzung verlangt, würde wegen ungedeckten Fixkosten Verluste machen und könnte sich deshalb nicht im Markt behaupten.

Die Ursache für diese Fehlallokation liegt darin, dass alle Informationsgüter und damit auch alle Medien (im weiteren Sinne) öffentliche Güter sind.[23] Diese Güter sind durch gemeinsame Nutzbarkeit gekennzeichnet. Folglich ist es suboptimal, wenn ein Medienkonsument, dessen Zahlungsbereitschaft größer als die Grenzkosten der Nutzung ist, vom Konsum ausgeschlossen wird. Genau das geschieht aber im Falle eines Entgeltmediums, das nicht in die Verlustzone geraten will: Es werden „fälschlicherweise“ alle Konsumenten ausgeschlossen, deren Zahlungsbereitschaft zwar höher als die Grenzkosten der Nutzung, aber kleiner als der geforderte Preis sind. Wie groß die Zahl derer ist, die bei einem Entgeltmedium ausgeschlossen werden, obwohl sie nicht ausgeschlossen werden sollten, ist empirisch schwer festzustellen. In unserem Modellmonopol kommt nur die Hälfte aller wohlfahrtsökonomisch gebotenen Nutzer zum Zuge.

Wir haben bisher gezeigt, dass ein Programm, dessen Angebot für den Monopolisten lohnt $\left(G(n_M) \geq 0\right)$, nicht wohlfahrtsoptimal ist. Aber sollten auch Programme bereitgestellt werden, die der Monopolist zur Vermeidung von Verlusten nicht anbietet? Wir betrachten unser Modell zur Beantwortung dieser Frage für alternative Werte von Fixkosten, f_π, lassen aber die übrigen Parame-

23 Das etwas missverständliche, aber in der Wirtschaftstheorie etablierte Adjektiv „öffentlich“ hat nichts damit zu tun, ob dieses Gut öffentlich oder privat bereitgestellt wird (vgl. zur Theorie der öffentlichen Güter Blümel et al. 1988).

ter a, b und k_n unverändert. Es lässt sich zeigen, dass $G(n_M) \geq 0$ äquivalent ist zu $(a-k_n)^2 \geq 4bf_\pi$. Folglich ist $f_{\pi M} := (a-k_n)^2/4b$ der höchste Wert der Fixkosten, bei dem der Monopolist noch bereit ist, das Medium anzubieten. In gleicher Weise können wir ausrechnen, dass $W(n_W)$ genau dann den Wert null annimmt, wenn $f_\pi = (a-k_n)^2/2b =: f_{\pi W}$. Es folgt unmittelbar

➲ Aussage 8

(a) Bei extrem hohen Programmkosten $(f_\pi > f_{\pi W})$ gibt es kein entgeltliches Angebot des Monopolisten, und das ist wohlfahrtsoptimal.

(b) Bei mäßig hohen Programmkosten $(f_\pi \in]f_{\pi M}, f_{\pi W}])$ gibt es kein monopolistisches Angebot, obwohl ein Angebot wohlfahrtsökonomisch geboten wäre.

(c) Bei genügend niedrigen Programmkosten $(f_\pi \leq f_{\pi M})$ gibt es ein Angebot des Monopolisten, das zwar die Wohlfahrt erhöht, aber nicht wohlfahrtsoptimal ist (s. Aussage 5).

Beachtenswert ist, dass nach Aussage 7 ein wohlfahrtsminderndes Programm nicht profitabel sein kann und daher vom Monopolisten auch nicht angeboten wird.

5.2 Werbeerlösmedien ohne Entgelte

Der Anbieter verbindet jetzt mit seinem nach Art und Umfang gegebenen Redaktionsprogramm ein Werbeprogramm, das aus m Werbegütern besteht. Wie im vorigen Abschnitt ist die Zahlungsbereitschaft eines Konsumenten h für das Redaktionsprogramm durch (14) gegeben, aber zusätzlich soll der Konsument nun auch eine Zahlungsbereitschaft für das Werbeprogramm besitzen, und diese soll davon abhängen, wie viele Werbegüter es umfasst.[24] Es erscheint plausibel, dass die Zahlungsbereitschaft des h für m Werbegüter im Verbundprogramm zunächst mit m steigt, dann aber wegen „Übersättigung“ mit zunehmender Größe des Werbeprogramms wieder sinkt. Algebraisch kann diese

24 Wir folgen hier Becker/Murphy (1993: 941), indem „(...) we include advertisements as one of the goods that enter the fixed preferences of consumers.“

Annahme auf einfache Weise durch den Term $\alpha\left(m-m^{2}\right)-\beta h$ wiedergegeben werden, wobei α und β positive Konstanten sind. Wie viele Werbegüter im Verbundprogramm untergebracht werden, liegt in der Entscheidung des Anbieters. Da der Konsument das Redaktions- und Werbeprogramm im Verbund konsumieren muss, kann er nur wählen, ob er beides zusammen oder keines von beiden nutzen will. Er trifft diese Alles-oder-Nichts-Entscheidung - für jeweils gegebenes m - nach dem Vorzeichen seiner gesamten Zahlungsbereitschaft

$$z = a - b\,h + \alpha\left(m-m^{2}\right)-\beta h\,. \tag{15}$$

Im Falle des hier unterstellten unentgeltlichen Mediumsangebots ist derjenige Konsument $\tilde{h}$ der Grenznutzer, der (15) für $z=0$ erfüllt. Also ist die Zahl der Nutzer

$$n=\tilde{h}=\frac{a+\alpha\left(m-m^{2}\right)}{b+\beta}\,. \tag{16}$$

Für jedes m ist $w = m\cdot n$ die Zahl der Werbekontakte. Unter der Annahme, der Anbieter betrachte den Werbepreis p_w als exogen gegeben, ist sein Werbeerlös $p_w w = p_w nm$. Wir berücksichtigen (16) sowie die Fixkosten[25] f_π und ermitteln den Gewinn als

$$G(m)=\frac{p_w\left(am+\alpha m^{2}-\alpha m^{3}\right)}{b+\beta}-f_\pi\,.$$

Der Anbieter wählt den gewinnmaximalen Umfang des Werbeprogramms

$$m_G = \tfrac{1}{3}+\tfrac{1}{3}\sqrt{1+\frac{3a}{\alpha}} > \tfrac{2}{3}\,. \tag{17}$$

---

25 Zur Vereinfachung der Darstellung setzen wir $k_n = 0$ und nehmen an, die Kosten der Herstellung der Werbegüter werden von der Werbewirtschaft getragen.

Der soziale Planer berechnet dagegen die Wohlfahrt[26]

$$W(m,n) := \int_0^n \left[\left(a+\alpha\left(m-m^2\right)\right)-(b+\beta)\xi\right]d\xi - f_n$$
$$= \left[a+\alpha\left(m-m^2\right)\right]n - \frac{b+\beta}{2}n^2 - f_n$$

und findet das Maximum von $W(m,n)$ für $m_W := \frac{1}{2}$ und

$$n_W := \frac{a+\alpha\left(m_w - m_w^2\right)}{b+\beta} = \frac{4a+\alpha}{4(b+\beta)}.$$

➲ Aussage 9

(a) Der werbefinanzierte Anbieter realisiert im Allgemeinen nicht die wohlfahrtsoptimale Allokation. Bei bestimmten Annahmen über die Zahlungsbereitschaften der Medienkonsumenten für Redaktions- und Werbeprogramm, die zwar speziell, aber nicht unplausibel sind, wählt der Anbieter zu viel Werbung und hat daher eine suboptimale Reichweite.

(b) Angenommen, die Präferenzen der Medienkonsumenten sind durch (15) gegeben. Im Wohlfahrtsoptimum hat der zahlungsstärkste Nutzer für Werbung eine positive Zahlungsbereitschaft, während das Vorzeichen der Zahlungsbereitschaft des Grenznutzers für Werbung positiv oder negativ sein kann.[27] Wenn für die Entscheidung der Medienkonsumenten, das angebotene Verbundprogramm zu nutzen, ihre Präferenz für das Redaktionsprogramm ausschlaggebend ist $(a > \alpha)$, was der Normalfall sein dürfte, dann wählt der Anbieter das Werbepro-

26 Es ist eine sehr alte und andauernde Kontroverse unter Ökonomen, wie Werbung wohlfahrtsökonomisch adäquat zu behandeln ist (vgl. hierzu Kiefer 2001: 311 ff.; Runkel 1998: 53f. und vor allem Becker/Murphy 1993). Wir nehmen hier implizit an, dass die Netto-Wohlfahrtswirkungen der Werbung außerhalb des Medienmarktes null sind. Bei gegebenem Werbeprogramm (Abschnitte 5.4 und 5.5) setzen wir sie auch im Medienmarkt null, während Spence/Owen (1977) sie zum Beispiel in Höhe der Werbeerlöse, also positiv ansetzen.

27 Es ist negativ genau dann, wenn $4a\beta > \alpha b$.

gramm so groß, dass kein Nutzer eine positive Zahlungsbereitschaft für dieses Werbeprogramm hat.[28]

Unser einfaches Modell lässt die Frage, ob der Verbundkonsum letztlich für die Medienkonsumenten von Vorteil ist, in einem neuen Licht erscheinen. Wir haben sozusagen zugunsten der Werbung die Annahme gesetzt, dass der Konsument grundsätzlich aus Werbe- ebenso wie aus Redaktionsgütern einen Informations- und/oder Animationsnutzen zieht (außerdem spart er möglicherweise Kosten für die Suche nach gewünschten Produktinformationen, die entstehen würden, wenn es keine Verbundprogramme gäbe). Andererseits ist sein optimaler Konsum von Verbundprogrammen genau dann erreicht, wenn der zusätzliche Informations- und Animationsnutzen gleich den Zusatzkosten (vor allem Zeitkosten) des Verbundkonsums ist. Wegen des starren, vom Konsumenten nicht beeinflussbaren Verbunds beider Typen von Informationsgütern ist das Optimum des Verbundkonsums im Allgemeinen nicht dasselbe wie ohne Verbund. Ein Konsument, der ohne Verbund wenig Werbung konsumieren würde, fühlt sich durch den Verbund mit Werbung „überfüttert“: Er ist bereit, als Gegenleistung für den Gratiskonsum des Redaktionsprogramms einen Preis in Form des „Erleidens“ des Werbeprogramms zu zahlen. Aus Sicht der Werbewirtschaft sieht dieser Sachverhalt so aus: Sie bringt den „überfütterten“ Medienkonsumenten dazu, sich den Werbespot, den er eigentlich gar nicht sehen will, über sich ergehen zu lassen, indem sie ihn dafür mit der Gratis-Rezeption eines von ihm positiv bewerteten Redaktionsprogramms bezahlt (oder besticht).

Das vorstehende Argument beinhaltet, dass das Redaktionsprogramm der Werbeerlösmedien den Medienkonsumenten gefallen muss, um als Gegenleis-

28 $a > \alpha$ impliziert $m_G > 1$ und somit $\left(m_G - m_G^2\right) < 0$. Deshalb ist $a\left(m_G - m_G^2\right) - \beta b < 0$ für alle b. In diesem Fall betrachten alle Nutzer das Werbeprogramm als „aufgedrängt“ und „lästig“. Sie schalten das Verbundprogramm nur deshalb ein, weil ihre starke Präferenz für das Redaktionsprogramm das „Ärgernis“ des Werbeprogramms überkompensiert. Der Beitrag des Werbeprogramms zur Wohlfahrt ist in diesem Fall strikt negativ!

tung für den Konsum von Werbegütern im Verbund geeignet zu sein, denn andernfalls würde der Konsument ausschalten. Demnach müssen sich Werbeerlösmedien mit ihrem Redaktionsprogramm durchaus an den Konsumentenpräferenzen orientieren. Insoweit wird ein Stück Konsumentensouveränität realisiert. Aber die Orientierung der Werbeerlösmedien an den Konsumentenpräferenzen erweist sich in dem hier vorgestellten Modell als sehr unzureichend: Werbeerlösmedien verfehlen das wohlfahrtsökonomische Optimum der Konsumentensouveränität deutlich.

Wir wollen jetzt noch prüfen, wie die Entscheidung des Medienunternehmens für oder gegen ein Angebot wohlfahrtsökonomisch zu beurteilen ist. Dazu stellen wir zunächst fest, dass eine Versorgung der Gesellschaft mit dem Redaktionsprogramm im Verbund mit m_W wohlfahrtsökonomisch genau dann geboten ist, wenn

$$W\left(m_W, n_W\right) \geq 0 \quad \text{bzw.} \quad f_\pi \leq \frac{\left(4a+\alpha\right)^2}{32\left(b+\beta\right)} =: f_{\pi W}.$$

Auf der anderen Seite ist aus (16) und (17) zu erkennen, dass m_G und somit auch n_G unabhängig von p_w sind. Da für alle sehr niedrigen Werbepreise $G\left(m_G; p_w\right) < 0$ erfüllt ist, existiert ein Schwellenwert $\tilde{p}_w > 0$ derart, dass $G\left(m_G, p_w\right) > 0$ für alle $p_w > \tilde{p}_w$. Das hat weitreichende Konsequenzen für die wohlfahrtsökonomische Beurteilung des werbefinanzierten Angebots:

➲ **Aussage 10**

Unabhängig davon, ob ein Verbundprogramm im wohlfahrtsökonomischen Sinne wünschenswert ist, wird ein Werbeerlöse erzielendes Verbundprogramm

- angeboten, wenn der Werbepreis hinreichend groß ist, und
- nicht angeboten, wenn der Werbepreis genügend niedrig ist.

Wie gering die Anreize eines Angebots auf Werbeerlösbasis sind, Wohlfahrtsgesichtspunkte zu berücksichtigen, sei an folgendem Beispiel illustriert: Angenommen, in der Ausgangslage erfolge kein privates Angebot und das sei auch wohlfahrtsoptimal $(f_\pi > f_{\pi W})$. Nun mögen die Präferenzen für beide Teile des Verbundprogramms sukzessive ansteigen, und zwar so, dass sich die Parameter a und α proportional erhöhen. Gemäß (17) bleibt m_G dann unverändert, aber $f_{\pi W}$ erhöht sich bis schließlich $f_\pi > f_{\pi W}$ in $f_\pi < f_{\pi W}$ umschlägt. Obwohl nun das Angebot des Verbundprogramms wünschenswert ist, erfolgt kein Angebot des Medienunternehmens.

Vergleicht man Entgelt- und Werbeerlösmedien bezüglich der Entscheidung für oder gegen ein Angebot (Aussage 8 versus Aussage 10), schneiden Entgeltunternehmen aus zwei Gründen besser ab: Erstens machen sie im Gegensatz zu Werbeerlösunternehmen ihre Entscheidung von der Höhe der Fixkosten abhängig, wenn auch nicht genau in der wohlfahrtsökonomisch gebotenen Form. Zum anderen kann der Fall, dass ein Angebot erfolgt, das aus Wohlfahrtssicht unterbleiben sollte, nur bei Werbeerlös-, nicht aber bei Entgeltmedien auftreten.[29]

5.3 Wahl von Programmprofilen: Das Grundmodell des „räumlichen" Marktes

Im letzten Abschnitt haben wir einen Medienanbieter mit Werbeerlösen betrachtet, dessen Programm gegeben ist und der entscheidet, wie viel Werbung er im Verbund „beimischt". Jetzt unterstellen wir, die Zahl der Werbemittel $m \geq 0$ sei exogen gegeben, und knüpfen an das Modell aus Abschnitt 4.2 an, wo das Profil des Redaktionsprogramms als Entscheidungsvariable des Unternehmens behandelt worden ist. Bei der Programmgestaltung geht es nicht um die Quantität des Programms (Dicke der Zeitung oder Länge des Rundfunkprogramms), sondern um die Profil gebende Zusammenstellung von Redaktionsgütern bestimmter Arten und Qualitäten. Die Wahl des Programmprofils als unternehmerischer Entscheidungsparameter ist im Wettbewerb von Interesse, denn sie entscheidet über die Programmvielfalt, die eine große medien-

29 In einem ähnlichen Modellansatz untersuchen Hansen und Kyhl (2001) die Fernsehübertragung besonderer Ereignisse (events) und kommen bei numerischer Kalibrierung ihres Modells zu ähnlichen wohlfahrtsökonomischen Schlussfolgerungen.

politische Bedeutung hat. Um die Determinanten der Programmwahl von Medienunternehmen analysieren zu können, müssen wir zunächst die Konsumenten mit Präferenzen für alternative Programmprofile „ausstatten“. Im ersten Schritt führen wir dazu das auch in anderen Kontexten verwendete „Modell des räumlichen Marktes“ ein, danach werden Entgelt- und Werbeerlösmonopole charakterisiert, und abschließend untersuchen wir die Problematik der Programmvielfalt in einem Duopol.

Wie im Abschnitt 4.2 gehen wir nun wieder davon aus, die wesentlichen Eigenschaften eines Redaktionsprogramms könnten durch eine reelle Zahl, das Programmprofil π, beschrieben werden. Da jetzt die Nachfrageseite explizit einbezogen wird, müssen die Medienkonsumenten Präferenzen über alle Programmprofile haben. Ein Medienkonsument von Typ h oder kurz: Konsument h ist dadurch gekennzeichnet, dass er für die Nutzung des Programms π die Zahlungsbereitschaft

$$z = Z(h, \pi) := 1 - \frac{|h - \pi|}{e} \qquad (18)$$

hat. Der Präferenzparameter $e > 0$ ist allen Konsumenten gemeinsam, während h eine reelle Zahl ist, die den Konsumenten als Typ h kennzeichnet. In grafischer Betrachtung bildet die Funktion Z einen Kegel, dessen Spitze bei $\pi = h$ liegt, der die Höhe 1 hat und dessen Basis das Intervall $[\pi - e, \pi + e]$ ist. Wenn π den Wert h annimmt, nennen wir π das Idealprogramm des Konsumenten vom Typ h. Für jedes $\pi \in \left]e - h, e + h\right[$ hat Konsument h eine positive Zahlungsbereitschaft, und er hat eine negative, wenn $\pi > e + h$ oder $\pi < e - h$. Der Präferenzparameter e gibt demnach an, wie tolerant die Medienkonsumenten gegenüber Abweichungen von ihren Idealprogrammen sind. Wenn das Programm unentgeltlich ist, nutzt Konsument h jedes Programm π im Intervall $\left[e - h, e + h\right]$.

Bisher haben wir unsere Aufmerksamkeit auf einen Konsumenten h gerichtet und gefragt, für welche Programme er eine positive Zahlungsbereitschaft hat. Jetzt fragen wir umgekehrt, für welche Konsumenten ein bestimmtes Programm π vorteilhaft ist. $Z(h,\pi) \geq 0$ ist genau dann erfüllt, wenn $e - |h - \pi| \geq 0$ bzw. wenn $h \in [\pi - e, \pi + e]$. Dieses Intervall enthält also alle Konsumententypen h, die durch das Programm π attrahiert werden. Wir können die Funktion Z also unterschiedlich interpretieren: Ursprünglich haben wir h konstant gehalten und π variiert; dann geht es um die Bewertung alternativer Programme durch den Konsumenten h. Wir können aber auch π konstant halten und h als variabel betrachten; dann gibt uns die Funktion Z aus (18) an, wie die Medienkonsumenten ein gegebenes Programm π bewerten. In dieser Interpretation bezeichnen wir die Funktion Z auch als Programmbewertungsfunktion oder kurz: als Bewertungsfunktion (für ein gegebenes Programm). So gesehen, ist der Präferenzparameter e ein Maß für die (Massen-) Attraktivität des betrachteten Programms.

Unser Modell wird durch folgende Annahmen vervollständigt:[30]

(a) $\pi \in [0, 1]$;

(b) $h \in [0, 1]$ und h ist gleich verteilt über diesem Intervall;

(c) $K(\pi) = f \geq 0$ für alle π.

Die Beschränkung von π und h auf das $[0, 1]$-Intervall bringt die technische Schwierigkeit mit sich, dass die Basis des Zahlungsbereitschafts- bzw. Bewertungskegels nicht vollständig im Intervall $[0, 1]$ enthalten sein muss. Die Basis $[\pi - e, \pi + e]$ der Bewertungsfunktion muss deshalb durch das Intervall $[\mathit{max}[0, \pi - e], \mathit{min}[1, \pi + e]]$ ersetzt werden. Die Annahme der Gleichverteilung aller Konsumenten über dem Intervall $[0, 1]$ ermöglicht es, die Differenz

$$N(e,\pi) := \mathit{min}[1, \pi + e] - \mathit{max}[0, \pi + e] \tag{19}$$

als die Zahl der Medienkonsumenten zu bestimmen, deren Zahlungsbereitschaft für das Programm π null oder positiv ist.

30 Annahme (c) weicht von der Kostenfunktion $K(\pi)$ aus Abschnitt 4.2 durch Setzung von $k_\pi = 0$ ab, um die Darstellung überschaubar zu halten.

Wir sind jetzt in der Lage, die Wohlfahrt eines Programms $\pi \in [0, 1]$ zu ermitteln. Die aggregierte Zahlungsbereitschaft für die Nutzung von π ist, geometrisch betrachtet, die Fläche über dem Intervall $[max[0, \pi - e], min[1, \pi + e]]$ und unter dem Bewertungskegel. Wenn $N(e, \pi) = 2e$ (wenn also die Basis des Bewertungskegels vollständig im Intervall $[0, 1]$ liegt), hat die aggregierte Zahlungsbereitschaft den Wert *e*, andernfalls ist sie kleiner als *e*. Offensichtlich hängt das optimale Programmprofil von der Größe des Präferenzparameters *e* ab. Wir setzen zunächst zur Vereinfachung $f = 0$ und finden: Wenn $e \leq 1/2$, dann ist jedes $\pi_W \in [e, 1 - e]$ wohlfahrtsoptimal und wenn $e > 1/2$, dann ist $\pi_W = 1/2$ optimal.

5.4 *Positionierung im Monopol: Entgelte versus Werbeerlöse*

Wenn ein Monopolist ohne Werbeprogramm das Profil π wählt und den Preis $p \geq 0$ setzt, hat ein Konsument *h*, der das Medium kauft, den positiven oder negativen *Netto-Vorteil*

$$V(h, \pi, p) := Z(h, \pi) - p = 1 - \frac{|\pi - h|}{e} - p.$$

Er kauft und nutzt das Medium genau dann, wenn sein Netto-Vorteil positiv oder null ist: $V(h, \pi, p) \geq 0$. Daraus errechnet sich die Zahl der Nachfrager als $N(e, \pi, p) := min[1, \pi + e(1 - p)] - max[0, \pi - e(1 - p)]$. Bei Vernachlässigung der Programmkosten ist der Gewinn $G(e, \pi, p) := pN(e, \pi, p)$. Zur Ermittlung gewinnmaximaler Strategien (π_M, p_M) unterstellen wir zunächst, dass $e \leq 1/2$ und $\pi \in [e, 1 - e]$. Dann ist $N(e, \pi, p) = 2e(1 - p)$,[31] so dass $p_M = 1/2$ der gewinnmaximale Preis ist. Ein durch die Ränder des Intervalls $[0,1]$ unbeschränktes Gewinnmaximum erhält man offensichtlich immer, wenn $\pi_M \geq e(1 - p_M) = e/2$ und $\pi_M \leq$. $1 - e(1 - p_M) = 1 - e/2$. Diese beiden Ungleichungen sind für alle $e \leq 1$ erfüll-

31 Die Gleichung $N(e, \pi, p) = 2e(1 - p)$ impliziert die Preisabsatzfunktion des Monopolisten $p = 1 - (1/2e)/n$. Ein Vergleich mit der Preisabsatzfunktion $p = a - bn$ aus Abschnitt 5.1 zeigt, dass die Annahmen (14) und (18) über die Präferenzen der Konsumenten äquivalent sind für $a = 1$ und $b = 1/2e$.

bar. Wenn $e > 1$, wählt der Monopolist $\pi_M = 1/2$ und erhöht den Preis über $p = 1/2$ hinaus so lange, bis $V\left(h, \pi = \frac{1}{2}, p_M\right) = 0$ für $h = 0$ und für $h = 1$. Aus wohlfahrtsökonomischer Sicht ist festzustellen, dass der Monopolist eindeutig das richtige Programmprofil nur für $e > 1$ wählt. Für $e \leq 1$ sind die wohlfahrtsoptimalen Werte von π zwar auch gewinnmaximal, aber eine Vielzahl anderer Werte ebenfalls.

Gravierend kommt im Fall $e \leq 1$ hinzu - auch dann, wenn $\pi_M = \pi_W$ erfüllt sein sollte - dass die maximale, durch π_M erzielbare Wohlfahrt wegen des Preisausschlusses nicht erreicht wird. Besonders deutlich und einfach ist das zu sehen, wenn man $e < 1/2$ und $\pi_M = \pi_W \in [e, 1-e]$ unterstellt. Die optimale Nutzerzahl ist in diesem Fall aus (19) $N(e, \pi_W) = 2e$, während die Zahl der Käufer $N\left(e, \pi_W, p_M = \frac{1}{2}\right) = min\left[1, \pi_W + e/2\right] - max\left[0, \pi_W - e/2\right] = e$ ist.

Durch Einbeziehung der (fixen) Programmkosten kann man zusätzlich die Entscheidung des Monopolisten für oder gegen das Angebot eines Programms wohlfahrtsökonomisch beurteilen. Bei $e \leq 1/2$ bietet der Monopolist genau dann an, wenn $e \geq 2f$, während ein Angebot wohlfahrtsoptimal ist, wenn $e > f$. Mit kleinen Modifikationen gilt dies auch für $e > 1/2$, so dass ein Monopolangebot stets wohlfahrtserhöhend ist, aber auch ausbleiben kann, obwohl es erwünscht wäre. Unsere Überlegungen fassen wir zusammen in

➲ Aussage 11

Verlangt der Monopolist ohne Werbeprogramm ein Entgelt, kann, aber muss er nicht das optimale Programmprofil realisieren. Nur bei sehr massenattraktiven Programmen ($e > 1$) hat er dazu keine Alternative. Wie in Aussage 7 festgestellt, wird auch hier das Wohlfahrtsoptimum wegen des Preisausschlusses immer verfehlt, falls die Programme nicht sehr massenattraktiv sind. Wenn ein Monopolangebot erfolgt, ist es wohlfahrtserhöhend (s. auch Aussage 8).

Wie schneidet ein Werbeerlösmonopolist im Vergleich zu einem Entgeltmonopolisten ab? Wenn der Werbepreis p_w wiederum als exogen gegeben betrachtet wird, ergibt sich der Werbeerlös als $p_w N(e, \pi)$ mit $N(e, \pi)$ aus (19), und diesen maximiert der Monopolist, indem er durch geeignete Wahl des

Programmprofils die Reichweite maximiert. Wenn $e \leq 1/2$, wählt er $\pi_M \in [e, 1-e]$, und wenn $e > 1/2$, wählt er $\pi_M \in [1-e, e]$. Im ersten Fall ist sein Angebot wohlfahrtsoptimal, im zweiten Fall aber nicht notwendigerweise.[32] Bei Berücksichtigung fixer Programmkosten ist ein Angebot wohlfahrtsökonomisch erwünscht, wenn die Fläche über dem Intervall $[0, 1]$ und unter dem Bewertungskegel mindestens so groß ist wie die Fixkosten *f*, während $p_w N(e, \pi_M) \geq f$ die Bedingung für die Realisierung eines auf Werberlösen basierenden Angebots ist. Man kann leicht erkennen, dass es Konstellationen gibt, unter denen jede der beiden Entscheidungen des Monopolisten, ein Programm vorzulegen oder nicht, wohlfahrtsökonomisch richtig oder falsch sein kann. Aussage 9 trifft hier also entsprechend zu.

Um zu prüfen, wie die Zielgruppenorientierung die Positionierung des Werbeerlösmonopolisten beeinflusst, greifen wir jetzt wieder die Überlegung aus Abschnitt 3.2 auf, dass es der Werbewirtschaft nicht allein auf die Reichweite, also die Zahl der Werbekontakte, ankommt, sondern dass bei gegebener Reichweite (Gruppengröße) diejenige Gruppe die beste - und damit die Zielgruppe - ist, die nach dem Kontakt mit der Werbung die größte Zusatznachfrage entwickelt. Wir übertragen diese Fragestellung in äußerst stilisierter Weise wie folgt in das Modell des „räumlichen" Marktes: Die Medienkonsumenten bleiben über dem Intervall $[0, 1]$ gleich verteilt, jedoch gibt es jetzt zwei Gruppen. Zur Gruppe 1 gehören alle $h \in [0, \frac{1}{2}]$ und zur Gruppe 2 alle $h \in [\frac{1}{2}, 1]$. Diese Gruppenbildung hat keine Bedeutung für den Medienkonsum der Konsumenten, der ja bereits vollständig durch (18) spezifiziert ist, wohl aber für die Nachfrage der Medienkonsumenten nach Konsumgütern:

(a) Bezüglich ihres Kaufs von Konsumgütern seien alle Personen innerhalb einer Gruppe identisch: Jedes Mitglied entwickele nach einem Kontakt mit der Werbung die gleiche Zusatznachfrage nach dem beworbenen Gut.

32 Das wohlfahrtsoptimale Programm ist zwar im Intervall $[1-e, e]$ enthalten, aber nur als ein Programm von sehr vielen.

(b) Die Zusatznachfrage nach Werbekontakten, die von den Mitgliedern einer Gruppe entwickelt wird, sei größer als die Zusatznachfrage der Mitglieder der anderen Gruppe.

Unter Vernachlässigung der beträchtlichen Unsicherheiten und Informationsasymmetrien, die mit der Zielgruppenidentifizierung verbunden sind, unterstellen wir „heroisierend", sowohl der Werbewirtschaft als auch dem Monopolisten seien die Gruppen mit ihren unterschiedlichen Werbereagibilitäten bekannt. Deshalb wird auch der Preis für einen Werbekontakt mit einem Mitglied der werbereagibleren Gruppe größer sein als der Preis für einen Kontakt mit einem Mitglied der anderen Gruppe. Sei $N^i(e, \pi)$ die Zahl der Mitglieder der Gruppe i, $i = 1, 2$, die der Anbieter mit seinem Programm π erreicht. Dann ist der Werbeerlös dieses Anbieters $p_{w1}N^1(e, \pi) + p_{w2}N^2(e, \pi)$. Die Implikationen der Erlösmaximierung enthält

➲ Aussage 12

Angenommen, die Medienkonsumenten können, wie vorstehend beschrieben, in zwei Gruppen eingeteilt werden. Gruppe 1 sei werbereagibler als Gruppe 2 und es gelte $p_{w1} > p_{w2}$.

(a) Wenn das Programm massenattraktiv ist ($e \geq \frac{1}{2}$), dann wählt der Monopolist ein Programmprofil $\pi_M \in [1-e, e]$ ebenso wie im Fall ohne Gruppendifferenzierung.

(b) Sonst $(e < \frac{1}{2})$ ist π_M anders als in Abwesenheit unterschiedlicher Käufergruppen stets das Idealprogramm eines Mitglieds der Gruppe 1: $e \in \left]\frac{1}{4}, \frac{1}{2}\right[$ impliziert $\pi_M = e$ und $e \leq \frac{1}{4}$ impliziert $\pi_M \in \left]e, \frac{1}{2} - e\right[$.

5.5 *Programmprofilwettbewerb im Werbeerlösduopol*

Wir setzen zur Vereinfachung wiederum $f = 0$ und ermitteln zunächst die wohlfahrtsoptimale Positionierung der beiden Anbieter. Da die Anbieter für $e < 1/4$ Profile finden, ohne sich in die Quere zu kommen,[33] konzentrieren wir

33 Der Fall $e < \frac{1}{4}$ wäre nicht mehr trivial, wenn, wie in Abschnitt 4.2, $k_\pi < 0$ angenommen wird (vgl. ebenfalls Runkel 1998).

uns auf den interessanteren Fall $e > 1/4$. Es lässt sich allgemein zeigen, dass zwei Programme genau dann wohlfahrtsoptimal positioniert sind, wenn $\pi_1 = 1/4$ und $\pi_2 = 3/4$. Zum Nachweis betrachten wir die zugehörigen Bewertungskegel. Die aggregierte Zahlungsbereitschaft für beide Programme zusammen ist offensichtlich die Gesamtfläche, die unter diesen Kegeln und über dem $[0, 1]$-Intervall liegt. Wäre diese Fläche nicht maximal, wie behauptet, dann müsste man sie durch Verschiebung von π_1 oder π_2 vergrößern können. Wenn wir π_1 auf irgendeinen Wert π_1' verschieben, verlieren wir aber stets ein größeres Flächenstück als wir auf der anderen Seite hinzugewinnen. Wir reduzieren die Gesamtfläche ebenfalls, wenn wir π_2 auf einen Wert $\pi_2' \neq \pi_2$ verschieben. Also ist das Wohlfahrtsoptimum $\pi_1 = 1/4$ und $\pi_2 = 3/4$.

Nach diesen Vorüberlegungen wenden wir uns jetzt dem Programmwettbewerb zweier Werbeerlös basierter Firmen zu. Wie im vorigen Abschnitt 5.4 erfordert die Maximierung der Werbeerlöse die Maximierung der Reichweite, die wiederum von der Wahl der Programmprofile abhängt. Der entscheidende Unterschied zum Monopolfall besteht jetzt allerdings darin, dass (für $e > 1/4$) die Reichweite jeder Firma nicht nur vom eigenen Programmprofil, sondern auch von dem des Konkurrenten abhängt.

Sei $N^i(\pi_i, \pi_j)$ für $i, j = 1, 2,\ i \neq j$, die Reichweite der Firma *i* wenn sie das Profil π_i und wenn Firma *j* das Profil π_j wählt. Dann ist für $f = 0$ der Gewinn der Firma *i* durch $G^i(\pi_i, \pi_j) := p_w N^i(\pi_i, \pi_j)$ gegeben, Darin, dass der Gewinn jeder Firma durch die Positionierung des Konkurrenten mitbestimmt wird, kommt eine strategische Interdependenz beider Anbieter zum Ausdruck. Ähnlich wie in Abschnitt 3.3 führen wir wieder die Annahme des Cournot-Nash-Verhaltens ein: Jede Firma maximiert ihren Gewinn bezüglich ihres eigenen Programmprofils und unterstellt dabei, die andere Firma behalte ihr Programmprofil unverändert bei. Mit anderen Worten, die eigene Strategie π_i wird bei gegebenem π_j so gewählt, dass sie die beste Antwort auf π_j darstellt. Entsprechend konstituiert das Strategienpaar (π_{1D}, π_{2D}) ein Marktgleichgewicht im Duopol, wenn $G^i\left(\pi_{iD}, \pi_{jD}\right) \geq G^i\left(\pi_i, \pi_{jD}\right)$ für alle $\pi_i \in [0, 1]$ und für alle $i, j = 1, 2,\ i \neq j$ gilt.

Im vorliegenden Modell kann man ein solches Marktgleichgewicht eindeutig bestimmen, und zwar als

$$\left(\pi_{1D} = e, \pi_{2D} = 1 - e\right), \text{ wenn } e \in \left]1/4, 1/2\right[,$$
$$\left(\pi_{1D} = 1/2, \pi_{2D} = 1/2\right), \text{ wenn } e \in \geq 1/2.$$

Der Nachweis lässt sich in analoger Weise führen wie bei der Begründung des Wohlfahrtsoptimums $\pi_1 = 1/4$ und $\pi_2 = 3/4$: Wir positionieren die Firmen in einer Zeichnung auf die als gleichgewichtig behaupteten Programmprofile. Während das Programmprofil der Firma *j*, π_{jD}, unverändert bleibt, verschieben wir das Profil π_i und zeigen, dass jede Verschiebung weg von π_{iD} die Reichweite der Firma *i* verringert. Also ist π_{iD} gewinnmaximierend für gegebenes $\pi_j = \pi_{jD}$. Wir fassen unsere vorstehenden Ergebnisse wie folgt zusammen:

➲ **Aussage 13**

Das Angebot massenunattraktiver Programme $\left(e < 1/4\right)$ im Duopol ist wohlfahrtsoptimal. Je größer die Attraktivität der verfügbaren Programme (*e* wird größer), desto stärker verschieben die Duopolisten ihre Programme in Richtung auf das mittlere Programmprofil $\left(\pi = 1/2\right)$, bis sie beide das gleiche und zwar das mittlere Programmprofil wählen. Die mit steigendem *e* einhergehende Verringerung der Programmdiversität (Vielfalt) bedeutet eine zunehmende Abweichung von der wohlfahrtsoptimalen Vielfalt, denn das Wohlfahrtsoptimum verlangt eine gleich bleibende Diversität $\left(\pi_{1W} = 1/4 \text{ und } \pi_{2W} = 3/4\right)$ unabhängig von der Massenattraktivität der Programme.

Wie im Abschnitt 5.4 sollen auch hier abschließend die Medienkonsumenten wieder in zwei Gruppen eingeteilt werden entsprechend der Unterschiede in ihrer durch Werbung ausgelösten Kauffreude. Sei die Zusatznachfrage durch Werbung in Gruppe 1 um den Faktor $\gamma > 1$ größer als in Gruppe 2 und sei $p_{w1} = \gamma p_{w2}$. Dann ist die werbetreibende Unternehmung indifferent, ob sie

Werbekontakte in Gruppe 1 oder in Gruppe 2 „ordert", denn sie zahlt den gleichen Preis je Einheit Zusatznachfrage. Aber für die Duopolisten ist die Situation nur dann die gleiche wie ohne Gruppendifferenzierung, wenn $e \geq 1/2$. Im Falle $e \in \left]\frac{1}{4};\frac{1}{2}\right[$ findet man den Schwellenwert $\tilde{\gamma} = 3 - 4e$ mit folgender Konsequenz: Wenn $\gamma < \tilde{\gamma}$, dann ist das Marktgleichgewicht $(\pi_{1D} = e, \pi_{2D} = 1 - e)$ wie im Fall ohne Gruppendifferenzierung. Allerdings zieht jeder Duopolist die Position π_{1D} der Position π_{2D} vor (ohne dass das Modell darüber Auskunft geben kann, wer von beiden die bessere Position „ergattert"). Wenn $\gamma > \tilde{\gamma}$, dann wird das Marktgleichgewicht eindeutig bestimmt als $(\pi_{1D} = \pi_{2D} = e)$.

➲ Aussage 14

Angenommen, es werden Programme von mittlerer Attraktivität angeboten, $e \in \left]\frac{1}{4},\frac{1}{2}\right[$, und es gäbe zwei Käufergruppen mit unterschiedlicher Werbereagibilität. Wenn die Gruppen in ihrer Reagibilität genügend stark divergieren, bieten die Duopolisten identische Programmprofile an, mit denen die reagiblere Gruppe vollständig bedient wird, die andere aber nur residual.

Die Aussagen 12 und 14 geben einen wichtigen Sachverhalt wieder, der in der medienwissenschaftlichen Literatur schon ausführlich dargestellt, aber unseres Wissens noch nicht auf Modellbasis analytisch begründet worden ist: Durch Differenzen in den Werbepreisen - und damit indirekt durch die Werbewirtschaft gesteuert -, werden die Redaktionsprogramme von Werbeerlösmedien in erster Linie danach ausgewählt, ob sie als Werbeumfeld zur Attraktion der von der Werbewirtschaft gewünschten Zielgruppe geeignet sind. Die „richtige" Zielgruppe ist diejenige, bei der sich ein werbetreibendes Unternehmen bei gegebener Anzahl von Werbekontakten die größte Werbewirkung in Form von Absatzsteigerungen verspricht. Das Redaktionsprogramm muss demnach einen Doppeltest bestehen: Es muss einerseits den Medienkonsumenten gefallen, um Reichweite zu erzielen, aber die Nutzer müssen auch der Werbewirtschaft gefallen - und zwar als Konsumgüterkonsumenten, deren Kauffreude durch das Werbeprogramm besonders kräftig angeregt wird.[34]

In den Aussagen 13 und 14 sind Bedingungen angegeben, unter denen die Duopolisten identische Programme anbieten („more of the same"), obwohl im Wohlfahrtsoptimum $(\pi_{1W} = 1/4$ und $\pi_{2W} = 3/4)$ Programmvielfalt gefordert wird. Dabei ist es bemerkenswert, dass in den beiden Aussagen die Tendenz zur „Einfalt" unterschiedliche Gründe hat. Im ersten Modell (Aussage 13) sorgt steigende Massenattraktivität für die Tendenz zu gleichen Programmen, und diese Einflussgröße ist auch noch wirksam, wenn es Käufergruppen mit unterschiedlichen Werbereagibilitäten gibt. Doch jetzt kommt es zu „more of the same" zusätzlich bei massenunattraktiven Programmen (Aussage 14).

6 Abschließende Bemerkungen

Unsere vorstehenden Ausführungen zielten darauf ab, die für die Medienwirtschaft relevanten Märkte und ihre Interdependenzen mit analytischen Methoden zu untersuchen. Dabei haben wir mit zahlreichen, zum Teil stark vereinfachenden Annahmen gearbeitet, die oft ohne ausführliche Begründung eingeführt oder auch abgeändert wurden, weil ihre gründliche Diskussion den Rahmen des vorliegenden Beitrags gesprengt hätte. Unsere einfachen Modellansätze hatten auf der anderen Seite den Vorteil, konkrete und spezifische Ergebnisse zu liefern, die in Form herausgestellter Aussagen in den einzelnen Abschnitten zusammengefasst worden sind, deren empirische Relevanz im Einzelfall allerdings noch offen ist. Die Modellanalyse sollte primär zeigen, dass auf diesem Wege wichtige Einsichten über Wirkungszusammenhänge und (In-) Effizienzen in der Medienwirtschaft gewonnen werden können, und dass das Potenzial weiterer Einsichten durch die Erarbeitung realistischer Modellansätze sehr groß ist. Die Wunschliste für die Agenda künftiger Forschung ist lang. Ganz oben auf dieser Liste sehen wir die folgenden Punkte:

(a) Obwohl wir bemüht waren, das medienwirtschaftliche Märkte-Dreieck aus Konsumgüter-, Werbe- und Medienmarkt aus verschiedenen Blickwinkeln zu beleuchten, ist es noch ein langer Weg bis zu einer integrierten

34 Hallenberger (1998: 80) kennzeichnet diesen Sachverhalt treffend als doppelte Adressierung (vgl. auch Pethig 1998).

Analyse „aus einem Guss“, die alle wesentlichen Interdependenzen konsistent erfasst.

(b) Wettbewerb und oligopolistische Angebotsstrukturen, aber auch Unternehmensverflechtungen und Konzentration, die Merkmale fast aller dieser Märkte in der Realität, müssen in industrieökonomischen, typischerweise spieltheoretischen Modellen thematisiert werden.

(c) Obwohl wir die in unseren Untersuchungen enthaltenen medienpolitischen Implikationen nicht diskutiert haben, weisen verschiedene von uns abgeleitete Marktversagenstatbestände offensichtlich auf medienpolitischen Handlungsbedarf hin. Notwendig erscheint uns eine systematische Analyse dieses Handlungsbedarfs und der Möglichkeiten, ihn zu decken, sei es durch Regulierungsmaßnahmen und/oder durch einen öffentlichen Rundfunk, der jedoch unserer Meinung nach ohne Beharren auf der verfassungsrechtlichen deutschen Ist-Situation und auch jenseits von Argumenten der Meritorik und des Paternalismus zu begründen ist.

Kommentierte Literaturhinweise

Blind, Sofia (1997): Das Vielfaltsproblem aus Sicht der Fernsehökonomie, in: Helmut Kohl (Hg.): Vielfalt im Rundfunk. Interdisziplinäre und internationale Annährungen, Konstanz, UVK-Medien: 43-62

Heinrich, Jürgen (1999): Medienökonomie, Bd. 2: Hörfunk und Fernsehen, Opladen/Wiesbaden: Westdeutscher Verlag

Heinrich, Jürgen (2001): Medienökonomie, Bd. 1: Mediensystem, Zeitung, Zeitschrift, Anzeigenblatt, 2. Aufl., Opladen/Wiesbaden: Westdeutscher Verlag

Kiefer, Marie-Luise (2001): Medienökonomik. Einführung in eine ökonomische Theorie der Medien, München/Wien: Oldenbourg

Ein medienökonomisches Lehrbuch, in dem die hier teilweise sehr kompakt vorgetragenen Zusammenhänge systematisch erläutert werden, ist mir leider nicht bekannt. Für einige Teile sowie zur Ergänzung sehr nützlich sind Heinrich (1999, 2001) und Kiefer (2001). In weiten Teilen wird theoretisches Handwerkszeug benutzt, das in Lehrbüchern der Mikroökonomik für das Grundstudium von Studierenden der Wirtschaftswissenschaften, z.B. bei Schumann, Meyer und Ströbele (1999) behandelt wird. Von den im Text genannten Literaturquellen ist vor allem Blind (1997) zur zusätzlichen Lektüre empfehlenswert; die meisten übrigen Literaturangaben sind weiterführend, also ohne wirtschaftstheoretische Vorkenntnisse nicht leicht zugänglich.

Mikroökonomie der Medien

Johannes Ludwig

> Der Verleger schielt mit einem Auge nach dem Schriftsteller, mit dem anderen nach dem Publikum. Aber das dritte Auge, das Auge der Weisheit, blickt unbeirrt ins Portemonnaie.
> Alfred Döblin (1878-1957)

Die Entstehung von Medien bzw. medialen Produkten lässt sich - ökonomisch gesehen - in mehreren (Workflow-)Stufen denken. Was genau ein (Medien-)Unternehmer produzieren, sprich anbieten möchte und unter welchen Umständen er dazu auch bereit ist, hängt vor allem von seiner Interessenlage, seinen Zielen und seinen (kommerziellen und/oder ideellen) Motiven ab. Hier gibt es sehr unterschiedliche Lebensentwürfe, die letztlich für Vielfalt stehen. Die eigentliche Medienproduktion im zweiten Schritt unterscheidet sich von anderen (zum Beispiel industriellen) Produkten dann ebenfalls: Medialen Content herzustellen ist vor allem fixkostenintensiv - diese so genannten First Copy Costs sind zudem sehr hoch. Beides hat Konsequenzen für die Kalkulation bzw. für die Finanzierung dieser Produktion: Oft sind die Stückkosten höher als der erzielbare Copypreis. Folge: Die (Kosten-)Lücke muss geschlossen werde. Dies kann beispielsweise mittels Querfinanzierung seitens anderer Produkte aus anderen Märkten (zum Beispiel Werbung) geschehen. Auch in diesem letzten Punkt unterscheidet sich die Medienproduktion von anderen Branchen: Dort müssen sich die Produkte (allein) über ihren Verkaufserlös rechnen. Dass das Marktmodell bei Medien so ganz anders funktioniert, hängt aber auch mit einer weiteren Besonderheit zusammen: den spezifischen Nachfragebedürfnissen und vor allem dem Nutzungsverhalten der Medienrezipienten.

Die Bemerkung Döblins aus dem letzten Jahrhundert könnte man ins Informationszeitalter übersetzen: Ein (engagierter) Medienunternehmer braucht vor allem „content", also Autoren, Künstler und Regisseure, muss aber auf der anderen Seite auf Auflage und Quote achten. Ob und wie dieser Spagat ausgeht, verrät ihm schonungslos seine jährliche Gewinn- und Verlustrechnung.

Das so zeitlich angepasste Zitat lässt sich als literarische Folie für Überlegungen heranziehen, die um Medien und deren Ökonomie kreisen. Dies wird hier aus einer wirtschaftswissenschaftlich ausgelegten Perspektive betrachtet, die gleichzeitig die Mikrosicht repräsentiert. In zwei Schritten soll dies geschehen: Zunächst geht es um die begriffliche Klärung von „Mikroökonomie“. Danach werden Modelle und Ansätze vorgestellt, die wesentliche und zugleich spezifische ökonomische Besonderheiten von Medien(märkten) sowie deren relevante Probleme und Lösungen analysieren und erklären können.

1 Mikro- versus Makroperspektive

Die Mikroökonomie/Mikroökonomik beschäftigt sich als Teilgebiet der Wirtschaftswissenschaften mit den menschlichen Verhaltensweisen, die entweder auf (rein) ökonomische Ziele zurückgeführt werden und/oder deren Ergebnisse ökonomisch, das heißt in Euro und Cent, interpretiert werden (können). Anbieter, das heißt Produzenten und deren Kosten(-strukturen), auf der einen Seite sowie Nachfrager und deren Präferenzen bzw. deren (Medien-) Nutzungsverhalten auf der anderen Seite sind die zentralen Dimensionen. Die Mikroökonomik betrachtet dabei alles aus der Perspektive der einzelnen Individuen.

> Die Mikroökonomie/Mikroökonomik beschäftigt sich als Teilgebiet der Wirtschaftswissenschaften mit den menschlichen Verhaltensweisen, die entweder auf (rein) ökonomische Ziele zurückgeführt werden und/oder deren Ergebnisse ökonomisch, das heißt in Euro und Cent, interpretiert werden (können). Die Mikroökonomik betrachtet dabei alles aus der Perspektive der einzelnen Individuen.

Die Mikroperspektive ist - im Gegensatz zur Makroperspektive - die Sicht aus dem Blickwinkel eines Einzelnen oder auch auf ein einzelnes Objekt bzw. Subjekt. Dies kann ein (Medien-)Unternehmen sein, dessen Unternehmer (Inhaber und/oder Manager) oder auch beispielsweise eine ganze Branche. Wie weit „Mikro“ geht bzw. was alles (noch) „Mikro“ ist, ergibt sich immer aus der gegensätzlichen Sicht, der Makroperspektive. Sie ist der Blick auf das Ganze, auf die addierte Gesamtheit aller einzelnen (betrachteten) Objekte und alles, was davon detaillierter betrachtet wird, was ausdifferenzierter gesehen wird (wie zum Beispiel die Soziologen sagen), ist eher die Mikrosicht. Umgekehrt bedeutet dies, dass, je weiter der Blick aus Mikrosicht allgemeiner wird, das heißt je mehr auch andere Bereiche mit einbezogen werden, umso mehr nähert man sich der Makroperspektive. Von unten nach oben zu sehen bzw. immer mehr auch andere mit einzurechnen, den Blick also immer mehr zu erweitern, bezeichnet man als aggregieren. Von oben nach unten betrachten bzw. differenzieren nennt man disaggregieren. Ein simples Beispiel, das die sich erweiternde Sicht von Mikro auf Makro beschreibt, wäre die Betrachtung der ökonomischen Verhaltensweise(n) erst eines einzelnen Medienunternehmens (zum Beispiel Spiegel TV), dann jene des betreffenden Marktsegments (Privatfernsehen, zum Beispiel gegenüber dem öffentlich-rechtlichen TV), dann der Blick auf die ganze Branche (TV), danach auf den gesamten Wirtschaftsbereich (audio-visuelle Medien - etwa in Abgrenzung zu Print oder Multimedia) und letztlich auf die Medienwirtschaft insgesamt.

Die Mikroperspektive ist eine ganz entscheidende Perspektive, wenn es beispielsweise um das Erklären von publizistischen und/oder ökonomischen Verhaltensweisen geht. Treibende Kraft aller wirtschaftlichen, politischen oder sonstigen Aktivitäten sind zunächst immer die Entscheidungen und Verhaltensmuster einzelner Personen oder Institutionen. Zwar wissen wir aus der verhaltenspsychologischen und soziologischen Forschung, dass es auch Aktivitäten, also menschliche Entscheidungen und Verhaltensweisen gibt, die sich aus Gruppendruck oder aus (zum Beispiel hierarchischen) Systemen heraus ergeben (können). Letzten Endes aber sind es doch wieder die (Nicht-)Entscheidungen Einzelner, sich anzupassen oder den eigenen Willen durchzusetzen bzw. die eigenen Vorstellungen zu realisieren (zum Beispiel eine engagierte Zeitschrift zu produzieren anstatt ein farbloses, aber mainstream-orientiertes und deshalb lukratives Massenblatt zu machen). Die Mikrosicht richtet daher den Focus auf Interessen, Ziele und Motive von Personen und/oder Institutionen (zum Beispiel Unternehmensphilosophie), versucht Lebensentwürfe zu beschreiben und dabei relevante Umfeldfaktoren (Rahmenbedingungen, Situationen usw.) zu berücksichtigen, um all dies als relevante Erklärungsvariablen für das Gesamtgeschehen heranziehen zu können. Oder sie analysiert die Kosten- und Erlössituation aus der Sicht eines einzelnen Unternehmens (Gewinn- und Verlustrechnung, Kostenkalkulation, Preisstellung usw.) und macht damit deutlich, ob das Unternehmen ökonomisch zukunftsfähig ist oder nicht.

Eine Aggregation von (einzelnen) Mikroinformationen auf eine allgemeinere Makroebene steht indes immer vor einem großen Problem: Bei der Aggregation zu Makrodaten gehen zwar alle Einzelinformationen ein - sie gehen dabei aber gleichzeitig auch unter, denn letztlich verschwinden sie in einer einzigen Durchschnittszahl oder auch in einer addierten absoluten Größe, deren Zusammensetzung zunächst nicht (mehr) ersichtlich ist. Dies muss man bei der Makrosicht berücksichtigen.

Wie wichtig die Kenntnis dieser Zusammenhänge ist, sei an einem Beispiel demonstriert. Statistische Durchschnittszahlen sind nach einem formalisierten Mittelwertverfahren zunächst künstlich produzierte Zahlenwerte: Der Mittelwert aus 1 und 9 heißt 5, obwohl der de facto überhaupt nicht existiert. Nach dem Gesetz der Großen Zahl steigt zwar die Wahrscheinlichkeit, dass auch der Mittelwert eine real existierende Größe wird, dies muss aber nicht so sein bzw. nicht immer läuft alles auf eine so genannte statistische Normalverteilung hinaus: Um den Mittelwert herum gruppieren sich glockenartig alle davon abweichenden Werte, deren Streuung sich dann mit Hilfe der Varianz beschreiben lässt. Menschliche, das heißt psychologisch oder ökonomisch erklärbare Verhaltensweisen sind - im Gegensatz zu vielen naturgesetzlich-technischen Zusammenhängen - häufig eben nicht „normalverteilt". Bekanntestes Beispiel ist die Einkommensverteilung, die sich regelmäßig als linksschiefe Verteilungskurve darstellt: Statistischer Modus- und Medianwert sind kleiner als das „Durchschnittseinkommen" und wer sich nicht die Mühe macht, genauer bzw. detaillierter in die einzelnen Einkommensklassen zu schauen (zum Beispiel wie groß der Anteil der Bevölkerung in einzelnen Einkommenskategorien ist), wird kaum verstehen, weshalb der Durchschnittswert eine vergleichsweise wenig aussagekräftige Information darstellt.[1]

Bei (Makro-)Informationen zum statistischen Durchschnitt, der ja für alle stehen soll, und ebenso bei aggregierten Makrodaten kommt es daher besonders darauf an, wie repräsentativ sie sind bzw. wie vollständig sie erhoben werden, um daraus Aussagen über die Gesamtheit machen zu können.

So bedeutend solche Zusammenhänge sind, so häufig werden sie vernachlässigt. Beispiel: Die jährlich veröffentlichten Daten und Zahlen des Bundesverbandes Deutscher Zeitungsverleger (BDZV) zur wirtschaftlichen Lage der Tageszeitungen in Deutschland. Mehrere Zahlen(samples) werden erhoben, statistisch aufbereitet und dann publiziert. Die Daten der so genannten Umsatzerhebung mit rund 95 Prozent aller beteiligten BDZV-Mitglieder kann man als repräsentativ bezeichnen. Die Zahlen zu Erlösen und Kosten aus dem so genannten Betriebsvergleich indes nicht: Sie werden nur von rund 10 Prozent aller BDZV-Mitgliedsunternehmen (freiwillig) gemeldet. Ähnliches gilt für die Statistik zu den Umfängen redaktioneller und Anzeigenseiten. Da aus anderen Zusammenhängen bekannt ist, dass sich die ökonomische Situation zwischen kleinen, mittleren und großen Zeitungsbetrieben unterscheidet, sind die (nicht repräsentativ) gemittelten Durchschnittszahlen eigentlich unbrauchbar, denn

1 Im Übrigen werden Durchschnittswerte bekanntermaßen sehr stark von statistischen Ausreißern geprägt.

sie vermitteln kein wirkliches Bild über die tatsächlichen Verhältnisse - weder auf Makro- noch auf Mikroebene. Trotzdem werden sie regelmäßig benutzt und zitiert.[2]

Die Mikrosicht ist in weiten Teilen mit der betriebswirtschaftlichen Sicht- und Herangehensweise identisch, weil sie auf individuelle und/oder spezifische Problemlagen und -lösungen eingehen kann. Zu den bevorzugten Analysemodellen und Testmethoden gehören daher Fallbeispiele, während man für die Makrobetrachtung, gerade wie sie in der Volkswirtschaftslehre angewandt wird, überwiegend mit hochaggregierten Datensamples und Regressionsrechnungen arbeitet. Makrotheorien und -modelle sind daher eher deduktiv orientiert, die Erforschung auf Mikroebene geht oft induktiv vor. Dies macht gerade in der Medienökonomie Sinn, einem Forschungsfeld, das erst seit wenigen Jahren ausgeleuchtet wird. Für eine individuelle Sicht der Dinge sprechen im Übrigen zwei weitere Besonderheiten: Zum einen nehmen Medien eine „öffentliche Aufgabe" wahr - das unternehmerische Ziel- und Aufgabenspektrum ist daher nicht nur breiter als in anderen Branchen, sondern kann deshalb auch zu Zielkonflikten mit rein ökonomischen Vorgaben führen. Die hierbei unterschiedlich zu beobachtenden Lösungen gehen in aggregierten Betrachtungen schnell verloren. Zum zweiten sind die Branchen oder Märkte häufig nur durch eine geringe Anzahl von (Groß-)Unternehmen gekennzeichnet, die sich hinsichtlich Produktpalette, Unternehmensphilosophie und täglicher Geschäftspolitik völlig unterscheiden - nicht zuletzt deshalb, weil die Produkte, konkret die medialen Inhalte, häufig politisch aufgeladen sind (Privat-TV-Sender RTL-Group versus Kirch Media). Dies ist eine Besonderheit der Medienmärkte mit erheblichen ökonomischen Auswirkungen. Aber auch die Konzernstrukturen von so ge-

2 Wozu dies führen kann, sei an zwei Vorfällen illustriert, die hier nur skizziert werden können. In den 60er Jahren hatten öffentlich und lauthals geführte Klagen des BDZV über a) Werbeeinnahmenverluste aufgrund von TV-Werbung sowie b) allgemeine Konzentrationserscheinungen zum Einsatz zweier Kommissionen bzw. Gutachten geführt (Michel- bzw. Günther-Kommission), in deren Gefolge die Zeitungsverlage eine einmalige Subventionierung durchsetzen konnten. Anfang der 70er Jahre versuchten die Zeitungsverleger mittels eines BDZV-„Memorandums zur wirtschaftlichen Lage (...)" das gleiche noch einmal (vgl. BDZV 1972). Die Medienkonzentrationsforscher Knoche und Zerdick schalteten sich daraufhin mit einer eigenen Untersuchung ein und wiesen „schwerwiegende methodische Mängel" bei dem vorgelegten Zahlenmaterial nach. Letztlich konnten sie mithilfe eigener Berechnungen nachweisen, dass es der Branche wirtschaftlich nicht sehr schlecht, sondern im Gegenteil sogar sehr gut gehe. Dieser Nachweis gelang nur, weil die Autoren an den originalen, unbearbeiteten Datensatz des BDZV, also an alle Mikrodaten herangekommen waren. Statt neuerlicher staatlicher Finanzhilfen wurde 1975 die so genannte Pressestatistik eingeführt, um endlich über brauchbare Daten zu verfügen. 1994 wurde sie indes wieder abgeschafft. Zu dieser Historie vgl. Ludwig 2002b, zum originalen Gutachten vgl. Knoche/Zerdick 1973, 1974 und Knoche/Kisker/Zerdick 1979.

nannten Global Media Playern wie AOL Time Warner, Disney, Viacom, Bertelsmann, Vivendi oder News Corporation, die alle unterschiedliche Strategien verfolgen, insbesondere was die Konvergenz der Medienmärkte anbelangt (vgl. Sjurts 2000), machen deutlich, dass aggregierte Aussagen wenig aussagekräftig wären. Die nachfolgenden Überlegungen versuchen daher, das medienökonomische und publizistische Geschehen auf den Märkten aus einer individuellen Unternehmensperspektive, das heißt einer „Mikro"-Sicht, zu erklären.

2 Interessen, Ziele und Motive als treibende Kraft von Medienmachern

(Ökonomische) Verhaltensweisen gehen auf Motive zurück, die sich wiederum über konkrete Ziele definieren. Ein solches Zielsystem ergibt sich dabei aus dem individuellen Interessengeflecht oder dem spezifischen Lebensentwurf von (ökonomisch) handelnden Menschen (Wirtschaftssubjekten). Bei Unternehmen nennt man das Unternehmensphilosophie. Bei handelnden Akteuren könnte man vom Selbstverständnis der Entscheider (zum Beispiel Eigentümer von Unternehmen) oder der Macher (zum Beispiel Manager) sprechen. Diese Wirkungskette determiniert letztlich die Ergebnisse (zum Beispiel Angebot, Produktqualität, Preis) auf den einzelnen Märkten.

In der traditionellen Ökonomie gibt es ein Leitbild, das Konsumentensouveränität heißt - Märkte funktionieren demnach nachfragegesteuert: Anbieter müssen das produzieren, was „König Kunde" möchte. In der Betriebswirtschaftslehre sieht man dies weitaus differenzierter (vgl. Kroeber-Riel/Weinberg 1999) und der kommunikationswissenschaftlichen und wahrnehmungspsychologischen Forschung vergleichbar, wonach mehrere Erklärungsansätze zu Rezeptionsmustern und Rezipientenverhalten vorliegen: Die Mediennutzung hängt von unterschiedlichen aktiven und passiven Einflussfaktoren ab, die die Nachfrager als wenig „souverän" erscheinen lassen.

➲ (Ökonomische) Verhaltensweisen gehen auf Motive zurück, die sich wiederum über konkrete Ziele definieren. Ein solches Zielsystem ergibt sich dabei aus dem individuellen Interessengeflecht oder dem spezifischen Lebensentwurf von (ökonomisch) handelnden Menschen (Wirtschaftssubjekten).

Von dieser weiteren Besonderheit abgesehen, lässt sich auf vielen Medienmärkten eine ganz andere Spezifität - ähnlich wie im Bereich der Künste - ausmachen: Anbieter produzieren entweder ohne Rücksicht auf vorhandene Nachfrage oder unabhängig von ausreichender Nachfrage, sprich ohne Berücksichtigung von Marktpotenzialen bzw. Zahlungsbereitschaften. Anders formuliert: So genannte intrinsische Motive sind ausgeprägter und vielfältiger strukturiert als bei vorrangig ökonomisch kalkulierten Angeboten. Versucht man die verhaltenspsychologischen Motivationsmuster von Herzberg (vgl. Herzberg/ Mausner/Bloch Snyderman 1967), nämlich intrinsische versus extrinsische Faktoren oder den Fürstenbergschen Ansatz (1971), der zweckrationale, wertrationale, traditionale und emotionale Motive unterscheidet, in eine einheitliche ökonomische Dimension als relevante Erklärungsebene zu übersetzen, so könnte man einerseits in rein monetäre bzw. vorrangig kommerzielle und andererseits in nicht-monetäre bzw. nicht-kommerzielle Interessen, Ziele und Motive unterscheiden.

Diese Unterscheidung ist aus zwei Gründen sinnvoll: Zum einen lässt sich damit eine sehr viel größere Spannbreite unterschiedlicher Interessenskombinationen bzw. Zielgewichtungen beschreiben, die weit über die traditionelle Grundannahme vorrangiger Gewinnorientierung hinausgeht. Zum anderen kann diese differenziertere Sicht erklären, warum es bei so genannter adverser Informationsverteilung zwischen Anbieter und Rezipient häufig nicht zu einer abnehmenden Qualitätsspirale kommt: Eine Ungleichverteilung von Informationen besteht nämlich immer dann, wenn Konsumenten etwa die Produktqualität bzw. den dafür notwendigen Aufwand nicht sehen, beurteilen und deswegen finanziell nicht honorieren können und/oder wollen und die Produzenten das - aus rein ökonomischer Sicht - einzig rationale tun und die Qualität vermindern - solange, bis das Kosten- und Erlösverhältnis wieder stimmt. Bei Medienmachern kommen häufig andere Faktoren ins Spiel, die mit dem eigenen Selbstverständnis, dem Ernstnehmen der „öffentlichen Aufgabe“ zu tun haben oder auch einfach eigener Anspruch heißen können: Zu einer Verminderung von selbstgesetzten Standards kommt es nicht, selbst wenn sich diese wirtschaftlich nicht rechnen. Natürlich gibt es auch den gegenseitigen Fall, der sich auf vielen, insbesondere großen Medienmärkten beobachten lässt, beispielsweise beim privatrechtlich organisierten Fernsehen oder der so genannten Yellow-Press-Branche. Die Medienmacher machen daraus auch gar kein Geheimnis, sondern sagen offen, was ihre Ziele und ihre dahinter stehenden Interessen sind: Geld mit Auflage und Quote zu verdienen, indem die Unternehmen sich auf den einzelnen Märkten am Massengeschmack ausrichten, sich dem Mainstream anpassen.[3] Medienunternehmerisches Handeln bzw. die Herausforderungen unternehmerischen Managements reduzieren sich in diesen Fällen darauf, für einen reibungslosen Produktionsablauf zu sorgen und keine nennenswerten Fehler zu machen (vgl. Ludwig 1999a: 27f.).

Die Unterscheidung in monetäre/kommerzielle versus nicht-monetäre bzw. nicht-kommerzielle Ziele kann, wie in Abbildung 1 ersichtlich, unterschiedliche Kombinationen bzw. Interessens- und Zielgewichtungen abbilden. Selbstverständlich ist jegliche Charakterisierung nicht kardinal zu verstehen. Die Darstellung versucht vielmehr, zum Beispiel mittels der Diagonale, auf der alle Kombinationen gleichverteilter Interessenskonstellationen lägen, unterschiedliche Gewichtungen zwischen kommerziellen und nicht-kommerziellen Motiven tendenziell zu erfassen. Die grau markierte Fläche beschreibt die Interessenslagen, wie sie üblicherweise in der (Nicht-Medien-)Ökonomie unterstellt werden: a) „Wirtschaftssubjekte" handeln gewinnorientiert - entweder als Maximierer, zumindest als Satisfizierer, und b) Prestige-Interessen, das heißt außerökonomische Ziele sind zwar nicht ausgeschlossen, aber eher selten. Dass es auch im Bereich der Medien viele Anbieter gibt, bei denen Profitziele klar dominieren, ist unbestritten, wie zwei Zitate aus einschlägigen Gerichtsurteilen belegen: „Gewinnsucht" - so der Bundesgerichtshof (BGH) 1996 über die Motive des Burda-Verlags, München, bzw. dessen wichtigstem Produkt, der Zeitschrift „Bunte", die ein getürktes Interview mit Prinzessin Caroline von Monaco abgedruckt hatte. Mit „Quotengier" hatte im gleichen Jahr das Landgericht Koblenz die Interessen der Redaktion von „stern tv" bzw. dessen Macher Günter Jauch und insbesondere jene des TV-Fälschers Michael Born beurteilt.

3 Einige Beispiele sollen dies verdeutlichen: Helmut Thoma, Ex-Chef von RTL, in Der Spiegel vom 15.10.1990: „Der Zuschauer darf sich seine Regierung wählen, also auch sein Fernsehprogramm. Ich wundere mich auch hin und wieder über die Wahl, aber der Wurm muss dem Fisch schmecken und nicht dem Angler." Oder: Jürgen Doetz, Ex-Chef von SAT.1, in der Berliner Morgenpost vom 30.6.1996: „Ein kommerzieller Sender kann sich für Qualität nichts kaufen. Was nützt mir der Grimme-Preis, wenn ich am nächsten Tag Konkurs anmelden muss? Da stellt sich eher die Frage, ob ein Sender besser sein kann als die Massen der Zuschauer, für die er das Programm macht." Oder: Georg Kofler, früher Pro7, heute H.O.T.-Chef, im Berliner Tagesspiegel vom 24.11.2000: „Ich bin schon immer Händler gewesen. Als Pro7-Chef habe ich Filme ein- und Werbezeiten verkauft. Ob ich nun Filme oder Hometrainer unter die Leute bringe - egal."

Gleichzeitig skizziert die Abbildung die Interessen, Ziele und Motive unterschiedlicher Verleger(typen) und die von ihnen geprägten Unternehmen bzw. Produkte.

Abbildung 1: Interessen, Zielgewichtungen und Motive: Beispiel Verleger

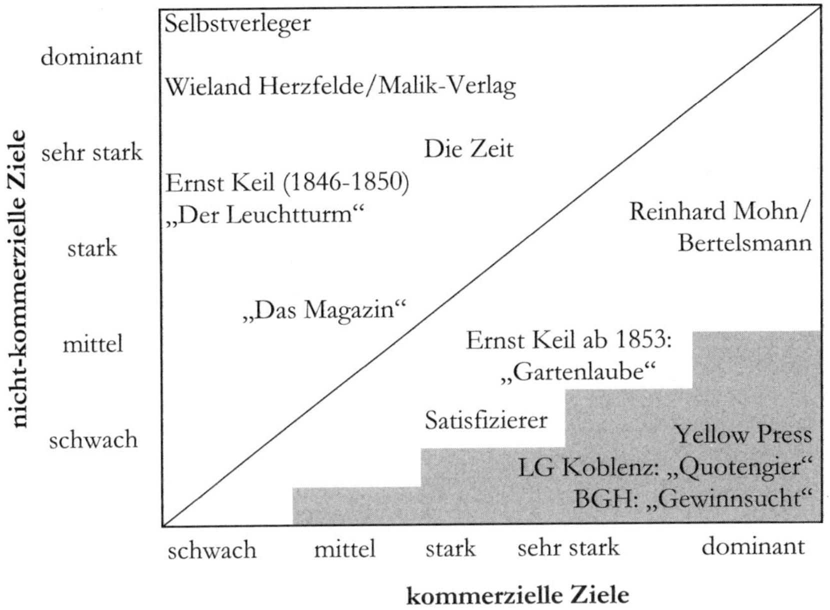

Abbildung 2 weist eine ähnlich große Spannbreite unterschiedlicher Medienengagements von Autoren, Publizisten und Journalisten sowie von Filmemachern aus. Aus Raumgründen können die individuellen Engagements und ökonomischen Lebensentwürfe, die sich in medialen Produkten widerspiegeln, nicht detailliert wiedergegeben werden - anhand der teilweise bekannten Namen dürfte aber deutlich werden, dass viele bedeutende Produkte nicht entstanden wären, wenn es um rein ökonomische, sprich vorrangig kommerzielle Interessen gegangen wäre. Verallgemeinernd kann man daher sagen, dass sich die Zielgewichtungen bei Medienmachern mit ausgeprägtem Engagement zum öffentlichen Diskurs eher durch einen sehr hohen Anteil von nicht-kommerziellen Interessen auszeichnen, wohingegen Medienmacher mit ausgeprägten Präferenzen für marktgängige Mainstreamangebote vor allem kommerzielle Absichten verfolgen.

Abbildung 2: *Interessen, Zielgewichtungen und Motive: Beispiel Autoren/Publizisten, Journalisten sowie Filmemacher*

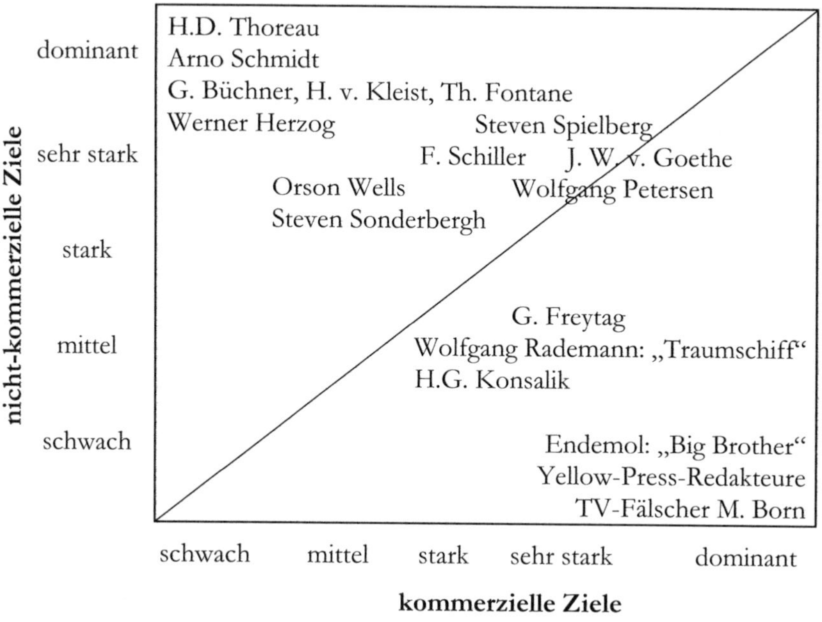

Differenziert man die Interessen nach den am Workflow Beteiligten, so lassen sich auch hier deutliche Nuancierungen ausmachen. Je näher eine Produktionsstufe an der Schnittstelle zum Rezipienten liegt, das heißt an der Clearingstelle „Markt“, umso eher laden sich die aus monetären und nicht-monetären Elementen bestehenden Ziele mit kommerziellen Motiven auf: Im Gegensatz zu Contentmachern bzw. medialen Inputproduzenten wie Autoren sind Distributeure wie Händler oder Netzbetreiber weit weniger innerlich mit dem medialen Produkt verbunden, weshalb sie sich auch weit weniger ökonomische Probleme aufhalsen oder Risiken eingehen (vgl. Abbildung 3). (Engagierte) Medienunternehmer, die die medialen Inhalte ökonomisch und organisatorisch umsetzen, sitzen häufig zwischen beiden Stühlen, wenn sie die unterschiedlich gewichteten kommerziellen und nicht-kommerziellen Ziele ausgleichen - dies ist der Spagat, den Alfred Döblin beschrieben hat.

Abbildung 3: Interessen, Zielgewichtungen und Motive: Beispiel Print-Branche nach Produktions- und Distributionsstufen

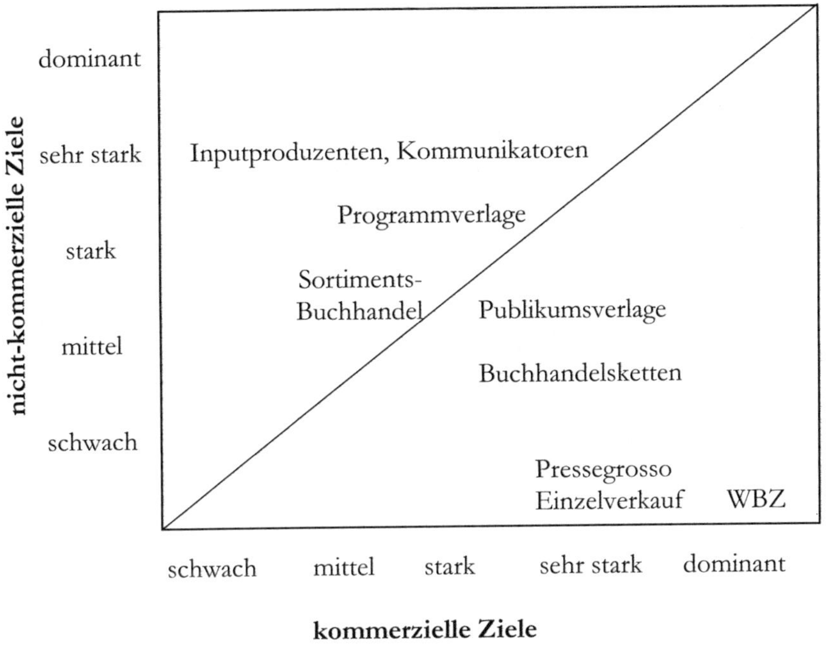

3 Das ökonomische Grundproblem der Medien am Beispiel Der Spiegel

Jeder, der produzieren und verkaufen möchte, sieht sich zumindest zwei Problemen gegenüber. Auf der einen Seite (Angebot) muss ein Unternehmer mit den Kosten(-strukturen) zurecht kommen. Auf der anderen Seite sieht er sich mit Absatzproblemen konfrontiert, das heißt dem relevanten Marktpotential, das sich aus Nachfragemenge und Zahlungsbereitschaft der Konsumenten zusammensetzt. Im Normalfall sind die Herstellkosten bzw. Stückkosten für ein einzelnes Produkt relativ konstant, denn der überwiegende Teil aller Kosten steigt proportional mit der produzierten Menge. Wenn dann auch noch der erzielbare Verkaufspreis höher als die Stückkosten ausfällt, rentiert es sich, zu produzieren und zu verkaufen.

Bei der Medienproduktion ist das anders. Hier wirkt sich ein Sonderproblem aus: die Fixkostendegression. Dies bedeutet, dass jener Teil der Kosten, der völlig unabhängig von der produzierten und/oder verkauften Menge ist, der fixe Kostenblock nämlich, pro Stück sinkt, wenn die Produktions- und/oder Absatzmenge zunimmt. Die medienspezifische Besonderheit dabei: Der Anteil solcher fixer Kosten ist extrem hoch. Die Folge: die Fixkostendegression wirkt sich geradezu dramatisch aus. Anders gesagt: je größer die Absatzmenge, umso geringer die Stückkosten. Ob sich Produzieren rentiert, hängt jetzt davon ab, ob der erzielbare Verkaufspreis über oder unter den Stückkosten liegt. Alles hängt davon ab, ob man viel oder wenig verkaufen kann - also ob man für den Mainstream produziert oder für nicht ganz so gängige Produkte.

Bei der Medienproduktion ist das anders. Hier wirkt sich ein Sonderproblem aus: die Fixkostendegression. Dies bedeutet, dass jener Teil der Kosten, der völlig unabhängig von der produzierten und/oder verkauften Menge ist, der fixe Kostenblock nämlich, pro Stück sinkt, wenn die Produktions- und/oder Absatzmenge zunimmt. Die medienspezifische Besonderheit dabei: Der Anteil solcher fixer Kosten ist extrem hoch. Die Folge: die Fixkostendegression wirkt sich geradezu dramatisch aus. Anders gesagt: je größer die Absatzmenge, umso geringer die Stückkosten. Ob sich Produzieren rentiert, hängt jetzt davon ab, ob der erzielbare Verkaufspreis über oder unter den Stückkosten liegt. Alles hängt davon ab, ob man viel oder wenig verkaufen kann - also ob man für den Mainstream produziert oder für nicht ganz so gängige Produkte.

Wer produziert, hat Kosten, und wer ökonomisch überleben will, muss versuchen, diesen Aufwand an finanziellem Ressourcenverbrauch durch Erlöse auszugleichen, im Idealfall mit einem spürbaren Überschuss (Gewinn). Im Normalfall steigt der Kostenaufwand, wie auch das Volumen der Erlöse, mit der produzierten Menge: Die Kosten pro produziertem Produktexemplar sind im Prinzip immer gleich, und wenn der Produktpreis derselbe bleibt, steigt das Gewinnvolumen mit der Menge. Bei der Medienproduktion, vielfach aber auch bei der Distribution, funktioniert das anders: Zwar steigt auch hier der absolute Kostenaufwand mit zunehmender Menge, die Kosten pro Stück bzw. produziertem Exemplar aber sinken. Dieser an sich ökonomisch erfreuliche Umstand wirkt sich indes vielfach ausgesprochen problematisch aus - es ist der typische Fall einer Kosten(struktur)situation, wie man sie von so genannten natürlichen Monopolen her kennt: Ein hoher bis sehr hoher Anteil an fixen Kosten, die völlig unabhängig von der produzierten und/oder verkauften Menge anfallen, sinkt pro Stück, je mehr produziert bzw. abgesetzt wird. Das Problem, das diese an sich angenehme Situation in ihr Gegenteil verkehrt, kann sich aus drei Situationen ergeben: Erstens, wenn die absetzbare Menge zu gering ist, über die sich dieser Kostendegressionseffekt auswirken könnte, konkret wenn das Marktpotential zu klein ist. Zweitens, wenn der erzielbare Erlös bzw. Verkaufspreis zu gering ist und die (fallenden Stück-)Kosten höher liegen. Drittens, wenn gleich beide Ursachen gleichzeitig auftreten.

Demonstriert sei dieses Phänomen am Beispiel des Printproduktes Der Spiegel. Dessen Erlös- und Kostensituation lässt sich in der (vereinfachten) Gewinn- und Verlustrechnung darstellen (s. Abbildung 4a).

Abbildung 4a: *Der Spiegel (90er Jahre): Gewinn- und Verlustrechnung in Euro pro verkauftem Exemplar (Fixkosten grau unterlegt)*

Aufwand		**Erlöse**	
Papier	0,42	Verkaufserlöse	1,48
Druck	0,51		
Remission	0,18		
Vertrieb	0,27		
Redaktion	0,96		
		Werbe-/ Anzeigenerlöse	2,71
Marketing	0,14		
restliche Kosten	0,87		
Gewinn	0,84		
Summe	**4,19**	**Summe**	**4,19**

Die Auswirkungen der Kostendegression, die sich aus dem extrem hohen Fixkostenanteil an den Gesamtkosten ergeben, lassen sich aus einer graphischen Darstellung ablesen (s. Abbildung 4b).

Rund 77 Prozent der Spiegel-Kosten sind fixe Kosten - man spricht auch von First-Copy-Costs, die für das erste Exemplar entstehen. Je mehr gedruckt bzw. verkauft werden kann, umso mehr verteilt sich dieser fixe First-Copy-Kostenblock auf weitere Exemplare, so dass die Stückkosten sinken (können). Die (aktuelle) Situation des Spiegel sieht so aus, dass die Erlöse aus dem Verkauf des originären Produkts Nachrichtenmagazin (1,48 Euro) die Kosten in Höhe von 3,35 Euro nur zu 44 Prozent abdecken.[4] Wäre das Medienunternehmen allein auf die Verkaufserlöse angewiesen, müsste sich der Absatz um die utopische Zahl von rund 300 Prozent erhöhen, damit die höheren, aber degressiv fallenden (Stück-)Kosten sich allmählich dem erzielbaren Verkaufspreis annähern. Die andere Alternative wäre nicht minder eine Utopie: den Verkaufspreis auf 5,70 Euro anzuheben. Tatsächlich finanziert sich Der Spiegel aus einer weiteren Erlösquelle, den Werbe- und Anzeigeneinnahmen. Nur mit dieser zusätzlichen Finanzierung kommt das Nachrichtenmagazin auf seine Kosten. Würde der Absatz auf die Marke unter 900.000 verkauften Exemplaren rutschen, wäre auch diese Rechnung wieder obsolet.

Abbildung 4b: *Der Spiegel (90er Jahre): Erlösstruktur und sinkende Durchschnittskosten in Euro pro verkauftem Exemplar*

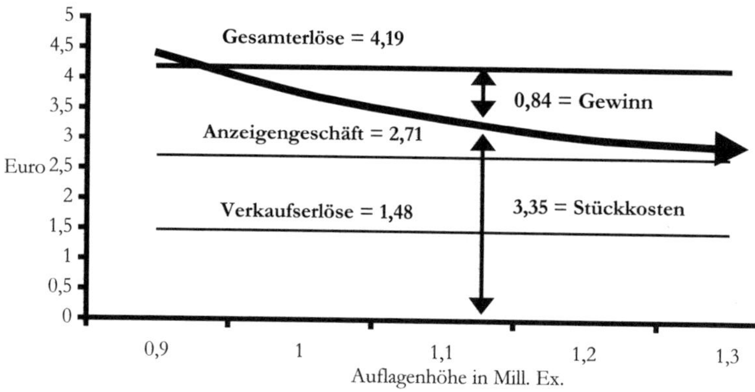

Dieses bekannte Produktbeispiel steht für den elementaren Zusammenhang zwischen der bei Medien ausgeprägten Fixkostendominanz (absolut hohes Fixkostenniveau, hoher prozentualer Anteil an den Gesamtkosten) und der eigentlich benötigten Größe an Marktpotential, um von den Effekten der Fixkostendegression profitieren zu können - vor allem dann, wenn die Zahlungs-

4 Der so genannte Copypreis betrug 2,56 Euro, von dem - über alle Absatzsparten (Einzelhandel, Abo, sonstige Verkäufe) gerechnet - 1,48 Euro dem Unternehmen verbleiben.

bereitschaft der Rezipienten unzureichend ist, um alle Kosten abzufangen. Genau dies ist das ökonomische Grundproblem der Medien. Je weniger mainstream-orientiert mediale Produkte ausfallen und je weniger sie deswegen marktgängig sind bzw. nur kleine Märkte finden, umso größer wird dieses Problem, das bis zu der Situation führen kann, dass ein Produkt ganz vom Markt verschwindet, wenn sich keine anderen Lösungen finden lassen (Marktversagen).

4 Querfinanzierung als Lösungsmodell

Wenn der erzielbare Verkaufspreis eines Produktes (bei Medien Copypreis) unter den (Stück-)Kosten des Produktes liegt, entsteht in Höhe dieser Differenz ein Verlust. Bei Medien kommt dies meist als Anschlussproblem der Fixkostendegression zu Stande. Die Finanzierungslücke muss irgendwie geschlossen werden. Die Lösung können Umsätze und Erträge aus einer zweiten Quelle bzw. eines zweiten Produktes oder Marktes darstellen, mittels derer die ungedeckten (Stück-)Kosten gedeckt werden können - auch Querfinanzierung genannt.

Ob Werbe- und Anzeigeneinnahmen eine Lösung für die eben geschilderten Probleme darstellen (können), hängt konkret von den Werbeträgereigenschaften der Medien ab. Regelmäßig erscheinende Produkte wie Zeitschriften und Tageszeitungen, Fernsehen oder Internetauftritte weisen durch ihre Periodizität bereits eine von mehreren Werbeträgereigenschaften aus. Weitere notwendige Eigenschaften bestehen in der Existenz einer definierbaren Zielgruppe und deren Qualität für die werbetreibenden Auftraggeber, in der Akzeptanz von Werbung durch die Rezipienten und in der finanziellen Ergiebigkeit für das Unternehmen (vgl. Ludwig 1998: 255 ff.).

Bei nicht-periodisch erscheinenden Medienprodukten wie beispielsweise Buch und Film funktionieren diese Lösungen nicht. Weder ist in den meisten Fällen die Zielgruppe vorab qualitativ oder quantitativ bestimmbar, noch lassen sich Werbemaßnahmen aktualisieren oder laufend optimieren. Bücher und Filme, sofern sie nicht zum Bestseller (mit spürbaren Vorteilen aus der Fixkostendegression) werden, rechnen sich daher nur über eine Kalkulation bzw. Erlösfinanzierung quer über andere Produkte, bei Büchern zum Beispiel andere Titel, oder über ganz andere Märkte (zu Beispielen vgl. Ludwig 1998: 266-372). Nach einer Erfahrungsregel des französischen Publizisten Denis Diderot aus dem 17. Jahrhundert musste schon damals ein Bestseller neun andere Bücher querfinanzieren, von denen vier gerade plusminusnull aufgingen und fünf Titel rote Zahlen schrieben. Im Prinzip gilt diese Diderot-Regel noch heute, soweit es (engagierte) so genannte Programmverlage anbelangt (s. Abbildung 5).

Abbildung 5: *Querfinanzierung von Programmverlagen in den 90er Jahren*

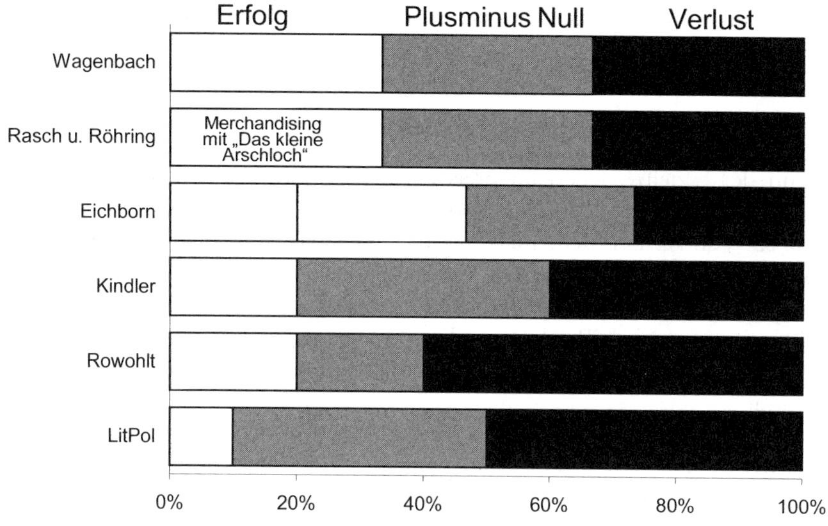

In einer sich ständig ausdifferenzierenden Welt bestätigen Ausnahmen überall die Regel, zum Beispiel bei wissenschaftlichen Fachzeitschriften oder Fachbüchern mit kleinen Auflagen, deren Preisniveau vergleichsweise hoch und das Kostenniveau eher gering ausfällt, weil die Autoren entweder kein Honorar erhalten und/oder wesentlichen Kostenaufwand wie beispielsweise Satz und Layout selbst organisieren (vgl. Ludwig 1998a). Bücher, die Lyrik transportieren und innerhalb mehrerer Jahre Auflagen nur zwischen 1.000 und 2.500 Exemplaren erreichen, sind absehbare Verlustobjekte (vgl. Ludwig 1998: 18 ff., 339 ff.). Trotzdem kann man hierzulande immer noch Lyrik kaufen.

Im Filmbereich spielt sich ökonomisch ähnliches ab: Die sieben Hollywood-Majors kalkulieren ebenfalls im Durchschnitt mit einer sich intern ausgleichenden Top+Flop-Kalkulation (vgl. o.V. 1994), obwohl sie das reine Mengenproblem allein dadurch zu lösen versuchen, dass sie die Filme einer weltweiten Vermarktungskette nach regionalen, zeitlichen und vor allem crossmedial strategisch geplanten Auswertungskriterien unterwerfen: Filme werden erst im Kino, dann als Kaufkassette und anschließend im Pay TV verwertet, bevor sie - als letzte Absatzschiene - im so genannten Free TV vermarktet werden.[5]

Diese unterschiedlichen Arten und Wege der Querfinanzierung medialer Produkte, die sich über den originären Verkauf allein nicht finanzieren lassen, gelten in der traditionellen Ökonomie als ineffizient, weil - verkürzt formuliert - die Ressourcen unter dem Aspekt der optimalen Allokation in anderen Bereichen einen höheren Ertrag abwerfen könnten. Nach dieser allgemein-abstrakten volkswirtschaftlichen Wohlfahrtstheorie gelten solche Produktionen gleichzeitig auch als betrieblich ineffizient (so genannte X-Ineffizienz). Die betriebswirtschaftliche (Mikro-)Sicht hingegen differenziert danach, ob solche Verluste beispielsweise nur vorübergehender Natur sind und sich dann im Zeitablauf ausgleichen (können) oder ob sie aus anderen strategischen Erwägungen in Kauf genommen werden (müssen), um etwa auf einem bestimmten Markt präsent zu bleiben, den man (vielleicht erst später) mit einem anderen Produkt bedienen möchte. Auch kennt man aus der betrieblichen Marketing- und Absatzpolitik die Situation, in der man kurzfristig mit reduzierten oder sogar mit nicht mehr (fix- und/oder gesamt-)kostendeckenden Preisen Absatz forcieren und/oder Lager räumen will.

Querfinanzierung im Medienbereich folgt einer anderen Logik. Auch ein Medienunternehmen erwirtschaftet gerne Überschüsse auf jenem Markt, auf dem es als Produzent oder Anbieter fungiert. Funktioniert dies aber nicht oder nur eingeschränkt, beispielsweise aufgrund unterschiedlicher Situationen und Formen von Marktversagen (vgl. Ludwig 2002a), so gibt es nur zwei Alternativen: Entweder auf die eigentliche Produktion verzichten oder eine praktikable Lösung praktizieren. Querfinanzierung kann eine solche Lösung sein.

Dann nämlich, wenn sie für das originäre Medienprodukt „A" ausreichend ergiebig ist, konkret, wenn es gelingt, andere Erlösquellen zu mobilisieren oder Käufer eines Produktes „B" dazu zu bringen, für dieses Produkt erheblich mehr als nur dessen Kosten zu bezahlen, um damit die ungedeckten Kosten des Medienprodukts „A" querzufinanzieren.

---

5 Als Beispiel sei der 1997 in den USA entstandene Film Titanic herangezogen, der mit rund 282 Millionen $ Produktions- und weiteren rund 100 Millionen $ an Marketing- und Promotionkosten zu den teuersten Filmproduktionen bisher zählt. Der ausgesprochen erfolgreiche Film (11 Oscars) des Regisseurs James Cameron, der teilweise Kultcharakter genießt, hatte bis Ende 1998 fast eine Milliarde $ eingespielt und wurde ab diesem Zeitpunkt in Kaufkassettenform verwertet. Im deutschen Pay TV (DF1, später Premiere World) lief er Ende 1999, im Free TV war er in Deutschland erstmals am ersten Weihnachtsfeiertag 2000 (RTL) zu sehen.

Eine solche Notlösung hat sich im Laufe zweier Jahrhunderte als Dauerlösung etabliert. Konkret hat sich über den Zeitablauf für die Mediennutzung ein vergleichsweise niedriges Preisniveau für die Rezipienten herausgebildet. In einigen Bereichen spricht man sogar vom „Umsonst-Prinzip" und beides hat sich längst zum festen Bestandteil der Medienkultur etabliert. Da auf mittlere bis längere Sicht absehbar bleibt, dass sich eine spürbare Veränderung des Preisniveaus für die direkte Mediennutzung auf vielen Märkten kaum durchsetzen lassen wird, bleiben Querfinanzierungsmodelle vor allem langfristiger Natur, weil nachhaltige Probleme auch nachhaltiger Lösungen bedürfen. Diese für Medienunternehmen ausgesprochen typische Situation, Angebote machen zu wollen, für die sich entweder nicht genügend zahlende Nutzer und/oder ausreichend Zahlungsbereitschaft mobilisieren lassen, ist derzeit bei vielen medialen Internetangeboten zu beobachten: Was dort geschieht - an inhaltlichen und ökonomischen Experimenten, die auch unter Stichworten wie „Geschäfts-" bzw. „Businessmodelle" firmieren - entspricht der Situation vor rund zweihundert Jahren, als Medienunternehmer auf der Suche nach einer funktionierenden Ökonomie für ihre Produkte waren. [6]

5 Querfinanzierung und Werbung: ein Marktmodell mit drei Akteuren

Querfinanzierung von Medien mittels Werbung und Anzeigen hat sich Anfang des 19. Jahrhunderts herausgebildet. Angesichts geringer Massenkaufkraft entsprach es damals ökonomischen Notwendigkeiten, über eine drastische Reduzierung des Copypreises (und Schließung der Finanzierungslücke über Werbeeinnahmen) die Nachfrage nach Medien zu stimulieren. Das ‚Experiment' gelang, seither gibt es Massenmedien. Dieses Marktmodell unterscheidet sich von regulären Marktkonstellationen deutlich: Hier gibt es drei handelnde Akteure: den Käufer (Rezipient), den Verkäufer (Medienunternehmer) und den werbetreibenden Unternehmer, der sich vom Medienunternehmen Huckepack nehmen lässt.

Zur Zeit des Wechsels vom 18. ins 19. Jahrhundert, um 1800 herum, als die Welt auf allen Gebieten von großen Veränderungen gezeichnet war, machte sich auch auf der Seite von Kommunikatoren und Rezipienten eine Aufbruch-

6 Zu Geschäftsmodellen, die Inhalte (content) und Werbung bzw. e-commerce im Jahre 2001 zusammenzuführen versuchen vgl. Ludwig 2002. Zu den Problemen funktionierender Geschäftsmodelle im Internet überhaupt und den Veränderungen auf den vor- und nachgelagerten Medien- und Produktmärkten (New and Old Ecomomy) vgl. Horizontmagazin 2001.

stimmung breit, die Ergebnis eines „Strukturwandels der Öffentlichkeit“ (Habermas 1976) war. Allerdings war das Kosten- und Preisniveau für Medienprodukte hoch, was (noch) kein allgemeines Problem darstellte, weil das Angebot vorrangig für eine kleine, dafür zahlungskräftige Oberschicht vorgesehen war. Die „bürgerliche“ Nachfrage versuchte diesen misslichen Umstand beispielsweise durch die Gründung von Lesegesellschaften bzw. Mehrfachnutzung einmal gekaufter Medien zu lösen. Mit spürbaren Verbesserungen bei der Medientechnologie, insbesondere der Schnellpresse von Friedrich Koenig 1811, waren die Medienunternehmer imstande, mehr zu produzieren als eine kaufkräftige Nachfrage der Menge nach abnehmen konnte. Die Lösung fand man ab 1832, und zwar zeitgleich in Europa und in den USA, indem die Zeitungs- und Zeitschriftenverleger den Produktpreis drastisch reduzierten, teilweise sogar halbierten, und das, was an Verkaufserlösen fehlte, durch Anzeigen und vor allem Werbung seitens Dritter ausglichen, die nun Bestandteil der medialen Produktpalette wurde. Diese neue Finanzierungskonstruktion, die man auch als ökonomische Innovation sehen kann, kam durch eine mediale Produkterweiterung von Inhalten wie „Information, Bildung und Unterhaltung“ durch zusätzliche „Verbreitung von Werbebotschaften“ (Heinrich 1994: 18) zustande, wie sie sich bis heute auf sehr vielen Märkten erhalten hat (vgl. Ludwig 1999b: 356). Abbildung 6 vermittelt einen Überblick darüber, welche Medien sich heutzutage zu welchen Anteilen mittels Werbe- und Anzeigenerlösen querfinanzieren.

Durch die Einbeziehung eines weiteren, das heißt dritten Marktakteurs, läuft auch das marktliche Geschehen differenzierter ab als bei sonstigen Markttransaktionen, bei denen sich nur Anbieter und Nachfrager gegenüberstehen: Über das erste Ziel, Kauf bzw. Verkauf, besteht auf beiden Seiten Einigkeit; vor allem über das Preis-Leistungsverhältnis, konkret den Kauf- bzw. Verkaufspreis gibt es (in der Regel) unterschiedliche Vorstellungen, die sich letztlich durch ein Arrangement bzw. einen Marktpreis lösen lassen. Betrachtet man die Marktsituation eines querfinanzierenden Nutzungspreisarrangements mittels Werbung, so sieht das Transaktionsmodell komplizierter aus, nämlich so wie in Abbildung 7 dargestellt.

Abbildung 6: Querfinanzierungsgrade auf Medienmärkten

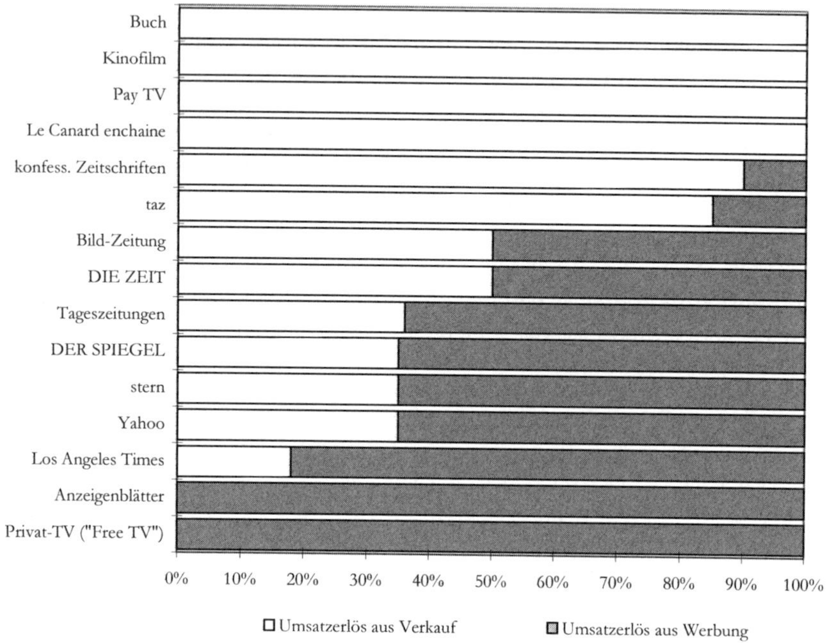

Abbildung 7: Querfinanzierungskreislauf mit Werbung. Beispiel Der Spiegel

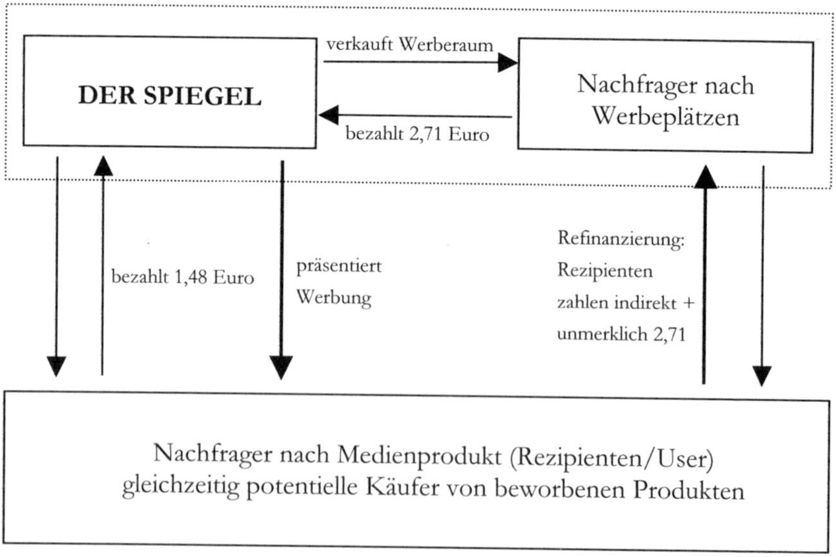

Aus der Sicht eines Rezipienten gibt es wiederum (nur) zwei Seiten: Ihn und das Medium, denn das interne Zusammenspiel zwischen Medienunternehmen und werbungtreibender Firma ist dem Nutzer zwar im Prinzip nicht unbekannt, bleibt ihm im Grunde genommen aber doch verborgen - der Nutzer hält nur direkten Kontakt zum Medium, und wenn er dieses nutzt, so muss er sich - zunächst - auf dessen Spielregeln einlassen.[7] Aus der (Mikro-)Sicht des Medienunternehmens und des Werbungtreibenden stellt sich die Querfinanzierung via Werbung als ein komfortables Finanzierungsmodell dar, das für beide Partner klar erkennbare Vorteile hat: Es ist für beide ein geschlossenes Finanzierungsmodell. Das werbende Unternehmen, das an die Zielgruppe des Medienunternehmens verkaufen will, erschließt sich diesen Markt vergleichsweise unkompliziert, denn das Medienunternehmen transportiert die Werbebotschaften quasi im Huckepack bzw. genauer gesagt: Die Werbung ist auch gestalterisch aus der Sicht der beiden Beteiligten längst integrale Produktkomponente des Medienprodukts selbst geworden. Für diesen komfortablen Service (Zurverfügungstellung der Zielgruppe, effiziente und schnelle Herstellung der Verbreitungsfähigkeit der Werbeinhalte) ist das werbende Unternehmen bereit, einen vergleichsweise hohen Preis zu zahlen, der erheblich, im Printbereich teilweise bis zum Fünffachen, über den Kosten für Druck plus Distribution dieser Werbung durch das Medienunternehmen liegt (vgl. Ludwig 1996: 282f.).

Für das Medienunternehmen wiederum entscheidet sich darüber die Ergiebigkeit dieses Querfinanzierungsmodells. Zwei Faktoren determinieren den damit möglichen Handlungsspielraum: Zum einen der Preis für die Zurverfügungstellung von Werbemöglichkeiten, der wiederum eine Funktion der Reichweite ist - je günstiger für die Kunden der so genannte Tausenderkontaktpreis,[8] mit umso mehr Werbeerlösen kann das Medium rechnen. Die zweite Einflussgröße betrifft technische und redaktionelle Herstellkosten, denn je effizienter der eigene Kostenapparat ausfällt, umso größer bleibt die freie Finanzierungsmasse - für andere, noch nicht abgedeckte Kosten. Drei Print-Beispiele sollen diesen Zusammenhang verdeutlichen (s. Abbildung 8). Bezogen auf das Nachrichtenmagazin Der Spiegel verbleibt dem Unternehmen nach Abzug der technischen Herstellkosten der Werbeseiten fast 80 Prozent der Anzeigenerlöse. Abzüglich der damit zu finanzierenden Herstellkosten der

7 Beim werbefinanzierten Fernsehen kann er zwar die Werbeinseln wegzappen, muss aber die Unterbrechung eines Filmes, zum Beispiel an einer dramaturgisch spannenden Stelle, akzeptieren.

8 Berechnet sich nach der einfachen Formel: Anzeigenpreis in Euro dividiert durch die Reichweite (gemessen in absoluten Zahlen der Rezipienten) mal 1.000 = Tausenderkontaktpreis (TKP) in Euro.

redaktionellen Seiten, der inhaltlichen Produktion des Medienprodukts, verbleiben in diesem Beispiel immer noch 23 Prozent der Werbeeinnahmen, die jetzt zur Deckung anderer Kosten herangezogen werden können. Der Erlös einer Werbeseite finanziert nicht nur diese eine, sondern zusätzlich 1,4 redaktionelle Seiten (bzw. 2,2-mal die ausschließlich redaktionellen Herstellkosten jeweils einer inhaltlichen Seite). Ergiebigkeit bzw. Netto-Ergiebigkeit sind hier ausgesprochen hoch.

Abbildung 8: *Ergiebigkeitsgrade der Querfinanzierung durch Werbeerlöse: pro Exemplar in Euro und in Prozent (90er Jahre)*

	Kalkulationsphilosophie	Die Zeit	Der Spiegel	stern
	Werbeerlöse	1,78	2,71	2,30
./.	technische Herstellkosten der Werbung	0,50	0,56	0,65
=	Ergiebigkeit	1,28	2,15	1,65
	als Quote in %	72%	79%	72%
./.	Herstellkosten/redaktionelle Seiten	1,12	1,52	1,72
	(davon publizistischer Aufwand)	(0,62)	(0,96)	(0,75)
	(davon technische Herstellkosten)	(0,50)	(0,56)	(0,97)
=	Netto-Ergiebigkeit	0,16	0,63	minus 0,07
	als Quote in Prozent	9%	23%	minus 3%
=	Betrachtung/Umrechnung in Werbeseiten + redaktionelle Seiten (red. S.):			
	1 + x Herstellkosten total/red. S.	1 + 1,1	1 + 1,4	1 + 1,0
	1 + x redaktionelle Herstellkosten/red. S.	1 + 2,1	1 + 2,2	1 + 2,2

Den hohen Finanzaufwand für die Werbung holt sich das werbende Unternehmen letztlich vom Produktkäufer zurück, da der Werbeaufwand in den Verkaufspreisen für die umworbenen Produkte einkalkuliert wird.

Hier schließt sich der Finanzierungskreislauf: Wenn die Zielgruppe genau angesteuert werden konnte, die so genannten Streuverluste der Werbung gering ausfallen, ist im Idealfall der Käufer des umworbenen Produkts mit dem Nutzer des Mediums identisch. Aus diesem Grund ist die Bezeichnung Querfinanzierung treffender als die Begrifflichkeit Quersubventionierung: Der Medienrezipient subventioniert sich in diesem Fall selber.[9]

Die Funktionsfähigkeit dieses indirekten Marktmodells wird vor allem von der Unmerklichkeit des Finanzierungskreislaufs gesteuert - einem Phänomen, das zuerst in der Finanzpsychologie diskutiert wurde. Dort analysiert man beispielsweise die Wirkungen von Steuererhöhungen: Je weniger merklich diese ausfallen, umso größer wird für Finanzpolitiker der (Erhöhungs-)Spielraum. Übertragen auf die Querfinanzierung mit Werbung könnte man fragen, ob Rezipienten im Bewusstsein dieser Zusammenhänge bereit wären, auf Werbung zu verzichten und stattdessen höhere Copypreise zu bezahlen. Das würde indes nicht nur die ökonomische Transparenz dieses „Markt"-Modells voraussetzen, sondern auch eine Art von Medienkompetenz, um die vielfältigen Wechselwirkungen zwischen ökonomischer und publizistischer Unternehmenssphäre besser einschätzen zu können (zum Beispiel Zielkonflikte zwischen Werbung und redaktionellen Inhalten sowie deren Lösung).

6 Zur (Mikro-)Ökonomie der Medienrezipienten

Das besondere Medienmarkt-Modell hat für das Medium und den Werbung schaltenden Unternehmer einen besonderen Vorteil: Die Querfinanzierung, die letztlich eine Umwegfinanzierung darstellt, ist für die Rezipienten weitgehend unmerklich. Mit anderen Worten: Der Medienkonsument merkt gar nicht, dass er mehr als nur den Copypreis bezahlt.

Das besondere Medienmarkt-Modell hat für das Medium und den Werbung schaltenden Unternehmer einen besonderen Vorteil: Die Querfinanzierung, die letztlich eine Umwegfinanzierung darstellt, ist für die Rezipienten weitgehend unmerklich. Mit anderen Worten: Der Medienkonsument merkt gar nicht, dass er mehr als nur den Copypreis bezahlt.

Die (angeblich) souveränen Mediennutzer empfinden und handeln aus ihrer Sicht, also subjektiv gesehen, ökonomisch immer rational, auch wenn sich dies aus tatsächlicher (objektiver) Sicht ganz anders darstellt. Aus Umfragen zum Steuerbelastungsgefühl wissen wir, dass es zwischen subjektiver Einschätzung

9 Zu präziseren Überlegungen vgl. Ludwig 2000: 193f.; zur Frage, ob es sich in Fällen tatsächlicher „interner Subventionierung" um Ramsey-Preisbildung handelt, vgl. Ludwig 1998: 264f.

und objektiven Gegebenheiten (tatsächliche Steuerlast) zu erheblichen Diskrepanzen kommen kann, die sich häufig aus Unkenntnis oder falschen Einschätzungen (zum Beispiel über Nutzen, Qualität, Nebenwirkungen usw.) ergeben. Bei Unternehmen kann so etwas auch passieren, jedoch wächst hier aufgrund der größeren Anzahl an Entscheidungsträgern die Wahrscheinlichkeit, dass es (rechtzeitig) zu Korrekturen kommt.

Das mediale Nutzungsverhalten von Rezipienten ist - im Gegensatz zum Medienunternehmerhandeln - in der Kommunikationswissenschaft vergleichsweise gut erforscht. Sehr verkürzt zusammengefasst könnte man sagen, dass Mediennachfrager zum großen Teil aus Gewohnheit bzw. nach tradierten Mustern, zum anderen Teil auch unbewusst handeln. Aus einer ökonomischen Sicht würde man ergänzen: Medienkonsumenten haben - ähnlich wie in anderen Bereichen - ein Gefühl für das relevante Preis-Leistungs-Verhältnis bzw. für einen „fairen" Preis (vgl. Nieschlag/Dichtl/Hörschgen 1997: 335f.), auch wenn sie dies in der Regel eher aus dem Bauch heraus entscheiden und nicht wie Unternehmen haarscharf rechnen und kalkulieren. Aus der kommunikationswissenschaftlichen Forschung ist zum Beispiel der Uses and Gratifications-Ansatz bekannt, der im Grunde genommen genau einen solchen ökonomischen Blickwinkel darstellt.

Solche subjektiven Wahrnehmungen - bzw. ökonomischen Wirklichkeitskonstruktionen - ergeben sich nicht zuletzt aufgrund von Sozialisationsprozessen und erlebten Erfahrungen. Die Effekte und Auswirkungen des Querfinanzierungsmodells durch Werbung sind eine solche Erfahrung, weshalb das Entgeltniveau für die Mediennutzung vergleichsweise gering ausfällt. Die nachhaltigen Folgewirkungen auf die finanzielle Belastung von Rezipienten zeigt die Abbildung 9 im Zweihundertjahresvergleich: Waren Medien zu Beginn des 19. Jahrhunderts für die breite Masse noch unerschwinglich, weil das verfügbare Einkommen praktisch vollkommen für die unmittelbare Existenzsicherung eingesetzt werden musste, so stellen spätestens seit der zweiten Hälfte des 20. Jahrhunderts die direkten Ausgaben für die Nutzung traditioneller Medien keine finanzielle Nutzungsrestriktion mehr dar.

Auch die aktuellen Daten des amtlicherseits erhobenen so genannten Medienbudgets sprechen für das vergleichsweise niedrige Entgeltniveau, das bei einem Vier-Personen-Arbeitnehmerhaushalt mit durchschnittlichem Einkommen rund 3 Prozent (rund 80 €/Monat) des verfügbaren Einkommens ausmacht. Diese Einschätzung festigt sich, wenn man sich die damit mögliche und realisierte Nutzungsdauer von Medien vor Augen hält, die bekanntermaßen intensiv ausfällt. Allerdings sind die Daten des „Medienbudgets" unvollständig:

Es fehlen die Beträge, die die Rezipienten indirekt und weitgehend unmerklich für die Werbung zahlen. Genau genommen müsste man die gesamten Werbeinvestitionen (ZAW) der werbenden Unternehmen aufaddieren.[10]

Abbildung 9: *Kosten der Mediennutzung: 1820 (Weimar) versus 2000 (deutschlandweit); Zahlen in absoluten Preisen und in % des Durchschnittseinkommens*

	Weimar 1820	Deutschland um 2000
Häufigstes Einkommen	100 Thaler (Th.)	21.400 Euro
Durchschnittseinkommen	180 Th.	37.000 Euro
Bibliotheksnutzung	6 Th. = 3,3%	10 Euro = 0,03%
Buchkauf	1-3 Th. = 0,6 - 1,7% Goethe/Ges. Ausgabe, 20 Bde.: 26 Th. 12 Groschen (Gr.) = 15% Jean Paul/Siebenkäs (1817), 3 Bde: 4 Th. 12 Gr. = 2,5%	15 Euro = 0,04% Goethe/Ges. Ausgabe, 14 Bde.: 215 Euro = 0,6% Jean Paul/Siebenkäs, 1 Bd.: 12 Euro = 0,06%
Zeitschrift	Teutscher Merkur (bis 1810): 3 Th. 6 Gr. = 1,8%	Der Spiegel: 133 Euro = 0,4%
Tageszeitung	Leipziger Zeitung: 6 Th. = 3,3%	Lokalzeitung: 232 Euro = 0,6%
TV: Rundfunkgebühr	–	194 Euro = 0,5%

10 Die Werbeinvestitionen bestehen zum einen aus den Netto-Werbeeinnahmen der Werbeträger (Medien), zum anderen aus den Honoraren und Provisionen sowie Aufwendungen zur Produktion der Werbemittel selbst. Zahlen für 2000: Rund 30 Milliarden Euro an Werbeinvestitionen insgesamt, bestehend aus a) rund 20 Milliarden Nettowerbeeinnahmen für die Medien und b) 10 Milliarden an Aufwendungen für die Werbebranche (Agenturen, Gestalter, Grafiker/Layouter, Produzenten usw.).

Die (eingeschränkte) Zahlungsbereitschaft der Konsumenten ist das eine - die quantitative und qualitative Art der Mediennutzung das andere. Im Kapitel 3 wurde darauf hingewiesen, dass am öffentlichen Diskurs interessierte Medienunternehmer eher nur mit kleineren Absatzmärkten kalkulieren können als Mainstreamproduzenten, woraus sich das ökonomische Grundproblem ergeben kann. Für diese Ungleichverteilung der Mediennachfrage gibt es einen soziologischen Erklärungsansatz von Pierre Bourdieu, den man auch ökonomisch interpretieren kann. In seinem 1979 erschienenen Werk „Die feinen Unterschiede. Kritik der gesellschaftlichen Urteilskraft“ stellt Bourdieu einen direkten Zusammenhang zwischen der Sozialisation eines Individuums und seinen „kulturellen Bedürfnissen“, also auch Medien her. Seine Theorie, nach der die „gesellschaftlich anerkannte Hierarchie der Künste“ mit der „gesellschaftlichen Hierarchie der Klassen“ korrespondiere, was er im Detail soziologisch erklären kann, wurde von ihm mehrfach empirisch getestet. Am Beispiel des „Geschmacks“ nach drei unterschiedlichen Musikstücken („An der schönen blauen Donau“, „Rhapsodie in Blue“, „Wohltemperiertes Klavier“) misst Bourdieu die qualitative Beziehung - bzw. ökonomisch formuliert: Nachfrage - zwischen „Klassengeschmack und Lebensstil“ sowie soziologisch abgrenzbaren Schichten. Die Ergebnisse besagen, dass sich der „populäre“ Geschmack vor allem in den unteren Schichten beobachten lässt. Der „legitime“ Geschmack, der sich etwa in Bachs „Wohltemperiertes Klavier“ repräsentiere - eine Musikrichtung, die zum Verständnis und musikalischen Genuss die Kenntnis bestimmter kultureller Codes bzw. Sozialisationsprozesse voraussetze - findet sich vorrangig in gesellschaftlich höheren Schichten bzw. Berufstätigkeiten wieder.

Erweitert man diese Soziologie des Geschmacks um die ökonomische Dimension, misst man also beispielsweise die soziologische Schichtenbildung anhand der Einkommensverteilung bzw. die Schichten anhand ihrer typischen Einkommenshöhe, so lässt sich die Asymmetrie der Geschmacksverteilung unmittelbar mit der linksschiefen Einkommensverteilung erklären. In Abbildung 10 spiegelt die durchgezogene Linie die Einkommensverteilung (Anteile der Einkommensklassen in Prozent) wieder, während die Verteilung der Präferenzen nach „high taste“ (DeFleur/Ball-Rockeach 1989) bzw. „legitimem Geschmack“ (Bourdieu 1979) versus „low taste“ bzw. „populärem Geschmack“ beider Musikstücke in Balkenform dargestellt ist.[11]

11 Auf den „mittleren Geschmack“, bei Bourdieu durch Gershwin's „Rhapsodie in Blue“ repräsentiert, wurde aus Gründen der Übersichtlichkeit verzichtet.

Abbildung 10: *Geschmacksverteilung und Einkommensverteilung: Präferenzen für zwei Musikstücke nach „Klassenfraktion" (Bourdieu) und Einkommensschichtung (DIW-Daten)*

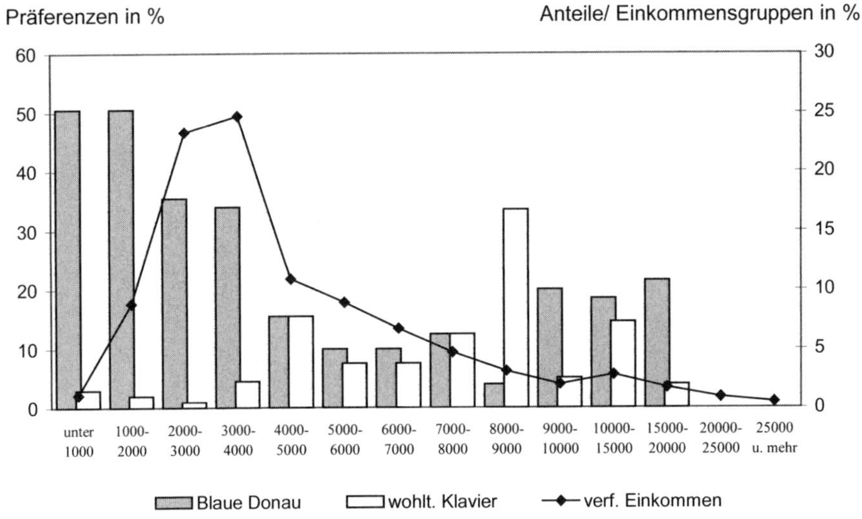

Unübersehbar ist der soziologisch erklärbare statistische Zusammenhang, nach dem letztlich die Mächtigkeit der unteren Einkommensschichten über die mengenmäßige Nachfrage nach Mainstreamangeboten entscheidet. Oder anders formuliert: Warum Nicht-Mainstreamprodukte, die mehr auf öffentlichen Diskurs rekurrieren, eher mit ökonomischen Problemen zu kämpfen haben als die vergleichsweise einfach zu managende Produktion von Massenware.

Kommentierte Literaturhinweise

Heinrich, Jürgen (1994): Medienökonomie. Bd. 1: Mediensystem, Zeitung, Zeitschrift, Anzeigenblatt, Opladen: Westdeutscher Verlag

Dies ist derzeit das umfassendste Werk in zwei Bänden zu allen relevanten Fragen der Medienökonomie, insbesondere für die Bereiche Film und TV.

Kroeber-Riel, Werner/Peter Weinberg (1999): Konsumentenverhalten, 7. Aufl., München: Vahlen

Gilt als eines der wichtigsten Standardwerke in der Konsumentenforschung. Im Gegensatz zur traditionellen Volkswirtschaftslehre, die beispielsweise vollkommene Markttransparenz und hundertprozentige Konsumentensouveränität unterstellt, geht dieses Standardwerk von empirischen Untersuchungen, sprich konkret beobachtbaren Verhaltensweisen aus, auf deren Basis anwendungsbezogene Theorien und Erklärungsmodelle entwickelt werden. So etwa auch das Modell nicht (hundertprozentig) vorhandener Konsumentensouveränität - ein Ergebnis, das man so auch aus der Rezipientenforschung kennt.

Ludwig, Johannes (1998a): Zur Ökonomie der Medien: Zwischen Marktversagen und Querfinanzierung. Von J.W. Goethe bis zum Nachrichtenmagazin Der Spiegel, Opladen: Westdeutscher Verlag

Konzentriert sich auf Fragen der Querfinanzierung und der Kalkulation von Medien(-produkten); repräsentiert einen mikroökonomischen bzw. medienbetriebswirtschaftlichen Ansatz, um das Medienverhalten auf Seiten der Medienunternehmen (Anbieter) und auf Seiten der Rezipienten (Nachfrager) zu erklären.

Politische Ökonomie

Werner A. Meier

Le travail scientifique, ne le fait pas avec les bons sentiments, cela se fait avec des passions. Pour travailler, il faut être en colère. Il faut aussi travailler pour controller la colère. (Pierre Bourdieu)

Der Beitrag beschäftigt sich einerseits mit der Entwicklung der Politischen Ökonomie als Disziplin und versucht andererseits den Zugang zur angloamerikanischen Politischen Ökonomie der Kommunikation und Medien zu erschließen, deren Stärken und Schwächen transparent zu machen und den Beitrag dieser interdisziplinären Medien- und Gesellschaftstheorie zu einer modernen Medienökonomie zu verdeutlichen. Der Politischen Ökonomie öffentlicher Kommunikation kommt die Aufgabe zu, mediale Kommunikationsprozesse als spezifisch gesellschaftlich zu analysieren. Sie hat herauszuarbeiten, auf welche Weise kapitalistische/marktwirtschaftliche Produktionsverhältnisse die über Massenmedien vollzogene gesellschaftliche Kommunikation beeinflussen. Fokussiert werden dabei die wirtschaftlichen Strukturen der Produktions- und Eigentumsverhältnisse in der Medien- und Telekommunikationsindustrie und deren Implikationen für Politik und Kultur. Im Zentrum stehen Abhängigkeitsbeziehungen zwischen Eigentumsverhältnissen, Unternehmensstrukturen, Finanzkapital und Marktstrukturen und deren Auswirkungen auf politik-, kultur-, wirtschafts- und technologiebezogene Kommunikationsstrukturen und -prozesse. Die Politische Ökonomie öffentlicher Kommunikation ist besonders hilfreich für eine publizistikwissenschaftlich ausgerichtete Medienökonomie, wenn es ihr gelingt, in wissenschaftlichen und gesellschaftlichen Debatten im Rahmen aufkommender Informations- und Mediengesellschaften eigenständige Diskurse zu Macht und Kontrolle bei der Deregulierung, Privatisierung, Globalisierung und Kommerzialisierung von Medien und Kultur zu führen.

1 Das Programm der Politischen Ökonomie

Mit der Bezeichnung Politische Ökonomie im Allgemeinen und der Politischen Ökonomie öffentlicher Kommunikation im Besonderen werden zwar breite, aber eher heterogene Lehr- und Forschungsfelder einzugrenzen versucht. Ihre wichtigste Gemeinsamkeit besteht darin, mit unorthodoxen, der jeweiligen dominierenden disziplinären Auffassung meist widersprechenden Forschungsperspektiven wichtige Institutionen der Gesellschaft wie Politik, Wirtschaft und Medien zu erfassen. Allgemein formuliert, Politische Ökonomie beschäftigt sich mit dem Überleben der Gesellschaft und fragt sich, auf welche Weise Gesellschaften sich organisieren, um das zu produzieren, was sie zur unmittelbaren Weiterexistenz benötigen. Gleichzeitig will sie herausfinden, was eine Gesellschaft ordnungspolitisch unternimmt, um die Erreichung ihrer politischen, wirtschaftlichen und kulturellen Ziele sicherzustellen.

➲ Politische Ökonomie beschäftigt sich mit dem Überleben der Gesellschaft und fragt sich, auf welche Weise Gesellschaften sich organisieren, um das zu produzieren, was sie zur unmittelbaren Weiterexistenz benötigen. Gleichzeitig will sie herausfinden, was eine Gesellschaft ordnungspolitisch unternimmt, um die Erreichung ihrer politischen, wirtschaftlichen und kulturellen Ziele sicherzustellen.

Die Frage nach der gesellschaftlichen Steuerung und Kontrolle erfordert die Fokussierung von Macht: „One can think about political economy as the study of social relations, particular the power relations, that mutually constitute the production, distribution, and consumption of resources." (Mosco 1996: 25) Kommunikation kann als knappe, gesellschaftliche Ressource betrachtet werden, die im Spannungsfeld zwischen privatwirtschaftlichem Profitstreben und öffentlichem Interesse produziert und konsumiert wird. Speziell die politökonomisch ausgerichtete Kommunikationswissenschaft konzentriert sich auf die Analyse der wirtschaftlichen und politischen, das heißt institutionellen Zwänge, denen öffentliche Kommunikation ausgesetzt ist. Gleichzeitig macht sie auf vielfältige Disparitäten im Zugang und in der Verteilung von kommunikativer Macht aufmerksam.

Die konsequente Analyse gesellschaftlicher Macht-, Zugangs- und Verteilungskonflikte stößt in den traditionellen Wirtschafts- und Sozialwissenschaften allerdings oft auf Ablehnung. Einerseits erfolgt die disziplinäre Marginalisierung aus wohlwollender Ignoranz, andererseits aus bewusster Verweigerung, um sich nicht mit den eigenen Annahmen und Methoden kritisch auseinandersetzen zu müssen. Gerade die deutschsprachige Publizistik hat in den vergangenen zwanzig Jahren den politökonomischen Ansatz vernachlässigt, während die diesbezüglichen angloamerikanischen Bemühungen eine gewisse Kontinuität aufweisen.

Daher dienen die nachfolgenden Ausführungen dazu, den Zugang zur angloamerikanischen Politischen Ökonomie der Kommunikation zu erleichtern, deren Stärken und Schwächen transparent zu machen und den Beitrag dieses interdisziplinären Ansatzes zu einer modernen Medienökonomie zu verdeutlichen.

2 Ursprung und Entwicklung der Politischen Ökonomie als wissenschaftliche Disziplin

Die Politische Ökonomie als wissenschaftliche Disziplin verfügt über eine lange Tradition. Bereits im Merkantilismus des 17. Jahrhunderts beschäftigte sich die Politische Ökonomie theoretisch und praktisch mit der Wirtschaftspolitik von aufkommenden Nationalstaaten im Interesse ihrer absolutistischen Fürsten. Die damalige Politische Ökonomie beschrieb und analysierte den Aufstieg des Staates zum wichtigsten wirtschaftlichen Akteur und formulierte bestimmte wirtschaftspolitische Konzepte, Strategien und Maßnahmen. Als Reaktion auf das Primat des Staates im Merkantilismus entstand im Rahmen der englischen klassischen Nationalökonomie eine intellektuelle Gegenbewegung, die für eine wirtschaftspolitische Abstinenz des Staates plädierte. Grund dafür war die industrielle Revolution, die in der Mitte des 18. Jahrhunderts einsetzte und bis Mitte des 19. Jahrhunderts dauerte. Adam Smith (1723-1790), Jean Baptiste Say (1767-1823), Thomas Malthus (1766-1834), David Ricardo (1772-1823) und John Stuart Mill (1806-1873) waren ihre führenden Vertreter. Ihre Schriften trugen maßgeblich zur Etablierung der Politischen Ökonomie als Disziplin bei.[1] Diese „klassischen" Nationalökonomen betrachteten zwar Staat und Wirtschaft analytisch als Einheit, forderten aber das Primat des Marktes. Dieser würde alle ihr Eigeninteresse verfolgenden Individuen am Wirtschaftsprozess beteiligen und sie wie durch eine unsichtbare Hand zur

1 Zum Beispiel Adam Smith's „Wealth of Nations" im Jahre 1776 und John Stuart St. Mill's „Principles of Political Economy" 1848.

größtmöglichen aller Wohlfahrten führen.[2] Darüber hinaus machte sich vor allem David Ricardo für ein Freihandelssystem stark, das die jeweiligen Kostenvorteile der Produktion zum Tragen bringen konnte. Diese theoretische Fokussierung der herrschenden Nationalökonomie auf den Markt hatte zur Folge, dass politische Prozesse immer stärker in den Hintergrund traten. Gegen Ende des 19. Jahrhunderts wurde dann die Politische Ökonomie im Zuge der disziplinären Ausdifferenzierung durch den Begriff „Economics" ersetzt. Die neoklassische Wirtschaftswissenschaft „emanzipierte" sich um die Jahrhundertwende nicht nur von der Klassischen Politischen Ökonomie bzw. der Nationalökonomie, sondern auch von der Soziologie, der Politikwissenschaft oder der Anthropologie (vgl. Tabb 1999: 111). Die konsequente Ablehnung des Begriffs und der dahinter liegenden Analyseperspektive der neoklassisch geprägten und beherrschten Wirtschaftswissenschaft ist bis in die Gegenwart programmatisch geblieben. Die meisten orthodoxen wirtschaftswissenschaftlichen Lexika, Hand- und Lehrbücher kommen heute ohne den Begriff der Politischen Ökonomie aus und nehmen die heterodox sich entwickelnde Politische Ökonomie kaum zur Kenntnis. Das enge Denken in Schulen und Disziplinen führt zur gegenseitigen Abschottung und selbstherrlichen Nabelschau statt zu gegenseitigem Lernen und transdisziplinären Forschungsperspektiven. Dies gilt nicht nur für die neoklassische Wirtschaftswissenschaft (vgl. Frey 1999), sondern auch für die Politische Ökonomie, die es beispielsweise erst in Ansätzen geschafft hat, die Kultur gebührend in die Analyse mit einzubeziehen (vgl. Holton 1992).

Etwas aufgeweicht wurden die orthodoxen Auffassungen erst mit der Etablierung einer „Neuen Politischen Ökonomie", die in den 60er Jahren eingesetzt hat. Mittels moderner mikroökonomischer Wirtschaftstheorien wird versucht, politische Prozesse und deren Einfluss auf das Wirtschaftsgeschehen zu analysieren.

2 Adam Smith wird zwar als der Urvater der neoklassischen Ökonomik betrachtet, aber auch politökonomisch ausgerichtete Wirtschaftswissenschaftler, „who stress social classes, their expenditures pattern, functional sources of income, the distinction between productive and the unproductive labor, power relations between the classes, value as measured by embodied or commanded labor time, profit as a residual, and the importance of institutions, of history, and evolutionary factors in economic outcomes, can point to Adam Smith as their patron saint" (Tabb 1999: 50f.). Gemäß Tabb glaubte Adam Smith „neither in free market allocation unfettered by moral considerations nor in laissez-faire distribution without the hand of the state to bring greater justice in allocation."

3 Radikale Politische Ökonomie als Sammelbecken unorthodoxer Ansätze

Diesen disziplinären Ausdifferenzierungsprozess haben die Mehrheit der Politikwissenschaftler und Soziologen sowie eine Minderheit der Wirtschaftswissenschaftler nicht vollzogen. Im Gegenteil; die Radikale Politische Ökonomie kann als eine Art Sammelbecken unorthodoxer Ansätze verstanden werden, die sich theoretisch vor allem aus der Kritik an der neoklassischen Wirtschaftswissenschaft und am doktrinären Marxismus sowie aus den konkreten und aktuellen Widersprüchen des Kapitalismus entwickelt haben. So unterscheidet O'Hara (1999: 868) in seiner neuen zweibändigen „Encyclopedia of Political Economy" nicht weniger als sieben Schulen, die sich in eigenen Zeitschriften und Netzwerken austauschen.[3] Babe kommt dagegen mit drei Richtungen aus, indem er eine Liberale, eine Marxistische und eine Institutionelle Politische Ökonomie unterscheidet (vgl. Babe 1995: 75). Alle drei Denktraditionen haben ihre Wurzeln in der Klassischen Politischen Ökonomie und entwickeln sich innerhalb und außerhalb der traditionellen wirtschafts- und sozialwissenschaftlichen Disziplinen, da sie von der herrschenden Lehre an den Rand gedrängt oder sogar ignoriert werden.[4]

3.1 Liberale, Marxistische und Institutionelle Politische Ökonomie

Die Liberale Politische Ökonomie in der Tradition von Adam Smith macht sich stark für kompetitive Märkte und eine wirkungsvolle Bekämpfung von Monopolen, Kartellen und konzentrierter Wirtschaftsmacht durch den Staat. Ihm wird als Ordnungshüter eine wichtige Rolle zugeschrieben, damit Chancengleichheit und Wirtschaftsfreiheit sich durchsetzen können.

Die Marxistische Politische Ökonomie geht von einer Interdependenz von Wirtschaft, Politik und Gesellschaft aus. Karl Marx (1818-1883) und Friedrich Engels (1820-1895) legten in der Auseinandersetzung mit den Klassikern der Politischen Ökonomie das Fundament für eine Politische Ökonomie des Kapitalismus. Dabei wird im Industriekapitalismus das politische System in Abhän-

---

3 Institutional-, Marxist-, Schumpeterian-, Post-Keynesian-, Sraffian-, Social- und Feminist Political Economy.

4 So schreibt Fritz Söllner in seiner Geschichte des ökonomischen Denkens bezüglich aktueller Entwicklungen: „Nicht in einen Überblick über die Geschichte des ökonomischen Denkens gehören dagegen Ansätze, die sich noch in statu nascendi befinden (wie die Sozioökonomie, die eine stärkere Berücksichtigung ethischer und gesellschaftlicher Aspekte in der Ökonomie fordert) oder die aller Wahrscheinlichkeit nach immer ein Mauerblümchendasein führen werden (wie die „radikale" Ökonomie, die sich im wesentlichen mit Marx-Exegese befasst)." (Söllner 2001: 304)

gigkeit zur Herrschaft und Kontrolle über die Produktionsmittel gesehen. Der Staat dient den Kapitaleigentümern als Instrument zur Unterdrückung und Ausbeutung der werktätigen, lohnabhängigen Arbeiterschaft. Statt Märkte steht der Produktionsprozess im Zentrum der Analyse.

Auch die Institutionelle Politische Ökonomie versteht sich als Alternative zur herrschenden Neoklassischen Ökonomik und konzentriert sich auf die Charakteristika und Folgen von Institutionen. Diese - vor allem in den USA entstandene - Schule geht auf den amerikanischen Soziologen Thorstein Veblen (1857-1929) zurück, der den Schlüssel zum Verständnis von wirtschaftlichem Verhalten nicht nur in ökonomischen Strukturen suchte, sondern auch auf die Analyse von sozialen, politischen und rechtlichen Institutionen ausdehnte:

> „The real determinant of whatever allocation occurs in any society is the organisational structure of that society - in short, its institutions; at most, the market only gives effect to prevailing institutions." (Ayres 1957: 26, zitiert nach Babe 1995: 75)

Darüber hinaus stellt die Institutionelle Politische Ökonomie die Dualität zwischen Akteur und Struktur in den Vordergrund und beschäftigt sich mit ähnlichen Überlegungen wie beispielsweise die Soziologen Anthony Giddens und Pierre Bourdieu.

Allen drei Richtungen gemeinsam ist die Fokussierung auf Macht, Konflikte und den gesellschaftlichen Wandel. Zusätzlich sind die Fähigkeit und die Bereitschaft bei allen unorthodoxen Schulen vorhanden, herrschende Wahrheiten und Glaubenssätze als Mythen zu entlarven und sie als Ideologien zur Aufrechterhaltung des herrschenden Machtsystems zu entmystifizieren. Die Politische Ökonomie analysiert nicht nur die mehr oder weniger sichtbaren gesellschaftlichen Konflikte, sondern beschäftigt sich auch mit der ideologischen Rechtfertigung herrschender sozialer, institutioneller und gesamtgesellschaftlicher Machtverhältnisse.

➲ Die Politische Ökonomie analysiert nicht nur die mehr oder weniger sichtbaren gesellschaftlichen Konflikte, sondern beschäftigt sich auch mit der ideologischen Rechtfertigung herrschender sozialer, institutioneller und gesamtgesellschaftlicher Machtverhältnisse.

Das nachfolgende, sehr vereinfachte Schema versucht, die disziplinäre Entwicklung der Klassischen Politischen Ökonomie zur Radikalen Politischen Ökonomie darzustellen (s. Abbildung 1).

Abbildung 1: Von der Klassischen zur Radikalen Politischen Ökonomie

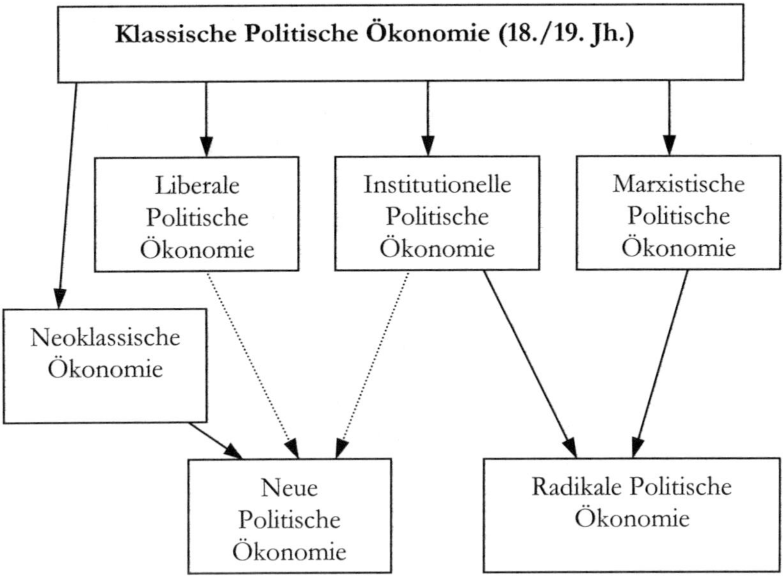

Die Radikale oder Kritische Politische Ökonomie gehört im Rahmen der Wirtschaftswissenschaften zu den unorthodoxen Schulen. Sie betrachtet sich in dem Sinne als kritisch, als sie systematisch dominierende Annahmen und Handlungsmaximen der orthodoxen Wirtschafts- und Sozialwissenschaften theoretisch, methodisch und praktisch in Frage stellt.[5]

3.2 Radikale Politische Ökonomie und die Schattenseiten des Kapitalismus

Aus einer solchen Perspektive heraus ergeben sich idealtypische Unterschiede zwischen der dominierenden Neoklassischen Ökonomie und der Radikalen Politischen Ökonomie.[6] Das nachfolgende Schaubild (s. Abbildung 2) soll

5 Das Wort „kritisch" markiert nicht notwendigerweise die Nähe zur Kritischen Theorie, sondern will lediglich zum Ausdruck bringen, dass Theorie und Praxis - wenn nicht als Ganzes, so mindestens in Einzelheiten - als reformbedürftig und veränderbar betrachtet werden.

6 Die neoklassische Ökonomik postuliert ein Verhaltsmodell, das in der Soziologie unter dem Begriff „Rational Choice" und in der Politikwissenschaft mit dem Begriff „Public Choice/Neue Politische Ökonomie" prominent vertreten wird.

verdeutlichen, dass sich die jeweiligen Schlüsselkonzepte sehr stark voneinander unterscheiden. Unterschiedliche Denktraditionen ziehen in der Regel unterschiedliche Fragestellungen und Analysemethoden nach sich. Die Radikale Politische Ökonomie lehnt die ehernen Marktgesetze des Wirtschaftsliberalismus ab und beschäftigt sich mit Machtbeziehungen und Machtkonflikten, die Wandel, Umbrüche sowie Krisen in Wirtschaft, Politik und Gesellschaft zur Folge haben. Da die Politische Ökonomie vor allem die gegenseitigen Abhängigkeiten zwischen Wirtschaft und Politik erfasst, betrachtet sie die Trennung von Wirtschaft und Politik als künstlich und akademisch. Die Schlüsselkonzepte der Radikalen Politischen Ökonomie konzentrieren sich auf historisch fassbare Phänomene auf der Meso- und Makroebene. Sie entwickelt nicht nur Theorien zu Institutionen, sondern nimmt für sich auch in Anspruch, eine Gesellschaftstheorie zu sein.

Doch nicht nur die Schlüsselkonzepte, die hier lediglich exemplarisch und keineswegs umfassend dargestellt werden können, sondern auch die den jeweiligen Schlüsselkonzepten zugrunde liegenden Annahmen unterscheiden sich deutlich voneinander. Provokativ formuliert: Die Neoklassische Ökonomie beschäftigt sich eher mit den Sonnenseiten der Marktwirtschaft, während die Radikale Politische Ökonomie sich den Widersprüchen und Schattenseiten des Kapitalismus widmet. Die Radikale Politische Ökonomie problematisiert und delegitimiert die jeweils vorherrschenden Stadien des Kapitalismus, während die neoklassische Wirtschaftswissenschaft den Kapitalismus als stabil und krisenresistent betrachtet.

Während die neoklassische Wirtschaftswissenschaft die herrschenden marktwirtschaftlichen Verhältnisse alternativlos als die bestmögliche wirtschaftliche Institutionalisierungsform ausgibt, stellt die Radikale Politische Ökonomie viele Grundannahmen und Phänomene der Marktwirtschaft und des Kapitalismus theoretisch in Frage und entwickelt alternative Sichtweisen und wirtschaftspolitische Handlungsmöglichkeiten für gesellschaftliche Akteure:

> „All economists working in the political economy tradition have recognized that the economy is a system of power und control, far from the world of perfect competition and harmony of interest. At the very least, the unrealism of the perfect competition assumption is recognized, as is the reality of large corporations and other institutions and groups with significant economic power.“ (O'Hara 1999: 872)

Abbildung 2: Idealtypische Unterschiede der Referenzen und Schlüsselkonzepte

	Wirtschaftsliberalismus bzw. Neoklassische Ökonomie	Radikale Politische Ökonomie
Grundlegende Referenz	Privateigentum auf freien, selbstregulierten Märkten, das durch Eigeninteresse und Gewinnmaximierung zu individueller und gesellschaftlicher Wohlfahrt führt	Macht- und Herrschafts-Beziehungen in Gesellschaft, Wirtschaft, Politik und Staat; gesellschaftliche und wirtschaftliche Konflikte sowie wirtschaftlicher und gesellschaftlicher Wandel
Schlüsselbegriffe	Produzentensouveränität	Produktionsverhältnisse
	Konsumentensouveränität	Kapitalismus
	Eigeninteresse	Imperialismus
	Nutzen	Hegemonie
	Rationalität	Macht
	Effizienz	Monopol
	Angebot	Kommerzialisierung
	Nachfrage	Deregulierung
	Preis	Privatisierung
	Marktgleichgewicht	Konzentration
	Unternehmen	Globalisierung
	Fortschritt	Institution
	Wachstum	Ungleichheit
	Staatsversagen	Gerechtigkeit

Während die neoklassische Wirtschaftswissenschaft das historische und soziopolitische Umfeld in eher reduktionistischer Weise vernachlässigt und sich vor allem Prozessen auf der Mikroebene zuwendet, versucht die Radikale Politische Ökonomie die soziale Ordnung, die gesamtgesellschaftlichen Strukturmerkmale in die Analyse zu integrieren. Für die Radikalen Politischen Ökonomen wird die kapitalistische Wirtschaft dabei ständig durch ein komplettes Set von Macht- und Abhängigkeitsbeziehungen angetrieben und reproduziert.[7] Solche Machtbeziehungen und strukturellen Spannungen innerhalb und zwischen mächtigen gesellschaftlichen Institutionen schaffen Unsicherheit, Chaos, Wandel und Krisen. Ständig lösen diese Folgen neue Widersprüche und neue Kon-

7 Die männliche Form ist insofern berechtigt, als auch hier weibliche Wissenschaftler noch sehr selten in Erscheinung treten, und die wenigen arbeiten vor allem im Rahmen der Feministischen Politischen Ökonomie.

flikte aus. Es gibt keine strukturelle Interessensharmonie zwischen den zentralen gesellschaftlichen Akteuren, sondern grundsätzliche Macht- und Verteilkonflikte - prototypisch zwischen Produzenten und Konsumenten, zwischen Arbeitgebern und Arbeitnehmern, zwischen einkommensschwachen und einkommensstarken Gruppen oder zwischen mächtigen Konzernen und kleinen Betrieben oder zwischen lohnabhängigen Männern und Frauen.

Mit der Ausbreitung und Vorherrschaft des Kapitalismus ist die Wirtschaft zum dominierenden Kraftfeld der Gesellschaft geworden. Wettbewerb und Märkte werden von großen Unternehmen gesteuert und dominiert. Staatliches Handeln wird als wirkungsvoller betrachtet als der sich selbst regulierende Markt, der (zu) oft versagt. Individuen sind eingegliedert in sozialen Netzwerken, gesellschaftlichen Klassen sowie außerökonomischen Institutionen, denen sie sich nicht entziehen können. Menschliche Handlungen und Entscheidungen sind kontextuell, organisationell und institutionell eingebettet.

3.3 Grundlagen und Merkmale der Radikalen Politischen Ökonomie

Im vorliegenden Zusammenhang sollen einige Grundannahmen unorthodoxer Politischer Ökonomie aufgeführt werden. Allerdings ist zu beachten, dass die Politische Ökonomie eine eher vielfältige Denk- und Forschungsperspektive verkörpert, deren Erkenntnisziele und Methoden sich sowohl auf der Ebene des theoretischen Diskurses als auch im Forschungsalltag stark unterscheiden können (vgl. Mosco 1996). Die unorthodoxe, undogmatische, unabhängige Radikale oder Kritische Politische Ökonomie legt jedenfalls Wert darauf, eigenständige Sichtweisen ohne Rücksicht auf bestimmte Schulen und dominante Denktraditionen zu fördern. Dieser wenig komfortablen Ausgangslage zum Trotz wird nachfolgend versucht, eine Reihe integrierender Charakteristika aufzuzeigen.

Die Radikale Politische Ökonomie repräsentiert nicht nur einen eigenständigen Korpus vielfältiger Theorien zu Institutionen, sondern erfasst auch die Totalität sozialökonomischer Zusammenhänge (vgl. Zinn 1987: 26). Was die gesellschaftliche Totalität betrifft, so müssen die Beziehungen zwischen Waren, Kapital, Unternehmensstrukturen, Arbeit und dem Staat als gesellschaftliche (Macht- und) Herrschaftsbeziehungen erfasst und verstanden werden. Historisch gewachsene Gesellschaftsstrukturen mit ihren Produktionsbedingungen und ihren Steuerungsmechanismen stehen im Zentrum der Analyse. Dabei werden Wirtschaft und Politik als Arenen betrachtet, wo permanent Konflikte und Verteilkämpfe ausgetragen werden und wo starke Institutionen und Organisationen versuchen, mittels hegemonistischer Strategien schwächere Gruppierungen in ihren Handlungen einzuschränken und sie gleichzeitig auszubeuten.

> ➲ Historisch gewachsene Gesellschaftsstrukturen mit ihren Produktionsbedingungen und ihren Steuerungsmechanismen stehen im Zentrum der Analyse der Radikalen Politischen Ökonomie. Dabei werden Wirtschaft und Politik als Arenen betrachtet, wo permanent Konflikte und Verteilkämpfe ausgetragen werden und wo starke Institutionen und Organisationen versuchen, mittels hegemonistischer Strategien schwächere Gruppierungen in ihren Handlungen einzuschränken und sie gleichzeitig auszubeuten.

Die Radikale Politische Ökonomie betrachtet auch Wirtschaftsunternehmen aus einer gesamtheitlichen Perspektive. Organisationen und Institutionen werden als eine historisch spezifische Form der Strukturierung der gesellschaftlichen Produktionen und Reproduktionen begriffen und stellen eine spezifische Form von Herrschaft im aktuellen, kontextspezifischen Kapitalismus dar (vgl. Bruch 1997: 185).

3.4 Von der normativen, kritischen Analyse zur politischen Praxis

Die Radikale Politische Ökonomie strebt eine dynamische Sichtweise an, die sich immer wieder neu auf den gesellschaftlichen Wandel und die gesellschaftlichen Umbrüche und Krisen einzustellen hat, ohne allerdings den historischen Bezug aus den Augen zu verlieren. Die zentralen Erkenntnisse werden dadurch ständig relativiert und revidiert. Die Thematisierung der Ordnung von Wirtschaft, Politik und Gesellschaft durch die Radikale Politische Ökonomie erfolgt - in Anlehnung an die Klassische Politische Ökonomie - immer auch mit moral- und sozialphilosophischen Bezügen. Bestimmte moralische und ethische Gesichtspunkte wie Gerechtigkeit, Chancengleichheit und Selbstbestimmung fließen in die Betrachtung ein. Gesellschaftsunverträgliche Folgen ungebremster Akkumulation von Kapital und Produktionsmitteln sind allerdings nicht nur wissenschaftlich zu erfassen und zu kritisieren, sondern auch politisch zu bekämpfen. Die Radikale Politische Ökonomie ist dementsprechend praxisorientiert sowohl bei der Problemformulierung als auch bei der Problemlösung. Da nicht nur die gesellschaftliche Totalität, sondern auch die gesellschaftliche Praxis fokussiert werden muss, wird die Unterscheidung zwischen Forschung und sozialer Intervention bis zu einem gewissen Grad hinfällig:

> „Political Economy starts from the view that research is a form of both labor and social intervention. (...) The goal is therefore more than a simple reflection

> of social reality but a self-reflexive process of questioning and acting on the object of analysis.“ (Meehan et al. 1993: 109)

Forschung und Praxis sollen kritisch im Hinblick auf eine gestaltbare Zukunft analysiert werden. Dabei sind die Skizzierung gesellschaftlicher Alternativen und konkrete Überwindungsmöglichkeiten ungerechter Herrschaftsverhältnisse aufzuzeigen. Die Politische Ökonomie darf sich keineswegs auf eine sich kritisch gebende Analyse gesellschaftlicher Strukturen beschränken, sondern muss sich auch für deren Überwindung stark machen. Diese hohen Ansprüche zwingen die Radikale Politische Ökonomie allerdings dazu, ihre Annahmen, Normen und Fragestellungen ständig zu reflektieren und zu begründen, denn diese stehen nicht außerhalb ihres Forschungsgegenstandes.

3.5 Kritik als methodisches Prinzip

Die Radikale Politische Ökonomie deckt spezifische Sachverhalte auf und kritisiert bestimmte Macht- und Herrschaftsstrukturen aus einer Vielzahl theoretischer Perspektiven. Die Kritik ermöglicht die Selbstreflexion, die als notwendig und sachgerecht betrachtet wird, um das Erkenntnisobjekt angemessen analysieren zu können (vgl. Zinn 1987: 27). Die Kritik als methodisches Prinzip erfasst nicht nur die eigenen Aussagen, sondern erfüllt noch weitere Aufgaben. Neben der grundsätzlichen Ideologiekritik an vorherrschenden positiven Wissenschaftsauffassungen und an der herrschenden Lehre hat die Kritik auch die realen Vergesellschaftungsprozesse zu fokussieren und Kapitalismus- und Gesellschaftskritik zu leisten. Zusätzlich eröffnet Kritik als induktive Forschungsmethode den Vorteil, eigenständige Wissensbestände anzulegen und Bausteine zur Überwindung historisch überlebter theoretischer und politischer Annahmen und Sichtweisen zu entwickeln. Kritik wird grundsätzlich als geeignete Methode betrachtet, um soziale Probleme aufzugreifen, zentrale Konflikte ganzheitlich zu thematisieren, empirische Evidenzen zu generieren, Fakten auszuwählen, Theorien zu entwickeln und Alternativen zur gesellschaftlichen Praxis vorzuschlagen und umsetzen zu helfen.

➲ Kritik wird grundsätzlich als geeignete Methode betrachtet, um soziale Probleme aufzugreifen, zentrale Konflikte ganzheitlich zu thematisieren, empirische Evidenzen zu generieren, Fakten auszuwählen, Theorien zu entwickeln und Alternativen zur gesellschaftlichen Praxis vorzuschlagen und umsetzen zu helfen.

Dennoch muss auch die Methode als historisch, kontextuell, offen, unfertig und dynamisch begriffen und grundsätzlich als kritisier- und überwindbar betrachtet werden. Weder die Theorien noch die Methoden der Radikalen Politischen Ökonomie beanspruchen universelle Gültigkeit, noch wird diesen ein ontologischer Status zugeschrieben. Die kritische, dialektische Methode

> „is nothing more or less than the scientific method in sociology, which consists in regarding society as a living organism in a constant state of development (...)". „A method is most useful if it directs us to choose the most important problems, to select the facts that are most relevant to solving those problems, and helps provide a framework for interpreting the facts so as to solve the problems, formulate new theories, and lead to a better social practice." (Sherman 1987: 9, 14)

Aus den bisherigen Ausführungen lassen sich einige verallgemeinerungsfähige Analyse- und forschungsleitende Fragen formulieren:

- Welches sind die konfligierenden Akteure (Institutionen, Organisationen) in einem bestimmten politökonomischen Prozess? In welchem Abhängigkeitsverhältnis stehen sie zueinander? Welche Machtmittel stehen zur Verfügung und werden auch zur Konfliktbewältigung eingesetzt? Welche Konfliktformen dominieren und in welche Richtung bewegen sie sich? Wer kontrolliert wen oder was? Welche Folgen der wirtschaftlichen und gesellschaftlichen Interessenkonflikte manifestieren sich für wen? Wer kann welche Ziele durchsetzen? Wer gewinnt an Einfluss, Macht und Herrschaft und wer verliert und warum?
- Wie kommt soziale Kontrolle und sozialer Wandel zustande? Welches sind die Ursachen? Warum tun soziale Akteure in der Regel das, was die Gesellschaft von ihnen verlangt und handeln so, dass die herrschenden Kräfte ohne direkte Gewaltmittel auskommen? Welches sind die entscheidenden Kräfte, die handelnde und betroffene Akteure zu kontrollieren bzw. zu bewegen vermögen? Wie manifestiert sich der Wandel in Arbeits- und Produktionsprozessen, in Institutionen, Organisationen und bei den Produktivkräften? Welches sind die bestimmenden historischen Bedingungen, unter welchen sich der gesellschaftliche Wandel vollzieht? Welche neuen Konflikte und Spannungen entstehen aus dem gesellschaftlichen Wandel und welche Folgen haben die handelnden und betroffenen Akteure zu tragen bzw. zu bekämpfen?

4 Die Politische Ökonomie öffentlicher Kommunikation als Lehr- und Forschungsfeld

Überblickt man die Literatur im Rahmen der Politischen Ökonomie der Kommunikation, der Medien und Kultur, so dominieren die angloamerikanischen Vertreterinnen und Vertreter das Forschungsfeld. Sie betreiben eher radikale Ansätze, die aus einer sozialphilosophischen, soziologischen oder wirtschaftswissenschaftlichen disziplinären Tradition entwickelt worden sind. Nimmt man diejenigen Autoren zum Maßstab, die im zweibändigen Handbuch „The Political Economy of the Media" aus dem Jahre 1997 aufgeführt werden und/oder die, welche in den vergangenen Jahren in den einschlägigen englischsprachigen kommunikationswissenschaftlichen Zeitschriften mehr oder weniger regelmäßig publizistisch in Erscheinung getreten sind,[8] dann reduziert sich die Liste auf knapp vierzig Namen, die nachfolgend in alphabetischer Reihenfolge aufgeführt werden: Robert E. Babe, Ben Bagdikian, Oliver Boyd-Barrett, David Croteau, James Curran, Harold Evans, Majorie Ferguson, Oscar H. Gandy Jr., Nicholas Garnham, Peter Golding, Douglas Gomery, Leslie T. Good, Thomas Guback, Jürgen Habermas, Cees Hamelink, Edward S. Herman, Robert Britt Horwitz, William Hoynes, Douglas Kellner, Robin Mansell, Armand Mattelart, Robert W. McChesney, Eileen Meehan, William H. Melody, Vincent Mosco, Milton Mueller, Graham Murdock, Manjunath Pendakur, Rohan Samarajiva, Dan Schiller, Herbert I. Schiller, Michael Schudson, Peter Shields, Dallas W. Smythe, Gerald Sussman, Jeremy Tunstall, Joseph Turow, Janet Wasko, Frank Webster.

Im Unterschied zu den Vertretern der Radikalen Politischen Ökonomie, die in der Regel ein wirtschaftswissenschaftliches Studium absolviert haben, verfügt die Mehrheit der politökonomisch argumentierenden Kommunikationswissenschaftler über einen soziologischen bzw. sozialwissenschaftlichen Hintergrund mit Wurzeln in der Kritischen Theorie und im Marxismus. Dies führt zu einem interdisziplinär und sozialwissenschaftlich geprägten Lehr- und Forschungsfeld und zu einer Fülle amalgamierter Perspektiven. Dennoch stehen auch hier - in Übereinstimmung mit der Radikalen Politischen Ökonomie - die machthaltigen Wechselbeziehungen zwischen Politik, Wirtschaft, Kultur und Medien im Zentrum. Der Politischen Ökonomie der Kommunikation kommt die Aufgabe zu, öffentliche Kommunikationsprozesse als spezifisch gesellschaftlich zu analysieren. Sie hat herauszuarbeiten, auf welche Weise kapitalisti-

8 Regelmäßig finden sich Beiträge in: Journal of Communication, Media, Culture & Society, Critical Studies in Mass Communication, Journal of Media Economics, Gazette und Journal of Communication Inquiry.

sche/marktwirtschaftliche Produktionsverhältnisse die über Massenmedien vollzogene gesellschaftliche Kommunikation beeinflussen.

> ➲ Der Politischen Ökonomie der Kommunikation kommt die Aufgabe zu, öffentliche Kommunikationsprozesse als spezifisch gesellschaftlich zu analysieren. Sie hat herauszuarbeiten, auf welche Weise kapitalistische/marktwirtschaftliche Produktionsverhältnisse die über Massenmedien vollzogene gesellschaftliche Kommunikation beeinflussen.

Fokussiert werden dabei die wirtschaftlichen Strukturen der Produktions- und Eigentumsverhältnisse in der Medien- und Telekommunikationsindustrie und deren Implikationen für Politik und Kultur. So versucht die Politische Ökonomie der öffentlichen Kommunikation Abhängigkeitsbeziehungen zwischen Eigentumsverhältnissen, Unternehmensstrukturen, Finanzkapital und Marktstrukturen herzustellen und deren Auswirkungen auf politik-, kultur-, wirtschafts- und technologiebezogene Kommunikationsstrukturen und -prozesse zu bestimmen.

4.1 *Die Politische Ökonomie öffentlicher Kommunikation als System- und Medienkritik*

Die Politische Ökonomie der öffentlichen Kommunikation geht davon aus, dass die kapitalistische Institutionalisierung und damit auch die marktwirtschaftliche Logik zentral für die Art und Weise der Medienproduktion, -distribution und -konsumtion sind.

> ➲ Die Politische Ökonomie der öffentlichen Kommunikation geht davon aus, dass die kapitalistische Institutionalisierung und damit auch die marktwirtschaftliche Logik zentral für die Art und Weise der Medienproduktion, -distribution und -konsumtion sind.

Sie postuliert, dass in erster Linie die wirtschaftlichen Strukturen das Verhalten aller zentralen Akteure steuern, dass die Medienindustrie als Gesamtes und Medienunternehmen im Einzelnen ganz bestimmte Leistungen hervorbringen, die ganz bestimmte Folgen für die Gesamtgesellschaft nach sich ziehen. Die Politische Ökonomie der Kommunikation fokussiert die weltweit aktiven Medien-, Unterhaltungs- und Kommunikationskonzerne, die nicht nur maßgeblich die Medienbranche selbst, sondern die kapitalistische Netzwerkgesellschaft insgesamt strukturieren und modellieren. Besonders die zunehmende Kommerzialisierung der Medienproduktion im Allgemeinen und der für die demokratischen Prozesse zentralen politischen Kommunikation im Besonderen werden grundlegend problematisiert. Dabei steht auch die stark unter ökonomischen Prämissen sich vollziehende Ordnungs- und Medienpolitik im Blickfeld. Die dadurch hervorgerufene politökonomisch fundierte Medien- und Kapitalismuskritik gipfelt im Vorwurf, dass öffentliche Kommunikation den privaten Kapitalinteressen geopfert werde: Die publizistisch-politische Medienvielfalt nimmt ab und die aufklärerischen Bedürfnisse der Bevölkerung werden der Nachfrage der werbetreibenden Wirtschaft und den Kapitalinteressen multinationaler Konzerne untergeordnet.

4.2 *Strukturelle Betrachtungsweise: Produktion und Distribution*

Während die traditionelle Publizistik- und Kommunikationswissenschaft sich auf Medieninhalte und die Rezeption konzentriert, indem sie Texte interpretiert und das Verhalten der Publika analysiert, wendet sich die Politische Ökonomie öffentlicher Kommunikation vor allem der Produktion und Distribution zu. Dadurch geraten grundsätzliche Spannungen und Konflikte zwischen institutionellen Erfordernissen von Kapitalismus und Demokratie sowie zwischen privaten Gütern und öffentlichen Ressourcen ins Blickfeld. Dabei existiert ein ständiger Kampf zur Durchsetzung partikulärer Interessen einzelner Institutionen und Organisationen, die in machtabhängigen Beziehungen miteinander verbunden sind.

Die Politische Ökonomie der Kommunikation zeigt auf, wie die Medienproduktion in kapitalistischen Gesellschaften unter ganz bestimmten Produktionsverhältnissen erfolgt und die Distribution von der Kapitallogik und vom Vermarktungszwang geprägt wird.

➲ Die Politische Ökonomie der Kommunikation zeigt auf, wie die Medienproduktion in kapitalistischen Gesellschaften unter ganz bestimmten Produktionsverhältnissen erfolgt und die Distribution von der Kapitallogik und vom Vermarktungszwang geprägt wird.

Profitmotive, hierarchische Kontrolle durch Eigentum und Managementbefugnisse sowie institutionelle Herrschaftsbeziehungen schaffen bestimmte Produktions- und Distributionsverhältnisse, die sich in der öffentlichen Kommunikation abbilden.

Die Politische Ökonomie der öffentlichen Kommunikation, die Ansätze und Wissensbestände aus der Soziologie und der Klassischen Politischen Ökonomie verwendet, hat in den letzten Jahren stark an Bedeutung gewonnen. Grund dafür sind viele Trends in der immer stärker global vernetzten Kommunikations- und Medienwirtschaft wie Ökonomisierung, Privatisierung, Deregulierung, Konzentration und Konglomerisierung, die eine strukturelle und institutionelle Betrachtungsweise erfordern. Das Wachstum der Medienindustrie und die zunehmende Konvergenz der Medienbranche mit anderen Wirtschaftssektoren bleiben für die Gesellschaft nicht folgenlos. Daher muss es der Politischen Ökonomie gelingen, die vielfältigen Zusammenhänge zwischen gesellschaftlichem Wandel, unternehmerischen Zusammenschlüssen, den Produktionsverhältnissen und deren Implikationen für die öffentliche, gesellschaftliche Kommunikation zu erfassen und die Auswirkungen politischer Steuerung und Regulierung aufzuzeigen.

4.3 Forschungsmethoden der Politischen Ökonomie öffentlicher Kommunikation

Die Epistemologie der Politischen Ökonomie akzeptiert keine Aufteilung zwischen normativer und positiver Wissenschaft und betrachtet Lehre und Forschung per se als interessengebunden. Vertreter und Vertreterinnen der Politischen Ökonomie integrieren die gesellschaftliche Wertedebatte in die Lehre und Forschung, indem sie versuchen, soziale Konflikte wissenschaftsfähig zu machen und diese nach bestimmten Denktraditionen und Methoden zu thematisieren und zu bearbeiten.

Allerdings ist offensichtlich, dass die analytisch-empirische Forschung mit fast unlösbaren methodischen Problemen konfrontiert wird, sobald sie sich schwergewichtig mit Untersuchungen über Macht und Kontrolle knapper Kommunikationsressourcen beschäftigt. In der Regel haben Wissenschaftler keinen Zugang zu den Schalthebeln der Macht. Sie werden nicht eingeladen, wenn wichtige Entscheidungen gefällt werden, die zur Akkumulation, zur Verwaltung oder zur freiwilligen oder unfreiwilligen Abgabe von Macht führen. Nicht jede Ausübung von Macht und deren Folgen ist transparent und öffentlich. Die erschwerte Analysefähigkeit der Verteilung und Ausübung gesellschaftlicher Macht scheitert im Forschungsalltag nicht nur am fehlenden Willen der Wissenschaftler, Unannehmlichkeiten und berufliche Rückschläge in Kauf zu nehmen, sondern auch an der Privatisierung von Eigentum und Macht. Diese zwingt die Forscher und Forscherinnen, in Ermangelung einer unternehmerischen Pflicht zur Verantwortlichkeit und Legitimation von Macht gegenüber der betroffenen Gesellschaft, auf bestimmte Einsichten und empirische Evidenzen zu verzichten.

4.4 *Aufgaben der Politischen Ökonomie öffentlicher Kommunikation*

Im Unterschied zu traditionellen medienökonomischen Ansätzen steht bei Golding und Murdock (1991: 22) das Zusammenspiel von symbolischen und wirtschaftlichen Dimensionen der öffentlichen Kommunikation im Zentrum. Dabei werden drei Analysefelder unterschieden:

> „The first is concerned with the production of cultural goods, to which political economy attaches particular importance in its presumption of the limiting (but not completely determining) impact of cultural production on the range of cultural consumption. Secondly, we examine the political economy of texts to illustrate ways in which the representations present in media products are related to the material realities of their production and consumption. Finally, we assess the political economy of cultural consumption, to illustrate the relation between material and cultural inequality which political economy is distinctively concerned to address.“ (Golding/Murdock 1991: 22)

Für McChesney (2000) hingegen hat die Politische Ökonomie der Kommunikation grundsätzlich lediglich zwei Aufgaben zu erfüllen. Erstens hat sie zu analysieren, wie das Mediensystem mit seinem ständigen Informationsfluss die bestehenden Gesellschaftsstrukturen zu beeinflussen vermag. Zweitens hat sie sich den herrschenden Eigentumsstrukturen, den vielfältigen Unternehmensstrategien und den unterschiedlichen Finanzierungsinstrumenten wie Werbung, Sponsoring, Pay-per-view, Konzessionsgebühren etc. in der Medienindustrie anzunehmen sowie deren Folgen für Öffentlichkeit und Demokratie aufzuzeigen. Neben dem kommerziellen Handeln der Medieneigentümer und des Medienmanagements gilt es, auch das professionelle Handeln der Medien sowie das staatliche Handeln in Form von Steuerung und Regulierung zu analysieren, um deren Einfluss auf die Produktionsbedingungen der Medien zu erfassen. Im Mittelpunkt stehen die marktwirtschaftlich-kapitalistischen Bedingungen, die ihrer strukturierenden Kräfte wegen als mächtig zu betrachten sind.

Im Unterschied zur traditionellen Medienökonomie, die eine Mikroanalyse „rein“ wirtschaftlicher Vorgänge bei Unternehmen und auf Märkten liefert, erfasst die Politische Ökonomie der öffentlichen Kommunikation die wirtschaftlichen und politischen Strukturmerkmale von Medien und deren Beziehungen untereinander aus einer Makroperspektive.

> Im Unterschied zur traditionellen Medienökonomie, die eine Mikroanalyse „rein“ wirtschaftlicher Vorgänge bei Unternehmen und auf Märkten liefert, erfasst die Politische Ökonomie der öffentlichen Kommunikation die wirtschaftlichen und politischen Strukturmerkmale von Medien und deren Beziehungen untereinander aus einer Makroperspektive.

Kapitalismus auf der einen und Demokratie auf der anderen Seite sind die wichtigsten Bezugspunkte für die Politische Ökonomie öffentlicher Kommunikation. Im Rahmen einer ständig aktualisierten „Kapitalismusdebatte“ kommt der Politischen Ökonomie der öffentlichen Kommunikation die Aufgabe zu, a) die Instrumentalisierung der Medien durch Wirtschaft und Politik, b) die Medialisierung von Politik und Wirtschaft und c) die Kommerzialisierung von Medien und Politik zu erfassen.

> Im Rahmen einer ständig aktualisierten „Kapitalismusdebatte“ kommt der Politischen Ökonomie der öffentlichen Kommunikation die Aufgabe zu, a) die Instrumentalisierung der Medien durch Wirtschaft und Politik, b) die Medialisierung von Politik und Wirtschaft und c) die Kommerzialisierung von Medien und Politik zu erfassen.

Dabei sind nicht bloß die Ursachen dieser dynamischen Prozesse zwischen diesen mächtigen gesellschaftlichen Institutionen zu identifizieren, sondern auch deren Erscheinungsformen zu analysieren sowie deren Implikationen für Journalismus, Öffentlichkeit und Demokratie reaktiv und prospektiv aufzuzeigen. Eine so konzipierte Politische Ökonomie öffentlicher Kommunikation ist im Rahmen der Kommunikationswissenschaft nach allen Seiten anschlussfähig und in der Lage, den institutionellen, makro-soziologischen Strukturwandel von Medien und Gesellschaft zu erfassen.

4.5 Der Ursprung der Politischen Ökonomie öffentlicher Kommunikation

Im Lehr- und Forschungsfeld der Publizistik- und Kommunikationswissenschaft haben sich immer nur wenige Ökonomen, dafür eine Vielzahl von Psychologen und eine Reihe von Soziologen und Politikwissenschaftlern aufgehalten. Die wirtschaftliche Perspektive ist in der Publizistikwissenschaft eher unterbelichtet.[9] Aber auch für die Wirtschaftswissenschaft waren die Medien und Medienmärkte für die Anwendung konventioneller ökonomischer Theorien eher ungeeignet, da die starke Stellung von Regierungen und Regulierungsbehörden bei Radio und Fernsehen zu einer vergleichsweise atypischen Institutionalisierung der elektronischen Medien führte. Es dauerte bis Anfang der 60er Jahre, bis der kanadische Kommunikationswissenschaftler Dallas Smythe, ein ehemaliger Chefökonom bei der amerikanischen Regulierungsbehörde Federal Communications Commission (FCC), für eine „Politische Ökonomie der Kommunikation" plädierte. Dabei konzentrierte er sich auf die Analyse derjenigen staatlichen Institutionen, die für Kommunikations- und Medienpolitik zuständig sind, nämlich die staatlichen Regulierungsbehörden, die er für die Zuweisung und Aushandlung von politischer und wirtschaftlicher Macht innerhalb jeder Gesellschaft von zentraler Bedeutung hielt.

> „The central purpose of the study of the political economy of communications is to evaluate the effects of communications agencies in terms of the policies by which they are organized and operated." (Smythe 1960: 563)

Smythe ging der Frage nach, in welchem Interesse eine Regulierungsbehörde geschaffen und zur Ausübung bestimmter Tätigkeiten gebracht wird, um mittels knapper Ressourcen zwar bestimmte Bedürfnisse zu berücksichtigen, andere aber zu vernachlässigen.

Während die traditionelle Publizistikwissenschaft wie auch die Wirtschaftswissenschaft die staatlichen Eingriffe als größte Bedrohung der Meinungsfreiheit betrachten, sehen die politökonomisch ausgerichteten Kommunikationswissenschaftler in den privatwirtschaftlich geführten Verlags- und Rundfunkhäusern das größere gesellschaftliche Risiko. So bestünde die Möglichkeit, dass Medienkonzerne im Namen von Effizienz und Profit „den Marktplatz der Ideen" in Beschlag nehmen und dabei die Idee der Presse- und Meinungsfreiheit derjenigen des Marketings und des Verkaufs unterordnen. Der kanadische Wirtschafts- und Kommunikationswissenschaftler William H. Melody, der ebenfalls bei der amerikanischen Regulierungsbehörde FCC als Senior Economist gearbeitet hat, geht von traditionellen, in der Publizistikwissenschaft weit verbreiteten Kommunikationsprozessen aus und stellt in Analogie zur bekannten Formel von Harald Lasswell die folgende „Machtfrage": „Who has freedom to speak to whom about what (...) by what media?" (Melody 1974: 218).

9 Pürer vermerkt in seiner aktuellen Einführung in die Publizistikwissenschaft gar keine wirtschaftliche Perspektive (vgl. Pürer 1998: 29). Im Unterschied dazu misst die angloamerikanische Kommunikationswissenschaft der wirtschaftlichen Seite des Medienbetriebes eine größere Bedeutung zu.

Auch für Melody sind die wirtschaftlichen Bedingungen der Massenmedien und deren primär wirtschaftlich definierte Institutionalisierungsprozesse die maßgeblichen Determinanten für Qualität und Quantität des Informationsflusses:

> „The mass media have become a standardized production and marketing process in which the messages communicated are constrained and directed in both quantity and quality to meet the economic imperatives of that process." (Melody 1974: 219)

Dadurch, dass die Regulierungsbehörden in kapitalistischen Staaten in der Regel eine „Laissez-faire-Politik" gegenüber den kommerziellen, profitorientierten Medien einnehmen, bleibt der staatliche Einfluss, über die Wettbewerbspolitik das Primat der Wirtschaft zu brechen, beschränkt. Einmal abgesehen von der noch zu klärenden Frage, ob die jeweils zuständigen Behörden tatsächlich ernsthafte Versuche unternehmen, die Wettbewerbsverhältnisse zu verbessern, indem beispielsweise bestimmte Zusammenschlüsse in der Medienbranche gar nicht gestattet werden, ist das Ergebnis ernüchternd. Bereits 1972 gab es in lediglich vier Prozent aller amerikanischen Städte mehr als eine Tageszeitung. Auch bei einem Duopol bestehen immer noch gute Chancen, dass beide Titel zum gleichen Konzern gehören. Die wirtschaftliche Vormachtstellung erhöht das Risiko beträchtlich, dass die kommerziellen und politischen Ziele des Unternehmens die institutionellen Aufgaben der Medien unterwandern und überfremden: „Freedom of speech may become freedom to read, view and listen to the media products of the national and multinational conglomerates." (Melody 1974: 223)

Ausgehend vom Primat der Wirtschaft mit den damit verbundenen Macht- und Demokratieproblemen, formulierten Murdock/Golding (1974: 206f.) ihre Bausteine zu einer Politischen Ökonomie öffentlicher Kommunikation:

> „The obvious starting point for a political economy is the recognition that mass media are first and foremost industrial and commercial organisations which produce and distribute commodities. (…) In addition to producing and distributing commodities, however, the mass media also disseminate ideas about economic and political structures. It is this second and ideological dimension of mass media production which gives it its importance and centrality and which requires an approach in terms not only of economics but also of politics."

Ins Blickfeld zu rücken sind die industriellen und kommerziellen Produktionsverhältnisse, der Warencharakter von Medienprodukten, deren Distribution und Vermarktung sowie die damit verbundene ideologische Ausrichtung der Publizistik im weitesten Sinne.

Was sind die Implikationen dieser strukturellen Prozesse? Für Murdock/Golding geht es weder darum, diese Strukturen als gesellschaftsunverträglich zu brandmarken, noch mittels akribisch gesammelter Fälle von unterdrückten und manipulierten Informationen die Medienschaffenden zu diskreditieren. Sie wollen lediglich die jeweiligen widersprüchlichen Bedingungen, die Zwänge für Produktion, Vermittlung und Verbreitung von Information und Unterhaltung systematisch herausarbeiten. Die Ansprüche, Anforderungen und Interessen an Medien sind per se konfliktiv. Während für die Eigentümer, Investoren und Manager die Medien- und Freizeitindustrie sich kaum von anderen Branchen unterscheidet, nimmt die Medienbranche mindestens solche gesellschaftlichen Privilegien in Anspruch, die sich für das Geschäft als hilfreich erweisen. Zudem bieten Medienprodukte für die beteiligten „Handwerker und Künstler“ auch Möglichkeiten, sich kreativ zu betätigen, kulturelle Identität zu stiften und die Chance, über Publizistik das öffentliche Interesse zu artikulieren. Im Idealfall versetzen die Medienschaffenden die aufgeklärte Bevölkerung in die Lage, ihr Schicksal in die eigenen Hände zu nehmen.

Die Produktionsverhältnisse lassen eine bestimmte Bandbreite an Informationen, Interpretationen, Ideen, Konzepten, Fakten und Argumenten zu, mit denen die Bürger und Bürgerinnen ihrem Lebensalltag einen Sinn zu geben vermögen. Doch diese scheinbar zufällige Ansammlung von Informationen und Geschichten aller Art sind interessengeleitet: Medien produzieren und verteilen entsprechend ihrer gesellschaftlichen Einbettung Ideologien, in erster Linie zur faktischen Sicherung und ideologischen Rechtfertigung vielfältiger wirtschaftlicher und gesellschaftlicher Machtverhältnisse.

> „The complexity of power relations in capitalist society demands an analysis of the means by which these relations are legitimated. Mass communications are central to legitimation, and, we contend, can only be understood in the light of historical process and economic necessity.“ (Murdock/Golding 1974: 232)

Auch auf die Gefahr hin, bei der Analyse der industriellen und kommerziellen Aspekte von Kultur und Massenmedien als reduktionistisch und deterministisch kritisiert zu werden, geht die Mehrzahl der Vertreter der Politischen Ökonomie von der Annahme aus, dass die wirtschaftliche Dimension der wichtigste, signifikanteste und einflussreichste Faktor ist:

> „The economic is determinant under capitalism, because capitalism is a mode of social organisation characterized by the domination of an abstract system of exchange relations.“ (Garnham 1979: 125)

Entsprechend werden kulturelle und politische Aspekte als eher subsidiär betrachtet.

4.6 *Analysebeispiele der Politischen Ökonomie öffentlicher Kommunikation*

4.6.1 Die kommerziellen Prinzipien des „Digitalen Kapitalismus“

Während die Mehrzahl der politökonomisch argumentierenden Sozialwissenschaftler lediglich innerhalb des universitären Wissenschaftsbetriebes agieren, trifft dies für den im Jahre 2000 verstorbenen Herbert I. Schiller nicht zu. Der die vergangenen dreißig Jahre in San Diego lehrende Ökonom und Kommunikationswissenschaftler hielt wenig von wissenschaftlichen Gepflogenheiten, sondern leistete auch als politischer Intellektueller Überzeugungsarbeit, vor allem in Ländern der Dritten Welt. Schiller zeigte auf, wie sich in den USA der militärisch-industrielle Komplex - „the military-corporate power structure“ - über Massenmedien die Herrschaft in kapitalistischen Demokratien sichert und damit gleichzeitig zivilisatorische Errungenschaften wie Aufklärung, politische Selbstbestimmung und kulturelle Autonomie massiv beeinträchtigt. In seinem ersten Buch über die Geschichte des kommerziellen Fernsehens in den USA fasste Schiller 1969 seine Erkenntnisse wie folgt zusammen:

> „The development of broadcast communication in the United States affords perhaps the most damaging as well the most recent evidence of how an exciting new possibility for human enlightenment and satisfaction can be transformed into a stultifying spiritual swamp by a web of retrogressive social institutions.“ (Schiller 1969: 63)

In allen seinen Büchern spielen die multinationalen Konzerne bei der Verteilung und Ausübung gesellschaftlicher Macht eine herausragende Rolle. Im Interesse dieser Konzerne und der amerikanischen Außenpolitik entwickelt sich nach Schiller (1989) die Kulturindustrie, die direkt oder indirekt eine Reihe von Aufgaben zu erfüllen hat, nämlich:

- öffentliche Güter wie Information und Wissen in kommerzielle Waren zu verwandeln und gewinnbringend zu verkaufen,
- die Medien und Inhalte systematisch auf die Interessen der Werbekunden auszurichten und sie als Marketinginstrumente zu verwenden;
- Wissen, Bildung, Kunst, das heißt Medien, Schulen, Universitäten, Bibliotheken, Archive, Datenbanken und Museen, als Wachstumsindustrien zu

betrachten und den Weg für die Privatisierung und Kommerzialisierung öffentlicher Institutionen und Ressourcen freizumachen;

- die politische Öffentlichkeit über eine Vermischung von Information, Werbung und PR als „Corporate Speech" zu kontrollieren und das öffentliche Bewusstsein dadurch zu manipulieren;
- das hegemoniale Konzept des „Free Flow of Information" politisch abzusichern und gleichzeitig die Medien- und Kulturpolitik anderer Länder zu destabilisieren;
- die heraufkommende Informationsgesellschaft mit ihren neuen Produkten und Dienstleistungen im Interesse der Konzerne und nicht der Bürger und Bürgerinnen zu strukturieren und Informationstechnologien als Mittel zu betrachten, die globale Vorherrschaft zu behaupten sowie den sich entwickelnden Cyberspace in Beschlag zu nehmen.

Der radikale und streitbare Politökonom faszinierte mit seinen umstrittenen Schriften nicht nur zwei Generationen kritischer Kommunikationswissenschaftler, sondern kritisierte auch öffentlich den globalen Marktfundamentalismus führender multinationaler Konzerne sowie die Deregulierung und Privatisierung durch Regulierungsbehörden und Regierung. Gemäß Schiller ist es der „military-corporate power structure" mit ihrer unerträglichen Machtballung gelungen, dem digitalen Kapitalismus die konzerneigenen Regeln und kommerziellen Prinzipien aufzuzwingen. Gleichzeitig werden dadurch die öffentlichen Interessen verdrängt und so insgesamt die gesellschaftlichen Spannungen und Ungleichheiten vergrößert.

4.6.2 Die Hegemonie mächtiger gesellschaftlicher Akteure

Auch Edward Herman und Noam Chomsky (1988) versuchen mit ihrem Propagandamodell, die institutionellen Leistungen der führenden amerikanischen Medien zu beschreiben und anhand von strukturellen Faktoren zu erklären. Ihr struktureller Erklärungsansatz steht ebenfalls in klarem Widerspruch zu den gängigen kommunikationswissenschaftlichen Analysen journalistischer Normen und Verhaltensweisen, die den Eigentumsverhältnissen, den Organisations- und Finanzstrukturen nur geringe Bedeutung zumessen. Als Strukturmerkmale des Propagandamodells gelten a) die Integration der führenden Medien in das kapitalistische System, b) ihr fast ausschließlich profitorientiertes Geschäftsgebaren, c) die Eigentumsverhältnisse - Medien sind hauptsächlich im Besitz reicher Männer oder anderer Unternehmen - sowie d) die indirekte Finanzierung über die werbetreibende Wirtschaft, die selbst ausschließlich profitorientiert ist und ihre Botschaft in verkaufsunterstützender Umgebung platziert haben will. Dazu kommt e) eine wachsende Abhängigkeit der Medien von Regierung und größeren Firmen als Informationsquellen und Werbeauftraggebern. Herman/Chomsky gehen einerseits von überlappenden Interessen führender gesellschaftlicher Gruppierungen und Akteuren und andererseits von institutionell verankerten Strukturmerkmalen aus, die sich im Verbund als Filter auf die Selektion und Aufbereitung der durch Medien verbreiteten Publizistik auswirken. Die fünf Filter sind:

(1) die Größen- und Eigentumsstrukturen der führenden Medien;
(2) die Finanzierung der Medien über Werbung;
(3) die Fokussierung der Medien auf etablierte organisierte Interessen;
(4) das Droh- und Machtpotential der zentralen Finanzierungs- und Informationsquellen und
(5) der Antikommunismus und - neuerdings - Antiterrorismus als ideologische Disziplinierungsstrategie.

Herman beschreibt das Propagandamodell als

> „a decentralized and nonconspiratorial market system of control and processing, although at times the government or one or more private actors may take initiatives and mobilize coordinated elite handling of an issue." (Herman 1998: 193)

Gemäß Herman liegt die Macht des amerikanischen Mediensystems in seiner Fähigkeit, einen Elite-Konsens herzustellen und durchzusetzen, den Schein eines demokratischen Konsens zu wahren und zu vermitteln sowie ausreichend Konfusion, Missverständnisse und Apathie bei der Bevölkerung zu schaffen, damit sich dieser konstruierte Elite-Konsens als einzige valable Referenz diskursiv etablieren kann. Das Modell behauptet, dass die führenden Medien eine auf Eliten ausgerichtete Institution darstellen, welche Debatten nur innerhalb von elitären Interessenzirkeln stattfinden lassen. Die Eliten vermögen in entscheidenden Auseinandersetzungen ihre Reihen zu schließen und die Medien vollziehen regelmäßig den Schulterschluss. Als Folge der Herausbildung eines dominanten Diskurses im doppelten Sinne werde die unorganisierte Zivilgesellschaft durch die wirkungsvolle Propagandamaschinerie zur Untätigkeit erzogen. Der einzelne Bürger sei sich in der Regel kaum bewusst, was für ihn in einer konkreten Angelegenheit überhaupt auf dem Spiele stehe.

Die Stärke der Argumentation von Schiller und Herman/Chomsky ist gleichzeitig auch deren Schwäche. Die Zuspitzung zu einer Interessenharmonie von mächtigen, global agierenden Industrie- und Medienkonzernen im Verbund mit Regierungen, Verwaltung, Arbeitgeberverbänden, konservativen Parteien und Expertenkommissionen öffnet wegen ihres umfassenden Erklärungsanspruches eine Vielzahl von Kritik- und Differenzierungsmöglichkeiten, die es forschungsmäßig zu nutzen gilt. Dies betrifft nicht nur die Politische Ökonomie der öffentlichen Kommunikation, sondern auch die traditionelle Kommunikations- und Sozialwissenschaft, die sich zwar mehrheitlich der Analyse gesellschaftlicher Bedingungen entzogen hat, aber heute zur Kenntnis nehmen muss, dass viele der politökonomisch erfassten und kritisierten Entwicklungen und Prozesse auch Eingang im Mainstream-Wissenschaftsbetrieb gefunden haben.

4.6.3 Demokratisierung der Demokratie

Anthony Giddens, der Direktor der London School of Economics, beschäftigt sich in seinem Buch „Runaway World" - zu deutsch „Entfesselte Welt" - unter anderem mit der Entwicklung der Demokratie im 20. Jahrhundert. In diesem Zusammenhang spricht er vom Paradox der Demokratie. Auf der einen Seite breitet sich die Demokratie weltweit aus, weil aktive Kommunikation und offene globale Kommunikationsstrukturen als Grundprinzipien die autoritäre und monopolistische Machtausübung tendenziell verhindern (vgl. Giddens 1999: 92-93). Umgekehrt stellt Giddens eine Delegitimierung der politischen, demokratischen Prozesse fest, weil sie an Einfluss verlören. Zu diesem Paradox tragen laut Giddens auch die Medien mit ihrer ambivalenten Beziehung zur Demokratie bei:

> „Einerseits ist das Aufkommen einer globalen Informationsgesellschaft ein mächtiger Antrieb der Demokratisierung. Andererseits neigen das Fernsehen und die anderen Medien dazu, genau den öffentlichen Raum des Dialogs, den sie eröffnen, durch rückhaltlose Trivialisierung und Personalisierung politischer Fragen wieder zu zerstören. Daneben führt die Entstehung multinationaler Medienunternehmen dazu, dass Industriekapitäne, die sich nie einer demokratischen Abstimmung stellen mussten, enorme Macht auf sich vereinigen können." (Giddens 1999: 99)

Giddens plädiert für eine Demokratisierung der Demokratie und fordert eine stärkere Lenkung der Welt durch demokratische Institutionen (vgl. Giddens 1999: 103), um die Legitimationsprobleme und Demokratiedefizite der Medien entschärfen zu können.

5 Demokratisierung der öffentlichen Kommunikation als Forschungsbeitrag der Politischen Ökonomie zur Medienökonomie

Gerade vor dem Hintergrund des Giddenschen Plädoyers für eine verstärkte Rechenschaftspflicht der Medien gegenüber Politik und Zivilgesellschaft muss eine Radikale Politische Ökonomie öffentlicher Kommunikation auch der Frage nachgehen, warum demokratische Gesellschaften mächtige, kommerzielle Medienkonglomerate zulassen, die sich einer wirkungsvollen Kontrolle zu entziehen vermögen. Warum gibt es - vor allem in den USA - keine Tradition, den Kapitalismus zu kritisieren (vgl. McChesney 1992)? Warum kommt es in den USA und anderen Ländern nicht zu einer grundsätzlichen Debatte über Medienmacht und Eigentumsstrukturen? Warum werden die grundlegenden Parameter des bestehenden Systems nicht in Frage gestellt, obwohl Konzentration und Kommerzialisierung so offensichtlich sind und die Macht der Medien als bedrohlich betrachtet werden muss? Warum lassen Politik und Gesellschaft zu, dass sich Medienmacht und Medienkonzentration mehr oder weniger ungehindert entfalten können, ja sogar noch gefördert werden? Warum erfüllt ein hochprofessioneller, sich kritisch verstehender Journalismus regelmäßig patriotische Aufgaben, wenn es darum geht, bestimmten politischen oder unternehmerischen Interessen in gesellschaftlichen „Krisensituationen“ zum Durchbruch zu verhelfen? Warum lassen sich Medien regelmäßig für „organisierte Interessen“ instrumentalisieren, um genau diese Ordnung zu stabilisieren, die sie im öffentlichen Interesse zu verändern vorgeben?

Warum zeigt die traditionelle Kommunikationswissenschaft wenig Interesse, sich mit unkontrollierter Medienmacht oder der wachsenden Vermachtung der Öffentlichkeit auseinanderzusetzen, oder mit den Ursachen, Formen und Folgen von Marktjournalismus, einer Kombination aus Zielgruppen-, Marketing-, Werbeumfeld-, PR-, Gefälligkeits- und Konzernjournalismus (vgl. Heinrich 1999: 44f.)? Warum nimmt sich die Kommunikationswissenschaft nicht die Aufgabe vor, diejenigen Mythen zu entlarven, die sie theoretisch und empirisch selbst produziert? Warum analysiert sie nicht mindestens diejenigen Mythen, die von mächtigen Institutionen stammen und von den Medien dankbar verbreitet werden?

Warum ist die Politische Ökonomie öffentlicher Kommunikation wichtig und hilfreich sowohl für die Publizistikwissenschaft als auch für eine publizistikwissenschaftlich ausgerichtete Medienökonomie? Betrachtet man die politischen und gesellschaftlichen Auseinandersetzungen und die wissenschaftlichen Debatten um die aufkommende Informations- und Mediengesellschaft, so stellt man fest, dass die traditionelle Kommunikationswissenschaft eine eher marginale Rolle spielt, obwohl sie vom Gegenstand her eine privilegierte Ausgangsposition in Anspruch nehmen kann.[10] Im Unterschied zu Zeitungen, Radio und Fernsehen gelingt es der Publizistik-, Kommunikations- und Medienwissenschaft kaum mehr, zentrale Akzente bei der gesellschaftlichen und medienpolitischen Entwicklung und Bewältigung globaler Informationsinfrastrukturen zu setzen. Am Beispiel des Internets, das 1994 ins öffentliche Bewusstsein getreten ist, kann gezeigt werden, dass es dieser scheinbar modernen Disziplin nicht gelungen ist, einen eigenständigen Diskurs zu führen. Auch bei den Deregulierungs-, Privatisierungs-, Globalisierungs- und Kommerzialisierungsdebatten, die in den vergangenen 30 Jahren immer wieder aufgeflammt sind, war die Kommunikationswissenschaft kaum präsent. Sie zieht es vor, diese Auseinandersetzungen um Macht und Kontrolle von Medien entweder zu ignorieren, in den vorwissenschaftlichen Raum zu verbannen oder sich mit kleinteiligen Folgen der „Informatisierung" der Gesellschaft zu beschäftigen. Dabei würde die Integration der Politischen Ökonomie öffentlicher Kommunikation die Medien- und Kommunikationswissenschaft vermehrt in die Lage versetzen, in die disziplinäre und politische Debatte einzugreifen, wenn es darum geht, die Weichen für Industrie- und Medienpolitik, für Produktions- und Allokationspolitik zu stellen und sich über Fragen nach Macht und Kontrolle von Medien und Information als knappe gesellschaftliche Ressource im öffentlichen Interesse zu verständigen.

Kommentierte Literaturhinweise

Golding, Peter/Graham Murdock (1997) (eds.): The Political Economy of the Media. Volume I + II, Cheltenham/Brookfield: Edward Elgar

Diese beiden Bände enthalten über 60 bekannte und weniger bekannte Artikel, Dokumente oder Auszüge von größeren Werken, die die Rolle der Medien in modernen Gesellschaften analysieren. Die Sammlung umfasst nicht nur einen großen Zeitraum, sondern macht auch auf die thematische Breite und Vielfalt politökonomischer Perspektiven in der angloamerikanischen Wissenschaft aufmerksam.

Mosco, Vincent (1996): The Political Economy of Communication. Rethinking and Renewal, London/Thousand Oaks: Sage

---

10 Es sind in erster Linie Wirtschaftswissenschaftler und Soziologen, die diesen Diskurs maßgeblich beeinflussen.

Diese kritische Einführung des in der kanadischen Hauptstadt Ottawa lehrenden Vincent Mosco gibt einen ausführlichen Überblick über die Politische Ökonomie und deren Anwendung und Umsetzung in der Publizistik- und Kommunikationswissenschaft. Mosco zeigt auf, wie die von einer Klassischen Politischen Ökonomie zur Verfügung gestellten analytischen Instrumente auf globale Informationsgesellschaften angewendet werden können.

Neue Institutionenökonomik

Jürgen Heinrich/Frank Lobigs

Der Beitrag stellt das wirtschaftswissenschaftliche Paradigma der Neuen Institutionenökonomik vor und wendet es auf die Analyse des Mediensystems an. In einer positiven komparativen Institutionenanalyse wird gezeigt, wie die journalistische Marktinstitution des funktionsfähigen journalistischen Wettbewerbs eine arbeitsteilige Kontrolle der Medien durch die Rezipienten ermöglichen kann. In einer normativen Institutionenanalyse wird untersucht, welche Eigenschaften die Institution eines demokratischen Medienangebotes erfüllen sollte. Zentrale medienwissenschaftliche Problemstellungen werden so einer am neuesten Forschungsstand orientierten ökonomischen Analyse unterzogen.

1 Neue Institutionenökonomik und Medienkontrolle

In Anwendung der Ökonomik auf die Analyse des Mediensystems kann, neben einer unspezifizierten Anwendung der allgemeinen Ökonomie, eine an Teildisziplinen der Ökonomik orientierte Sichtweise oder ein spezifiziertes Paradigma der Ökonomik zu Grunde gelegt werden. In diesem Beitrag soll das Paradigma der Neuen Institutionenökonomik (NIÖ), das in den letzten Jahren zunehmende Bedeutung erlangt und die neoklassische Lehre ergänzt und ersetzt hat (Richter/Furubotn 1999: V), auf die Analyse des Mediensystems angewandt werden. In Abschnitt 2 wird die NIÖ von der Neoklassik abgegrenzt, und in Abschnitt 3 wird die Kontrakttheorie als theoretisches Fundament der NIÖ beschrieben. Mit Hilfe dieses Ansatzes wird dann im Hauptteil des Beitrags untersucht, wie das Publikum die Medien kontrollieren kann (Abschnitt 4) und wie die Medien ihren demokratischen Kontrollfunktionen gerecht werden können (Abschnitt 5). Damit werden zentrale medienwissenschaftliche Fragen einer am neuesten Forschungsstand orientierten ökonomischen Analyse unterzogen.

2 Neoklassik und NIÖ

In der Ökonomik stehen sich zwei Hauptparadigmen gegenüber: Neoklassik und Neue Institutionenökonomik (vgl. Richter/Furubotn 1999: V ff.).[1] Beide erklären soziales Handeln als Tauschbeziehungen zwischen Individuen, die ihren Nutzen innerhalb gegebener Restriktionen rational fördern. Die zugrunde gelegten Verhaltensmodelle unterscheiden sich jedoch hinsichtlich der unterstellten Normorientierung und dem konkreten Inhalt der Rationalitätsannahme.

Das Verhaltensmodell der Neoklassik unterstellt vollkommene Rationalität, das heißt eine mühelose Nutzenmaximierung bei vollkommener Information und Voraussicht, sowie ein zwar rein eigennütziges, aber zugleich völlig normenkonformes und redliches Handeln (Kreps 1990a: 745f.). Schon jeweils für sich schließen diese Annahmen eine sinnvolle Anwendung des Ansatzes auf medienwissenschaftliche Fragestellungen aus: Bei Annahme vollständiger Information ist die Nachfrage nach journalistischen Informationen unerklärbar, und bei Annahme völliger Redlichkeit sind die oben angesprochenen Kontrollprobleme nicht darstellbar.

Der „contractual man" (Williamson 1985: 42) der NIÖ soll ein realistischeres Abbild des Menschen wiedergeben als der neoklassische „maximizing man" (Williamson 1985: 44; 1989: 138; 1993: 10). Die Verhaltensannahmen sind eingeschränkte Rationalität und Opportunismus (Williamson 1985: 45 ff.; 1993: 11f.). Eingeschränkte Rationalität besagt, dass die Individuen zwar rational danach trachten, ihren Nutzen zu fördern, dabei aber von der Unvollständigkeit ihres Wissens und der Begrenztheit ihrer intellektuellen Kapazitäten eingeschränkt sind. Opportunismus besagt, dass die Individuen ihr Eigeninteresse nicht redlich, sondern unter Einsatz von Arglist verfolgen.

➲ Das institutionenökonomische Verhaltensmodell unterstellt eingeschränkte Rationalität und Opportunismus.

Die NIÖ zielt darauf ab, Kontroll- und Durchsetzungsmechanismen zu beschreiben, die den Individuen ermöglichen, unter sparsamem Einsatz ihrer knappen geistigen und materiellen Ressourcen die Spielräume für Opportunismus so klein zu halten, dass die Vorteile der Arbeitsteilung weitestgehend reali-

1 Daneben existieren als „nicht schlüssig" zu kritisierende „Hybridmodelle" (Richter/Furubotn 1999: 483f.) wie etwa die formale Prinzipal-Agenten-Theorie (Richter/Furubotn 1999: 215f.).

siert werden können (vgl. etwa Richter/Furubotn 1999: 19 ff., Kasper/Streit 1999: 93; Williamson 1985: 32).

> ➲ Die NIÖ zielt darauf ab, Kontroll- und Durchsetzungsmechanismen zu beschreiben, die den Individuen ermöglichen, unter sparsamem Einsatz ihrer knappen geistigen und materiellen Ressourcen die Spielräume für Opportunismus so klein zu halten, dass die Vorteile der Arbeitsteilung weitestgehend realisiert werden können.

Im Gegensatz zum neoklassischen Ansatz verspricht dieser Ansatz damit, die eingangs genannten zentralen medienwissenschaftlichen Fragen theoretisch anpacken zu können.

3 Kontrakttheorie als Fundament der Neuen Institutionenökonomik

Soziales Handeln basiert auf Tausch (Transaktionen) und dieser auf Kontrakten. Diese können ausformuliert sein oder aus wechselseitigen Erwartungen bestehen (implizite Kontrakte). Bietet die Struktur bestimmter Transaktionen einem oder beiden Beteiligten Spielräume für eine Übervorteilung des Gegenübers - wie dies in modernen arbeitsteiligen Gesellschaften „endemisch“ ist (Richter/Furubotn 1999: 19) - liegt moralisches Risiko vor (Kasper/Streit 1999: 65, 93; Richter/Furubotn 1999: 19). In diesem Fall ist nicht nur ein Kontrakt über die angestrebten Transaktionsleistungen zu schließen, sondern es muss auch Kontroll- und Durchsetzungsmechanismen geben, die geeignet sind, die Transaktionspartner vor einer ausbeuterischen Täuschung durch den jeweils anderen zu schützen.

Scheiden Strafandrohungen eines Dritten (etwa des Staats) als Durchsetzungsmechanismus aus, müssen die Kontrakte selbstdurchsetzend sein, wenn der gewünschte Leistungstausch stattfinden soll (Richter/Furubotn 1999: 171, 255). Schutz vor kontraktwidrigem Verhalten kann dann nur die Drohung bieten, dass Getäuschte die Transaktionsbeziehungen zum Täuscher abbrechen (‚Exit-Drohung‘, vgl. Richter/Furubotn 1999: 521). Ist der Barwert der Verluste aus dem zu erwartenden ‚Exit‘ der Transaktionspartner höher als der durch eine kurzfristige Ausschlachtung des Ausbeutungsspielraums erzielbare Täuschungsgewinn, so hat der potentielle Täuscher einen Anreiz, eine Reputation für kontraktgemäßes Verhalten zu pflegen. Diese Reputation fasst die Theorie selbstdurchsetzender oder impliziter Kontrakte dann als Selbstdurchsetzungsmechanismus des Kontraktes auf (vgl. Richter/Furubotn 1999: 256, 365).

Die NIÖ bezeichnet alle Aufwendungen, die nicht durch die Bereitstellung der Transaktionsleistungen, sondern durch die Notwendigkeit einer kontraktuellen Einigung sowie der Überwachung und Durchsetzung der Kontrakte verursacht sind, als Transaktionskosten (vgl. etwa Kasper/Streit 1999: 196f.; Dixit 1996: 38; Kreps 1990a: 743; Eggertsson 1990: 14; Williamson 1989: 42, 1985: 20 ff.).

> ➲ Die NIÖ bezeichnet alle Aufwendungen, die nicht durch die Bereitstellung der Transaktionsleistungen, sondern durch die Notwendigkeit einer kontraktuellen Einigung sowie der Überwachung und Durchsetzung der Kontrakte verursacht sind, als Transaktionskosten.

Zumeist handelt es sich um Kommunikations- oder um Informationskosten (vgl. Eggertsson 1990: 15). Grundthese der NIÖ ist, dass die sich evolutionär entwickelnden Institutionen des Kapitalismus aus der Funktion zu erklären sind, die Transaktionskosten bestimmter Kontrakttypen zu reduzieren (vgl. Dixit 1996: 31f., 61; Williamson 1993: 5, 1985: 1; Kreps 1990b: 96). Unter Institutionen versteht die NIÖ dabei Systeme formaler oder informeller Verhaltensnormen samt jener Instrumente, die die Durchsetzung der Normen sichern (vgl. Richter/Furubotn 1999: 7; Kasper/Streit 1999: 28; Erlei/Leschke/Sauerland 1999: 65).

> ➲ Unter Institutionen versteht die NIÖ Systeme formaler oder informeller Verhaltensnormen samt jener Instrumente, die die Durchsetzung der Normen sichern.

Die Effekte von Institutionen werden von der positiven NIÖ untersucht. Untersuchungsmethode ist die vergleichende Institutionenanalyse (vgl. Eggertsson 1990: 28 ff.; vgl. mit Bezug auf das Mediensystem Kiefer 2001: 392). Der Vergleich des stabilen Gleichgewichtes, das sich mit einer Institution einstellt, mit demjenigen, das sich ohne sie ergibt, legt die Effekte der Institution offen. In Kapitel 4 wird exemplarisch eine solche positive Institutionenanalyse vorgenommen. Es wird dort gezeigt, dass die Institution des funktionsfähigen journalistischen Wettbewerbs unter bestimmten Bedingungen das fundamentale Problem der mangelnden Qualitätskontrolle auf journalistischen Medienmärkten durch eine starke Reduzierung der Transaktionskosten des Journalismus lösen kann.

Die normative NIÖ fasst Institutionen als Mittel zur Erreichung eines gesellschaftlichen Ziels auf (vgl. Pies 1993: 186 ff.; Kiefer 2001: 393 ff.). Die Zielbestimmung erfolgt dabei nach Maßgabe des Konsensparadigmas der konstitutionellen Ökonomik (vgl. Pies 1993: 123 ff.). Es sind demnach Ziele zu bestimmen, denen die Zustimmung aller Betroffenen plausibel attribuiert werden kann (vgl. Pies 1993: 187). Positive Möglichkeitsanalysen sollen sodann ausfindig machen, ob es implementierbare Institutionen gibt, die eine Zielrealisierung in einem stabilen Gleichgewicht bewirken könnten. Kapitel 5 bietet ein Beispiel für eine normative Institutionenanalyse. Unter Verwendung des um das Konzept einer Minimalmoral (Kirchgässner 1996) erweiterten institutionenökonomischen Ansatzes wird dort die für eine politische Ökonomie der Medien zentrale Frage untersucht, ob es Medieninstitutionen gibt, welche bewirken können, dass das gesellschaftlich konsentierte Ziel der demokratischen Legitimation der Politik erreicht wird (demokratisches Medienangebot).

4 Medienkontrolle durch die Rezipienten

Die NIÖ ist dem methodologischen Individualismus verpflichtet: Methodischer Ausgangspunkt ist das individuelle Handeln, normativer Bezugspunkt der individuelle Nutzen. Hieraus folgt das Postulat der Rezipientenorientierung der Medienkontrolle (Heinrich 1999: 596f.). Die Analyse journalistischer Transaktionen offenbart jedoch ein fundamentales Problem der Qualitätskontrolle auf Medienmärkten (Kapitel 4.1). In diesem Kapitel wird am Beispiel des Marktes für „Qualitätszeitungen" dargestellt, wie und unter welchen Bedingungen dieses Kontrollproblem durch das Wirksamwerden der Institution des funktionsfähigen journalistischen Wettbewerbs überwunden werden kann. Eine positive komparative Institutionenanalyse zeigt, dass diese Institution die Transaktionskosten von Qualitätsjournalismus in einem solchen Ausmaß zu reduzieren vermag, dass qualifizierter Journalismus auch im Markt möglich werden kann (Kapitel 4.2).

4.1 Kontrollproblem und Vertrauensparadoxon

Journalismus beruht auf Transaktionen zwischen Medienanbietern und Rezipienten. Die Leistung der Medienunternehmen besteht im Zugänglichmachen von Informationen über aktuelle und relevante Entwicklungen in Themengebieten, die zumindest für Teilgruppen der Gesellschaft von Interesse sind. Die Gegenleistung des Publikums besteht aus der Bezahlung der Informationsträger und/oder aus der Aufmerksamkeit, die es bei (teilweise) werbefinanzierten Medienprodukten der übermittelten Kombination aus journalistischen Informationen und Werbebotschaften schenkt (vgl. Siegert 2001: 117f.).

Die journalistischen Transaktionen geben den Anbietern einen Täuschungsspielraum, da die Rezipienten ihre Gegenleistung erbringen müssen, ehe sie die Qualität der dafür erbrachten Leistungen kennen können.[2] Der Spielraum ist prekär, da das Angebot von gutem Journalismus mit Opportunitätskosten verbunden ist: Die Produktion guter Qualität erfordert einen größeren Arbeitseinsatz als die Herstellung schlechter Qualität.[3] Die Möglichkeit, den aus den vermiedenen Opportunitätskosten bestehenden Täuschungsprofit abzuschöpfen, stellt einen Anreiz dar, schlechte journalistische Leistungen als vermeintlich gute anzubieten. Journalistische Transaktionen bergen damit ein moralisches Risiko. Das daraus resultierende Kontrollproblem wird noch dadurch verschärft, dass aktuell informierende Medien eindeutig zu den Vertrauensgütern zählen (vgl. Kiefer 2001: 151; Heinrich 1999: 40, 1994: 102), welche dadurch gekennzeichnet sind, dass sich ihre Qualität bei normalem Konsum nur unvollständig offenbart, weil eine umfassende Qualitätsbeurteilung eine kostenträchtige Beschaffung und Rezeption zusätzlicher Informationen erfordert. Die Informationskosten einer umfassenden selbstständigen Qualitätskontrolle journalistischer Medien sind für die einzelnen Rezipienten offenkundig prohibitiv hoch (Kiefer 2001: 139; Heinrich 1999: 40f., 1994: 102).

Bislang wurde in der Medienökonomie von dieser Analyse auf die Unmöglichkeit einer Kontrolle aktuell informierender Medien durch die Rezipienten geschlossen (Kiefer 2001: 151, 334 ff.; Heinrich: 1999: 41). Doch ist diese Schlussfolgerung teilweise zu hinterfragen. Ein Indiz, das gegen ihre generelle Gültigkeit spricht, ist zum Beispiel der Begriff der Qualitätszeitung, der in den Medienwissenschaften auf Publikationen wie die Frankfurter Allgemeine Zeitung oder die Süddeutsche Zeitung angewandt wird. Auch bei diesen Zeitungen kann der Leser - sei er auch ein noch so „kluger Kopf“ - die Qualität der Berichterstattung nur sehr begrenzt eigenständig kontrollieren. Den Verdacht, die Qualität möge darum schlecht sein, hegt er dennoch nicht. Die Medienökonomie stößt hiermit auf ein Vertrauensparadoxon: Trotz ausgeprägter Qua-

---

2 Da Rezipienten für Informationen, die sie bereits kennen, keinen Preis zahlen würden, sie aber zugleich den Wert von Informationen frühestens zum Zeitpunkt der Rezeption ermessen können, können Informationen nur als ‚Katze im Sack‘ gehandelt werden (Arrows Informationsparadoxon, vgl. Heinrich 1999: 39f.; Kasper/Streit 1999: 54 ff.).

3 Misst man die Qualität an den professionellen journalistischen Qualitätsstandards (vgl. Abschnitt 4.2.2), wird dieser Zusammenhang augenfällig: Diese Standards können nur von fachlich und handwerklich versierten Journalisten erfüllt werden, denen hinreichend viel Zeit für eine umfassende Recherche, eine sachgerechte Informationsselektion und eine verständliche und ansprechende Aufbereitung der Informationen zur Verfügung steht. Die Erfüllung dieser Qualitätsstandards verursacht damit hohe redaktionelle Personalkosten (vgl. Heinrich 1994: 107).

litätsintransparenz ist das Vertrauen in die Glaubwürdigkeit dieser Zeitungen groß. Da sich naive Vertrauensseligkeit mit dem Verhaltensmodell der NIÖ nicht verträgt, stellt die Erklärung dieses Vertrauens eine Herausforderung dar: Es ist nur dann mit dem Ansatz der NIÖ vereinbar, wenn es als rational zu begründen ist. Eine solche Begründung soll im nächsten Abschnitt geliefert werden. Am Beispiel des Marktes für Qualitätszeitungen werden dort Grundzüge einer Theorie eines funktionsfähigen journalistischen Wettbewerbs skizziert. Die Theorie beschreibt diesen als eine journalistische Institution, die die Transaktionskosten des Journalismus unter günstigen Bedingungen so stark reduzieren kann, dass eine Medienkontrolle durch das Publikum möglich wird.

4.2 Funktionsfähiger journalistischer Wettbewerb

Die Theorie des funktionsfähigen journalistischen Wettbewerbs baut auf dem mikroökonomischen Standardmodell zu Reputationsgleichgewichten bei wiederholten Käufen mit veränderlicher Produktqualität auf.[4] Wegen der spezifischen Komplexität journalistischer Produkte ist dieses Modell jedoch erheblich zu modifizieren und zu erweitern. Insbesondere ist der Sortimentscharakter journalistischer Produkte zu berücksichtigen, welcher sich daraus ergibt, dass diese typischerweise über ein breites Spektrum an Themenfeldern berichten (vgl. Kiefer 2001: 160; Siegert 2001: 107; Heinrich 1994: 143f.). Darüber hinaus integriert die Theorie analoge Anwendungen zweier zentraler Elemente der neuinstitutionenökonomischen Organisationstheorie von Kreps (1990b): Zum einen weist das Konzept der Medienmarkenreputation formale Analogien zu Kreps' spieltheoretischer Konstruktion der Firmenreputation auf (Kreps 1990a: 764 ff., 1990b: 100 ff.); zum anderen wird den journalistischen Grundnormen eine Funktion zugeschrieben, die mit der Funktion der Organisationskultur (corporate culture) in der Theorie von Kreps strukturell vergleichbar ist (1990b: 117 ff.; vgl. Richter/Furubotn 1999: 179).[5]

4 Das originär auf einen verbal argumentierenden Artikel von Benjamin Klein und Keith B. Leffler (1981) zurückgehende Modell ist in mehreren Varianten spieltheoretisch formalisiert worden (siehe etwa Shapiro 1983; Tirole 1988: 122f.; Rasmusen 2001: 120 ff., vgl. auch die Darstellungen von Erlei/Leschke/Sauerland 1999: 229 ff. und Richter/Furubotn 1999: 255 ff.).

5 Für eine umfassende Darstellung der Theorie des funktionsfähigen journalistischen Wettbewerbs sowie ihrer theoretischen Bezugspunkte in der ökonomischen Theorie siehe Lobigs 2002.

4.2.1 Merkmale des Marktes für Qualitätszeitungen

Die theoretischen Betrachtungen zum Markt der Qualitätszeitungen stützen sich auf folgende stilisierte Beschreibung von Merkmalen dieses Marktes:

- Das Spektrum der durch die Zeitungen abgedeckten Themenfelder ist nahezu deckungsgleich.
- Die expliziten Kontrakte zwischen Lesern und Verlagen sehen den Tausch eines Geldpreises gegen aktuelle Ausgaben der Zeitungstitel vor. Die Qualität der journalistischen Leistungen wird durch diese Verträge allerdings nur rudimentär geregelt.
- Die impliziten Qualitätsversprechen der Verlage und die impliziten Qualitätserwartungen der Leser richten sich auf die redaktionelle Befolgung der journalistischen Grundnormen.
- Die Berichterstattung über die abgedeckten Themenfelder wendet sich sowohl an das jeweilige Experten- als auch an das interessierte Laienpublikum. Sie wird von einem großen Teil der Experten rezipiert, wobei sich diese relativ gleichmäßig auf die Zeitungstitel verteilen. Die Leserschaften regenerieren sich in mehr oder minder gleich bleibender Struktur.

Angesichts dieser Merkmale ist es sinnvoll, den Inhalt der journalistischen Kontrakte wie folgt wiederzugeben: Im Gegenzug zur Herausgabe eines Standardpreises erhalten die Leser Zeitungen, die unter Beachtung der journalistischen Grundnormen über ein bestimmtes Spektrum an Themenfeldern aktuell berichten. Während der Tausch des Preises gegen Zeitungen weitgehend unbestimmter journalistischer Qualität Gegenstand expliziter Verträge ist, beschreibt das Versprechen der redaktionellen Einhaltung der journalistischen Grundnormen den Inhalt der impliziten Kontrakte über die Qualität der journalistischen Leistungen.

Unter argumentativem Bezug auf die genannten Merkmale und auf die Definition der journalistischen Kontrakte soll im Weiteren die Selbstdurchsetzung der impliziten Kontrakte über die journalistische Qualität als ein gleichgewichtiger Zustand beschrieben werden, in dem das Vertrauen der Rezipienten in die Qualität der journalistischen Leistungen rational ist, weil eine Medienkontrolle durch die Rezipienten stattfindet. Von großer Bedeutung für die Stabilität und die Eigenschaften dieses Verhaltensgleichgewichts sind dabei Effekte einer gleichgewichtigen redaktionellen Anwendung der journalistischen Grundnormen, die hier in ihrer Gesamtheit - in Anlehnung an Kreps' (1990b) Begriff der Organisationskultur - als journalistische Kultur bezeichnet werden.

4.2.2 Effekte der Anwendung der journalistischen Grundnormen

4.2.2.1 Journalistische Kultur

Zu den journalistischen Grundnormen zählen die Aktualitäts-, Objektivitäts-, Relevanz- und die Vermittlungsnorm.[6] Diese umfassen wiederum eine Reihe von Routinen und Prozeduren, die bei der Recherche und Aufbereitung von Informationen angewandt werden. Die Aktualitätsnorm ist die „zentrale Dimension journalistischen Handelns“ (Rager 1994: 196). Nach dieser Norm sind aktuelle Entwicklungen in den abgedeckten Themenfeldern zu berichten, das heißt das Berichtete muss einen objektiven oder subjektiven Neuigkeitswert aufweisen (vgl. Heinrich 1999: 138; von La Roche 1991: 64 ff.). Die Objektivitätsnorm beschreibt das für den Journalismus in marktwirtschaftlichen Systemen zentrale „Berichterstattungsmuster der ‚Objektiven Berichterstattung'“, welches als „intersubjektive Vereinbarung über die Art der Wirklichkeitskonstruktion, die vom Journalismus erwartet werden kann“, zu interpretieren ist (Weischenberg 1995: 167). Beachten Journalisten die strategischen Prozeduren, deren kontinuierliche Wiederholung „‚Objektivität' als professionelle Methode“ (Weischenberg 1995: 165) konstituiert (vgl. von La Roche 1991: 117 ff.), so gilt ihre Berichterstattung „als fair, ausgewogen und neutral, eben als objektiv und das nicht nur unter Journalisten (...), sondern auch (...) in der Öffentlichkeit“ (Kiefer 2001: 206). Die Relevanznorm verlangt die Beschränkung der Berichterstattung auf das für die Rezipienten Wesentliche (vgl. Rager 1994: 197f.). Die Vermittlungsnorm umfasst Konventionen zur ansprechenden kommunikativen Aufbereitung journalistischer Informationen (vgl. Rager 1994: 201 ff.; von La Roche 1991: 98 ff.).

4.2.2.2 Experten und thematisch Interessierte

Die unten folgende Beschreibung der Effekte einer gleichgewichtigen Normenanwendung setzt voraus, dass die Leser, die sich für die Berichterstattung zu einem Themenfeld interessieren, heterogen sind. Typisierend wird zwischen ‚Experten' und ‚thematisch Interessierten' unterschieden. Unter Experten werden Rezipienten verstanden, die mit einem Themenfeld der Berichterstattung beruflich befasst sind und die von relevanten Entwicklungen in diesem Themengebiet über kurz oder lang auch ohne massenmediale Berichterstattung -

6 Siehe hierzu Ragers (1994) Darstellung der professionellen journalistischen Qualitätsstandards sowie die dort ausgewerteten journalistischen Hand- und Lehrbücher, Journalistenbefragungen und publizistikwissenschaftlichen Studien. Laut Fabris (2001: 61) setzen sich diese zentralen Standards des „angelsächsischen Journalismus-Verständnisses“ zunehmend weltweit durch. Die Theorie des funktionsfähigen journalistischen Wettbewerbs kann als eine Erklärung für dieses empirische Phänomen betrachtet werden.

allein durch die Ausübung ihres Berufes - stets Kenntnis nehmen. An einer Berichterstattung über das Themenfeld sind sie dennoch interessiert, vorausgesetzt, diese erfüllt das Kriterium der Aktualität. Weil aktuelle Informiertheit für die Experten von hohem beruflichen Nutzen ist, dürfte ihr Interesse an einer ‚schnellen' Berichterstattung sogar als sehr hoch zu veranschlagen sein. Thematisch Interessierte sind Rezipienten, wenn sie sich zwar für ein Themenfeld interessieren, sie ohne mediale Berichterstattung aber selbst von bedeutenden Entwicklungen in diesem Feld nichts erfahren.

4.2.2.3 Effekte der Normenanwendung

Für die Herleitung des Selbstdurchsetzungs-Gleichgewichts sind drei Effekte einer gleichgewichtigen Anwendung der journalistischen Grundnormen von zentraler Bedeutung:

- Integrationseffekt: Insbesondere die Anwendung der Aktualitätsnorm führt zu einer systematischen Integration von Experten und thematisch Interessierten im Medienpublikum. Beide Gruppen rezipieren dieselbe Berichterstattung zum betreffenden Thema.
- Standardisierungseffekt: Insbesondere die Anwendung der Objektivitätsnorm führt zu einer Standardisierung der Qualitätserwartungen aller Rezipienten sowie zu einer Synchronisierung dieser Erwartungen mit den Berufsregeln der Journalisten.
- Kontrolleffekt: Insbesondere die Anwendung der Objektivitätsnorm ermöglicht den Experten eine auf das Themenfeld ihrer Expertenschaft bezogene Ex-post-Beurteilung der Kontraktgemäßheit der Berichterstattungsqualität. Da den Experten nach (und zum Teil auch vor) der Rezeption der Berichterstattung detaillierte Informationen über das Berichtete bekannt werden, können sie ohne nennenswerten zusätzlichen Aufwand kontrollieren, ob die Berichterstattung den journalistischen Grundnormen entsprochen oder ob sie diese verletzt hat.

4.2.3 Selbstdurchsetzung durch Medienmarkenreputationen

In diesem Abschnitt soll begründet werden, dass folgende Strategiekombination ein Gleichgewicht bildet (Gleichgewichtsstrategien).[7]

- Strategie der Verlage: Die Verlage halten die Kontrakte stets hinsichtlich aller Themenfelder ein. Würden sie die Kontrakte irgendwann hinsichtlich

7 Eine formalisierte Darstellung des im Folgenden lediglich grob verbal beschriebenen Reputationsgleichgewichts im Rahmen eines dynamischen spieltheoretischen Modells bietet Lobigs 2002: 48 ff.

eines oder mehrerer Themenfelder brechen, würden sie dies ab diesem Zeitpunkt immer tun.

- Strategien der Leser: Alle Experten, die eine Qualitätszeitung lesen, bleiben dieser stets treu, es sei denn, die Berichterstattung über das Themenfeld ihrer Expertenschaft missachtet die journalistischen Grundnormen; in diesem Fall würden sie zur Konkurrenz abwandern. Alle Leser, die keine Experten sind, bleiben ihrer Zeitung stets treu.

Die Strategiekombination stellt ein Gleichgewicht dar, wenn die tatsächliche Befolgung der Strategien für alle Akteure individuell rational ist, vorausgesetzt, die anderen Akteure befolgen die ihnen zugeschriebenen Strategien.[8] Die Strategiekombination würde in diesem Fall ein generelles Reputationsgleichgewicht darstellen, in dem die journalistischen Kontrakte stets abgeschlossen und auch eingehalten werden. Die Zeitungstitel bzw. -marken trügen in diesem Gleichgewicht eine Reputation für die kontinuierliche Befolgung der journalistischen Grundnormen in allen Themenfeldern.

4.2.4 Rationalität der Gleichgewichtsstrategie der Verlage

Unter der Annahme, dass die Missachtung der journalistischen Grundnormen in allen abgedeckten Themenfeldern stets mit dem Exit der jeweiligen Experten beantwortet würde, ist die Einhaltung der journalistischen Kontrakte für die Verlage rational, falls hinsichtlich jedes der Themenfelder gilt, dass der Täuschungsprofit, den der Verlag durch einen Kontraktbruch realisieren könnte, kleiner ist als der Wert der Titel- bzw. Zeitungsmarkenreputation für die Einhaltung der journalistischen Grundnormen in dem betreffenden Themenfeld. Der Wert der Markenreputation ergibt sich aus der Summe der diskontierten zukünftigen Reputationsgewinne, die dem Verlag durch die Abwanderung der Experten verloren gingen, plus - falls ein Verkauf der Zeitungsmarke für die Zukunft geplant ist - dem diskontierten Marktpreis der Markenreputation

8 Spieltheoretisch betrachtet wird das auf Selten zurückgehende Gleichgewichtskonzept der Teilspielperfektheit angewandt (vgl. zu diesem Konzept etwa Rasmusen 2001: 90 ff. oder Kreps 1990a: 421 ff.).

zum Zeitpunkt des Verkaufs.[9] Der Täuschungsprofit ergibt sich aus dem Barwert der sofortigen und zukünftigen Kostenersparnisse, die der Verlag realisieren könnte, wenn er im betreffenden Themenfeld statt der kontraktgemäßen Qualität eine schlechte Billigqualität liefern würde. Die zukünftigen Kostenersparnisse sind in die Rechnung mit einzubeziehen, da die Verlage nach einem einmal begangenen Kontraktbruch - der bei genereller Gültigkeit der oben beschriebenen Bedingung freilich nicht rational wäre - nicht mehr zum kontraktgemäßen Verhalten zurückkehren würden.[10] Dieses Verhalten wäre rational, weil die Verlage in diesem Fall wüssten, dass einmal abgewanderte Experten durch eine Rückkehr zur versprochenen Qualität nicht zurück gewonnen werden könnten.

Der periodische Reputationsgewinn, der dem Verlag durch Abwanderung der Experten verloren ginge, berechnet sich wie folgt:

	Einnahmen aus dem Zeitungsverkauf an die Experten
+	Werbeeinnahmen, die darauf zurückzuführen sind, dass die Experten zu den Lesern zählen
-	Technische Kosten der Produktion und Distribution, die darauf zurückzuführen sind, dass die Experten beliefert werden
-	Kosten, die nur deshalb entstehen, weil statt schlechter Billigqualität die kontraktgemäße Qualität geliefert wird (identisch mit dem periodischen Täuschungsgewinn)
=	Periodischer Reputationsgewinn

9 Die Markenreputation hat einen Preis, da mit einem Kauf der Zeitungsmarke (Titel) die zukünftigen Reputationsgewinne ‚mit erworben' werden. Die Handelsfähigkeit der Titelreputation sorgt dafür, dass der Zeithorizont der gewinnmaximierenden Entscheidungsträger in den Verlagen ökonomisch betrachtet unbegrenzt ist. Es treten deshalb keine ‚Rückwärts-Induktions-Effekte' auf (vgl. die Konstruktion der Firmenreputation bei Kreps 1990a: 764 ff.). Das Konzept der Markenreputation löst damit ein fundamentales Problem der Klein/Leffler-Modelle (vgl. zu diesem Problem etwa Tirole 1999: 271f.; Erlei/Leschke/Sauerland 1999: 233f.). Die Gewinne fallen prinzipiell ‚unbegrenzt' an, weil sich die Leserschaften in gleichbleibender Struktur regenerieren.

10 In den Klein/Leffler-Modellen fallen keine zukünftigen Täuschungsgewinne an, da hier die Qualität der eindimensionalen Produkte von allen Konsumenten kontrolliert werden kann und sich Informationen über die Qualität der Produkte kostenlos verbreiten (vgl. etwa Shapiro 1983: 664; Klein/Leffler 1981: 617, 620f.). Im Gleichgewicht wandern in diesem Modell deshalb alle Konsumenten nach einem Kontraktbruch ab.

Folgt der Exit der Experten nach einem Kontraktbruch ohne größere Verzögerung, ist die oben beschriebene Bedingung für die Rationalität der Gleichgewichtsstrategie stets erfüllt, wenn der periodische Reputationsgewinn den periodischen Täuschungsgewinn deutlich übertrifft. Da die Qualitätszeitungen von einem großen Teil der Experten in den verschiedenen Themenfeldern gelesen werden und sich diese Experten auf ein enges Oligopol von Qualitätszeitungen verteilen, ist es nun selbst bei niedrigen Zeitungspreisen generell plausibel, dass dies der Fall ist. Dies sei an einer exemplarischen Jahresrechnung veranschaulicht: Seien hinsichtlich eines Themenfeldes lediglich 2000 Leser Experten. Bei einem Zeitungspreis von einem Euro betrügen die Einnahmen aus dem Verkauf an die Experten also rund 600.000 Euro. Die den Experten zuzurechnenden Werbeeinnahmen beliefen sich auf 150.000 Euro, die variablen technischen Kosten einer Belieferung der Experten auf 200.000 Euro. Die Kontraktgemäßheit der Berichterstattungsqualität könne von einem Fachredakteur garantiert werden, der rund 200.000 Euro verdiene. Wenn der Verlag die Leser über die Qualität täuschte, könnten diese Gehaltskosten eingespart werden; sie spiegeln somit den Täuschungsgewinn wider. Der Reputationsgewinn hingegen ist auf rund 350.000 Euro zu beziffern und übertrifft den Täuschungsgewinn damit um etwa 150.000 Euro.

4.2.5 Rationalität der Gleichgewichtsstrategien der Leser

Dass die Experten ihren Zeitungen die Treue halten, solange kein Kontraktbruch im betreffenden Themenfeld stattfindet, ist rational, da unter der Voraussetzung, dass die anderen Akteure die ihnen zugeschriebenen Strategien befolgen, die journalistischen Kontrakte von den Verlagen stets eingehalten werden. Aus diesem Grund ist auch die beschriebene Strategie der Leser, die keine Experten sind, individuell rational. Dass die Experten abwandern würden, falls ihre Zeitung den Kontrakt im betreffenden Themenfeld brechen würde - wozu es im Gleichgewicht jedoch gar nicht kommt -, ist individuell rational, da die Experten sich hierdurch unter der Voraussetzung, dass auch die anderen Experten abwandern und der kontraktbrechende Verlag nicht mehr zum kontraktgemäßen Verhalten zurückkehrt, individuell am besten stellen.

4.2.6 Eigenschaften des Reputationsgleichgewichts

Im Reputationsgleichgewicht findet eine Medienkontrolle durch die Rezipienten statt, obwohl alle Rezipienten die Qualität der Medien gar nicht oder bestenfalls nur hinsichtlich eines der Themenfelder beurteilen können. Die Medienkontrolle beruht auf einer unintendierten Arbeitsteilung. Die Kontrolle wird effektiv von den Experten ausgeübt. Da diese aber die journalistischen

Grundnormen und insbesondere die Objektivitätsnorm zum standardisierten Maßstab ihrer Qualitätsbeurteilung machen, ist diese Kontrolle ‚repräsentativ' für das gesamte Publikum.[11] Selbst wenn ein Rezipient die Qualität der Medien nicht beurteilen kann, ist sein Vertrauen in diese rational begründet.

4.2.7 Funktionsfähiger journalistischer Wettbewerb

Eine journalistische Institution trägt zur Machbarkeit journalistischer Kontrakte bei, indem sie die Transaktionskosten im Vergleich zur Situation, in welcher die Institution nicht vorliegt, reduziert. Nach der in Abschnitt 2 wiedergegebenen Definition sind Institutionen Systeme formaler oder informeller Verhaltensnormen samt jener Instrumente, die die Durchsetzung der Normen sichern.

Das beschriebene Reputationsgleichgewicht basiert auf zwei Arten von Normen und Durchsetzungsmechanismen: Erstens auf der allgemeinen durch formale Gesetze festgelegten Wettbewerbsordnung, die durch den Staat durchgesetzt wird; zweitens auf den informellen journalistischen Grundnormen (journalistische Kultur), die durch Medienmarkenreputationen durchgesetzt werden. Während die gerichtliche Durchsetzung der allgemeinen Wettbewerbsgesetze die Durchsetzung der expliziten Kontrakte zwischen Rezipienten und Medienanbietern garantiert, garantieren die Markenreputationen die Einhaltung der impliziten Kontrakte über die Qualität der journalistischen Leistungen.[12] Werden beide Komponenten in einem Reputationsgleichgewicht wirksam, liegt die Institution des funktionsfähigen journalistischen Wettbewerbs vor.

---

11 Als individuelle Rezipienten favorisieren die Experten eine objektive und unverzerrende Berichterstattung, da nur eine solche Berichterstattung zuverlässige Informationen für ihre individuellen beruflichen Entscheidungen liefert. Sie würden deshalb eine objektive stets einer verzerrenden Informationsquelle vorziehen. Dass dieselben Experten in ihrer Berufsrolle gleichzeitig danach streben können, in einer möglichst verzerrenden Weise auf die Berichterstattung einzuwirken, steht dazu nicht im Widerspruch.

12 Das Konzept der Medienmarkenreputation liefert damit eine Erklärung dafür, dass Medienmarken trotz vorherrschender Qualitätsintransparenz die Funktion eines glaubwürdigen Symbols oder Signals für journalistische Qualität erfüllen können. Da die marketingtheoretisch fundierte Medienmarkentheorie (siehe die Grundlegung von Siegert 2001) dieses zentrale Problem einer Marketingstrategie für journalistische Produkte nicht abschließend aufzulösen vermag (vgl. Siegert 2001: 110f., 198f., 232f., 236), liegt es nahe, zu prüfen, inwieweit das hier skizzierte Medienmarkenkonzept eine sinnvolle Ergänzung dieser Theorie darstellen könnte.

➲ Die Institution des funktionsfähigen journalistischen Wettbewerbs liegt vor, wenn die Institutionen der Wettbewerbsordnung und der journalistischen Kultur gemeinsam in einem Reputationsgleichgewicht wirksam werden.

Im Vergleich zum Zustand, der sich ohne diese Institution einstellen würde (komparative Institutionenanalyse), bewirkt der funktionsfähige journalistische Wettbewerb starke Reduzierungen der Transaktionskosten des Journalismus:

- Durch den standardisierten Bezug auf die journalistische Kultur werden die Kosten der kontraktuellen Einigung stark reduziert.
- Da die Experten für die Ex-post-Kontrolle der Qualität keine zusätzlichen Informationskosten auf sich nehmen müssen - sie leisten diese ja quasi ‚en passant' - fallen die Überwachungskosten dramatisch.
- Da im Reputationsgleichgewicht keine Verletzungen der journalistischen Kontrakte auftreten, fallen keine Durchsetzungskosten an.
- Die gleichgewichtige Anwendung der Relevanz- und der Vermittlungsnorm verringert die Kosten der Informationsrezeption.

5 Demokratie und Medien

Im vorhergehenden Kapitel wurde die zentrale medienökonomische Thematik der journalistischen Qualitätskontrolle im Markt anhand einer positiven Institutionenanalyse untersucht. In diesem Kapitel soll ein Beispiel für eine normative Institutionenanalyse folgen. Wieder soll hierbei ein zentrales medienwissenschaftliches Problem ins Auge gefasst werden: Es sollen notwendige Eigenschaften eines demokratischen Medienangebots bestimmt werden. Hiermit rücken die institutionellen Zusammenhänge zwischen Medien und Demokratie in den Blick.

Bislang sind diese Zusammenhänge publizistikwissenschaftlich kaum erforscht (vgl. Saxer 1998a: 23). Sie auszuleuchten ist zentrales Anliegen der Befürworter einer neu zu etablierenden Medienökonomie, welche der Publizistikwissenschaft zuzuschlagen und als eine besondere Politische Ökonomie erst noch zu entwickeln sei (vgl. Knoche 1999: 84 ff.). Im Fokus steht die Beantwortung einer Streitfrage, die seit jeher die gesellschaftliche Auseinandersetzung über die Medienpolitik beherrscht: Welche Organisation des Mediensystems kann gewährleisten, dass die Medien ihren spezifischen Beitrag zur demokratischen Legitimation moderner repräsentativer Demokratie leisten?

Im folgenden wird nach dem allgemeinen Muster normativer Institutionenanalysen zunächst durch Anwendung des konstitutionenökonomischen Konsensparadigmas die demokratische Legitimation staatlichen Handelns als ein gesellschaftlich konsentiertes Ziel bestimmt (Kapitel 5.1), worauf dann in einer positiven Möglichkeitsanalyse untersucht wird, ob es eine (implementierbare) Medieninstitution gibt, die zu einem Erreichen dieses Ziels beitragen kann (demokratisches Medienangebot, Kapitel 5.5). Da der herkömmliche institutionenökonomische Ansatz bei der Beschreibung des empirisch beobachtbaren politischen Verhaltens der Bürger versagt, und es daher nicht möglich ist, demokratische Medieninstitutionen mit diesem Ansatz herzuleiten (Kapitel 5.2), wird der Ansatz der NIÖ zuvor um das auf Kirchgässner (1996) zurückgehende Konzept der Minimalmoral sinnvoll ergänzt (Kapitel 5.3).

5.1 Demokratische Legitimation

Die Legitimation staatlichen Handelns durch den Volkswillen ist konstitutiv für die Idee der Demokratie. Als ein im Sinne des Konsensparadigmas allgemein zustimmungsfähiges Ziel kann die demokratische Legitimation der Politik allein schon deshalb betrachtet werden, weil laut Eurobarometer (Nr. 31a) mehr als 95 Prozent der Westeuropäer diese Idee befürworten. In Deutschland drückt sich dieser gesellschaftliche Konsens auch im Grundgesetz aus. Es ist dabei evident, dass demokratische Legitimation neben einer nur rein formalen Repräsentation zwingend inhaltliche Repräsentation verlangt. Das Volk muss das politische Handeln der Repräsentanten so kontrollieren können, dass es materiell auf den Willen des Volkes zurückführbar ist. Ist es dies nicht, verliert das politische System die Basis seiner Rechtfertigung.

Viele Demokratietheoretiker bezweifeln, dass es da noch etwas zu verlieren gäbe (vgl. Lupia/McCubbins 1998: 3f.). Aus dem universell minimalen politischen Kenntnisstand der Bürger schließen sie, dass diese schwerlich vernünftige Wahlentscheidungen treffen könnten (vgl. Lupia/McCubbins 1998: 1). Ist aber der Souverän nicht souverän, rücken auch effektive Kontrolle und inhaltliche Repräsentation in utopische Ferne. Träfe dieses „democratic dilemma" (Lupia/McCubbins 1998: 1) zu, so wäre die moderne Demokratie kaum weniger korruptionsanfällig als andere Herrschaftsformen und ihre vielbeschworene besondere Legitimation nur Illusion.

Weil die generelle politische Unkenntnis des typischen Bürgers ein vielfach belegtes empirisches Faktum (vgl. Neller 2001; Lupia/McCubbins 1998: 1 ff.) und die beschriebene Gefahr eines demokratischen Dilemmas somit schlecht zu leugnen ist, muss die Demokratie dieses Dilemma aktiv bekämpfen, um ihre

Legitimation zu wahren. Da dies nur mit Hilfe der Medien machbar erscheint, ist hier insbesondere die Medienpolitik gefordert. Die Medienökonomie soll hierfür ein Fundament legen.

5.2 *‚Unmöglichkeitssatz' und ‚politische Anomalie'*

Solange allerdings das herkömmliche Verhaltensmodell der NIÖ als Ausgangspunkt gewählt wird, ist es nicht möglich, journalistische Institutionen zu beschreiben, die dem demokratischen Dilemma entgegenwirken könnten. Dieser ‚Unmöglichkeitssatz' folgt aus dem Problem der rationalen Ignoranz, welches wiederum mit dem Problem der rationalen Stimmenthaltung verknüpft ist (vgl. Asranson 1989/1990: 26 ff.). Weil die Wahrscheinlichkeit, dass eine einzelne Stimme in einer politischen Wahl ausschlaggebend ist, quasi null beträgt, hat der Homo oeconomicus weder eine rationale Veranlassung, sich zur Wahl zu bequemen (rationale Stimmenthaltung), noch einen Anreiz, knappe (Zeit-) Ressourcen in seine politische Informiertheit zu investieren (rationale Ignoranz). Der typische Bürger der ökonomischen Theorie ist demnach generell rational unpolitisch. Eine breit gestreute Rezeption politisch relevanter Medieninhalte - ohne die eine demokratische Funktionalität der Medien kaum denkbar ist - ist in diesem theoretischen Rahmen noch nicht einmal mittels Subventionierung des Konsums oder mittels direkten staatlichen Zwangs herbeizuführen: Die notwendige Kontrolle der individuellen Medienrezeption wäre nicht praktikabel sowie unvereinbar mit den Grundsätzen freiheitlicher Demokratie.

Da nun aber die Teilnahme an politischen Wahlen ebenso unstrittig eine Massenerscheinung ist wie etwa auch die Rezeption politischer Rundfunknachrichten, ist die Prognose durchweg unpolitischen Verhaltens augenfällig falsifiziert. Aufgrund dieses oft als ‚politische Anomalie' bezeichneten Versagens der ökonomischen Theorie bei der Erklärung des politischen Verhaltens typischer Bürger wäre es verfehlt, aus dem Unmöglichkeitssatz bereits zu folgern, Medien könnten nun einmal keine demokratischen Funktionen erfüllen und hiermit Finis. Es ist vielmehr nur festzustellen, dass die NIÖ - soweit an ihrem herkömmlichen Verhaltensmodell festgehalten wird - keine Handhabe bietet, die Frage nach etwaigen demokratischen Medienleistungen sinnvoll anzugehen (vgl. generell auf die ökonomische Theorie bezogen Heinrich 1999: 601f.) Durch die Annahme einer Minimalmoral lässt sich der Ansatz der NIÖ jedoch brauchbar modifizieren.

5.3 *Minimalmoral*

Warum zeigen die Bürger ein gewisses politisches Engagement, obwohl sie eigentlich nichts davon haben? Die empirische Sozialforschung hat diese Frage intensiv untersucht und kommt en gros zum Urteil, dass das wesentliche Motiv wohl darin liegt, der Bürgerpflicht genügen zu wollen (vgl. hinsichtlich der politischen Informierung insbesondere McCombs/Poindexter 1983). Andererseits: Warum zeigt diese Forschung zugleich, dass das Engagement sogleich abnimmt, wenn die Kosten nur ein wenig anziehen? Die Beobachtungen legen nahe, den typischen Bürger als ‚Billig-Moralisten' zu stilisieren: Er handelt pflichtbeflissen, aber nur, solange die Kosten denkbar gering sind. Wie sein wirtschaftliches Handeln erscheint damit auch das moralische Handeln des typischen Bürgers einem Kostendiktat unterworfen. Dies eröffnet die Möglichkeit, es in ein allgemeines ökonomisches Verhaltensmodell zu integrieren. Diesem Zweck dient Kirchgässners Idee der Minimalmoral. Moralisches Handeln ist demnach nur in solchen Minimalmoral-Situationen stabil, in denen folgende Prämissen erfüllt sind (vgl. Kirchgässner 1996: 243 ff.):

- Der Bürger muss sich in einer Niedrigkostensituation befinden. Diese sind dadurch gekennzeichnet, dass es für den Entscheidenden quasi folgenlos ist, welche Alternative er wählt; sein Nutzen hängt hiervon nicht nennenswert ab.
- Es muss für den Bürger absehbar sein, dass der Zweck seines moralischen Handelns auch tatsächlich erreicht wird.
- Das moralische Handeln darf nicht von anderen ausbeutbar sein.
- Die moralischen Ansprüche, die das Handeln motivieren, müssen dauerhaft als gerechtfertigt angesehen werden.

5.4 *Demokratische Informiertheit*

Repräsentative Demokratie ist als eine Abfolge impliziter Kontrakte zu interpretieren: Durch Stimmabgabe erteilen die Wähler ihren Repräsentanten den Auftrag, die politischen Geschäfte dem Wahlversprechen getreu an ihrer Statt zu versehen (vgl. etwa Richter/Furubotn 1999: 457). Die Hoffnung, dass diese Delegierung auch eine inhaltliche Repräsentation hervorbringen könnte, gründet auf der Vorstellung eines effizienten politischen Wettbewerbs. Dieser soll einerseits die antretenden Parteien dazu bewegen, ihre Wahlprogramme an den Vorstellungen der Wähler auszurichten, andererseits soll er durch das Wirksamwerden von Exit-Drohungen die Repräsentanten dazu motivieren, die propagierten Programme auch tatsächlich zu befolgen.

Doch ebenso wie die Informationskosten einer umfassenden selbständigen Qualitätskontrolle journalistischer Medien für die einzelnen Rezipienten prohibitiv hoch sind, so sind es auch die Informationskosten einer Kontrolle des politischen Handelns der Repräsentanten für die Wähler. Das in der Publizistikwissenschaft vielbeschworene Ideal des politisch umfassend informierten Bürgers ist mithin utopisch. Es zu erreichen wäre selbst bei bester Informationslage unmöglich - der ernsthafte Versuch dürfte selbst den motiviertesten Bürger paralysieren. Das Ideal ignoriert, dass für politische Informierung nur eingeschränkte Zeit und eingeschränkte geistige Kapazitäten zur Verfügung stehen und dass die Motivation für ein ausgiebiges Studium der Politik rar ist. Eine Medienpolitik, die auf das Ideal eines politisch umfassend informierten Bürgers zielt, zielt damit an der Wirklichkeit vorbei.

Ziel einer realistischen Medienpolitik zur Förderung der demokratischen Legitimation kann es nur sein, Voraussetzungen dafür zu schaffen, dass die Wähler trotz ihres rudimentären Interesses an den res publica zu vernünftigen politischen Entscheidungen gelangen. Das Höchstmaß an demokratischer Legitimation wäre erreicht, wenn die Bürger, obwohl sie nur eine minimale Menge an politischen Informationen aufzunehmen willens sind, trotzdem systematisch gerade eine solche Informiertheit erlangen, die es ihnen mit hoher Wahrscheinlichkeit erlaubt, ihre politischen Entscheidungen so zu treffen, als ob sie umfassend informiert wären. Eine solche Informiertheit wird hier als demokratische Informiertheit bezeichnet.

5.5 *Möglichkeit der Produktion und Rezeption eines demokratischen Medienangebots*

5.5.1 Gestalt eines demokratischen Medienangebots

Wie müsste ein Medienangebot aussehen, das dazu geeignet wäre, von den Bürgern zur Akquisition demokratischer Informiertheit rezipiert zu werden (demokratisches Medienangebot)? Wie McCombs/Poindexter (1983) zeigen, rezipiert der typische Bürger Medienprodukte, die allgemeine politische Informationen vermitteln, um seiner Bürgerpflicht nachzukommen. Nach der Minimalmoral-Theorie setzt dies voraus, dass die Bedingungen stabilen moralischen Handelns (vgl. Abschnitt 5.3) in den Situationen, in denen die Rezeptionsentscheidungen von den Bürgern getroffen werden, typischerweise erfüllt sind. Die wohl bedeutendste dieser Bedingungen verlangt, dass die Rezeptionsentscheidung in einer Niedrigkostensituation getroffen wird, das heißt im Vergleich zu den relevanten Handlungsalternativen darf die Rezeption des politischen Medienprodukts zu keinen nennenswerten Nutzeneinbußen führen.

Die Chancen, dass diese zentrale Bedingung systematisch erfüllt werden könnte, stehen nicht so schlecht, wie man auf den ersten Blick vielleicht vermuten möchte. Nach Kiefer (2001: 289f.) kann die Hypothese, dass die Fernsehnutzung typischerweise eine Niedrigkostensituation darstelle, als durch die empirische kommunikationswissenschaftliche Forschung belegt betrachtet werden. Die These besagt, dass die Rezipienten beim Fernsehen häufig keine nennenswerten Nutzenunterschiede hinsichtlich der unterschiedlichen Programmalternativen wahrnehmen. In einer solchen Situation würde demnach auch das ‚Nachrichtenschauen' in etwa denselben Nutzen versprechen wie die Rezeption von Alternativprogrammen. Allerdings dürfte die Substitutionalität eng begrenzt sein und mit zunehmender Dauer der Präsentation politischer Berichte stark abnehmen. Zur Erfüllung der ‚Niedrigkosten-Bedingung' erscheinen damit kurze politische TV-Nachrichtensendungen ideal.

Die übrigen Bedingungen für das Vorliegen einer Minimalmoral-Situation dürften zusätzlich dann erfüllt sein, wenn die betreffende Nachrichtensendung trotz ihrer notwendigen Kürze die für eine Akquisition demokratischer Informiertheit notwendigen Informationen übermittelt und sich zugleich ein großer Anteil der Bevölkerung während der Sendezeiten regelmäßig in einer Niedrigkostensituation befindet. Der einzelne Bürger kann dann davon ausgehen, dass mit ihm auch viele andere Bürger moralisch handeln werden, wodurch der Zweck dieses Handelns - nämlich die Förderung der demokratischen Legitimation - erreicht wird. Das moralische Handeln des Bürgers wird in diesem Fall zudem nicht ausgebeutet, und so spricht zuletzt auch nichts dagegen, dass der moralische Anspruch des Bürgers, seinen Beitrag zur Funktionalität des demokratischen Systems leisten zu wollen, dauerhaft ist.

Die ideale Nachrichtensendung sollte somit ‚kurz' sein und dennoch die notwendigen Informationen übermitteln. Ist das überhaupt möglich? Auch hier sind die Chancen nicht so schlecht, wie es zunächst erscheinen mag. Dies zeigt ein neuerer Strang der amerikanischen Rational-choice-Literatur, der sich intensiv mit der Fragestellung beschäftigt, wie die Bürger „Shortcuts" oder „Cues" als tauglichen Ersatz für enzyklopädische politische Informationen nutzen können.[13] Diese Literatur weist theoretisch und experimentell nach,

13 Vgl. den Literaturüberblick bei Lupia/McCubbins 1998: 4 ff., 40 und beispielhaft etwa Popkin 1993. Der methodische Ansatz dieses Forschungszweiges ist mit dem Ansatz der NIÖ kompatibel. In der Publizistikwissenschaft ist diese Literatur bislang erstaunlicherweise kaum auf Widerhall gestoßen.

dass es vielfältige Formen von ‚Kurz'- oder ‚Schlüsselinformationen' gibt, die im Hinblick auf eine vernünftige Wahlentscheidung umfassende politische Informationen ersetzen können. Es sei hier nur ein sehr simples Beispiel genannt: Ein Wähler könnte etwa die Wahlempfehlung einer Interessengruppe, von der er weiß, dass ihre politische Haltung prinzipiell mit der eigenen harmoniert, als für die Fundierung seiner Wahlentscheidung völlig ausreichenden ‚Shortcut' betrachten.

Nachrichtensendungen, die trotz ihrer Kürze ein demokratisches Informationsangebot bieten sollen, sollten sich inhaltlich auf die Bereitstellung geeigneter Shortcuts konzentrieren. Die Autoren halten es dabei für eine untersuchenswerte Hypothese, dass die im politischen Nachrichtenjournalismus angewandten Nachrichtenfaktoren mitunter durch die Funktion zu erklären sind, für eine systematische Bereitstellung derartiger Shortcuts zu sorgen.[14] Andernfalls oder ergänzend sollte die Journalistik die Aufgabe wahrnehmen, unterschiedliche Typen effizienter politischer Shortcuts zu identifizieren und in der Berufsausbildung an politische Nachrichtenredakteure zu vermitteln.

5.5.2 Mangelnde Marktfähigkeit eines demokratischen Medienangebots

Prinzipiell wäre ein zur Förderung demokratischer Legitimation ideal geeignetes Medienprodukt damit als eine Nachrichtensendung zu charakterisieren, die Kurz- und Schlüsselinformationen bereitstellt, die den Bürgern die Akquisition demokratischer Informiertheit ermöglichen, obwohl sie nur eine geringe Menge an politischen Informationen rezipieren. Allerdings ist nicht zu erwarten, dass solche Sendungen auf dem freien Markt angeboten würden. Der Deckungsbeitrag eines solchen Formats wäre sicherlich deutlich negativ. Es dürfte hohe redaktionelle Kosten bereiten, das beschriebene Angebot zu produzieren. Gleichzeitig würden lange Werbeblöcke oder gar die Forderung eines Pay-per-view-Preises den Niedrigkostencharakter der politischen Nachrichtensendungen für die Rezipienten zerstören und somit zu einem Wegbrechen der auf Minimalmoral gegründeten Nachfrage führen. Hohen redaktionellen Kosten stünden damit geringe Einnahmenpotenziale gegenüber. Das beschriebene Produkt ist somit nicht marktfähig - wenn auch immerhin rezeptionsfähig.

---

14 Bezogen auf das genannte Beispiel ließe sich etwa untersuchen, ob die Meinungs-Statements von Parteien und Interessengruppen in den Nachrichten nicht regelmäßig mehr Platz einnehmen als die Darstellung der Fakten, die diese Stellungnahmen ausgelöst haben.

5.5.3 Demokratisches Medienangebot durch öffentliche Medienunternehmen?

Erhielte ein öffentliches Medienunternehmen den Auftrag, ein Medienprodukt des beschriebenen Typs zu produzieren, wären die Kosten durch Einnahmen aus Zwangsgebühren zu decken. Öffentliche Anbieter könnten damit rein finanziell betrachtet ein entsprechendes Angebot produzieren und somit garantieren, dass die Medien ihre demokratischen Kontrollfunktionen erfüllen. Doch ergibt sich das Problem des Kontrollregresses: Quis custodiet ipsos custodes? Da anzunehmen ist, dass auch bei öffentlichen Medienunternehmen Opportunitätskosten der Qualitätsproduktion auftreten, liegt auch hier moralisches Risiko und damit ein Kontrollproblem vor. Jedoch: Nimmt man die Nachrichtensendungen des öffentlich-rechtlichen Fernsehens als ein Format, das zumindest vom Anspruch her dem oben beschriebenen idealen Medienprodukt nahe kommt, stößt man ebenfalls wieder auf ein Vertrauensparadoxon. Die Glaubwürdigkeitswerte etwa der Tagesschau sind sehr gut.

Kann das Vertrauensparadoxon wiederum durch Reputation erklärt werden? Ein möglicher theoretischer Ansatz sei abschließend skizziert. Folgende Annahmen werden dazu getroffen:

- Es gibt zwei öffentliche Sender, die konkurrierende Nachrichtensendungen anbieten.
- Wie bei den Qualitätszeitungen beschreibt die redaktionelle Einhaltung der journalistischen Grundnormen die zentrale Leistungserwartung hinsichtlich der journalistischen Qualität.
- Wie bei den Qualitätszeitungen können die Experten beurteilen, ob in der Berichterstattung über das Themenfeld ihrer Expertenschaft die journalistischen Grundnormen beachtet werden.
- Die Nachrichtensendungen werden jeweils von einem großen Anteil der Bevölkerung rezipiert. Jeder Zuschauer steht mit hoher Wahrscheinlichkeit in vertrauensvollem kommunikativen Kontakt zu einem oder mehreren Zuschauern, die dieselbe Nachrichtensendung rezipieren.

In einer solchen Situation wäre die Existenz von Exit-Drohungen gut begründbar. Weil die Entscheidung, eine der Nachrichtensendungen zu rezipieren, als eine moralische Entscheidung interpretiert wird, ist auch die Entscheidung, dies nicht mehr zu tun, als eine solche aufzufassen. Da eine Missachtung der journalistischen Grundnormen - in welchem Themenfeld auch immer - als eine Ausbeutung des moralischen Handelns der Bürger zu deuten ist, kann erwartet werden, dass die Zuschauer normenbrechende Sender mit ihrer Abwanderung bestrafen. Die Verletzung der journalistischen Regeln würde damit zunächst zur Abwanderung der Experten führen. Aufgrund der vertrauensvollen Kontakte, die die Zuschauer der Nachrichtensendungen untereinander pflegen, besteht für den betreffenden Sender jedoch zudem die Gefahr eines Lauffeuer-Effekts: Die Kunde von der Missachtung der impliziten Leistungserwartungen könnte ‚die Runde machen' und eine Anzahl von Zuschauern zur Abwanderung bewegen, die ein Vielfaches der Expertenzahl ausmachen könnte. Ein Bruch des impliziten Kontrakts könnte so bei einem großen Anteil des Publikums zu einer Vernichtung der Titel- oder Markenreputation der Sendung und somit zu einer, insbesondere in Relation zur steigenden Quote der Konkurrenz, deutlich abfallenden Zuschauerquote führen.

Eine entscheidende Frage aber ist, ob die Markenreputationen für die Entscheidungsträger in den Sendern überhaupt von Wert wären. Geht man im Sinne der ökonomischen Theorie der Bürokratie davon aus, dass diese unter anderem ein möglichst großes Budget anstreben, so wären ungebrochene Markenreputationen für sie dann wertvoll, wenn der Verlust der Reputationen die politische Akzeptanz der Gebührenfinanzierung des Senders mindern würde. In der beschriebenen Situation wäre dies denkbar, da eine sinkende Quote für alle Beteiligte ein zuverlässiges Signal für eine schlechte Aufgabenerfüllung abgäbe.

6 Fazit

Als eine journalistische Institution kann der funktionsfähige journalistische Wettbewerb die Transaktionskosten des Journalismus so stark reduzieren, dass eine arbeitsteilige Qualitätskontrolle durch die Rezipienten möglich wird. Eine ausreichende demokratische Funktionalität der Medien kann der freie Wettbewerb aus Sicht der NIÖ nicht hervorbringen, da Medienprodukte, die eine demokratische Kontrolle der Politik ermöglichen könnten, betriebswirtschaftlich als Verlustgeschäfte zu qualifizieren sind. Wie eine effektive Kontrolle eines durch öffentliche Medienunternehmen bereitgestellten Angebots solcher Medienprodukte am besten gewährleistet werden könnte, ist offen.

Kommentierte Literaturhinweise

Heinrich, Jürgen (1996): Qualitätswettbewerb und/oder Kostenwettbewerb im Mediensektor, in: Rundfunk und Fernsehen (44): 165-184

Analysiert das fundamentale Qualitätsproblem auf journalistischen Medienmärkten sowie dessen Folgen.

Kiefer, Marie-Luise (2001): Medienökonomik, München/Wien: R. Oldenbourg

Ein methodologisches Plädoyer für eine institutionenökonomische Medienökonomik findet sich in Kapitel 11

Richter, Rudolf/Eirik Furubotn (1999): Neue Institutionenökonomik, 2. Aufl., Tübingen: J.C.B. Mohr

Das internationale Standardlehrbuch der Neuen Institutionenökonomik

Williamson, Oliver E. (1989): Transaction Cost Economics, in: Richard Schmalensee/Robert Willig (Hg.): Handbook of Industrial Organization, Volume I, Amsterdam, North-Holland: 135-182

Eignet sich als Kurzeinführung in die institutionenökonomische Kontrakttheorie.

WIRTSCHAFTSWISSENSCHAFTLICHE PERSPEKTIVE V

Medienwirtschaftliche Dienstleistungen

Übertragung dienstleistungstheoretischer Ansätze auf Produktion und Absatz von Medienangeboten

Karl-Heinz Weigand

Die Tätigkeit von Medienunternehmen wird als Befriedigung von Artikulationsbedürfnissen auf Kommunikatormärkten und Informationsbedürfnissen auf Rezipientenmärkten charakterisiert. Bei Leistungen wie Distribution, Vermittlung von Verwertungsrechten oder der Wahrnehmung von Werbeträgerfunktionen ist die Erbringung medienwirtschaftlicher Dienstleistungen offensichtlich. Zurückhaltung herrscht dagegen bei der Vorstellung, dass publizistische und/oder künstlerische Medienangebote als Serviceleistungen der Medien gegenüber ihren Rezipienten zu interpretieren sind. Unter Heranziehung der betriebswirtschaftlichen Dienstleistungstheorie wird dieser Frage nachgegangen. Mithilfe des Modells der zwei-phasigen Dienstleistungsproduktion lässt sich zeigen, dass eine Medienleistung erst durch die Mitwirkung des Rezipienten als externem Produktionsfaktor zustande kommt. Mögliche Folgerungen aus der dienstleistungstheoretischen Interpretation der Kommunikator-Rezipienten-Beziehung werden abschließend angesprochen.

1 Medienwirtschaftliches Leistungsspektrum

Kommunikationstheoretisch gesehen stellen Medienbetriebe Kanäle zur Überbrückung einer Raum-/Zeitdistanz zwischen Kommunikator und Rezipient dar. Aus kommunikationspolitischer Sicht ist der von der Medienwirtschaft geleistete Informationstransfer erwünscht. Mit Blick auf die notwendige Meinungsvielfalt wird eine Kanalvielfalt gefordert. Gründung und Betrieb von Medienunternehmen erfolgen deshalb meist unter der besonderen Obhut einer Rechte und Pflichten definierenden staatlichen Medienpolitik.

Medienwirtschaftlich gesehen handelt es sich bei der Tätigkeit von Medienbetrieben um die Befriedigung von Artikulationsbedürfnissen (von Künstlern, Journalisten, Organisationen, werbetreibender Wirtschaft) auf der Kommunikatorseite und Informations-, (Meinungs-)Bildungs- und Unterhaltungsbedürfnissen auf der Rezipientenseite. Medienbetriebe erbringen folglich Leistungen für Interessenten auf Kommunikator- und Rezipientenmärkten.

Grundsätzlich lassen sich folgende medienwirtschaftlich relevanten Leistungsarten unterscheiden:

- Dienste der Daten(träger)distribution und Nachrichtenübermittlung,
- Werbeträgerleistungen,
- Vermittlung und Nutzung von Verwertungsrechten,
- Produktion publizistischer und/oder künstlerischer Medienangebote.

Die Distribution von physischen Datenträgern (zum Beispiel durch Pressegrosso, Postzeitungsdienst, Buchhandel, Videotheken) sowie die Dienste der Telekommunikation (zur Text-, Audio-, Stand-/Bewegtbild-Übertragung) stellen medienwirtschaftliche Infrastrukturleistungen dar.

Bietet ein Medienunternehmen seine Dienste als Werbeträger an, so besteht die zu erbringende Leistung im Transfer von werbewirtschaftlicher Information und deren Einbindung in ein publizistisches und/oder künstlerisches Medienangebot. Die Leistungspalette reicht dabei von der herkömmlichen Zeitungsanzeige, den TV- oder Hörfunk-Werbespots über aktuelle Sonderwerbeformen wie Productplacement und Sponsoring bis zur Verbreitung von durch die Werbung treibende Wirtschaft initiierten Redaktions- bzw. Programmbeiträgen. Die Übernahme von Werbeträgerdiensten ist für Medienunternehmen, die sich nicht oder nur teilweise über den Rezipientenmarkt finanzieren, von existentieller Bedeutung. Mit besonderer Aufmerksamkeit werden deshalb heute konkurrierende Werbeträgerleistungen der neuen Medien (zum Beispiel interaktive Werbeformen im Internet) beobachtet.

Die Vermittlung und Nutzung von Verwertungsrechten ist ein wichtiger Bereich medienwirtschaftlicher Betätigung.[1] Als markante Beispiele solcher Verwertungsgeschäfte sei verwiesen auf:

- den Ankauf, die drucktechnische Umsetzung und die Vermarktung von Text-, Ton- oder Bildbeiträgen durch Verlage,
- den Erwerb von Verleihrechten zur Auswertung von Spielfilmen im Kino,

1 Zur Bedeutung der - bisher von der Betriebswirtschaftslehre vernachlässigten - Güterkategorie „Verwertungsrechte“ vgl. Blümelhuber 2000: insbesondere 79 ff.

- die Verwertung von Agentur- und (Fremd-) Korrespondentenmeldungen durch Übernahme bzw. redaktionelle Aufbereitung in Nachrichtenredaktionen,
- den Ankauf von Drehbuchvorlagen, Drehbüchern und Musikrechten zur Verwertung in Film-, TV- oder Theaterproduktionen.

Die Produktion publizistischer und/oder künstlerischer Medienangebote wird als zentrale Aufgabe medienwirtschaftlicher Tätigkeit gesehen. Zur Realisierung einer Zeitungs-, Buch-, Film-, Fernseh- oder Multimediaproduktion, die wiederum Bestandteil eines Verlags-, Verleih- oder Rundfunkprogramms sein kann, bedarf es zunächst der Schaffung bzw. des Erwerbs von Verwertungsrechten. Mit Blick auf die Finanzierung der Medienproduktionen müssen zumindest bei werbefinanzierten Medien Werbeaufträge akquiriert werden, zur Präsentation des Medienprodukts sind Distributionsleistungen zu erbringen, die als medienwirtschaftliche Leistungsarten charakterisierten Tätigkeitsbereiche sind bei vielen Medienproduktionen also als Teilleistungen relevant. Im Einzelfall wird es von der Beantwortung der Frage des „Make-or-buy“, der angestrebten Fertigungstiefe, abhängen, ob und in welchem Umfang das Medienunternehmen die Leistungen in eigener Regie erstellt oder aber als Beiträge vorgelagerter Produktionsstufen bezieht bzw. nachgelagerten Stufen überträgt.

Bei der Distribution von Datenträgern bzw. der Übertragung elektronischer Datenströme handelt es sich offensichtlich um die Erbringung von Handels- bzw. Transportdienstleistungen. Die Vermittlung von Verwertungsrechten durch Agenten bzw. Agenturen hat Dienstleistungscharakter. Die Werbeträgerfunktion eines Mediums kann aber nicht losgelöst von der publizistischen Leistung gesehen werden, da die so genannte Mediaqualität ständig nachgewiesen werden muss. Der Transfer einer Werbebotschaft - bei deren Akquisition und Erstellung auch darauf spezialisierte Agenturen mitwirken können - wird zumindest gegenüber den Werbetreibenden als Dienstleistung verstanden. Zurückhaltung herrscht dagegen bei der Vorstellung, dass publizistische und/oder künstlerische Medienangebote als Serviceleistungen der Medien gegenüber ihren potenziellen Rezipienten zu interpretieren sind. Vor allem mit Verweis auf die kommunikationspolitischen Aufgaben und die Funktion der Medien als Kulturträger wird bezweifelt, dass eine Dienstleistungsbeziehung zwischen Medienunternehmung und ihren Rezipienten besteht. Der Frage, ob die Medienwirtschaft ein Teil der Serviceindustrie ist bzw. ob der Medienrezipient Eigenschaften eines Dienstleistungsnehmers hat, soll deshalb im Folgenden nachgegangen werden.

2 Betriebswirtschaftliche Charakteristika von Dienstleistungen

Nachdem jahrzehntelang der Industriebetrieb im Mittelpunkt betriebswirtschaftlicher Abhandlungen stand, hat in den letzten Jahren die Zahl der Veröffentlichungen zur Serviceindustrie, also den Problemen der Dienstleistungsproduktion und -vermarktung stark zugenommen. Dadurch kam es sowohl zu Begriffsklärungen als auch zur Herausarbeitung von für Dienstleistungen typischen Charakteristika.

Zu folgenden Punkten besteht in der einschlägigen Literatur weitestgehend Übereinstimmung:[2] Dienstleistungen sind immaterieller Natur. Dienstleistungen können sowohl mit Blick auf den Ergebnis- wie auch auf einen Prozessnutzen des Dienstleistungsnehmers erstellt werden. Dienstleistungen können nur unter passiver oder aktiver Beteiligung des Dienstleistungsnehmers als externem Faktor entstehen.

➲ Dienstleistungen sind immaterieller Natur. Dienstleistungen können sowohl mit Blick auf den Ergebnis- wie auch auf einen Prozessnutzen des Dienstleistungsnehmers erstellt werden. Dienstleistungen können nur unter passiver oder aktiver Beteiligung des Dienstleistungsnehmers als externem Faktor entstehen.

Mit dem Hinweis auf die Immaterialität wird einerseits auf die ökonomisch schwer fassbaren menschlichen Leistungsfähigkeiten, wie sie bei Dienstleistungen zum Tragen kommen, aufmerksam gemacht. So stellen etwa Meyer/Westerbarkey (1991: 87) fest:

> „Da Dienstleistungsfähigkeiten von Menschen oder Maschinen von Natur aus nicht greifbare Leistungsversprechen darstellen, beruht der Vertrag zwischen Dienstleistungsanbieter und -nachfrager auf einem immateriellen (nicht greifbaren) Leistungsversprechen. Zum Zeitpunkt des Vertragsabschlusses kann zum Beispiel ein Friseur oder ein Chirurg seine Tätigkeit und das Ergebnis dieser Tätigkeit nur versprechen, niemals jedoch garantieren."

Andererseits wird darauf hingewiesen, dass zahlreiche Angebote Leistungsbündel aus materiellen und immateriellen Wertkomponenten darstellen. Es wird ein Kontinuum aufgezeigt, dessen Extremwerte von „100 Prozent materielles Gut" bis „100 Prozent immaterielles Leistungsangebot" reichen (vgl. Kiefer 2001: 142 sowie Weigand 1988: 169).

---

2 Wichtige deutschsprachige Veröffentlichungen sind: Maleri 1998, Meyer 1998, Bruhn/Meffert 1998, Bruhn/Stauss 1991, Corsten 1988, Corsten 1985, Maleri 1973.

Die Dienstleistung als immaterielles Gut kann als „Wirkung“ für den Dienstleistungsnachfrager etwa an sich selbst konkretisiert (zum Beispiel durch die Leistung eines Bodyguards) oder an Objekten (zum Beispiel durch die Leistung eines Fensterputzers) gekennzeichnet werden. Dabei dürfte im Falle des Personenschutzes eher ein Prozessnutzen (ein anhaltendes Gefühl der Sicherheit), bei der Fensterreinigung dagegen eher ein Ergebnisnutzen (klare Sicht) vorherrschen. Zu Leistungsergebnissen kommt es jedoch nur, wenn einerseits der Dienstleistungsanbieter über entsprechende Fähigkeiten verfügt und bereit ist, die Leistung zu erbringen und zum anderen der Dienstleistungsnachfrager in der Lage ist, sich selbst (aktiv oder passiv) oder zu bearbeitende Objekte in den Produktionsprozess einzubringen. Die betriebswirtschaftliche Dienstleistungstheorie bezeichnet die Beiträge des Dienstleistungsanbieters als interne, die Leistungen des Dienstleistungsnehmers als externe Produktionsfaktoren (vgl. hierzu insbesondere Maleri 1998, Corsten 1985, Meyer 1983, Maleri 1973).

Die betriebswirtschaftliche Dienstleistungstheorie bezeichnet die Beiträge des Dienstleistungsanbieters als interne, die Leistungen des Dienstleistungsnehmers als externe Produktionsfaktoren.

In der Literatur zur Dienstleistung findet sich so der Hinweis auf einen mehrstufigen Produktionsprozess. Wie sich aus dem in Abbildung 1 aufgezeigten Vergleich der Phasen von Sachgüter- und Dienstleistungsproduktion ergibt, werden bei Dienstleistungen zunächst die internen Produktionsfaktoren zur Herstellung einer Leistungsbereitschaft kombiniert, während es dann in einer zweiten Produktionsphase unter Einbeziehung der Leistungspotenziale des Dienstleistungsnehmers (externer Faktor) zur Erstellung der für ihn relevanten Dienstleistung kommt. Da dem Dienstleistungsnehmer das Ergebnis der internen Produktionsfaktoren-Kombination zur Verknüpfung mit dem von ihm einzubringenden Fremdfaktor zur Verfügung gestellt werden muss, ist die Dienstleistungserstellung dadurch charakterisiert, dass der Absatz vor der (End-)Produktion erfolgt. Der Dienstleistungsnehmer ist deshalb meist in der Situation, die „Katze im Sack“ kaufen zu müssen, was die Notwendigkeit eines besonderen Vertrauensverhältnisses in Dienstleistungsbeziehungen verdeutlicht.

Hinsichtlich der Immaterialität der Dienstleistung bedarf es gerade mit Blick auf Medienleistungen noch einer Modifikation (vgl. Meyer 1998: 829). Anstatt am Dienstleistungsnachfrager (oder seinen Objekten) können die internen Leistungsfähigkeiten auch an speziellen Speichermedien konkretisiert werden. Dadurch werden die Beiträge von Künstlern, Journalisten, Lehrern und anderen reproduzierbar. So können durch Vervielfältigung des Speichermediums bzw. die Online-Bereithaltung von Leistungsinhalten eigenständige, vom ursprünglichen Dienstleister losgelöste Angebote entstehen. In der Literatur findet sich hierfür der Begriff der „veredelten Dienstleistung".

➲ Anstatt am Dienstleistungsnachfrager (oder seinen Objekten) können die internen Leistungsfähigkeiten auch an speziellen Speichermedien konkretisiert werden. Dadurch werden die Beiträge von Künstlern, Journalisten, Lehrern und anderen reproduzierbar. So können durch Vervielfältigung des Speichermediums bzw. die Online-Bereithaltung von Leistungsinhalten eigenständige, vom ursprünglichen Dienstleister losgelöste Angebote entstehen. In der Literatur findet sich hierfür der Begriff der „veredelten Dienstleistung".

Die mit dem Begriff „Veredelung" assoziierbare Qualitätsverbesserung kann sich dabei aber nur auf die Aufhebung der Synchronität von Erbringung und Inanspruchnahme der Dienstleistung, also die erreichbare (zeitliche und/oder örtliche) Unabhängigkeit des Dienstleistungsnehmers vom Dienstleistungsanbieter beziehen, denn oftmals ist ja die Qualität einer Ton- oder Bild-„Konserve" nicht mit der des Live-Erlebnisses vergleichbar. In diesem Zusammenhang wird darauf verwiesen, dass die quantitative Beteiligung externer Faktoren die vom Abnehmer erlebte Dienstleistungsqualität beeinflussen kann. „So wird beispielsweise das Erleben etwa einer Sportveranstaltung, eines Rock-Konzertes, aber auch religiöser und anderer kultureller Veranstaltungen oft sehr nachhaltig durch die Beteiligung einer großen Zahl von Teilnehmern bestimmt" (Maleri 1998: 136).

Abbildung 1: Vergleich der Phasen von Sachgüter- und Dienstleistungsproduktion (in Anlehnung an Maleri 1998: 131)

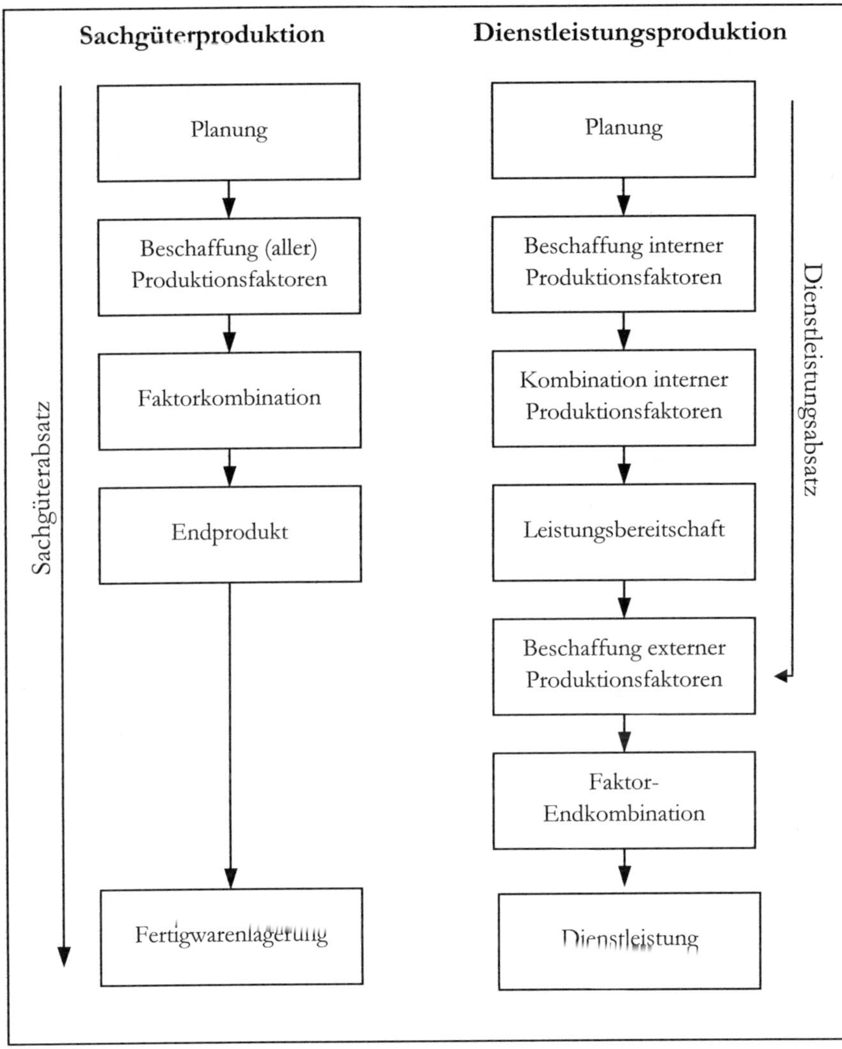

3 Produktion und Absatz medienwirtschaftlicher Leistungsangebote

Die Möglichkeit, immaterielle Dienstleistungen in materiellen Speichermedien „gerinnen" zu lassen, bestimmt vielfach die Leistungsbeziehung zwischen Kommunikator und Rezipient im Bereich der Medien, so etwa bei Produktion und Angebot materieller Datenträger der Printmedien (Buch, Zeitung, Zeitschrift) bzw. audiovisueller Medien (Audio-/Video-Platte, -Band, -Kassette, Film, CD-ROM, DVD). Beim Angebot so genannter On-demand-media werden elektronische Text-, Audio- und/oder Video-Datenbanken als Speichermedien für eine Online-Nutzung bereitgehalten.

Bei der Ausstrahlung von Rundfunkprogrammen (Radio, Fernsehen, Datenzusatzdienste), der Darbietung von Theater- und Konzertaufführungen sowie Filmvorführungen im Kino hat der Rezipient dagegen keinen Zugriff auf ein materialisiertes Angebot, es sei denn zeitversetzt, soweit ein Programmmitschnitt möglich ist.

Die Wahl des technischen Mediums determiniert also in besonderem Maße Art und Zusammenspiel der internen und externen Faktoren bei der Erstellung der Medienleistung. Bei Medienangeboten, die sich in materiellen Speichermedien niederschlagen, entsteht als Ergebnis einer Kombination interner Produktionsfaktoren ein marktfähiges Produkt, das positioniert und markiert werden kann (vgl. Meyer 1998: 829). Die externe Rezipientenleistung wird asynchron bei Erwerb des Datenträgers und seiner individuellen Nutzung erbracht. Der Dienstleistungsnehmer hat dabei Spielräume hinsichtlich Art, Rezeptionsreihenfolge und -geschwindigkeit sowie Zeitpunkt und Ort der Informationsaufnahme und -bewertung.

Beim Angebot immaterieller Rundfunkleistungen wie auch bei Theater- und Konzertveranstaltungen bzw. bei Filmvorführungen im Kino ist der Rezipient zumindest zeitlich, zum Teil auch örtlich, in den Dienstleistungsproduktionsprozess eingebunden. Rezeptionsreihenfolge und -geschwindigkeit werden vom Dienstleistungsanbieter vorgegeben.

Die so genannten On-demand-media, deren elektronisch gespeicherte Informationspotenziale über Telekommunikationstechnik dezentral angeboten werden, heben dagegen wiederum die zeitliche und örtliche Bindung des Rezipienten an das Leistungsangebot des Kommunikators auf.

Bei solchen Medien (wie Online-Services, öffentlichen Datenbanken in Computernetzen, Video-on-demand) wird besonders deutlich, dass zunächst in einer ersten Produktionsphase die Leistungsbereitschaft hergestellt werden muss. Im Einzelnen handelt es sich dabei um:

- Aufbau und Pflege der Medieninhalte (zum Beispiel Aufbau und Wartung von Datenbanken bzw. Videoservern),
- Sicherung der technologischen Dienstbereitschaft durch das Angebot einer örtlich und zeitlich nutzungsbereiten Computer-, Speicher- und Telekommunikationstechnik,
- Entwicklung und Bereithaltung einer möglichst einfach zu handhabenden Benutzerschnittstelle.

In der zweiten Produktionsphase erfolgt durch den die Leistungsbereitschaft nutzenden Rezipienten die Leistungsendkombination. Sie setzt voraus, dass der Rezipient sein Informationsinteresse erkennen und artikulieren, die Hard- und Software-Komponenten handhaben sowie die ausgewiesenen Medieninhalte verstehen und bewerten kann (s. Abbildung 2) (vgl. hierzu Weigand 1988: 170; Weigand 1983: 8).

Abbildung 2: Produktionsprozess interaktiver Mediendienstleistungen

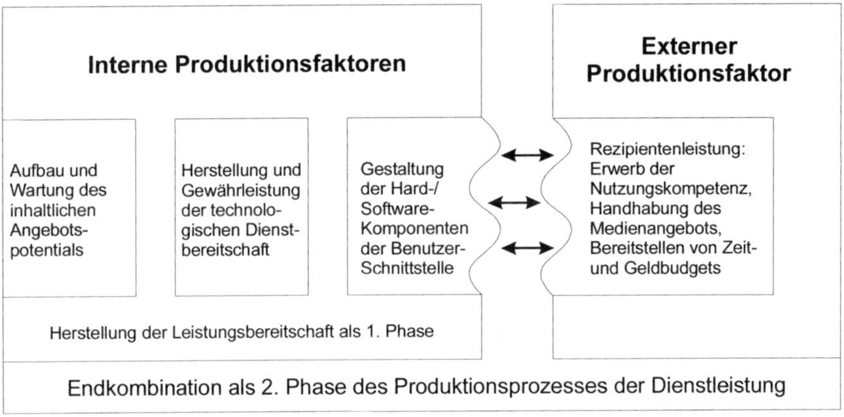

Erfolgt die Mediennutzung mit dem Ziel, konkrete Informationen zu erhalten („instrumentale Kommunikation"), so wird bei einer Leistungsbewertung Geschwindigkeit und Umfang der Informationsbedarfsbefriedigung zu Buche schlagen. Werden Medienangebote dagegen zum Zwecke des Zeitvertreibs (wobei instrumentale Kommunikation auch „konsumatorische Aspekte" gewinnen kann) genutzt,[3] so dürfte insbesondere der Verlauf des Dienstleis-

3 Zur Unterscheidung in instrumentale und konsumatorische Kommunikation vgl. Baacke 1980: 162 ff.

tungsprozesses und der sich daraus ergebende Unterhaltungsnutzen im Vordergrund stehen: Bei Darbietung einer Komödie ist der Zuschauer nur in Ausnahmefällen am schnellen Erreichen des Happy Ends interessiert. Im Normalfall dürfte er bereit sein, Zeit, Geld und entsprechende Aufmerksamkeit zu investieren, um sich durch dramaturgisch gestaltete „Irrungen und Wirrungen" unterhalten zu lassen.

In diesem Zusammenhang gilt es zu verdeutlichen, dass es normalerweise das Anliegen eines Dienstleistungsanbieters sein wird, die Belastungen des Dienstleistungsnehmers bei seiner Mitwirkung als externem Produktionsfaktor möglichst gering zu halten.

Mit dem Angebot interaktiver Medienleistungen geht jedoch die Tendenz einer stärkeren Externalisierung, also einer Übertragung von Aufgaben auf den Rezipienten einher. Dies kann einmal als zusätzliche Belastung des Dienstleistungsnehmers gesehen werden, zum anderen bedeutet es aber auch seine stärkere Integration in den Produktionsprozess mit der Chance eines individuellen Leistungsergebnisses. So verlangt das Navigieren in einem Hypertextsystem oder das „Mitspielen" in einem interaktiven Film zwar neue Rezipientenleistungen, diese werden aber vielleicht als positive Herausforderung verstanden und als Zusatznutzen gewertet.

4 Nutzen einer dienstleistungstheoretischen Interpretation medienwirtschaftlichen Handelns

Bei einer sich individualisierenden Massenkommunikation werden Kommunikatoren immer weniger mit den vagen Kommunikationsinteressen eines dispersen Publikums als vielmehr mit den konkreten Informationsbedürfnissen von Special-Interest-Gruppen bzw. Informationen bewusst selektierenden Rezipienten konfrontiert. Gefragt ist nicht so sehr die „Aufklärung der Masse" sondern die gezielte Bedürfnisbefriedigung von Rezipienten(-Gruppen). Begünstigt wird diese Zielgruppenorientierung noch durch die von Seiten der werbetreibenden Wirtschaft gewünschte Publikumssegmentierung zur Verminderung von Streuverlusten bei Werbeschaltungen. Rezipienten- und Werbemarkt zwingen so den Medienproduzenten, sein Leistungsprofil stärker auf potenzielle Rezipienteninteressen auszurichten.[4]

4 Diese Entwicklung wird auch ganz allgemein mit der Kommerzialisierung und Technisierung der öffentlichen Kommunikation begründet, die die Medienunternehmen zwingt „ die produktive und allokative Effizienz ihrer Produktion zu steigern, also billiger zu produzieren und genauer das zu produzieren, was den ‚Wünschen des Publikums' entspricht" (Heinrich 1994: 171f.).

Die Medienangebote werden von Rezipienten verstärkt unter dem Blickwinkel ihres Beitrags zu persönlichen Problemanalysen und -lösungen gesehen. Hieraus ergeben sich - und dies ist dem an „Kundenorientierung" in einer Dienstleistungsgesellschaft gewöhnten Bürger nicht fremd - Maßstäbe einer Relevanz- und Qualitätsbeurteilung der Medienleistung. Entwicklungen der Medientechnik - das digitalisierte Dokument präsentiert in multimedialer Form, angeboten von Multimedienkonzernen - entlassen den Rezipienten darüber hinaus aus traditionellen Medienbindungen: Nicht die Art des Kommunikationskanals, sondern der Nutzen eines Medienangebots wird deshalb zunehmend das Rezipientenbewusstsein bestimmen.

Trat in der Vergangenheit nicht die vom Kommunikator gewünschte Wirkung beim Rezipienten ein, so konnte auf die schwer prognostizierbaren Interessen eines dispersen Publikums verwiesen werden. Auch der Rezipient neigt bei Nichterhalt der von ihm erwarteten Mediengratifikation dazu, dem an den konkreten Kommunikationsbedürfnissen „vorbeiproduzierenden" Kommunikator die Schuld zuzuweisen. Begreifen sich aber beide Seiten als an der Medienleistung beteiligt, so besteht die Chance, dass die gemeinsame Verantwortung für das Zustandekommen der Mediendienstleistung besser erkannt und somit beidseitig das Leistungsergebnis gefördert wird. Insoweit könnte man auch behaupten, dass die dienstleistungstheoretische Interpretation der Kommunikator-Rezipienten-Beziehung zwischen dem kommunikationswissenschaftlichen Wirkungs- und Nutzenansatz vermittelt.

Sie verdeutlicht dem Medienmacher, dass die Medienleistung letztlich immer erst durch das Zutun des Rezipienten „in dessen Kopf" entsteht und macht zum anderen dem Rezipienten seine unabdingbare Rolle als selbstbestimmender, somit seinen Mediennutzen beeinflussender Partner klar.

➲ Die dienstleistungstheoretische Interpretation der Kommunikator-Rezipienten-Beziehung verdeutlicht dem Medienmacher, dass die Medienleistung letztlich immer erst durch das Zutun des Rezipienten „in dessen Kopf" entsteht und macht zum anderen dem Rezipienten seine unabdingbare Rolle als selbstbestimmender, somit seinen Mediennutzen beeinflussender Partner klar.

Dies entspricht der dienstleistungstheoretischen Erkenntnis, dass der externe Produktionsfaktor wichtige Einflussgröße der Leistungsqualität ist. Danach lassen sich bestmögliche Leistungsergebnisse nur erzielen, wenn interne Faktoren bzw. die Dienstbereitschaft als Ergebnis ihrer Kombination mit den externen Produktionsfaktoren „kompatibel" sind. Der angebotenen Leistungsbereitschaft des Mediums muss zum Gelingen des Angebotstransfers ein adäquates Verhalten des Rezipienten entsprechen.

Hierbei besteht die Gefahr, dass für den Kommunikator die erbrachte Medienleistung mit der angebotenen Leistungsbereitschaft endet, während der Rezipient Leistungsqualität und -nutzen erst mit dem von ihm mit erarbeiteten Endergebnis verbindet. Ignoriert der Kommunikator die Rezipientenbemühungen in dieser zweiten Produktionsphase und die dadurch wesentlich geprägte Einschätzung des Leistungsergebnisses, so kommt es leicht zu einer divergierenden Bewertung von Qualität und Nutzen der Mediendienstleistung.

Die Folge kann eine mangelnde Akzeptanz bzw. ineffiziente Nutzung des Medienangebotes sein. Eine vorschnelle Kritik neigt dann zu einer Art „Publikumsbeschimpfung", die den Verdacht äußert, dass Qualitätsjournalismus, anspruchsvolle Unterhaltung oder interaktive Medienangebote zur raschen Überforderung vieler Rezipienten führen. Ob oder inwieweit zumindest ein Mitverschulden der Angebotsseite vorliegt, wird dagegen seltener thematisiert. Dabei hat die empirische Ursachenanalyse einer möglichen Asymmetrie zwischen den Nutzungsanforderungen eines Medienangebots und den individuellen Rezipientenfähigkeiten durchaus Tradition. So werden zur Verbesserung der Werbekommunikation formale und inhaltliche Gestaltungsmerkmale von Anzeigen, Plakaten oder Fernsehwerbespots einem repräsentativen Testpublikum zur Überprüfung ihrer Akzeptanz und Wirkung vorgestellt und je nach Bewertungsergebnis verändert oder zurückgezogen. Zumindest US-amerikanische Filmproduktionen werden hinsichtlich Inhalt, Dramaturgie, Besetzung sowie mit Blick auf bild- und musikästhetische Gestaltung oft einem in allen Produktionsphasen denkbaren Publikumstest unterworfen und gegebenenfalls modifiziert. Auch macht man sich bei der Entwicklung benutzerfreundlicher Schnittstellen von interaktiven Medien die empirischen Ergebnisse der Computerergonomie zur Gestaltung effizienter Mensch-Maschine-Dialoge zu Nutze.

Beziehen sich diese Bemühungen auf formale Gestaltungen zur Erleichterung des Medien-Handlings (Layout, Hard-/Software-Benutzeroberfläche oder ähnliches), ist meist Zustimmung zu erwarten. Kritik wird jedoch dann laut, wenn hinsichtlich der Medieninhalte Kompromisse mit Blick auf die Rezipientenbelastung eingegangen werden. So wird befürchtet, dass eher leicht rezipierbare bzw. Dissonanzen vermeidende Kommunikatorleistungen angeboten werden, um Abnehmer der Mediendienstleistung zu gewinnen oder zu halten.[5] Mit Verweis auf die Anpassungsbereitschaft an den breiten Publikumsgeschmack bei „Yellow-Press" und Unterhaltungsmedien herrscht zumindest unter „seriösen" Medienmachern die Meinung vor, dass die Medienqualität nicht durch eine Publikumsforschung bestimmt werden darf. Ergebnisse solcher Analysen sollen bestenfalls für ein Werbemarketing, aber nicht für ein Redaktionsmarketing, das den Rezipienten und seine Informations- und Kommunikationsbedürfnisse in den Mittelpunkt stellt, verwendet werden.[6] Dies führt zum Beispiel dazu, dass von publizistischer Seite Servicebeiträge, die auf konkrete Problemstellungen des Lesers, Hörers oder Sehers Antwort geben wollen, mit der Kennzeichnung „Ratgeber-Journalismus" eher abqualifiziert werden. Auch wird eine Berichterstattung im „Infotainment-Stil" meist mit einem Verlust an journalistischen Standards in Verbindung gebracht.[7] Aus Dienstleistungssicht lassen sich aber solche Medienangebote durchaus auch positiv beurteilen. Denn bietet der Kommunikator für den Rezipienten direkt verwertbare Informationen an, so wird er dessen Aufmerksamkeit leichter gewinnen. Präsentiert er seine Dienstbereitschaft in „unterhaltender" Form, so besteht zumindest die Chance, dass er die Bereitschaft und Fähigkeit vieler Rezipienten zur Erbringung ihrer Leistung als externe Produktionsfaktoren steigert.

Das Gelingen des Medien-Nutzungsprozesses ist zentrales Anliegen der Medienpädagogik. Dabei steht die Ausstattung des Rezipienten - weil wohl als leistungsschwächer eingeschätzt - mit entsprechender Medien-(Nutzungs-) Kompetenz im Vordergrund. Die Medien-(Angebots-)Kompetenz des Kommunikators wird dagegen nachrangig behandelt. Vielleicht kann deshalb die Interpretation der Kommunikator-Rezipienten-Beziehung als zweiphasiger Dienstleistungsprozess gerade auch für die Medienpädagogik neue Akzente setzen. Konkret ist sie aufgerufen, einerseits Kriterien für eine rezipienten-

---

5 So hat etwa Anfang der 70er Jahre Roepke mit Blick auf den durch die Medien zu fördernden Prozess der öffentlichen Meinungsbildung davor gewarnt, Meinungsströme an gegebenen Meinungs- und Bedürfnisstrukturen auszurichten und gefordert, dass die kritische Vernunft und nicht die Befriedigungskompetenz kommunikativer Bedürfnisse Maßstab journalistischen Handelns sein soll (vgl. Roepke 1970)

6 So stellt Wyss als Ergebnis empirischer Untersuchungen fest, dass ein Großteil der Journalisten die Ergebnisse der Leserschafts- und Publikumsforschung nicht als „Gradmesser für journalistische Qualität" akzeptiert, vielmehr der Ansicht ist, dass solche Forschungsergebnisse primär ökonomischen Zielen dienen und vorwiegend auf die Bedürfnisse der Werbewirtschaft ausgerichtet sind (vgl. Wyss 2000: 169).

7 Damit wird wohl einem Unbehagen Ausdruck verliehen, das Meckel (1999: 165) mit „ vom missachteten zum beachteten Leser oder vom beachteten zum missachteten Journalisten" kolportiert.

orientierte Leistungsbereitschaft des Kommunikators zu erarbeiten und andererseits den Dienstleistungsnehmerbeitrag stärker als bisher zu verdeutlichen sowie die hierfür notwendige Rezipientenqualifikation zu vermitteln.

Kommentierte Literaturhinweise

Maleri, Rudolf (1998): Grundlagen der Dienstleistungsproduktion, in: Manfred Bruhn/Heribert Meffert (Hg.): Handbuch Dienstleistungsmanagement - Von der strategischen Konzeption zur praktischen Umsetzung, Wiesbaden, Gabler: 117 ff.

Maleri kommt das Verdienst zu, dass er bereits Anfang der 70er Jahre die Problematik der Dienstleistungsproduktion thematisiert hat. Im vorliegenden Beitrag werden im Rahmen eines interessanten Sammelwerks und unter Heranziehung der zwischenzeitlich erschienenen Fachliteratur die frühen Überlegungen des Verfassers aktualisiert wiedergegeben.

Meyer, Anton (1998) (Hg.): Handbuch des Dienstleistungsmarketings, 2 Bde., Stuttgart: Schäffer-Poeschel

In dem umfangreichen Sammelwerk zeigen Wissenschaftler und Praktiker an Hand von konkreten Beispielen (darunter auch solchen aus der Medienwirtschaft) die Probleme bei der Vermarktung von Dienstleistungen auf. Dabei wird die Spannweite dieses sich ständig vergrößernden Wirtschaftssektors deutlich.

Meyer, Anton/Peter Westerbarkey (1991): Bedeutung der Kundenbeteiligung für die Qualitätspolitik von Dienstleistungen, in: Manfred Bruhn/Bernd Stauss (Hg.): Dienstleistungsqualität. Konzepte, Methoden, Erfahrungen, Wiesbaden, Gabler: 83 ff.

In dem Modell der zweiphasigen Dienstleistungsproduktion hat der Dienstleistungsunternehmer (Kunde) die Funktion eines externen Produktionsfaktors. Das heißt, die Art und Weise seiner Mitwirkung beeinflusst das Dienstleistungsergebnis ganz wesentlich. Bei der Beschäftigung mit der Dienstleistungsqualität - die im Mittelpunkt des Sammelwerks von Bruhn/Strauss steht - kommt deshalb dem Beitrag von Meyer/Westerbarkey zur Kundenbeteiligung als wichtiger Bestimmungsgröße der Qualität von Dienstleistungen eine zentrale Bedeutung zu.

Medien und Wettbewerbstheorie

Marco Czygan/Hermann H. Kallfaß

Der Beitrag stellt die Grundzüge der ökonomischen Wettbewerbstheorie dar und wendet diese auf die Medien an. Nach einer Erläuterung der Wettbewerbsfunktionen werden die wichtigsten Leitbilder des Wettbewerbs vorgestellt. Die normativen Leitbilder geben Aufschluss über die Ziele und die einzusetzenden Instrumente der Wettbewerbspolitik. Daran anschließend werden das Marktstruktur-Marktverhalten-Marktergebnis-Paradigma der industrieökonomischen Forschung sowie neuere Entwicklungen in der Wettbewerbsanalyse vorgestellt. Die differenzierten und vielfach bewährten industrieökonomischen Analyseverfahren sind auch auf den Wirtschaftsbereich Medien anzuwenden, da ökonomischer Wettbewerb in der Regel publizistischem Wettbewerb nicht zuwiderläuft, sondern vielmehr dessen Voraussetzung ist. Wichtige Erkenntnisse vorliegender Studien zu Fragen der Marktabgrenzung im Medienbereich sowie zu Analysen der Marktstruktur und des Marktverhaltens werden vorgestellt. Von besonderer Bedeutung sind die Einflüsse institutioneller Rahmenbedingungen auf die Marktstrukturen sowie die Wirkungen der Marktstrukturen auf das Verhalten und die Marktergebnisse. Die vorgestellten Studien helfen, die Wirkungen der politisch gesetzten Rahmenbedingungen auf Medienmärkten zu identifizieren und alternative Handlungsempfehlungen für die Ordnungspolitik zu formulieren. Der Beitrag endet mit der Feststellung, dass es in Deutschland noch an wettbewerbstheoretischen Studien des Medienbereichs mangelt und die bereits gewonnen Erkenntnisse oftmals noch der wettbewerbspolitischen Umsetzung harren.

1 Einleitung

Medienunternehmen stehen im ökonomischen Wettbewerb zueinander. Wenn sie auf Märkten agieren, entstehen Wettbewerbsprozesse, die insbesondere für die Gestaltung der gesetzlichen und institutionellen Rahmenbedingungen viele Fragen aufwerfen: Führt der Wettbewerb unter lokalen Tageszeitungen zwangsläufig dazu, dass nur ein Monopolanbieter überlebt? Welche Wirkungen hat eine Zunahme der Konzentration unter den Rundfunkveranstaltern auf die Differenzierung der Programme? Welche Wirkungen hat das staatliche Lizenzvergabeverfahren auf den Wettbewerb zwischen den Anbietern? Welche staatliche Regulierung hat als künstliche Eintrittsbarriere negative Wirkungen auf die Wettbewerbsprozesse?

Zur Beantwortung dieser und weiterer Fragen stehen der Wissenschaft und der Politik die Erkenntnisse der Wettbewerbstheorie zur Verfügung. Ziel dieses Beitrages ist es, die Grundzüge der Wettbewerbstheorie darzustellen und deren Anwendung auf die Medien aufzuzeigen. Zu diesem Zweck werden zunächst die grundsätzlichen Funktionen des Wettbewerbs dargestellt. In den Wirtschaftswissenschaften entwickelte die Wettbewerbstheorie verschiedene Leitbilder, die Aufschluss über die Ziele und die einzusetzenden Instrumente der Wettbewerbspolitik geben.

➲ In den Wirtschaftswissenschaften entwickelte die Wettbewerbstheorie verschiedene Leitbilder, die Aufschluss über die Ziele und die einzusetzenden Instrumente der Wettbewerbspolitik geben.

Im Anschluss an den Überblick über die Leitbilder wird der Marktstruktur-Marktverhalten-Marktergebnis-Ansatz der Industrieökonomik in seiner heutigen Fassung darstellt, da er die meisten und die am weitesten verbreiteten Instrumente zur Markt- und Wettbewerbsanalyse liefert. Auf dieser Grundlage werden wichtige Anwendungsfelder der Industrieökonomik im Medienbereich präsentiert. Der Beitrag endet mit einem Ausblick auf offene Forschungsfragen sowie den politischen Umsetzungsbedarf der Erkenntnisse.

2 Wettbewerbstheorie: Funktionen und Leitbilder des Wettbewerbs

In einer Marktwirtschaft ist der Wettbewerb das zentrale Verfahren zur Koordination der dezentralen Entscheidungen (vgl. hierzu die Lehrbücher zur Wettbewerbstheorie und -politik, zum Beispiel Schmidt 2001; Herdzina 1999; Olten 1998). Auf einer Vielzahl von Märkten treffen die Pläne der Marktteilnehmer aufeinander, es bilden sich Preise, und es erfolgen Entscheidungen, wie die knappen Mittel auf miteinander konkurrierende Zwecke verteilt werden. Der Wettbewerb wirkt als Anreiz-, Lenkungs-, Sanktions- und Kontrollmechanismus.

> Auf einer Vielzahl von Märkten treffen die Pläne der Marktteilnehmer aufeinander, es bilden sich Preise, und es erfolgen Entscheidungen, wie die knappen Mittel auf miteinander konkurrierende Zwecke verteilt werden. Der Wettbewerb wirkt als Anreiz-, Lenkungs-, Sanktions- und Kontrollmechanismus.

Dies gilt sowohl für den Parallelprozess zwischen den Konkurrenten auf einer Marktseite als auch für den Austauschprozess zwischen Anbietern und Nachfragern.

Der Wettbewerbsprozess wird positiv bewertet, wenn er verschiedene ökonomische Funktionen erfüllt. Als erste Funktion ist die Angebotssteuerung nach den Käuferpräferenzen zu nennen.

> Der Wettbewerbsprozess wird positiv bewertet, wenn er verschiedene ökonomische Funktionen erfüllt. Als erste Funktion ist die Angebotssteuerung nach den Käuferpräferenzen zu nennen. Eine zweite Funktion besteht in der effizienten Faktorallokation. Des Weiteren hat der Wettbewerb eine Verteilungsfunktion auszuüben. Die vierte Wettbewerbsfunktion ist die Durchsetzung des technischen Fortschritts. Außerdem erzeugt Wettbewerb eine Anpassungsflexibilität bei Datenveränderungen (fünfte Wettbewerbsfunktion).

Dies bedeutet, dass sich die Vielfalt der in einer Volkswirtschaft angebotenen Güter und deren jeweilige qualitative Ausprägung ausschließlich an den Präferenzen der Konsumenten orientieren sollen.

Eine zweite Funktion besteht in der effizienten Faktorallokation. Der Wettbewerb soll dafür sorgen, dass die angebotenen Güter zu geringstmöglichen Kosten produziert werden. Des Weiteren hat der Wettbewerb eine Verteilungsfunktion auszuüben, indem das im Marktprozess erzielte Einkommen nach der Marktleistung verteilt wird.

Die vierte Wettbewerbsfunktion ist die Durchsetzung des technischen Fortschritts. Wettbewerb soll durch Anreize und Sanktionen bewirken, dass Unternehmen neue Produkte (Produktinnovation) und/oder kostengünstigere Produktionsverfahren (Prozessinnovation) entwickeln und einsetzen. Außerdem erzeugt Wettbewerb eine Anpassungsflexibilität bei Datenänderungen (fünfte Wettbewerbsfunktion). Dies bedeutet, dass die Wirtschaftssubjekte sich an veränderte Nachfragestrukturen und verbesserte Produktionstechniken so schnell und reibungslos wie möglich anpassen müssen.

Über diese oder ähnlich formulierte ökonomische Funktionen hinaus hat der Wettbewerb auch gesellschaftspolitische Funktionen zu erfüllen. Wirksamer Wettbewerb eröffnet den am Marktgeschehen Beteiligten Freiheitsspielräume und sorgt für eine einigermaßen gleichmäßige Machtverteilung in Wirtschaft und Gesellschaft, er verhindert eine Konzentration wirtschaftlicher Macht in den Händen weniger.

Aus der Erkenntnis heraus, dass jeder Wettbewerb einer Ordnung bedarf, haben Ökonomen mehrere wettbewerbspolitische Leitbilder konzipiert. Die normativen Leitbilder konkretisieren die Ziele der Wettbewerbsordnung und befassen sich mit möglicherweise auftretenden Zielkonflikten. Außerdem wird entwickelt, mit welchen Instrumenten die Ziele erreicht werden sollen.

➲ Die normativen Leitbilder konkretisieren die Ziele der Wettbewerbsordnung und befassen sich mit möglicherweise auftretenden Zielkonflikten. Außerdem wird entwickelt, mit welchen Instrumenten die Ziele erreicht werden sollen.

Teilweise erfolgen auch Aussagen darüber, unter welchen Bedingungen Markt- beziehungsweise Wettbewerbsversagen vorliegt, also die für das Funktionieren von Märkten notwendigen Bedingungen nicht erfüllt werden. Im Folgenden werden die wichtigsten wettbewerbspolitischen Leitbilder kurz vorgestellt.

Als Reaktion auf das merkantilistische Wirtschaftssystem im 18. Jahrhundert mit seiner obrigkeitsstaatlichen Wirtschaftspolitik entstand das Leitbild des klassischen Liberalismus. Das von Adam Smith und anderen entwickelte Konzept basiert auf der Überlegung, dass die Wirtschaftssubjekte, von einem natürlichen Egoismus angetrieben, nicht nur ihren individuellen Wohlstand fördern, wenn sie von staatlicher Bevormundung befreit sind, sondern zugleich auch den volkswirtschaftlichen Wohlstand. Das freie Spiel der Wettbewerbskräfte auf den Märkten lenke die am Eigeninteresse ausgerichteten Handlungen der Wirtschaftssubjekte und führe die Volkswirtschaft zum allgemeinen Wohlstand. Der Wettbewerb koordiniere und sanktioniere die individuellen Aktionen der Wirtschaftssubjekte wie eine unsichtbare Hand, so dass ein weitaus höherer allgemeiner Wohlstand erreicht wird als bei zentraler Verwaltung durch einen Souverän. Die Aufgabe des Staates besteht dann primär darin, eine Ordnung zu schaffen, die den Bürgern wirtschaftliche Freiheitsrechte gewährt sowie offene Märkte und freien Handel sichert.

Das neoklassische Konzept untersuchte, unter welchen konkreten Bedingungen der Wettbewerb die egoistischen individuellen Handlungen zu einem gesamtwirtschaftlichen Wohlfahrtsmaximum führt. Es formulierte das Modell der vollständigen Konkurrenz, das auf sehr restriktiven Annahmen basiert, unter anderem wird eine stationäre Wirtschaft mit gegebener Ausstattung postuliert, vollständiges Wissen, vollkommene Homogenität und fehlende Markteintrittsbarrieren. Das Modell führt zu einem Gleichgewicht, in dem eine maximale statische Effizienz vorliegt. Es ergibt sich beispielsweise, dass im Gleichgewicht alle Anbieter im Minimum ihrer durchschnittlichen Kosten produzieren und der Marktpreis den Grenzkosten der Anbieter entspricht. Dieser Zustand ist ein geeigneter Vergleichsmaßstab für theoretische Analysen. Das Modell ist als Leitbild der Wettbewerbspolitik aber ungeeignet, da es weder möglich noch anzustreben ist, die geforderten Modellvoraussetzungen in der Realität durch staatliches Handeln herzustellen.

Umsetzbare Forderungen für die Wettbewerbspolitik stellten hingegen die Vertreter des Ordoliberalismus auf. Sie vereinen den Anspruch der Klassiker nach individuellen Freiheitsrechten („Liberalismus") mit der Forderung nach einer bewusst gesetzten Ordnung für Gesellschaft, Staat und Wirtschaft („Ordo"). Das Konzept konkretisierte ordnungspolitische Rahmenbedingungen, die erfüllt sein müssen, damit Wettbewerb entstehen kann und formulierte wettbewerbspolitische Instrumente, die den Wettbewerb gegen seine Aufhebung durch das einzelwirtschaftliche Streben nach wirtschaftlicher Macht schützen sollen. Die ordoliberale Konzeption lieferte nach dem 2. Weltkrieg die theoretische Grundlage für die Ordnungspolitik in Deutschland. Wichtige Instrumente der Ordnungspolitik wurden in das 1957 veröffentlichte Gesetz gegen Wettbewerbsbeschränkungen (GWB) aufgenommen, zum Beispiel das allgemeine Kartellverbot und die Missbrauchsaufsicht über marktbeherrschende Unternehmen.

Auf der Suche nach einer wissenschaftlich fundierten Beratung der Wettbewerbspolitik wurden Konzepte funktionsfähigen Wettbewerbs (workable competition) insbesondere in den USA entwickelt. Sie hatten den Anspruch, von gesamtwirtschaftlichen Zielen ausgehend diejenigen Marktstrukturen zu identifizieren, unter denen der höchstmögliche Zielerfolg mit bestmöglichen Marktergebnissen erreicht wird. Der Anspruch löste eine Lawine theoretischer und empirischer Studien zu den Beziehungen zwischen den Strukturen der Märkte, den Verhaltensweisen der Unternehmen und den Marktergebnissen aus. Innerhalb der Wirtschaftswissenschaften entstand mit der Industrieökonomik bzw. der Industrial Organization ein eigenständiges Forschungsfeld, in dessen Mittelpunkt das Marktstruktur-Marktverhalten-Marktergebnis-Paradigma (SVE-Paradigma bzw. Structure-Conduct-Performance (SCP)-Paradigma) steht. Es basiert auf der Vorstellung, dass die Ausprägung der Marktstruktur das Marktverhalten beeinflusst, welches wiederum systematische Einflüsse auf die Marktergebnisse ausübt. Die erste Welle empirischer Analysen in den 50er und 60er Jahren befasste sich insbesondere mit den Zusammenhängen zwischen dem Grad der Unternehmenskonzentration und der Höhe der Unternehmensgewinne in den Branchen. Basierend auf den Ergebnissen der Studien setzte sich in den USA eine restriktive Wettbewerbspolitik durch. Es wurden unter anderem bereits Unternehmenszusammenschlüsse bei entstehenden Marktanteilen von zehn Prozent untersagt, um die Entstehung von Marktmacht schon im Ansatz zu unterbinden.

Aus Kritik an Konzepten funktionsfähigen Wettbewerbs und den damit begründeten staatlichen Eingriffen in die Märkte entstand in den 70er Jahren das Konzept der Chicago School. Den Kern der Konzeption, die nach der Herkunft ihrer Hauptvertreter benannt ist, bildet die Erwartung, dass sich jeweils die überlegenen Unternehmen am Markt durchsetzen („survival of the fittest") und ein effizientes Angebot bereitstellen. Vertreter der Schule setzten sich kritisch mit der Praxis staatlicher Regulierung und mit den empirischen Studien auseinander, nach denen der Grad der Konzentration die Höhe der Unternehmensgewinne in den Branchen bestimmt. Sie identifizierten Mängel in den Daten, Untersuchungsmethoden sowie in der Interpretation der Ergebnisse und kritisierten die wirtschaftspolitischen Folgerungen der Studien. An Hand ihrer Kontrollstudien kamen sie zu dem Ergebnis, dass eine überlegene Leistungsfähigkeit von Unternehmen erstens zu steigenden Marktanteilen und zweitens zu hohen Gewinnen führt. Hohe Gewinne werden deshalb nicht als Indikator für ausgenutzte Marktmacht, sondern als ein Zeichen für hohe Effizienz angesehen.

Vertreter der Chicago School fordern, dass sich der Staat auf seine klassischen Aufgaben beschränken und nur wenige ordnungspolitische Rahmenbedingungen setzen soll. Für die Wettbewerbspolitik wird nur das eng abgegrenzte Ziel der wirtschaftlichen Effizienz („efficiency") im Sinne einer maximalen Konsumentenwohlfahrt akzeptiert. Gemessen an diesem Ziel sei die Wirtschaft dann am leistungsfähigsten, wenn sich die Wirtschaftssubjekte frei von staatlicher Bevormundung auf den Märkten entfalten können. Daher wird die Entstaatlichung durch Deregulierung und Privatisierung als vorrangige Aufgabe der Wirtschaftspolitik angesehen.

Verwandt mit dem Ansatz der Chicago School ist das Konzept der Wettbewerbsfreiheit von Hoppmann. Im Gegensatz zu instrumentalen Leitbildern, die im Wettbewerb ein Mittel zur Erreichung vorgegebener Funktionen sehen, geht das Konzept von zwei Zielkomplexen aus: Die Wettbewerbsordnung soll erstens Wettbewerbsfreiheit und zweitens ökonomische Vorteilhaftigkeit gewährleisten. Wettbewerbsfreiheit als Ziel an sich umfasst sowohl im Parallelprozess die Freiheit der rivalisierenden Anbieter zur Innovation und Imitation als auch im Austauschprozess die Wahlfreiheit der Marktgegenseite. Die Wettbewerbsfreiheit bringe dynamische Prozesse hervor, in denen sich nicht nur die Marktteilnehmer individuelle Vorteile verschaffen, sondern in der Gesamtwirtschaft ökonomische Vorteilhaftigkeit durchgesetzt wird. Die beiden Zielkomplexe werden somit als kompatibel angesehen. Eine Beurteilung von Marktprozessen an Hand der Marktergebnisse wird abgelehnt. Der Wettbewerb wird als ein Such- und Entdeckungsverfahren gekennzeichnet, dessen Ergebnisse nicht vorhersehbar sind.

Das Konzept des öffentlichen Interesses hatte in den ersten Jahrzehnten nach dem Krieg einen bestimmenden Einfluss auf die Wettbewerbspolitik insbesondere in Frankreich und Großbritannien. Nach diesem Konzept soll die Wirtschaftspolitik das öffentliche Interesse zum Wohle der Allgemeinheit durchsetzen. Zu den Aufgaben, die im öffentlichen Interesse liegen, werden insbesondere die Förderung des technischen Fortschritts und der internationalen Wettbewerbsfähigkeit der heimischen Industrien sowie die Sicherung der Beschäftigung gezählt. Dem Wettbewerb wird nur eine instrumentale Bedeutung in Hinblick auf das öffentliche Interesse beigemessen, dessen Konkretisierung im Einzelfall auszulegen ist. Damit ordnet dieses Konzept den politischen Instanzen diskretionäre Eingriffsbefugnisse zu und eröffnet der Wirtschaftspolitik breite Handlungsspielräume für eine Industriepolitik und für Rent Seeking zu Lasten einer Durchsetzung wirksamen Wettbewerbs.

Die vorgestellten Leitbilder kommen aufgrund der Unterschiede in ihrer historischen Genese, in der normativen Zielsetzung und im Wettbewerbsverständnis nicht zu einheitlichen Handlungsempfehlungen für die Wettbewerbspolitik. So differieren die Vorstellungen darüber, welche Instrumente in der Wettbewerbspolitik prinzipiell verwendbar sind sowie wann und wie sie eingesetzt werden sollen.

➡ Die vorgestellten Leitbilder kommen aufgrund der Unterschiede in ihrer historischen Genese, in der normativen Zielsetzung und im Wettbewerbsverständnis nicht zu einheitlichen Handlungsempfehlungen für die Wettbewerbspolitik.

Über die Nutzung des Instruments des Kartellverbots besteht im Grundsatz weitgehend Einigkeit, nur im klassischen Konzept ist kein Gesetz gegen wettbewerbsbeschränkende Absprachen zwischen Konkurrenten vorgesehen. Strittig zwischen den übrigen Konzeptionen ist hingegen Art und Umfang der zu verbietenden Absprachen und Verträge. Auch das Instrument der Zusammenschlusskontrolle wird von allen Ansätzen, mit Ausnahme des klassischen Konzepts, gefordert. Die Empfehlungen zur Reichweite des Verbots von Zusammenschlüssen variieren aber zwischen den Ansätzen. Während Zusammenschlüsse nach dem Konzept der Wettbewerbsfreiheit generell zu verbieten sind und Vertreter des funktionsfähigen Wettbewerbs ein von der Marktstruktur abhängiges, umfassendes Verbot fordern, sind Zusammenschlüsse aus Sicht der Chicago School prinzipiell ein geeignetes und zulässiges Mittel der Unternehmen zur Suche nach Kosten- und Effizienzvorteilen, so dass deren Vertreter nur in Ausnahmefällen ein Verbot horizontaler Unternehmenszusammenschlüsse für erforderlich halten. Das Instrument der Missbrauchsaufsicht, das eine Ausnutzung der Macht marktbeherrschender Unternehmen verhindern soll, wird in den Konzeptionen sehr unterschiedlich beurteilt. Nach den Empfehlungen der Ordoliberalen soll beispielsweise die sichtbare Hand des Kartellamtes die fehlende unsichtbare Hand des Wettbewerbs auf den Märkten ersetzen, auf denen der Wettbewerb aus strukturellen Gründen das Unternehmensverhalten nicht wirksam kontrolliert. Demgegenüber ist die Missbrauchsaufsicht nicht mit dem Konzept der Wettbewerbsfreiheit vereinbar. Die Entflechtung als weiteres wettbewerbspolitisches Instrument wird nur sehr vereinzelt vorgeschlagen.

Die Mehrzahl der traditionellen Leitbilder lieferten keine Aussagen zur Abgrenzung von Ausnahmebereichen des Wettbewerbs. Erst im Rahmen neuerer theoretischer und empirischer Ergebnisse der industrieökonomischen Forschung konnten Bedingungen identifiziert werden, unter denen der Wettbewerb nicht die ihm zugeschriebenen Funktionen erfüllt. Beispielsweise wurde erkannt, dass die Existenz von Größenvorteilen bei gleichzeitiger Existenz von Marktzutrittsbarrieren dazu führen kann, dass es zu ineffizienten Marktergebnissen kommt.

3 Die Methodik der Wettbewerbsanalyse in der Industrieökonomik

Die Industrieökonomik stellt heute umfangreiche theoretische, methodische und analytische Instrumente für die Analyse von Marktprozessen zur Verfügung, die unumstritten sind. Die Kritik der Chicago School an früheren Studien der Industrieökonomik war fruchtbar. Das Struktur-Verhalten-Ergebnis-Paradigma wurde in den 90er Jahren auf neue theoretische Grundlagen gestellt und fundamental erweitert. In einer Synthese lösten sich viele Widersprüche zwischen den Schulen auf, und es entstand ein neuer, allgemein anerkannter wissenschaftlicher Standard der Wettbewerbstheorie. Diese Methodik, die nun in diversen Lehrbüchern ähnlich zusammengefasst wird (vgl. Martin 2001; Waldman/Jensen 2001; Carlton/Perloff 2000; Shepherd 1997) und aktuell auf der ganzen Welt von Wissenschaftlern, Wettbewerbs- und Regulierungsbehörden für die Wettbewerbsanalyse unterschiedlichster Wirtschaftsbereiche angewendet wird, steht im Mittelpunkt der folgenden Ausführungen.

Einen wichtigen Grundstein für das Forschungsziel industrieökonomischer Studien und das methodische Vorgehen nach dem SVE-Paradigma legten bereits die Untersuchungen von Bain (1956). Nach der Auswahl des Objektbereichs erfolgt im ersten Schritt eine analytische Durchdringung der Zusammenhänge zwischen den verschiedenen Merkmalsausprägungen des betreffenden Marktes auf der Basis geeigneter Theorien und Modelle. Im zweiten Schritt werden Hypothesen über die Zusammenhänge formuliert, die dann im dritten Schritt empirisch überprüft werden. Das Forschungsziel ist die Gewinnung empirisch bewährter Gesetze mit ihren Anwendungsbedingungen, die die Realität erklären, Entwicklungen zuverlässig prognostizieren und rationale Politik ermöglichen.

Den inhaltlichen Kern des SVE-Paradigmas bildet die zentrale Vorstellung, dass die Ausprägung der Marktstrukturmerkmale[1] wesentliche Einflüsse auf das zu erwartende Marktverhalten[2] ausübt, welches wiederum in der Regel die zu erwartenden Marktergebnisse[3] bestimmt (s. Abbildung 1).

> ➲ Den inhaltlichen Kern des SVE-Paradigmas bildet die zentrale Vorstellung, dass die Ausprägung der Marktstrukturmerkmale wesentliche Einflüsse auf das zu erwartende Marktverhalten ausübt, welches wiederum in der Regel die zu erwartenden Marktergebnisse bestimmt.

Die Zusammenhänge zwischen den Ausprägungen der Marktstrukturen, Verhaltensweisen und Marktergebnissen sind aber nicht deterministisch, sondern

---

1 Wichtige Merkmale der Marktstruktur sind die Anzahl und Marktanteile der Anbieter und Nachfrager, die Höhe der Markteintrittsbarrieren, der Grad der Produktdifferenzierung und das Ausmaß der vertikalen Integration.

2 Zum Marktverhalten zählen die Preissetzung, die Produkt-, Absatz- und Investitionsstrategien sowie die Forschungs- und Innovationstätigkeit.

3 Wesentliche Merkmale des Marktergebnisses sind die technische, qualitative und allokative Effizienz, der technische Fortschritt sowie der Beschäftigungsgrad.

als empirische Wahrscheinlichkeitsaussagen einzustufen.[4] Auf diese Weise werden die systematischen Wirkungszusammenhänge abgebildet. Neben den kurzfristigen Zusammenhängen sind langfristige Rückkopplungen beispielsweise von den Marktergebnissen auf das Marktverhalten oder die Marktstruktur sowie von dem Marktverhalten auf die Marktstruktur zu berücksichtigen. Darüber hinaus haben Änderungen in den häufig als konstant angenommenen Grundbedingungen[5] sowie der institutionellen Rahmenbedingungen einen erheblichen Einfluss auf die Dimensionen der Märkte.[6]

Andere ökonomische Konzepte unterstützen explizit oder implizit diese Vorgehensweise. Im Rahmen der neoklassischen Theorie wurde beispielsweise gezeigt, dass in einem atomistischen Markt ohne Markteintrittsbarrieren und unter Annahme weiterer Marktstrukturbedingungen das Marktergebnis allokativ effizient ist. Im geschützten Monopol ist hingegen in der Regel ein ineffizientes Marktergebnis zu erwarten, bei dem beispielsweise überhöhte Kosten auftreten oder der Preis die marginalen Kosten übersteigt und dem Monopolisten übernormale Gewinne zufallen.

Die industrieökonomischen Untersuchungen haben einige Rahmenbedingungen, Marktstrukturmerkmale und Verhaltensweisen ermittelt, die das Entstehen wirksamen Wettbewerbs behindern und deshalb negativen Einfluss auf die Marktergebnisse ausüben. Die Schlussfolgerung für die Wettbewerbspolitik lautet daher, Einfluss auf die Entwicklung der Marktstrukturen zu nehmen, damit ungewünschte Verhaltensweisen und Marktergebnisse nicht entstehen. So wird beispielsweise vom Staat gefordert, durch eine Zusammenschlusskontrolle das Entstehen marktbeherrschender Unternehmen zu verhindern sowie administrative Markteintrittsbarrieren zu beseitigen. Wenn eine dominante oder marktbeherrschende Stellung nicht direkt beeinflussbar ist, weil diese nicht durch auflösbare staatliche Barrieren geschützt wird und die Entflechtung von Unternehmen wegen hoher Kosten als nicht akzeptabel angesehen wird, dann wird dem Staat die Aufgabe zugewiesen, Missbräuche der Marktpositionen zu verhindern.

---

4 Beispielsweise hat ein geschützter Monopolist die Fähigkeit und den Anreiz, den Monopolpreis zu setzen, dennoch wird er diesen in der Realität nicht in jedem Fall verlangen.

5 Zu den Grundbedingungen auf der Angebotsseite zählen unter anderem die Rohstoffausstattung, die verfügbare Technologie sowie die realisierbaren Kostenstrukturen. Auf der Nachfrageseite sind die Preiselastizität, das Nachfragewachstum, die Präferenzausprägung und die Substitutionsbeziehungen wichtige Bestandteile der Grundbedingungen.

6 Zu den institutionellen Rahmenbedingungen zählen beispielsweise die Höhe und Struktur der Steuern und Subventionen sowie die Wettbewerbsgesetze und branchenspezifische Regulierungen.

Abbildung 1: Das Marktstruktur-Marktverhalten-Marktergebnis-Paradigma

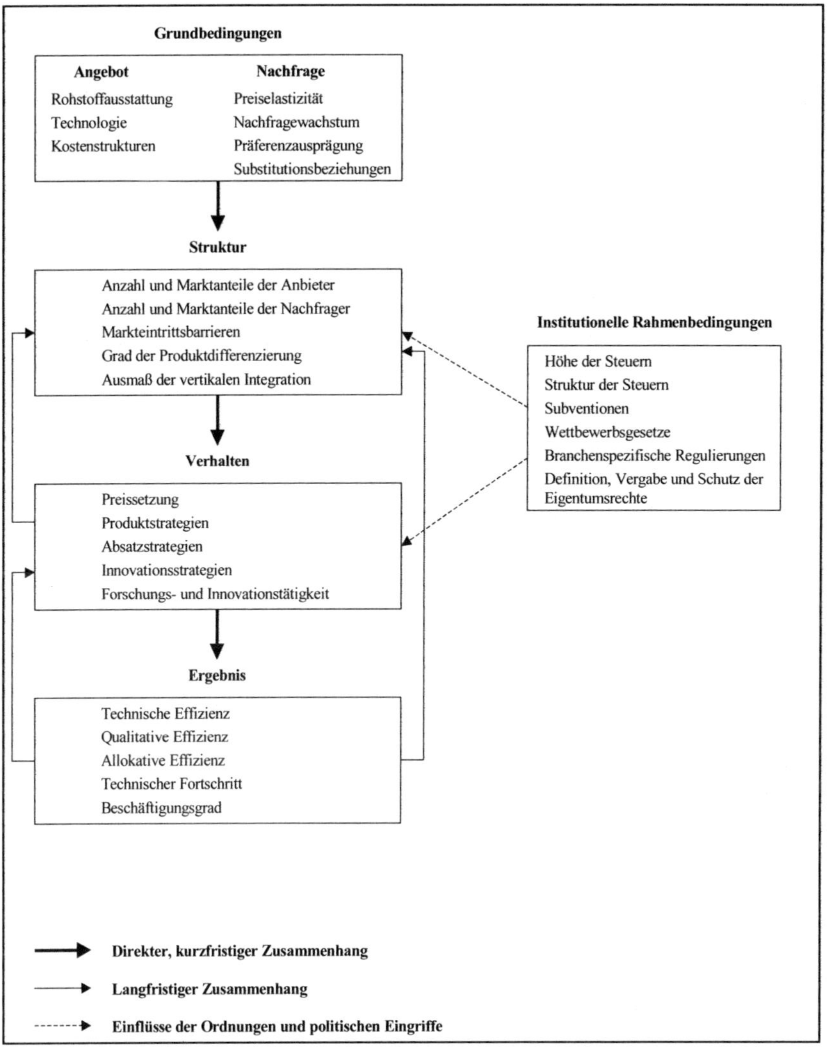

Ziel der Wettbewerbspolitik ist es demnach, die Voraussetzungen für mangelhaften Wettbewerb und ungünstige Marktergebnisse möglichst nicht entstehen zu lassen.

> Ziel der Wettbewerbspolitik ist es demnach, die Voraussetzungen für mangelhaften Wettbewerb und ungünstige Marktergebnisse möglichst nicht entstehen zu lassen. Dabei soll der Staat aber keinen direkten Einfluss auf die Ergebnisse nehmen, sondern nur auf manche Strukturentscheidungen und bestimmte Verhaltensweisen.

Dabei soll der Staat aber keinen direkten Einfluss auf die Ergebnisse nehmen, sondern nur auf manche Strukturentscheidungen und bestimmte Verhaltensweisen. Das SVE-Paradigma der Industrieökonomik ist damit als ein umfassender, theoriegeleiteter Forschungsansatz anzusehen, der Erklärungen für Wettbewerbsprozesse sowie wissenschaftliche Begründungen für die Wettbewerbspolitik und die Regulierung liefert.

> Das SVE-Paradigma der Industrieökonomik ist damit als ein umfassender, theoriegeleiteter Forschungsansatz anzusehen, der Erklärungen für Wettbewerbsprozesse sowie wissenschaftliche Begründungen für die Wettbewerbspolitik und die Regulierung liefert.

Infolge der kritischen Auseinandersetzung mit früheren industrieökonomischen Studien sind zahlreiche Erweiterungen der theoretischen Grundlagen entstanden, einige Beteiligte sprechen daher auch von einer „neuen Industrieökonomik". Wichtige Erweiterungen werden im Folgenden kurz vorgestellt.

Auf Coase (1937) und Williamson (1975, 1990) geht die Transaktionskostentheorie zurück. Ausgangspunkt dieser Theorie ist die Erkenntnis, dass bei der Analyse unternehmerischer Tätigkeiten nicht nur die Produktions- und Transportkosten zu berücksichtigen sind, sondern auch die so genannten Transaktionskosten. Diese entstehen, weil die Nutzung des Marktmechanismus nicht kostenlos ist, vielmehr verursachen die Informationssuche, die Anbahnung der Verträge, die Vertragsverhandlungen, die Durchsetzung der Verträge usw. jeweils Kosten. Als alternatives Koordinationsverfahren zum Markt steht den Unternehmen die Eigenproduktion, das heißt die hierarchische Koordination arbeitsteiliger Aktivitäten, zur Verfügung. Auch dieses Verfahren verursacht über die reinen Produktionskosten hinaus Kosten, zum Beispiel durch Informationsverzerrung der erfolgsunabhängig entlohnten Untergebenen oder durch die erforderliche Aufsicht. Mit Hilfe der Transaktionskostentheorie kann das optimale Ausmaß der vertikalen Integration wirtschaftlicher Aktivitäten in

Unternehmen erklärt werden. Die Gegenüberstellung der Transaktionskosten aus marktlicher und hierarchischer Koordination kann begründen, weshalb Unternehmen in manchen Wirtschaftszweigen erfolgreich in vor- oder nachgelagerte Wirtschaftszweige expandieren und Unternehmen in anderen Branchen sich auf die Kernaktivitäten zurückziehen.

Ein weiterer bedeutender ökonomischer Ansatz ist die neue Oligopoltheorie, die auf der Spieltheorie aufbaut. Die Unternehmen werden hier als rationale Akteure aufgefasst, die sich in Entscheidungssituationen befinden, deren Ausgang nicht deterministisch ist, sondern von den Aktionen anderer autonomer Entscheidungsträger bestimmt wird. Die Oligopoltheorie analysiert, wie die Unternehmen ihre Strategien bilden, wenn auf den Märkten relativ wenig Unternehmen agieren, und wie die Strategiewahl die Gewinnverteilung bestimmt.

Die Theorie der Contestable Markets stellt die Bedeutung von Barrieren für den Ein- und Austritt in Märkte heraus. Die Untersuchungen von Baumol/ Panzar/Willig (1982) zeigen, dass auch Märkte mit nur wenigen Unternehmen effizient sein können, wenn Markteintrittsbarrieren fehlen oder gering sind. Können Konkurrenten schnell auf den Markt ein- und wieder austreten, dann übt die Eintrittsdrohung ständig einen Druck auf die etablierten Unternehmen aus, effizient zu agieren, da sie andernfalls sofort von Newcomern verdrängt werden.

Die Public Choice Theorie (Neue Politische Ökonomie) von Downs (1957), Tullock (1965), Buchanan (1968) und weiteren Autoren verdeutlicht, dass Politiker und Bürokraten in der Regel nicht das Ziel der Gemeinwohlmaximierung verfolgen, sondern sich an eigenen Interessen orientieren, beispielsweise durch Stimmen- oder Budgetmaximierung. Aus diesem Grund müssen bei einer Forderung nach Staatseingriff und bei der Gestaltung der politischen Entscheidungsstrukturen immer die möglichen Wohlfahrtsverluste durch das Staatsversagen aufgrund dieser Eigennutzorientierung der Politiker und Bürokraten berücksichtigt werden.

Auch die Principal-Agent-Theorie erweitert den ursprünglichen Analyserahmen, indem auftretende Informationsasymmetrien zwischen den Wirtschaftssubjekten berücksichtigt werden. Wenn ein Agent (zum Beispiel ein Manager) im Auftrag des Prinzipals (zum Beispiel ein Unternehmenseigentümer) handelt, so kann nicht davon ausgegangen werden, dass er tatsächlich den Nutzen seines Auftraggebers maximiert. Vielmehr ist zu erwarten, dass er die Informationsvorsprünge, die er dem Prinzipal gegenüber besitzt, mindestens teilweise zur Durchsetzung eigener Interessen einsetzt.

4 Anwendung des industrieökonomischen Analyseverfahrens auf Medienmärkte

In der anglikanischen wissenschaftlichen Literatur werden die industrieökonomischen Analyseverfahren prinzipiell auf alle Märkte und Wirtschaftszweige angewandt, dabei bildet der Medienbereich keine Ausnahme (vgl. für einen Überblick über die Anwendung auf Medienmärkten Young 2000; Albarran 1996: 29-40 sowie Wirth/Bloch 1995). Bevor über daraus gewonnene Erkenntnisse berichtet wird, erfolgt zunächst eine kurze Diskussion der Frage, ob diese ökonomischen Modelle überhaupt auf Medienmärkte anwendbar sind.

4.1 Anwendbarkeit auf Medien?

In der kommunikationswissenschaftlichen Literatur sowie in der deutschen Rechtsprechung wird häufig direkt oder indirekt unterstellt, dass Marktmechanismen in den Medien zu unerwünschten Resultaten führen. Dies habe zur Folge, dass es sektorspezifischer Regulierungen im Medienbereich bedarf. Oftmals wird dabei nicht auf ökonomische Argumente des Markt- und Wettbewerbsversagens zurückgegriffen, sondern es wird einfach angenommen, dass der Wettbewerb nur ökonomische Anreize setzt, er aber keinen publizistischen Wettbewerb hervorruft und damit keine publizistische Vielfalt gewährleiste.

➲ In der kommunikationswissenschaftlichen Literatur sowie in der deutschen Rechtsprechung wird häufig direkt oder indirekt unterstellt, dass Marktmechanismen in den Medien zu unerwünschten Resultaten führen. Dies habe zur Folge, dass es sektorspezifischer Regulierungen im Medienbereich bedarf. Oftmals wird dabei nicht auf ökonomische Argumente des Markt- und Wettbewerbsversagens zurückgegriffen, sondern es wird einfach angenommen, dass der Wettbewerb nur ökonomische Anreize setzt, er aber keinen publizistischen Wettbewerb hervorruft und damit keine publizistische Vielfalt gewährleiste.

Diese Argumentation kann hier nicht detailliert dargestellt und kritisiert werden, aber kurze Anmerkungen sind erforderlich (vgl. detailliert zum Beispiel Brummel 1999: 4-7, 18-24; Heinrich 1992; Kantzenbach 1988). Zunächst ergeben sich Probleme, weil publizistische Vielfalt schwer zu definieren und zu messen ist, sowie weil zu entscheiden ist, wer die Definition vornehmen soll. In den Wirtschaftswissenschaften wird eine kollektive Zielfestlegung in der Regel nicht anerkannt, denn eine Wertzumessung kann nach dem methodologischen Individualismus immer nur individuell erfolgen.

> In den Wirtschaftswissenschaften wird eine kollektive Zielfestlegung in der Regel nicht anerkannt, denn eine Wertzumessung kann nach dem methodologischen Individualismus immer nur individuell erfolgen.

Dem ökonomischen Ansatz zufolge führt insbesondere Wettbewerb in der Regel zu Vielfalt, da die Anpassung des Angebots an die Konsumentenpräferenzen eine der wesentlichen Funktionen des Wettbewerbs ist. Darüber hinaus ist zu berücksichtigen, dass das Ziel maximaler Vielfalt nicht verfolgt werden sollte, weil immer die Kosten der Differenzierung einzubeziehen sind. Nur wenn bei einer Erhöhung der Vielfalt der Nutzenzuwachs größer ist als die zusätzlichen Kosten, kann von einer Wohlfahrtsverbesserung gesprochen werden. Und diese Abwägung erfolgt am besten durch ökonomischen Wettbewerb. Damit publizistischer Wettbewerb seine kultur- und medienpolitischen Funktionen erfüllt, ist es notwendig, dass es ökonomisch überlebensfähige Medienunternehmen gibt. Deshalb wird hier die These vertreten, dass ökonomischer Wettbewerb die zentrale Voraussetzung für publizistischen Wettbewerb bildet. Erst wenn der ökonomische Wettbewerb aus strukturellen Gründen (beispielsweise infolge bedeutender Größenvorteile) nicht funktioniert, kann als zweitbeste Lösung ein staatlicher Eingriff in den ökonomischen Wettbewerb erwogen werden.

> Deshalb wird hier die These vertreten, dass ökonomischer Wettbewerb die zentrale Voraussetzung für publizistischen Wettbewerb bildet. Erst wenn der ökonomische Wettbewerb aus strukturellen Gründen (beispielsweise infolge bedeutender Größenvorteile) nicht funktioniert, kann als zweitbeste Lösung ein staatlicher Eingriff in den ökonomischen Wettbewerb erwogen werden.

4.2 *Anwendungsbereiche der Industrieökonomie im Wirtschaftsbereich Medien*

Industrieökonomische Theorie, insbesondere das SVE-Konzept, bildet explizit oder implizit die Grundlage einer Vielzahl von Studien, deren Objektbereich die Medienmärkte sind. In einigen Studien werden nur einzelne Marktdimensionen analysiert, zum Beispiel die Marktstruktur, während andere Untersuchungen die Beziehungen zwischen den Marktdimensionen zum Gegenstand haben.

Beispielsweise erforschen die Autoren den Einfluss von Marktstrukturkriterien auf das Marktergebnis. Dieser Einteilung folgend werden in diesem Abschnitt wichtige Anwendungsfelder der Industrieökonomik im Medienbereich vorgestellt.

(1) Marktabgrenzung

Um die Wettbewerbsprozesse auf Märkten zu analysieren, ist es zunächst notwendig, mit Hilfe ökonomischer Instrumente die Wettbewerber zu identifizieren, die wechselseitig Einfluss aufeinander ausüben, und diejenigen aus der Betrachtung auszuschließen, deren Handlungen wenig oder keine spürbaren Auswirkungen auf das Marktgeschehen im Objektbereich haben.

Um die Wettbewerbsprozesse auf Märkten zu analysieren, ist es zunächst notwendig, mit Hilfe ökonomischer Instrumente die Wettbewerber zu identifizieren, die wechselseitig Einfluss aufeinander ausüben, und diejenigen aus der Betrachtung auszuschließen, deren Handlungen wenig oder keine spürbaren Auswirkungen auf das Marktgeschehen im Objektbereich haben.

Bei werbefinanzierten Medien ist von genereller Bedeutung, dass die Unternehmen zugleich auf zwei Arten von Absatzmärkten tätig sind: den Werbe- und den Rezipientenmärkten.

Diese Märkte sind eng miteinander verbunden: Je mehr Rezipienten die Medieninhalte nutzen, desto größer sind die Werbeerlöse. Bei Zeitungen und Zeitschriften tritt beispielsweise das Phänomen der „Anzeigen-Auflagen-Spirale" auf: Steigt die Auflage aufgrund eines Impulses, so senkt dies den Tausend-Kontakt-Preis.[7] Dieser Preisverfall führt ceteris paribus zu einer zunehmenden Nachfrage nach Werberaum und zu steigenden Erlösen. Steigende Erlöse kann der Anbieter alternativ oder zusätzlich auch durch eine Erhöhung des Werbegrundpreises erzielen (Preiseffekt). Ist es ihm möglich, die erhöhten Erlöse für die Qualitätsverbesserung der Zeitung einzusetzen, so dass wiederum die Auflage steigt, ergibt sich ein sich selbst verstärkender Prozess. Dieser Prozess hat aber natürliche Grenzen darin, dass die Grenzkosten der Qualitätsverbesserung steigen sowie Qualität und Auflage nicht beliebig zu erhöhen sind.

---

7 Der Tausend-Kontakt-Preis (TKP) gibt an, wie teuer es für den Werbetreibenden ist, 1.000 Leser mit der Anzeige zu erreichen. Der TKP berechnet sich als Division von Werbegrundpreis und Anzahl der Leser (in Tausend).

Für viele Problemstellungen ist es darüber hinaus erforderlich, noch weitere Differenzierungen vorzunehmen. Eine Fragestellung kann beispielsweise lauten, ob die einzige Boulevardzeitung in einer Region eine Monopolstellung gegenüber den Lesern hat oder nicht. Dazu ist zu klären, ob die Zeitungsleser der Region die Boulevardzeitung auf der einen und die ebenfalls in der Region angebotenen Abonnementszeitungen auf der anderen Seite als gegeneinander substituierbar ansehen oder ob sich die Produkte aus ihrer Sicht so sehr unterscheiden, dass für beide Zeitungstypen getrennte Märkte zu Grunde zu legen sind. Von Bedeutung ist die sachliche und räumliche Marktabgrenzung auch bezüglich der Werbemärkte: Konkurrieren beispielsweise lokale Tageszeitungen und die lokal zu empfangenden Radioprogramme um dieselben Werbekunden (vgl. Czygan 2000)? Je enger die Märkte im konkreten Fall sachlich und räumlich abgegrenzt werden, desto größer sind in der Regel die jeweiligen Marktanteile und gegebenenfalls die Marktmacht der Anbieter, so dass eine Wettbewerbsaufsicht greifen kann. Industrieökonomische Instrumente erfassen die aktuellen und potenziellen Rivalitätsbeziehungen, um die Märkte entsprechend der tatsächlichen Verhältnisse sachlich und räumlich abzugrenzen.

➲ Industrieökonomische Instrumente erfassen die aktuellen und potenziellen Rivalitätsbeziehungen, um die Märkte entsprechend der tatsächlichen Verhältnisse sachlich und räumlich abzugrenzen.

(2) Marktstrukturanalysen

Die Marktabgrenzung ist eine zentrale Voraussetzung für eine industrieökonomische Analyse der Marktstrukturen. In vielen Studien wurde die horizontale Konzentration der Anbieter auf Medienmärkten untersucht. Die Ergebnisse zeigen große Unterschiede zwischen den Medien auf. So haben beispielsweise lokale Tageszeitungen oft eine Monopolstellung inne, während Werbeagenturen mit vielen weiteren Anbietern konkurrieren. Bei Fernsehwerbemärkten muss immer zwischen den Zuschauer- und den Werbemärkten unterschieden werden: Die Konzentration auf den Zuschauermärkten fällt in der Regel kleiner als auf den Werbemärkten aus, da im Wettbewerb um die Zuschauer auch öffentlich-rechtliche Fernsehveranstalter tätig sind, die sich nicht oder nur in geringerem Umfang durch Werbung finanzieren.

Bestandteil der Marktstruktur ist ebenso der Grad der vertikalen Integration der Unternehmen, also das Ausmaß der vertikalen Konzentration. Der Einbezug von vor- oder nachgelagerten Wertschöpfungsstufen in das eigene Unternehmen entspringt ökonomischen Überlegungen. So sprechen unter Umständen Kostengründe dafür, dass Zeitungsverlage alle Produktionsstufen der Zeitung von der Informationsbeschaffung über Inhaltserstellung, Inhaltszusammenstellung und Druck bis zum Vertrieb in einer Hand halten. Problematisch ist, dass Unternehmen mit einer dominanten Markstellung auf einer Stufe die vertikale Integration einsetzen können, um ihre dominante Position auf andere Wertschöpfungsstufen auszuweiten.

Darüber hinaus befassen sich Studien mit der Existenz und den Wirkungen von Markteintrittsbarrieren. Neben den relativ einfach zu erfassenden staatlichen Markteintrittsbarrieren wie den Zulassungsbeschränkungen für Fernsehprogramme sind strukturelle Markteintrittsbarrieren von Bedeutung. Beispielsweise können signifikante Größenvorteile bei der Produktion regionaler Tageszeitungen dazu führen, dass es jeweils lokale Gebietsmonopole beziehungsweise nur wenige lokale Anbieter gibt (vgl. Dertouzos/Trautman 1990; Monopolkommission 1986: 262-264). Besonders bedeutsam ist der Effekt beim Kabelfernsehen. Industrieökonomische Untersuchungen zeigen, dass bei den lokalen Netzen in der Regel ein natürliches Monopol besteht (vgl. Noam 1985a).

(3) Marktverhaltensanalysen

Studien über das Marktverhalten helfen, das Agieren von Unternehmen zu erklären und vorherzusagen.

➲ Studien über das Marktverhalten helfen, das Agieren von Unternehmen zu erklären und vorherzusagen.

Für deutsche Medienmärkte hat Sjurts (2002) eine umfangreiche Untersuchung vorgelegt. Unterschiede in den Strukturen der Märkte haben Auswirkungen auf die beobachtbaren Verhaltensweisen der Unternehmen.

➲ Unterschiede in den Strukturen der Märkte haben Auswirkungen auf die beobachtbaren Verhaltensweisen der Unternehmen.

Auf Märkten mit wenigen Anbietern lassen sich die aus der Oligopoltheorie bekannten Verhaltensweisen beobachten. In den USA zeigen langjährige Beobachtungen beispielsweise, dass die Anzahl und die Vielfalt von Sendeformen, die von den Fernsehnetworks in der Primetime angeboten werden, zurückgegangen sind (zum Überblick vgl. Albarran 1996: 81).

(4) Einfluss der institutionellen Rahmenbedingungen auf die Marktstruktur

Ebenfalls im Fokus industrieökonomischer Studien steht der Einfluss der institutionellen Rahmenbedingungen auf die Marktstruktur. Das Inkrafttreten des

Telecommunications Act von 1996 in den USA bot hierzu ein gutes Untersuchungsfeld, da die Rahmenbedingungen für die Veranstaltungen von Rundfunk- und Telekommunikationsunternehmen liberalisiert wurden. Beispielsweise ließ sich beobachten, dass durch die Lockerung der Eigentumsbeschränkungen an Rundfunkveranstaltern die Zusammenschlusstätigkeit unter den Radioveranstaltern stark zugenommen hat und die Konzentration auf den lokalen Radiomärkten gestiegen ist (vgl. Federal Communications Commission 2001: 3). Kruse (1996) stellt für Deutschland fest, dass die hohe Konzentration im Fernsehsektor kein Ergebnis wettbewerblicher Prozesse ist, sondern eine negative Folge der Regulierungspolitik.

(5) Einfluss der Marktstruktur auf Marktverhalten und Marktergebnisse

Wichtige Einblicke in Wettbewerbsprozesse und Hinweise für die Wirtschaftspolitik liefern Modelle und empirische Untersuchungen, die Einflüsse der Marktstrukturen auf Marktverhalten und Marktergebnisse untersuchen. Eine frühes Beispiel derartiger theoretischer Überlegungen sind die Modelle der Television Economics. Steiner (1952) hat Modelle räumlichen Wettbewerbs auf den Rundfunk angewandt, indem er untersuchte, welchen Einfluss die Anzahl der konkurrierenden Programmveranstalter auf die Vielfalt der angebotenen Fernsehprogramme ausübt. Er kommt zu dem Ergebnis, dass ein Monopol zu größerer Vielfalt führen kann als Wettbewerb, weil es bei Wettbewerb zu Programmduplikationen kommt. Obgleich diese Modelle und darauf aufbauende Studien (zum Überblick vgl. Owen/Wildman 1992: 64-150) wegen der restriktiven Annahmen nicht direkt auf reale Verhältnisse anwendbar sind, ermöglichen sie dennoch Einblicke in grundlegende Zusammenhänge.

> ➲ Wichtige Einblicke in Wettbewerbsprozesse und Hinweise für die Wirtschaftspolitik liefern Modelle und empirische Untersuchungen, die Einflüsse der Marktstrukturen auf Marktverhalten und Marktergebnisse untersuchen.

Hinweise auf die Erkenntnisse, die über die Zusammenhänge zwischen Marktstrukturen und Marktergebnissen aus empirischen Studien gewonnen werden können, geben beispielsweise die Untersuchungen über die amerikanischen Radiomärkte. Rogers/Woodbury (1996) stellen fest, dass bei einer starken Erhöhung der Anzahl von Radioprogrammen auch die Programmvielfalt steigt. Bates/Chambers (1999) ermitteln, dass dieselbe Ursache das Angebot an Nachrichtensendungen insgesamt ansteigen ließ, obwohl gleichzeitig die staatlichen Auflagen bezüglich des Nachrichtenanteils vermindert wurden. Nicht nur die Anzahl der Radioprogramme hat Einfluss auf die Vielfalt, auch die Eigentümerkonzentration beeinflusst diese. So stellen Berry/Waldfogel (1999) fest, dass die beobachtete Zunahme der Eigentümerkonzentration auf den untersuchten Radiomärkten zu einer erhöhten Formatvielfalt geführt hat. Dies erklären sie damit, dass die Besitzer von Radiostationen nach dem Erwerb einer anderen Radiostation dessen Format so ändern, dass es nicht unmittelbar mit dem bereits vorher im Besitz befindlichen Programm konkurriert, sondern die Produktdifferenzierung eine Ausweitung der Nachfrage anregt.

Andere Studien untersuchen, ob die Zunahme der Konzentration die Werbepreise auf den Werbemärkten beeinflusst. Hier ergibt sich kein einheitliches Resultat. Drushel (1998) findet heraus, dass durch die Zunahme der Konzentration die Preise auf den Werbemärkten gestiegen sind, während Ekelund/Ford/Koutsky (2000) einen Zusammenhang zwischen der beobachteten Zunahme der Eigentümerkonzentration und einer Erhöhung von Werbepreisen verneinen. Weitere Studien untersuchen die Fragestellung, ob der gemeinsame Besitz von Tageszeitungen und Fernsehprogrammen zu erhöhten Werbepreisen führt. Nach der Auswertung von Wirth/Bloch (1995: 23) konnte ein positiver Zusammenhang nur in einem Fall festgestellt werden.

5 Ausblick

Bei der Auswertung vorliegender Studien - insbesondere aus den USA - ist zu beachten, dass einerseits die Ergebnisse der theoretischen Modelle stark von den getroffenen Annahmen abhängen und andererseits die Erkenntnisse aus empirischen Studien häufig nicht zu verallgemeinern sind. Außerdem muss berücksichtigt werden, dass die ökonomischen Untersuchungen in den Grundannahmen von stabilen Präferenzen der Individuen ausgehen und die Studien nur monetär messbare Phänomene erfassen. Ebenso ist zu bedenken, dass die ökonomische Theorie in der Regel positiv und nicht normativ ist. Nichtsdestotrotz sind industrieökonomische Analysen für Medienmärkte unverzichtbar, um ökonomische Zusammenhänge zu identifizieren, insbesondere um die Wirkungen politischer Rahmenbedingungen auf die Marktstrukturen, das Marktverhalten und die Marktergebnisse aufzudecken. Dies gilt auch für den Fall, dass auf Medienmärkten nicht-ökonomische Ziele verfolgt werden sollen. Dabei ist allerdings zu hinterfragen, wer diese beschließt und ob die Festlegung nicht nur Partikularinteressen dient.

➲ Industrieökonomische Analysen sind für Medienmärkte unverzichtbar, um ökonomische Zusammenhänge zu identifizieren, insbesondere um die Wirkungen politischer Rahmenbedingungen auf die Marktstrukturen, das Marktverhalten und die Marktergebnisse aufzudecken.

Im Bereich der auf Medienmärkte angewandten Wettbewerbstheorie besteht noch ein großer Forschungsbedarf. Dies gilt zunächst für theoretische Modellierungen. Speziell für Deutschland sind daneben auch die vorliegenden empirischen Studien über die Marktstrukturen noch unvollständig, zum Beispiel fehlen in einzelnen Medienbereichen Erkenntnisse über Markteintrittsbarrieren sowie zu Stand und Entwicklung der Konzentration. Insbesondere mangelt es an Studien über die Wirkungen der Grundbedingungen und der politischen Rahmensetzungen auf die Medienmärkte.

➲ Eine Betrachtung der medienpolitischen Rahmenbedingungen in Deutschland führt zur Schlussfolgerung, dass vorhandene wissenschaftliche Erkenntnisse der industrieökonomischen Forschung der praktischen Umsetzung harren.

Eine Betrachtung der medienpolitischen Rahmenbedingungen in Deutschland führt zur Schlussfolgerung, dass vorhandene wissenschaftliche Erkenntnisse der industrieökonomischen Forschung der praktischen Umsetzung harren. So belegen viele Studien die Vorteile des ökonomischen Wettbewerbs, dessen Mechanismen aber besonders im deutschen Rundfunk durch staatliche Regulierungen teilweise ausgeschaltet sind. Die umfassende Begünstigung öffentlich-rechtlicher Unternehmen führt zu technischer Ineffizienz, da das Angebot zu überhöhten Kosten erstellt wird. Auch bezüglich der qualitativen Effizienz, also der Ausrichtung der Programme auf die Präferenzen der Nachfrager, sind Defizite als Folge mangelhaften ökonomischen Wettbewerbs wahrscheinlich.

Kommentierte Literaturhinweise

Albarran, Alan B. (1996): Media Economics. Understanding Markets, Industries and Concepts, Ames/Iowa: Iowa State University Press

Albarran führt in seinem Lehrbuch zunächst in die medienökonomischen Grundlagen ein. Darauf folgt eine industrieökonomisch fundierte Analyse verschiedener Wirtschaftszweige der Medienindustrie in den USA.

Alexander, Alison/James Owers/Rod Carveth (1998) (eds.): Media Economics: Theory and Practice, 2. ed., Mahwah/New Jersey: Erlbaum

Sammelband mit Beiträgen der profiliertesten Medienökonomen. In dem ersten Teil des Buches erfolgen einführende Darstellungen zu medienökonomischen Konzeptionen. Im zweiten Teil werden die wichtigsten amerikanischen Medienbereiche analysiert.

Heinrich, Jürgen (2001): Medienökonomie, Bd. 1: Mediensystem, Zeitung, Zeitschrift, Anzeigenblatt, 2. Aufl., Opladen: Westdeutscher Verlag

Heinrich, Jürgen (1999): Medienökonomie, Bd. 2: Hörfunk und Fernsehen, Opladen: Westdeutscher Verlag

Heinrich führt in den beiden Bänden des deutschen Standardlehrbuchs zur Medienökonomie in die wichtigen ökonomischen, insbesondere auch wettbewerbstheoretischen Konstrukte ein und analysiert detailliert die wichtigsten deutschen Medienwirtschaftsbereiche. Dabei gelingt es ihm auch, die Konflikte der ökonomischen Darstellung zur kommunikationswissenschaftlichen Sichtweise aufzuzeigen.

Kiefer, Marie-Luise (2001): Medienökonomik: Einführung in die ökonomische Theorie der Medien, München/Wien: Oldenbourg

Kiefers Ansatz ist es, publizistische Problemstellungen mit Hilfe ökonomischer Theorieansätze zu analysieren. Aus kommunikationswissenschaftlicher Perspektive erläutert sie daher wichtige ökonomische Theoriebestandteile und wendet diese grundlegend auf Problemstellungen im Medienbereich an.

Schmidt, Ingo (2001): Wettbewerbspolitik und Kartellrecht, 7. Aufl., Stuttgart: Lucius & Lucius

Im deutschen Sprachraum ist dieses Lehrbuch zur Wettbewerbspolitik am weitesten verbreitet, weil es die Wettbewerbspolitiken der wichtigsten Industrieländer und der EU von den Leitbildern über die Institutionen und Instrumente bis zu den wichtigsten Fällen mit dem aktuellen Stand differenziert darstellt.

Waldman, Don E./Elizabeth J. Jensen (2001): Industrial Organization. Theory and Practice, 2. ed., Reading u.a.: Longman

Ein Standardlehrbuch zur Industrieökonomik. Waldman/Jensen erläutern die wichtigsten industrieökonomischen Konzeptionen, die helfen, das Wettbewerbsverhalten von Unternehmen zu erklären.

Literaturverzeichnis

A

Adorno, Theodor W. (1968): Eingriffe. Neun kritische Modelle, Frankfurt a.M.: Suhrkamp

Adorno, Theodor W. (1984) (Hg.): Der Positivismusstreit in der deutschen Soziologie, 11. Aufl., Darmstadt: Luchterhand

Adorno, Theodor W. (1984): Zur Logik der Sozialwissenschaften, in: Theodor W. Adorno (Hg.): Der Positivismusstreit in der deutschen Soziologie, 11. Aufl., Darmstadt, Luchterhand: 125-145

Ahrens, Daniela/Anette Gerhard (2002): „Doing Knowledge". Neue Formen der Wissensorganisation durch den Einsatz neuer Medien, in: Medien und Kommunikationswissenschaft (1): 77-92

Aiginger, Karl/Michael Peneder (1993): Ökonomische Grundbedingungen der Printmedienbranche (Endbericht zum Teilprojekt II 6: Marktasymmetrie und Industrieökonomie; Projekt „Ökonomie und Zukunft der Printmedien"), Wien

Albarran, Alan B. (1996): Media Economics. Understanding, Markets, Industries and Concepts. Ames: Iowa State University Press

Alexander, Alison/James Owers/Rod Carveth (1993) (eds.): Media Economics. Theory and Practice, Hillsdale/Hove/London: Erlbaum

Alexander, Alison/James Owers/Rod Carveth (1998) (Hg.): Media Economics: Theory and Practice, 2. ed., Mahwah/New Jersey: Erlbaum

Alexander, Alison/James Owers/Rod Carveth (1998): Appendix A: Media Accounting Practices. Appendix B: Financial Management. Glossary, in: Alison Alexander/James Owers/Rod Carveth (eds.): Media Economics: Theory and Practice, 2. ed., Mahwah/New Jersey, Erlbaum: 275-296

Alt, James E./Kenneth A. Shepsle (1990) (eds.): Perspectives on Positive Political Economy, Cambridge: Cambridge University Press

Altmeppen, Klaus-Dieter (1996) (Hg.): Ökonomie der Medien und des Mediensystems. Grundlagen, Ergebnisse und Perspektiven medienökonomischer Forschung, Opladen: Westdeutscher Verlag

Altmeppen, Klaus-Dieter (1996a): Märkte der Medienkommunikation, in: Klaus-Dieter Altmeppen (Hg.): Ökonomie der Medien und des Mediensystems. Grundlagen, Ergebnisse und Perspektiven medienökonomischer Forschung, Opladen, Westdeutscher Verlag: 251-273

Altmeppen, Klaus-Dieter (2000): Medienmanagement als Redaktions- und Produktionsmanagement, in: Matthias Karmasin/Carsten Winter (Hg.): Grundlagen des Medienmanagements, München, Fink: 41-58

Altmeppen, Klaus-Dieter (2001): Gestaltungsmacht durch medienwirtschaftliches Handeln. Zur Rekursivität von Unternehmensstrategien und Marktstrukturen, in: Matthias Karmasin/Manfred Knoche/Carsten Winter (Hg.): Medienwirtschaft und Gesellschaft I. Medienunternehmen und die Kommerzialisierung von Öffentlichkeit, Münster, Lit: 183-195

Altmeppen, Klaus-Dieter/Martin Löffelholz/Monika Pater/Armin Scholl/Siegfried Weischenberg (1993): Innovationen und Investitionen, in: Peter Bruck (Hg.): Print unter Druck: Zeitungsverlage auf Innovationskurs: Verlagsmanagement im internationalen Vergleich, München, Reinhard Fischer: 37-195

Anderson, James A. (1996): Communication theory. Epistemological foundations, New York/London: Guilford

Ang, Ien (1999): Kultur und Kommunikation. Auf dem Weg zu einer ethnographischen Kritik des Medienkonsums im transnationalen Mediensystem, in: Roger Bromley/Udo Göttlich/Carsten Winter (Hg.): Cultural Studies. Grundlagentexte zur Einführung, Lüneburg, zu Klampen: 323

Aristoteles (1979): Nikomachische Ethik, übersetzt und kommentiert von Franz Dirlmeier, Darmstadt: Wissenschaftliche Buchgesellschaft

Aristoteles (1991-1996): Politik, Buch I-III, übersetzt und erläutert von Eckart Schütrumpf, Darmstadt: Wissenschaftliche Buchgesellschaft

Aristoteles (1999): Rhetorik, Stuttgart: Reclam

Aronoff, Craig E. (1974) (ed.): Business and the Media, Santa Monica: Goodyear

Asranson, Peter H. (1989/1990): Rational Ignorance in Politics, Economics and Law, in: Journal des Economistes et des Etudes Humaines (1): 25-42

Aufermann, Jörg/Hans Bohrmann/Rolf Sülzer (1973) (Hg.): Gesellschaftliche Kommunikation und Information. Forschungsrichtungen und Problemstellungen, Bd. 1, Frankfurt a.M.: Athenäum Fischer

Ayres, Clarence E. (1957): Institutional Economics - Discussion, in: American Economic Review, Papers and Proceedings 47

B

Baacke, Dieter (1973): Kommunikation und Kompetenz. Grundlegung einer Didaktik der Kommunikation und ihrer Medien, München: Juventa

Baacke, Dieter (1980): Kommunikation und Kompetenz. Grundlegung einer Didaktik der Kommunikation und ihrer Medien, 3. Aufl., München: Juventa

Baacke, Dieter (1997): Medienpädagogik, Tübingen: Niemeyer

Baacke, Dieter u.a. (1990): Lebenswelten sind Medienwelten, Opladen: Leske+Budrich

Babe, Robert E. (1995): Communication and the Transformation of Economics, Boulder: Westview Press

Baecker, Dirk (1988): Information und Risiko in der Marktwirtschaft, Frankfurt a.M.: Suhrkamp

Bain, Joe S. (1956): Barriers to New Competition, Cambridge: Harvard University Press

Bates, Benjamin J./Todd Chambers (1999): The Economic Basis for Radio Deregulation, in: The Journal of Media Economics (1): 19-34

Bauer, Leonhard (1985): Kritik ökonomischer Denkweisen, Frankfurt a.M.: Haag + Herchen

Bauer, Thomas A. (1979): Medienpädagogik. Einführung und Grundlegung. Theorie-Diskussion: der Kommunikationssinn, Wien/Köln/Graz: Böhlau

Bauer, Thomas A. (1988): Die kommunikationswissenschaftliche Sozialisationshilfe im pädagogischen Dilemma. Von der Medienpädagogik zur pädagogischen Kommunikationsentwicklung, in: Publizistik (2-3): 548-564

Bauer, Thomas A. (1996): Medienpädagogik. Ein umzuschreibendes Programm, in: Medien Journal (2): 3-6

Bauer, Thomas A. (1997): Neue Medien und Neue Pädagogik. Die Interoperation von Medien und Pädagogik, in: Medienimpulse (21): 4-9

Bauer, Thomas A. (2001): Der Europadiskurs aus medienpädagogischer Sicht, in: Thomas A. Bauer/Gerhard E. Ortner (Hg.): Medien für Europa. Module für die zeitgeschichtliche Erwachsenenbildung, Düsseldorf, B+B-Verlag: 207-221

Bauer, Thomas A. (2001a): Medien mobilisieren das Gedächtnis, in: Thomas A. Bauer/Gerhard E. Ortner (Hg.): Medien für Europa. Module für die zeitgeschichtliche Erwachsenenbildung, Düsseldorf, B+B-Verlag: 155-171

Bauer, Thomas A./Gerhard E. Ortner (2001) (Hg.): Medien für Europa. Module für die zeitgeschichtliche Erwachsenenbildung, Düsseldorf: B+B-Verlag

Baumol, William J./John C. Panzar/Robert D. Willig (1982): Contestable Markets and the Theory of Industry Structure, New York: Harcourt Brace Jovanovich

BDZV - Bundesverband Deutscher Zeitungsverleger (1972): Memorandum zur wirtschaftlichen Lage der deutschen Tageszeitungen, Bonn/Bad Godesberg: BDZV

Beck, Klaus/Gerhard Vowe (1995): Multimedia aus der Sicht der Medien. Argumentationsmuster und Sichtweisen in der medialen Konstruktion, in: Rundfunk und Fernsehen (4): 549-563

Beck, Ulrich (1985): Die Risikogesellschaft: auf dem Weg in eine andere Moderne, Frankfurt a.M.: Suhrkamp

Beck, Ulrich (1997): Was ist Globalisierung? Irrtümer des Globalismus - Antworten auf Globalisierung, Frankfurt a.M.: Suhrkamp

Beck, Ulrich (1998) (Hg.): Perspektiven der Weltgesellschaft, Frankfurt a.M.: Suhrkamp

Becker, Gary S./Kevin M. Murphy (1993): A simple theory of advertising as a good or bad, in: Quarterly Journal of Economics (108): 941-964

Beer, Ulrich (1960): Geheime Miterzieher der Jugend, Düsseldorf: Rau

Bentele, Günter (o.J.): Public Relations. Ein konstitutives Element demokratischer Kommunikationsgesellschaften. Thesen zu den Zukunftsperspektiven der Öffentlichkeitsarbeit, Universität Düsseldorf

Bentele, Günter (1997): Grundlagen der Public Relations, in: Wolfgang Donsbach (Hg.): Public Relations in Theorie und Praxis: Grundlagen und Arbeitsweisen der Öffentlichkeitsarbeit in verschiedenen Funktionen, München, Fischer: 21-36

Bentele, Günter/Kurt R. Hesse (1994) (Hg.): Publizistik in der Gesellschaft, Festschrift für Manfred Rühl, Konstanz: UVK-Medien

Berger, Peter L./Thomas Luckmann (1977): Die gesellschaftliche Konstruktion der Wirklichkeit. Eine Theorie der Wissenssoziologie, 5. Aufl., Frankfurt a.M.: Fischer

Berghaus, Margot (1994): Multimedia-Zukunft. Herausforderung für die Medien- und Kommunikationswissenschaft, in: Rundfunk und Fernsehen (3): 404-412

Berghaus, Margot (1997): Was macht Multimedia mit Menschen, machen Menschen mit Multimedia? Sieben Thesen und ein Fazit, in: Peter Ludes/Andreas Werner (Hg.): Multimedia-Kommunikation. Theorien, Trends und Praxis, Opladen/Wiesbaden, Westdeutscher Verlag: 73-85

Berry, Steven T./Joel Waldfogel (1999): Mergers, Station Entry, and Programming Variety in Radio Broadcasting. NBER Working Paper Series 7080, Cambridge/Mass.

Blind, Sofia (1997): Das Vielfaltsproblem aus Sicht der Fernsehökonomie, in: Helmut Kohl (Hg.): Vielfalt im Rundfunk. Interdisziplinäre und internationale Annährungen, Konstanz, UVK-Medien: 43-62

Blümel, Wolfgang/Rüdiger Pethig/Oskar von dem Hagen (1988): The theory of public goods: A survey of recent issues, in: Journal of Institutional and Theoretical Economics (142): 241-309

Blümelhuber, Christian (2000): Rechte als zentrale Wirtschaftsgüter der e-economy. Theoretische Grundlagen, konzeptionelle Ansätze, Beispiele, München: FGM-Verlag

Blumler, Jay G. (1997): Wandel des Mediensystems und sozialer Wandel: Auf dem Weg zu einem Forschungsprogramm, in: Publizistik (1): 16-36

Bohrmann, Hans/Rolf Sülzer (1973): Massenkommunikationsforschung in der BRD. Deutschsprachige Veröffentlichungen nach 1960. Kommentar und Bibliographie, in: Jörg Aufermann/Hans Bohrmann/Rolf Sülzer (Hg.): Gesellschaftliche Kommunikation und Information. Forschungsrichtungen und Problemstellungen, Bd. 1, Frankfurt a.M., Athenäum Fischer: 83-120

Bonfadelli, Heinz (2002) (Hg.): Kulturtechnik Lesen in der Mediengesellschaft, Zürich: Verlag Pestalozzianum

Bonfadelli, Heinz/Werner A. Meier (1993) (Hg.): Krieg, Aids, Katastrophen ... Gegenwartsprobleme als Herausforderung der Publizistikwissenschaft, Festschrift für Ulrich Saxer, Konstanz: UVK-Medien

Booz/Allen/Hamilton (1995): Zukunft Multimedia. Grundlagen, Märkte und Perspektiven in Deutschland, Frankfurt a.M.: IMK

Bourdieu, Pierre (1987): Die feinen Unterschiede. Kritik der gesellschaftlichen Urteilskraft (1979), Frankfurt a.M.: Suhrkamp

Brauner, Josef/Roland Bickmann (1994): Die multimediale Gesellschaft, Frankfurt a.M.: Campus

Breisach, Emil (1978): Die Angst vor den Medien: zähmbare Giganten, Graz: Leyham-Verlag

Brepohl, Klaus (1974): Die Massenmedien. Ein Fahrplan durch das Zeitalter der Information und Kommunikation, München: Nymphenburger

Brepohl, Klaus (1993): Lexikon der neuen Medien, 6. Aufl., Köln: DIV

Brill, Andreas/Michael de Vries (1998): Virtuelle Wirtschaft. Virtuelle Unternehmen, virtuelle Produkte, virtuelles Geld und virtuelle Kommunikation, Opladen/Wiesbaden: Westdeutscher Verlag

Brodbeck, Karl-Heinz (1998): Die fragwürdigen Grundlagen der Ökonomie: eine philosophische Kritik der modernen Wirtschaftswissenschaften, Darmstadt: Wissenschaftliche Buchgesellschaft

Bromley, Roger/Udo Göttlich/Carsten Winter (1999) (Hg.): Cultural Studies. Grundlagentexte zur Einführung, Lüneburg: zu Klampen

Brosius, Hans-Bernd/Christina Holtz-Bacha (1999) (eds.): The German Communication Yearbook, Cresskill: Hampton Press

Bruch, Michael (1997): Betriebliche Organisationsform und gesellschaftliche Regulation, in: Günther Ortmann/Jörg Sydow/Klaus Türk (Hg.): Theorien der Organisation, Opladen/Wiesbaden, Westdeutscher Verlag: 181-210

Bruck, Peter A. (1994): Print unter Druck - eine Einleitung, in: Peter A. Bruck (Hg.): Print unter Druck: Zeitungsverlage auf Innovationskurs: Verlagsmanagement im internationalen Vergleich, München, Reinhard Fischer: 15-35

Bruhn, Manfred/Bernd Stauss (1991) (Hg.): Dienstleistungsqualität. Konzepte - Methoden - Erfahrungen, Wiesbaden: Gabler

Bruhn, Manfred/Heribert Meffert (1998) (Hg.): Handbuch Dienstleistungsmanagement: von der strategischen Konzeption zur praktischen Umsetzung, Wiesbaden: Gabler

Brummel, Sabine (1999): Zur Konzentration im deutschen Fernsehsektor, Baden-Baden: Nomos

Brüne, Stefan (1999): Die afrikanische Informationsgesellschaft. Akteure, Abhängigkeiten, Potentiale, in: Patrick Donges/Otfried Jarren/Heribert Schatz (Hg.): Globalisierung der Medien? Medienpolitik in der Informationsgesellschaft, Opladen/Wiesbaden, Westdeutscher Verlag: 211-227

Buchanan, James M. (1968): Demand and Supply of Public Goods, Chicago: Rand McNally

Bücher, Karl (1981): Auswahl der publizistikwissenschaftlichen Schriften, herausgeg. und eingel. von Heinz-Dietrich Fischer und Horst Minte, Bochum: Brockmeyer

Bühl, Achim (1997): Die virtuelle Gesellschaft. Ökonomie, Politik und Kultur im Zeichen des Cyberspace, Opladen/Wiesbaden: Westdeutscher Verlag

Bulmahn, Edelgard/Kurt van Haaren u.a. (1996) (Hg.): Informationsgesellschaft - Medien - Demokratie. Kritik - Positionen - Visionen, Marburg: BdWi

Burkart, Roland (1995): Kommunikationswissenschaft. Grundlagen und Problemfelder, Umrisse einer interdisziplinären Sozialwissenschaft, 2. Aufl., Köln/Wien: UTB

Burke, Kenneth (1969): A rhetoric of motives (1950), Berkeley/Los Angeles: University of California Press

Burr, Wolfgang (1995): Netzwettbewerb in der Telekommunikation: Chancen und Risiken aus Sicht der ökonomischen Theorie, Wiesbaden: Deutscher Universitätsverlag

C

Canzler, Weert/Sabine Helmers/Ute Hoffmann (1995): Die Datenautobahn - Sinn und Unsinn einer populären Metapher, Berlin: WZB

Carlton, Dennis M./Jeffrey M. Perloff (2000): Modern Industrial Organization, Reading u.a.: Longman

Cherry, Colin (1963): Welt im Werden. Kommunikationsforschung - eine neue Wissenschaft, Hamburg: Fischer

Coase, Ronald H. (1937): The Nature of the Firm, in: Economica, Jg. 4: 386-405

Comte, Auguste (1979): Discours sur l'Esprit Positif (Rede über den Geist des Positivismus, herausgeg. von Irving Fetscher), Hamburg: Meiner

Corsten, Hans (1985): Die Produktion von Dienstleistungen, Berlin: Schmidt

Corsten, Hans (1988): Betriebswirtschaftslehre der Dienstleistungsunternehmung. Einführung, München/Wien: Oldenbourg

Curran, James/Michael Gurevitch (1991) (eds.): Mass Media and Society, London: Arnold

Czygan, Marco (2000): Sollen Tageszeitungen vor lokaler Hörfunkwerbung geschützt werden? Zur Abgrenzung von lokalen Werbemärkten und der Einschränkung von Wettbewerb, in: Technische Universität Ilmenau (Hg.): Beiträge aus dem wissenschaftlichen Leben, Bd. 4: 56f.

D

Dahiya, Shri Bhagwan (1999) (ed.): The Current State of Economic Science, Rohtak: Spellbound Publ.

DeFleur, Melvin/Sandra J. Ball-Rokeach (1989): Theories of mass communication, 5. ed., New York: Longman

Dernbach, Beatrice/Manfred Rühl/Anna M. Theis-Berglmair (1998) (Hg.): Publizistik im vernetzten Zeitalter. Berufe - Formen - Strukturen, Opladen/Wiesbaden: Westdeutscher Verlag

Dertouzos, James N./William B. Trautman (1990): Economic Effects of Media Concentration: Estimates From a Model of the Newspaper Firm, in: The Journal of Industrial Economics, Jg. 39: 1-14

Deutsche Gesellschaft für Publizistik- und Kommunikationswissenschaft (2001): Die Mediengesellschaft und ihre Wissenschaft. Herausforderungen für die Kommunikations- und Medienwissenschaft als akademische Disziplin, München: DGPuK

Deutsches Institut für Fernstudien an der Universität Tübingen (1991) (Hg.): Funkkolleg Medien und Kommunikation, Weinheim/Basel: Beltz

Dewey, John (1996): Die Öffentlichkeit und ihre Probleme (1927), aus dem Amerikanischen von W.-D. Junghanns, Frankfurt a.M.: Syndikat

Dixit, Avinash K. (1996): The Making of Economic Policy: A Transaction-Cost Politics Perspective, Cambridge (USA)/London: MIT Press

Dobal, Raoul/Andreas Werner (1997): Das World Wide Web aus funktionaler Sicht, in: Peter Ludes/Andreas Werner (Hg.): Multimedia-Kommunikation. Theorien, Trends und Praxis, Opladen/Wiesbaden, Westdeutscher Verlag: 105-122

Döbler, Thomas/Birgit Stark (2002): Neue Medien: berufliche Chancen für Frauen?, in: Medien und Kommunikationswissenschaft (1): 63-76

Döblin, Alfred (1968): Die Vertreibung der Gespenster. Autobiographische Schriften. Betrachtungen zur Zeit. Aufsätze zu Kunst und Literatur, Berlin: Aufbau Verlag

Donges, Patrick/Otfried Jarren/Heribert Schatz (1999) (Hg.): Globalisierung der Medien? Medienpolitik in der Informationsgesellschaft, Opladen/Wiesbaden: Westdeutscher Verlag

Dorfman, Robert/Peter Otto Steiner (1954): Optimal advertising and optimal quality, in: American Economic Review (44): 826-836

Douglas, Mary (1991): Wie Institutionen denken, Frankfurt a.M.: Suhrkamp

Downs, Anthony (1957): An Economic Theory of Democracy, New York: Harper

Dröge, Franz (1973): Wissen ohne Bewusstsein. Materialien zur Medienanalyse der Bundesrepublik Deutschland, Frankfurt a.M.: Athenäum Fischer

Drushel, Bruce E. (1998): The Telecommunications Act of 1996 and Radio Market Structure, in: The Journal of Media Economics (3): 3-20

E

Eggertsson, Thráinn (1990): Economic Behavior and Institutions, Cambridge: Cambridge University Press

Ehmer, Hermann-Klaus (1971) (Hg.): Visuelle Kommunikation. Beiträge zur Kritik der Bewusstseinsindustrie, Köln: DuMont

Ekelund, Robert B. Jr./George S. Ford/Thomas Koutsky (2000): Market Power in Radio Markets: An Empirical Analysis of Local and National Concentration, in: Journal of Law and Economics, Jg. 43: 157-184

Engelsing, Rolf (1974): Der Bürger als Leser. Lesergeschichte in Deutschland 1500-1800, Stuttgart: Metzler

Enzensberger, Hans Magnus (1987): Baukasten zu einer Theorie der Medien, in: Maximilian Gottschlich (Hg.): Massenkommunikationsforschung/Theorieentwicklung und Problemperspektiven, Wien, Braumüller: 67-77

Erlei, Mathias/Martin Leschke/Dirk Sauerland (1999): Neue Institutionenökonomik, Stuttgart: Schäffer-Poeschel

Eschenauer, Barbara (1989): Medienpädagogik in den Lehrplänen. Eine Inhaltsanalyse zu den Curricula der allgemeinbildenden Schulen im Auftrag der Bertelsmann Stiftung Gütersloh, Gütersloh: Verlag Bertelsmann-Stiftung

Eurich, Klaus (1988): Computer, neue Medien und Kultur. Informationstechnologien in den publizistischen und künstlerischen Berufen, Hamburg: VSA

F

Fabris, Hans Heinz (1999): Qualitätssicherung in Medienunternehmen und im Mediensystem, in: Medien Journal (4): 3-15

Fabris, Hans Heinz (2001): Hoher Standard. Qualität und Qualitätssicherung im Journalismus, in: Hans Heinz Fabris/Franz Rest (Hg.): Qualität als Gewinn. Salzburger Beiträge zur Qualitätsforschung im Journalismus, Innsbruck u.a., Studien-Verlag: 49-71

Fabris, Hans Heinz/Franz Rest (2001a) (Hg.): Qualität als Gewinn. Salzburger Beiträge zur Qualitätsforschung im Journalismus, Innsbruck u.a.: Studien-Verlag

Fantapié Altobelli, Claudia (2002) (Hg.): Print contra online? Verlage im Internetzeitalter, München: Reinhard Fischer

Faßler, Manfred (1997): Informations- und Mediengesellschaft, in: Georg Kneer/Armin Nassehi/Markus Schroer (Hg.): Soziologische Gesellschaftsbegriffe. Konzepte moderner Zeitdiagnosen, München, Fink: 332-360

Faßler, Manfred (2001): Netzwerke. Einführung in die Netzstrukturen und verteilte Gesellschaftlichkeit, München: Fink

Faßler, Manfred/Wulf Halbach (1998) (Hg.): Geschichte der Medien, München: Fink

Federal Communications Commission (2001): Review of the Radio Industry, 2001, Washington D.C.: Mass Media Bureau; http://www.fcc.gov/mmb/prd/docs/radio01.pdf; 12.04.2002

Feyerabend, Paul (1986): Wider den Methodenzwang, Frankfurt a.M.: Suhrkamp

Forrester, Viviane (1997): Der Terror der Ökonomie, Wien: Zsolnay

Frey, Bruno S. (1999): Economics and Its Neighbouring Areas, in: Shri Bhagwan Dahiya (ed.): The Current State of Economic Science, Rohtak, Spellbound Publ.: 3-16

Friedrichsen, Mike/Wolfgang Seufert (2002) (Hg.): Ökonomisches Verhalten und publizistische Leistung: Marktdefizite oder Regulierungsdefizite, Baden-Baden: Nomos

Fuchs, Peter (1996): Die archaische Second-Hand-Order-Society. Paralipomena zur Konstruktion der Grenze der Gesellschaft, in: Soziale Systeme (1): 113-130

Fuchs, Peter (1999): Intervention und Erfahrung, Frankfurt a.M.: Suhrkamp

Fuchs, Peter (2001): Die world in der Welt des world wide web, in: Medien Journal (3): 49-57

Fürstenberg, Friedrich (1971): Soziologie. Hauptfragen und Grundbegriffe, Berlin: de Gruyter

G

Gabriel, Norbert (1997): Kulturwissenschaften und Neue Medien. Wissensvermittlung im digitalen Zeitalter, Darmstadt: Primus

Garnham, Nicholas (1979): Contribution to a political economy of mass communication, in: Media, Culture and Society (2): 123-143

Gerber, Siegmar/Bernhard Debatin (2000) (Hg.): Kommunikation in der Informationsgesellschaft: Vom digitalen Buch zum computergestützten Lernen, Leipzig: Leipziger Universitätsverlag

Giddens, Anthony (1999): Entfesselte Welt, Frankfurt a.M.: Suhrkamp

Giesecke, Michael (1991): Der Buchdruck in der frühen Neuzeit. Eine historische Fallstudie über die Durchsetzung neuer Informations- und Kommunikationstechnologien, Frankfurt a.M.: Suhrkamp

Giesen, Bernhard (1999): Kollektive Identität. Die Intellektuellen und die Nation, Bd. 2, Frankfurt a.M.: Suhrkamp

Golding, Peter/Graham Murdock (1991): Culture, Communications and Political Economy, in: James Curran/Michael Gurevitch (eds.): Mass Media and Society, London, Arnold: 15-32

Golding, Peter/Graham Murdock (1997) (eds.): The political economy of the media, Cheltenham u.a.: Edward Elgar

Göttlich, Udo/Carsten Winter (1999): Wessen Cultural Studies? Die Rezeption der Cultural Studies im deutschsprachigen Raum, in: Roger Bromley/Udo Göttlich/Carsten Winter (Hg.): Cultural Studies. Grundlagentexte zur Einführung, Lüneburg, zu Klampen: 25-39

Gottschlich, Maximilian (1987) (Hg.): Massenkommunikationsforschung/Theorieentwicklung und Problemperspektiven, Wien: Braumüller

Gottschlich, Maximilian (1999) (Hg.): Die Welt ist, wie wir sie denken. Zur Kulturkritik der Mediengesellschaft, Wien/New York: Springer

Greiffenhagen, Martin/Sylvia Greiffenhagen (2001) (Hg.): Handwörterbuch zur politischen Kultur der Bundesrepublik Deutschland, 2. Aufl., Opladen/Wiesbaden: Westdeutscher Verlag

Grisold, Andrea (1996): Regulierungsreformen am Mediensektor: der „Fall" Österreich, Frankfurt a.M. u.a.: Lang

Grofman, Bernard (1993) (ed.): Information, Participation, and Choice, Ann Arbor: University of Michigan Press

Grossberg, Lawrence (1986): On Postmodernism and Articulation. An Interview with Stuart Hall, in: Journal of Communication Inquiry (2): 45-60

H

Habermas, Jürgen (1976): Strukturwandel der Öffentlichkeit. Untersuchungen zu einer Kategorie der bürgerlichen Gesellschaft, 8. Aufl., Neuwied/Berlin: Luchterhand

Habermas, Jürgen (1981): Theorie des kommunikativen Handelns, Bd. 1: Handlungsrationalität und gesellschaftliche Rationalisierung, Frankfurt a.M.: Suhrkamp

Habermas, Jürgen (1981a): Theorie des kommunikativen Handelns, Bd. 2: Zur Kritik der funktionalistischen Vernunft, Frankfurt a.M.: Suhrkamp

Habermas, Jürgen (1990): Strukturwandel der Öffentlichkeit. Untersuchungen zu einer Kategorie der bürgerlichen Gesellschaft (1962), Frankfurt a.M.: Suhrkamp

Haferkamp, Hans/Michael Schmid (1987) (Hg.): Sinn, Kommunikation und soziale Differenzierung. Beiträge zu Luhmanns Theorie sozialer Systeme, Frankfurt a.M.: Suhrkamp

Hafner, Katie/Matthew Lyon (1997): Arpa Kadabra. Die Geschichte des Internet, Heidelberg: dpunkt

Hall, Stuart (1980): Encoding/Decoding, in: Stuart Hall/Dorothy Hobson (eds.): Culture, Media, Language. Working papers in Cultural Studies (1972-1979), London, Routledge: 128-138

Hall, Stuart/Hobson Dorothy (1980) (eds.): Culture, Media, Language. Working papers in Cultural Studies (1972-1979), London: Routledge

Hallenberger, Gerd (1998): Auswirkungen unterschiedlicher Finanzierungsformen auf die Programmgestaltung, in: Rüdiger Pethig/Sofia Blind (Hg.): Fernsehfinanzierung. Ökonomische, rechtliche und ästhetische Perspektiven, Opladen/Wiesbaden, Westdeutscher Verlag: 74-95

Haller, Max (1999): Soziologische Theorie im systematisch-kritischen Vergleich, Opladen: Leske+Budrich

Hamelink, Cees (1986): Is there life after the information revolution?, in: Michael Traber (ed.): The Myth of the Information Revolution. Social and Ethical Implications of Communication Technology, London/New York/New Delhi, Sage: 7-20

Hans-Bredow-Institut (1995): Themenheft „Interaktivität neuer Medien - Herausforderung an die Kommunikationswissenschaft", in: Rundfunk und Fernsehen (4)

Hans-Bredow-Institut (2000) (Hg.): Internationales Handbuch für Hörfunk und Fernsehen, Baden-Baden: Nomos

Hansen, Claus T./S. Kyhl (2001): Pay-per-view broadcasting events: Consequences of a ban, in: International Journal of Industrial Organization (19): 589-609

Hardt, Hanno (1979): Social theories of the press. Early German & American perspectives, forword by James W. Carey, Beverley Hills/London: Sage

Hartley, Eugene L./Ruth E. Hartley (1952) (eds.): Fundamentals of social psychology, New York: Knopf

Hartmann, Frank (2000): Medienphilosophie, Wien: WUV

Hasebrink, Uwe (1994): Das Publikum verstreut sich. Zur Entwicklung der Fernsehnutzung, in: Otfried Jarren (Hg.): Medienwandel - Gesellschaftswandel? 10 Jahre dualer Rundfunk in Deutschland. Eine Bilanz, Berlin, Vistas: 265-287

Hauskeller, Michael/Christoph Rehmann-Sutter/Gregor Schiemann (1998) (Hg.): Naturerkenntnis und Natursein, für Gernot Böhme, Frankfurt a.M.: Suhrkamp

Heinrich, Jürgen (1984): Marktzutritt als Systemelement des Wettbewerbs, in: Gerd G. Kopper (Hg.): Marktzutritt bei Tageszeitungen - zur Sicherung von Meinungsvielfalt durch Wettbewerb. München u.a., Saur: 75-86

Heinrich, Jürgen (1992): Publizistische Vielfalt aus wirtschaftswissenschaftlicher Sicht, in: Günther Rager/Bernd Weber (Hg.): Publizistische Vielfalt zwischen Markt und Politik: Mehr Medien - mehr Inhalte?, Düsseldorf, Econ: 232-250

Heinrich, Jürgen (1994): Medienökonomie, Bd. 1: Mediensystem, Zeitung, Zeitschrift, Anzeigenblatt, Opladen/Wiesbaden: Westdeutscher Verlag

Heinrich, Jürgen (1996): Qualitätswettbewerb und/oder Kostenwettbewerb im Mediensektor, in: Rundfunk und Fernsehen (44): 165-184

Heinrich, Jürgen (1999): Medienökonomie, Bd. 2: Hörfunk und Fernsehen, Opladen/Wiesbaden: Westdeutscher Verlag

Heinrich, Jürgen (2001): Medienökonomie, Bd. 1: Mediensystem, Zeitung, Zeitschrift, Anzeigenblatt, 2. Aufl., Opladen/Wiesbaden: Westdeutscher Verlag

Hepp, Andreas (1998): Fernsehaneignung und Alltagsgespräche. Fernsehnutzung aus der Perspektive der Cultural Studies, Opladen/Wiesbaden: Westdeutscher Verlag

Hepp, Andreas/Martin Löffelholz (2002) (Hg.): Grundlagentexte zur transkulturellen Kommunikation, Konstanz: UVK-Medien

Hepp, Andreas/Rainer Winter (1997) (Hg.): Kultur - Medien - Macht. Cultural Studies und Medienanalyse, Opladen/Wiesbaden: Westdeutscher Verlag

Herdzina, Klaus (1999): Wettbewerbspolitik, 5., überarb. Aufl., Stuttgart: Lucius & Lucius

Herman, Edward S. (1998): The Propaganda Model Revisited, in: Robert W. McChesney et al. (eds.): Capitalism and the Information Age, New York, Monthly Review Press: 191-205

Herman, Edward S./Noam Chomsky (1988): Manufacturing Consent. The Political Economy of the Mass Media, New York: Pantheon Books

Herzberg, Frederick/Bernard Mausner/Barbara Bloch Snyderman (1967): The motivation to work, 2. ed., New York: Wiley

Hess, Thomas/Matthias Schumann (1999): Das Fach Medienökonomie an deutschen Universitäten, Arbeitsbericht 1 des Instituts für Wirtschaftsinformatik an der Universität Göttingen, Göttingen

Hess, Thomas/Matthias Schumann (2000): Grundfragen der Medienwirtschaft, Berlin u.a.: Springer

Hessisches Kultusministerium (1993) (Hg.): Zukunftsdialog zu Lehren und Lernen: Angebote, Wiesbaden

Hickethier, Knut (1974): Die Tradition schulischer Beschäftigung mit Massenmedien. Ein Abriss der Geschichte deutscher Medienpädagogik, in: Reent Schwarz (Hg.): Didaktik der Massenkommunikation, Bd. 1: Manipulation durch Massenmedien - Aufklärung durch Schule?, Stuttgart, Metzler: 21-52

Hiebel, Hans H./Heinz Hiebler/Karl Kogler/Herwig Walitsch (1999): Grosse Medienchronik, München: Fink

Hoffmann-Riem, Wolfgang (1988) (Hg.): Rundfunk im Wettbewerbsrecht: der öffentlich-rechtliche Rundfunk im Spannungsfeld zwischen Wirtschaftsrecht und Rundfunkrecht, Baden-Baden: Nomos

Holton, Robert J. (1992): Economy and Society, London: Routledge

Holtz-Bacha, Christina/Arnulf Kutsch (2002) (Hg.): Schlüsselwerke der Kommunikationswissenschaft, Opladen: Westdeutscher Verlag

Hömberg, Walter (1988): Konflikte, Krisen, Katastrophen - Angst durch die Medien - Angst vor den Medien, in: Hans Wagner (Hg.): Idee und Wirklichkeit des Journalismus: Festschrift für Heinz Starkulla, München, Olzog: 129-141

Hömberg, Walter (2000) (Hg.): Studienführer Journalismus, Medien, Kommunikation, 2., völlig überarb. Aufl., Konstanz: UVK-Medien

Horizontmagazin (2001): Die Zweite Chance. Streitgespräch zwischen Maike Schlegel (Economy One), Hans-Dieter Degler (Degler Smart Media), Martin Fischer (Verlag Milchstraße), Bernd G. Müll (DG Bank), Peter Weidermann (selbständiger Unternehmensberater) und Johannes Züll (RTL Group), in: Horizont Magazin (3): 50-57

Horkheimer, Max/Theodor W. Adorno (1969): Dialektik der Aufklärung. Philosophische Fragmente, 1. Aufl., Leipzig: Reclam

Horkheimer, Max/Theodor W. Adorno (1969): Dialektik der Aufklärung. Philosophische Fragmente, Frankfurt a.M.: S. Fischer (zuerst: New York 1944: Social Studies Association)

Hübenthal, Ursula (1991): Interdisziplinäres Denken, Stuttgart: Suhrkamp

I

IP/CMI (2001): Internet 2001. European Key Facts, Köln: IP Deutschland

J

Jäckel, Michael (1998) (Hg.): Die umworbene Gesellschaft. Analysen zur Entwicklung der Werbekommunikation, Opladen: Westdeutscher Verlag

Jantsch, Erich (1996): Erkenntnistheoretische Aspekte der Selbstorganisation natürlicher Systeme, in: Siegfried J. Schmidt (Hg.): Der Diskurs des radikalen Konstruktivismus, 7. Aufl., Frankfurt a.M., Suhrkamp: 159-191

Jarren, Otfried (1994) (Hg.): Medien und Journalismus 1. Eine Einführung, Opladen: Westdeutscher Verlag

Jarren, Otfried (1995) (Hg.): Medien und Journalismus 2. Eine Einführung, Opladen: Westdeutscher Verlag

Jarren, Otfried (1998): Medienpolitische Kommunikation, in: Otfried Jarren/Ulrich Sarcinelli/Ulrich Saxer (Hg.): Politische Kommunikation in der demokratischen Gesellschaft. Ein Handbuch mit Lexikonteil, Opladen/Wiesbaden, Westdeutscher Verlag: 616-629

Jarren, Otfried (1999): Medienregulierung in der Informationsgesellschaft? Über die Möglichkeiten zur Ausgestaltung der zukünftigen Medienordnung, in: Publizistik (2): 149-164

Jarren, Otfried (2001): Medien als Organisationen, Medien als soziale Systeme, in: Otfried Jarren/Heinz Bonfadelli (Hg.): Einführung in die Publizistikwissenschaft, Bern/Stuttgart/Wien, Haupt: 137-160

Jarren, Otfried/Patrick Donges (2000): Medienregulierung durch die Gesellschaft? Eine steuerungstheoretische und komparative Studie mit Schwerpunkt Schweiz, Wiesbaden: Westdeutscher Verlag

Jarren, Otfried/Ulrich Sarcinelli/Ulrich Saxer (1998) (Hg.): Politische Kommunikation in der demokratischen Gesellschaft. Ein Handbuch mit Lexikonteil, Opladen/Wiesbaden: Westdeutscher Verlag

Jarren, Otfried/Werner Meier (2001): Ökonomisierung der Medienindustrie: Ursachen, Formen und Folgen (Themenheft Medien & Kommunikationswissenschaft), Baden-Baden: Nomos

K

Kamper, Dietmar (1998): Wissen ist Ohnmacht. Macht ist Unwissen, in: Michael Hauskeller/Christoph Rehmann-Sutter/Gregor Schiemann (Hg.): Naturerkenntnis und Natursein, für Gernot Böhme, Frankfurt a.M., Suhrkamp: 86-93

Kamps, Klaus (1999) (Hg.): Elektronische Demokratie. Perspektiven politischer Partizipation, Opladen/Wiesbaden: Westdeutscher Verlag

Kant, Immanuel (1785): Beantwortung der Frage: Was ist Aufklärung?, in: Berlinische Wochenschrift (4): 481-494, Neudruck in: Kant Werke (1968), Bd. 9, Darmstadt, Wissenschaftliche Buchgesellschaft: 51-61

Kant, Immanuel (1796): Zum ewigen Frieden. Ein philosophischer Entwurf, Königsberg: Nicolovius, Neudruck in: Kant Werke (1968), Bd. 9, Darmstadt, Wissenschaftliche Buchgesellschaft: 193-251

Kantzenbach, Erhard (1988): Zum Verhältnis von publizistischem und ökonomischem Wettbewerb aus ökonomischer Sicht, in: Wolfgang Hoffmann-Riem (Hg.): Rundfunk im Wettbewerbsrecht: der öffentlich-rechtliche Rundfunk im Spannungsfeld zwischen Wirtschaftsrecht und Rundfunkrecht, Baden-Baden, Nomos: 78-83

Karmasin, Matthias (1996): Ethik als Gewinn. Zur ethischen Rekonstruktion der Ökonomie, Wien: Linde

Karmasin, Matthias (1998): Medienökonomie als Theorie (massen-)medialer Kommunikation. Kommunikationsökonomie und Stakeholder Theorie, Wien/Graz: Nausner & Nausner

Karmasin, Matthias/Carsten Winter (2000) (Hg.): Grundlagen des Medienmanagements, München: Fink

Karmasin, Matthias/Carsten Winter (2002) (Hg.): Mediale Mehrwertdienste und die Zukunft der Kommunikation. Eine fächerübergreifende Orientierung, Wiesbaden: Westdeutscher Verlag

Kasper, Wolfgang/Manfred E. Streit (1999): Institutional Economics: Social Order and Public Policy, Cheltenham/Northampton: Edward Elgar

Katterle, Siegfried (1990): Der Beitrag der institutionalistischen Ökonomik zur Wirtschaftsethik, in: Peter Ulrich (Hg.): Auf der Suche nach einer modernen Wirtschaftsethik, Bern/Stuttgart, Haupt: 121-147

Kellner, Douglas (1999): Medien- und Kommunikationsforschung vs. Cultural Studies. Wider ihre Trennung, in: Roger Bromley/Udo Göttlich/Carsten Winter (Hg.): Cultural Studies. Grundlagentexte zur Einführung, Lüneburg, zu Klampen: 341-363

Kiefer, Marie-Luise (1994): Wettbewerb im dualen Rundfunksystem, in: Media Perspektiven (9): 430-430

Kiefer, Marie-Luise (1995): Konzentrationskontrolle: Bemessungskriterien auf dem Prüfstand, in: Media Perspektiven (2): 58-69

Kiefer, Marie-Luise (1996): Schwindende Chancen für anspruchsvolle Medien?, in: Media Perspektiven (11): 589-597

Kiefer, Marie-Luise (1997): Ein Votum für eine publizistikwissenschaftlich orientierte Medienökonomie, in: Publizistik, Jg. 42: 54-61

Kiefer, Marie-Luise (2001): Medienökonomik. Einführung in eine ökonomische Theorie der Medien. München u.a.: Oldenbourg

Kirchgässner, Gebhard (1996): Bemerkungen zur Minimalmoral, in: Zeitschrift für Wirtschafts- und Sozialwissenschaften (116): 223-251

Kirsch, Thomas (1999): Die Förderung von Medienkompetenz in Westeuropa, in: Rundfunk und Fernsehen (4): 531-550

Klapper, Joseph T. (1949): The effects of mass media, New York: Columbia University, Bureau of Applied Social Research

Klein, Benjamin/Keith B. Leffler (1981): The Role of Market Forces in Assuring Contractual Performance, in: Journal of Political Economy (89): 615-641

Kleinsteuber, Hans (1996) (Hg.): Der „Information Superhighway". Amerikanische Visionen und Erfahrungen, Opladen/Wiesbaden: Westdeutscher Verlag

Kleinsteuber, Hans (1996a): Das Elend der Informationsgesellschaft. Über wissenschaftliche Begrifflichkeit und politische Funktionalisierung, in: Edelgard Bulmahn/Kurt van Haaren u.a. (Hg.): Informationsgesellschaft - Medien - Demokratie. Kritik - Positionen - Visionen, Marburg, BdWi: 23-33

Kleinsteuber, Hans (1996b): Der Information Superhighway: Analyse einer Metapher, in: Hans Kleinsteuber (Hg.): Der „Information Superhighway". Amerikanische Visionen und Erfahrungen, Opladen/Wiesbaden, Westdeutscher Verlag: 17-47

Kneer, Georg/Armin Nassehi/Markus Schroer (1997) (Hg.): Soziologische Gesellschaftsbegriffe. Konzepte moderner Zeitdiagnosen, München: Fink

Knies, Karl (1853): Die Eisenbahnen und ihre Wirkungen, Braunschweig: Schwetschke

Knies, Karl (1857): Der Telegraph als Verkehrsmittel. Mit Erörterungen über den Nachrichtenverkehr überhaupt, Tübingen: Laupp

Knoche, Manfred (1996): Konzentrationsboom und Forschungsdefizite. Von der Presse- zur Medienkonzentrationsforschung, in: Klaus-Dieter Altmeppen (Hg.): Ökonomie der Medien und des Mediensystems. Grundlagen, Ergebnisse und Perspektiven medienökonomischer Forschung, Opladen, Westdeutscher Verlag: 101-121

Knoche, Manfred (1996a): Konzentrationsförderung und Konzentrationskontrolle, in: Claudia Mast (Hg.): Markt - Macht - Medien. Publizistik zwischen gesellschaftlicher Verantwortung und ökonomischen Zielen, Konstanz, UVK-Medien: 105-117

Knoche, Manfred (1997): Medienpolitik als Konzentrationsförderungspolitik. Auch Österreich tappt in die Privatisierungsfalle, in: Medien Journal (2): 14-25

Knoche, Manfred (1999): Media Economics as a Subdiscipline of Communication Science, in: Hans-Bernd Brosius/Christina Holtz-Bacha (eds.): The German Communication Yearbook, Cresskill, Hampton Press: 69-100

Knoche, Manfred/Axel Zerdick (1973): Zur wirtschaftlichen Situation der Tageszeitungen in der Bundesrepublik, in: Media Perspektiven (4): 141-151

Knoche, Manfred/Axel Zerdick (1974): Subventionsforderungen ohne Grundlage. Zur Repräsentativität und Validität der vom Bundesverband Deutscher Zeitungsverleger zur Erlangung staatlicher Hilfen vorgelegten Daten, Berlin: masch.schr. vervielf. Manuskript

Knoche, Manfred/Peter Kisker/Axel Zerdick (1979): Wirtschaftskonjunktur und Pressekonzentration in der Bundesrepublik Deutschland, München/New York/London/Paris: Saur.

Köcher, Anette (2002): Controlling der werbefinanzierten Medienunternehmung, Lohmar/Köln: Eul

Köck, Wolfram K. (1996): Kognition - Semantik - Kommunikation, in: Siegfried J. Schmidt (Hg.): Der Diskurs des Radikalen Konstruktivismus, 7. Aufl., Frankfurt a.M., Suhrkamp: 340-373

Kohl, Helmut (1997) (Hg.): Vielfalt im Rundfunk, Interdisziplinäre und internationale Annährungen, Konstanz: UVK-Medien

Kopper, Gerd G. (1984): Meinungsvielfalt und Komplementärmedien. Zur Theorie des sekundären Marktzutritts, in: Gerd G. Kopper (Hg.): Marktzutritt bei Tageszeitungen - zur Sicherung von Meinungsvielfalt durch Wettbewerb, München u.a., Saur: 133-149

Kopper, Gerd G. (1984a): Wettbewerbsprozeß und „Meinungsmarkt". Einführung in den Hintergrund, in: Gerd G. Kopper (Hg.): Marktzutritt bei Tageszeitungen - zur Sicherung von Meinungsvielfalt durch Wettbewerb, München u.a., Saur: 25-33

Kopper, Gerd. G. (1986): Wirtschaftliche Grundlagen und Strukturen der Massenmedien, in: Wolfgang R. Langenbucher (Hg.): Publizistik- und Kommunikationswissenschaft. Ein Textbuch zur Einführung in ihre Teildisziplinen, Wien, Braumüller: 163-176

Kopper, Gerd G. (2002): Medienökonomie im Zeichen der fünften ‚Gewalt'. Bemerkungen zu Zielsetzungen, Strukturen und Paradoxa der Erkenntnisfindung in einem Fachgebiet mit mißverständlicher Bezeichnung, in: Gabriele Siegert (Hg.): Medienökonomie in der Kommunikationswissenschaft. Bedeutung, Grundfragen und Entwicklungsperspektiven, Münster, Lit: 15-25

Krämer, Hans (1995): Integrative Ethik, Frankfurt a.M.: Suhrkamp

Kreimeir, Klaus (1974): Grundsätzliche Überlegungen zu einer materialistischen Theorie der Massenmedien, in: Dieter Prokop (Hg.): Massenkommunikationsforschung, Bd. 1: Produktion, Frankfurt a.M., Fischer: 409-422

Kreps, David M. (1990a): A Course in Microeconomic Theory, New York u.a.: Prentice Hall

Kreps, David M. (1990b): Corporate Culture and Economic Theory, in: James E. Alt/Kenneth A. Shepsle (eds.): Perspectives on Positive Political Economy, Cambridge, Cambridge University Press: 90-143

Kroeber-Riel, Werner/Peter Weinberg (1999): Konsumentenverhalten, 7. Aufl., München: Vahlen

Kron, Thomas (2000): Explodierte Kommunikation, vernetzte Gesellschaft - Richard Münchs Analyse der Kommunikationsgesellschaft, in: Uwe Schimank/Ute Volkmann (Hg.): Soziologische Gegenwartsdiagnosen. Eine Bestandsaufnahme, Opladen, Leske+Budrich: 41-56

Krotz, Friedrich (1997): Gesellschaftliches Subjekt und kommunikative Identität: Zum Menschenbild der Cultural Studies, in: Andreas Hepp/Rainer Winter (Hg.): Kultur - Medien - Macht. Cultural Studies und Medienanalyse, Opladen/Wiesbaden, Westdeutscher Verlag: 117-126

Krotz, Friedrich (2001): Marshall McLuhan revisited. Der Theoretiker des Fernsehens und die Mediengesellschaft, in: Medien und Kommunikationswissenschaft (1): 62-81

Krüger, Udo Michael (1987): Unterschiede der Programmprofile bleiben bestehen, in: Media Perspektiven (7): 354-366

Kruse, Jörn (1996): Publizistische Vielfalt und Medienkonzentration zwischen Marktkräften und politischen Entscheidungen, in: Klaus-Dieter Altmeppen (Hg.): Ökonomie der Medien und des Mediensystems, Opladen, Westdeutscher Verlag: 25-52

Kubicek, Herbert (1997): Das Internet auf dem Weg zum Massenmedium? - Ein Versuch, Lehren aus der Geschichte alter und neuer Medien zu ziehen, in: Raymund Werle/C. Lang (Hg.): Modell Internet? Entwicklungsperspektiven neuer Kommunikationsnetze, Frankfurt a.M./New York, Campus: 213-239

Kubicek, Herbert/Ulrich Schmid/Heiderose Wagner (1997): Bürgerinformation durch „neue" Medien? Analysen und Fallstudien zur Etablierung elektronischer Informationssysteme im Alltag, Opladen/Wiesbaden: Westdeutscher Verlag

Kübler, Hans-Dieter (1994): Kommunikation und Massenkommunikation, Münster: Lit

Kuhn, Thomas S. (1989): Die Struktur wissenschaftlicher Revolutionen, Frankfurt a.M.: Suhrkamp

Kunczik, Michael/Astrid Zipfel (2001): Publizistik. Ein Studienhandbuch, Köln/Weimar/Wien: Böhlau

Küpper, Willi/Anke Felsch (2000): Organisation, Macht und Ökonomie, Wiesbaden: Westdeutscher Verlag

L

Lange, André/Ad van Loon (1990): Multimedia concentration regulation in Europe, Montpellier: Audiovisual and Telecommunication Institute in Europe

Lange, Elmar (1989): Marktwirtschaft. Eine soziologische Analyse ihrer Entwicklungen und Strukturen in Deutschland, Opladen: Westdeutscher Verlag

Lange, Elmar (1994) (Hg.): Der Wandel der Wirtschaft. Soziologische Perspektiven, Berlin: Sigma

Langenbucher, Wolfgang R. (1974) (Hg.): Zur Theorie der politischen Kommunikation, München: Piper

Langenbucher, Wolfgang R. (1979) (Hg.): Politik und Kommunikation. Über die öffentliche Meinungsbildung, München: Piper

Langenbucher, Wolfgang R. (1984): Qualitätssicherung im Journalismus, in: Hans-Konrad Selbmann (Hg.): Beiträge zur Gesundheitsökonomie, Gerlingen, Bleicher: 23-31

Langenbucher, Wolfgang R. (1988) (Hg.): Publizistik- und Kommunikationswissenschaft. Ein Textbuch zur Einführung in ihre Teildisziplinen, Wien: Braumüller

Langenbucher, Wolfgang/Maximilian Gottschlich (1997) (Hg.): Einführung in die Kommunikationswissenschaft, Bd. 1, Wien: Braumüller

Lattmann, Charles (1988): Wissenschaftstheoretische Grundlagen der Unternehmungsethik, in: Charles Lattmann (Hg.): Ethik und Unternehmensführung, Heidelberg, Physica-Verlag: 1-32

La Roche, Walther von (1991): Einführung in den praktischen Journalismus, München/Leipzig: List

Latzer, Michael (1997): Mediamatik. Die Konvergenz von Telekommunikation, Computer und Rundfunk, Opladen/Wiesbaden: Westdeutscher Verlag

Latzer, Michael/Ursula Maier Rabler/Gabriele Siegert/Thomas Steinmaurer (1999) (Hg.): Die Zukunft der Kommunikation. Phänomene und Trends in der Informationsgesellschaft, Innsbruck/Wien: Studien-Verlag

Laux, Bernhard (1986): Die institutionelle Ordnung der Massenkommunikation aus sozialethischer Sicht, Frankfurt a.M./Bern/New York: Lang

Lenhardt, Helmut (1972): Die Zukunft von Rundfunk und Fernsehen in der Auseinandersetzung mit den neuen elektronischen Medien, Wien/München/Zürich: Molden

Lobigs, Frank (2002): Funktionsfähiger journalistischer Wettbewerb: Institutionenökonomische Theorie des Qualitätswettbewerbs aktueller Medien, hergeleitet am Markt für überregionale Abonnementszeitungen, Diplomarbeit am Institut für Journalistik, Universität Dortmund

Löffelholz, Martin (1993): Auf dem Weg in die Informationsgesellschaft. Konzepte - Tendenzen - Risiken, in: Hessisches Kultusministerium (Hg.): Zukunftsdialog zu Lehren und Lernen: Angebote, Wiesbaden: 95-106

Löffelholz, Martin (1999): Perspektiven politischer Öffentlichkeiten. Zur Modellierung einer system- und evolutionstheoretischen Analyse, in: Klaus Kamps (Hg.): Elektronische Demokratie. Perspektiven politischer Partizipation, Opladen/Wiesbaden, Westdeutscher Verlag: 263-279

Löffelholz, Martin (2000) (Hg.): Theorien des Journalismus. Ein diskursives Handbuch, Opladen/Wiesbaden: Westdeutscher Verlag

Löffelholz, Martin (2000a): The Globalization of Communication. Approaches to a New Orientation in Communication and Media Studies, in: Jurnal Masalah-Masalah Sosial dan Politik (13): 1-13

Löffelholz, Martin/Klaus-Dieter Altmeppen (1991): Kommunikation morgen. Perspektiven der „Informationsgesellschaft", in: Klaus Merten/Siegfried J. Schmid/Siegfried Weischenberg (Hg.): Funkkolleg Medien und Kommunikation. Konstruktionen von Wirklichkeit. Studienbrief 12, Weinheim/Basel, Beltz: 51-94

Löffelholz, Martin/Klaus-Dieter Altmeppen (1994): Kommunikation in der Informationsgesellschaft, in: Klaus Merten/Siegfried J. Schmidt/Siegfried Weischenberg (Hg.): Die Wirklichkeit der Medien. Eine Einführung in die Kommunikationswissenschaft, Opladen/Wiesbaden, Westdeutscher Verlag: 570-591

Löffelholz, Martin/Thorsten Quandt (2002) (Hg.): Die neue Kommunikationswissenschaft. Berufsfelder, Themen und Theorien im Internet-Zeitalter - eine Einführung, Opladen/Wiesbaden: Westdeutscher Verlag

Ludes, Peter (1998): Einführung in die Medienwissenschaft. Entwicklungen und Theorien, Berlin: Erich Schmidt

Ludes, Peter/Andreas Werner (1997) (Hg.): Multimedia-Kommunikation. Theorien, Trends und Praxis, Opladen/Wiesbaden: Westdeutscher Verlag

Ludwig, Johannes (1994): Medienökonomie - Eine Einführung in die ökonomischen Strukturen und Probleme von Medienunternehmen, in: Otfried Jarren (Hg.): Medien und Journalismus 1. Eine Einführung, Opladen, Westdeutscher Verlag: 147-214

Ludwig, Johannes (1996): Wie sich publizistische Hochkultur ‚rechnet'. Ein ökonomisches Portrait der „Zeit", in: Publizistik (3): 277-297, wieder abgedruckt in: Wolfgang Langenbucher/Maximilian Gottschlich (1997) (Hg.): Einführung in die Kommunikationswissenschaft, Bd. 1, Wien, Braumüller: 158-176

Ludwig, Johannes (1998): Zur Ökonomie der Medien: Zwischen Marktversagen und Querfinanzierung, von J. W. Goethe bis zum Nachrichtenmagazin Der Spiegel, Opladen/Wiesbaden: Westdeutscher Verlag

Ludwig, Johannes (1998a): Zur Ökonomie der Wissenschaftsmedien. Medienunternehmen zwischen Markt und Wissenschaftsbetrieb, in: Rundfunk und Fernsehen (2-3): 159-174

Ludwig, Johannes (1999): Vom Buchdruck zum Internet. Gesellschaftliche Emanzipationsprozesse als Folge ökonomischer Entwicklungen, in: Rundfunk und Fernsehen (3): 341-367

Ludwig, Johannes (1999a): Medienunternehmer zwischen Kunst und Kommerz, in: Günther Schulz (Hg.): Geschäft mit Wort und Meinung. Medienunternehmer seit dem 18. Jahrhundert, München, Oldenbourg: 23-56

Ludwig, Johannes (1999b): Vom Buchdruck zum Internet. Gesellschaftliche Emanzipationsprozesse als Folge ökonomischer Entwicklungen, in: Rundfunk und Fernsehen (3): 341-367

Ludwig, Johannes (2000): The essential economic problem of the media: working between market failure and cross-financing, in: The Journal of Media Economics (3): 187-200

Ludwig, Johannes (2002): Redaktion & Shopping - ein innovatives Konzept für die Zukunft?, in: Claudia Fantapié Altobelli (Hg.): Print contra online? Verlage im Internetzeitalter, München: Reinhard Fischer

Ludwig, Johannes (2002a): Mediale Vielfalt: Ein (Nicht-)Ergebnis von Anbieter- und/oder Nachfragerinteressen, Markt- und/oder Regulierungsdefiziten?, in: Mike Friedrichsen/Wolfgang Seufert (Hg.): Ökonomisches Verhalten und publizistische Leistung: Marktdefizite oder Regulierungsdefizite, Baden-Baden: Nomos

Ludwig, Johannes (2002b): Anmerkungen zum Buch von Klaus Peter Kisker, Manfred Knoche, Axel Zerdick (1979): Wirtschaftskonjunktur und Pressekonzentration in der Bundesrepublik Deutschland, München/New York/London/Paris, in: Christina Holtz-Bacha/Arnulf Kutsch (Hg.): Schlüsselwerke der Kommunikationswissenschaft, Opladen: Westdeutscher Verlag

Luger, Kurt (1994): Offene Grenzen in der Kommunikationswissenschaft. Über die Notwendigkeit eines transkulturellen Forschungsansatzes, in: Kurt Luger/Rudi Renger (Hg.): Dialog der Kulturen. Die multikulturelle Gesellschaft und die Medien, Wien/St. Johann, Österreichischer Kunst- und Kulturverlag: 23-65

Luger, Kurt/Rudi Renger (1994) (Hg.): Dialog der Kulturen. Die multikulturelle Gesellschaft und die Medien, Wien/St. Johann: Österreichischer Kunst- und Kulturverlag

Luhmann, Niklas (1968): Tradition und Mobilität. Zu den „Leitsätzen der Verwaltungspolitik" (der ASJ Arbeitsgemeinschaft Sozialdemokratischer Juristen), in: Recht und Politik: 49-53

Luhmann, Niklas (1969): Klassische Theorie der Macht. Kritik ihrer Prämissen, in: Zeitschrift für Politik (2): 149-170

Luhmann, Niklas (1971): Politische Planung, Opladen/Wiesbaden: Westdeutscher Verlag

Luhmann, Niklas (1985): Soziale Systeme. Grundriß einer allgemeinen Theorie, 2. Aufl., Frankfurt a.M.: Suhrkamp

Luhmann, Niklas (1987): Autopoiesis als soziologischer Begriff, in: Hans Haferkamp/Michael Schmid (Hg.): Sinn, Kommunikation und soziale Differenzierung. Beiträge zu Luhmanns Theorie sozialer Systeme, Frankfurt a.M., Suhrkamp: 307-324

Luhmann, Niklas (1987): Die Gesellschaft der Gesellschaft, Frankfurt a.M.: Suhrkamp

Luhmann, Niklas (1996): Die Realität der Massenmedien, Opladen: Westdeutscher Verlag

Lupia, Arthur/Mathew D. McCubbins (1998): The Democratic Dilemma: Can Citizens Learn What They Need to Know?, Cambridge: Cambridge University Press

M

MacKay, Donald M. (1968): Technik der Information und die Manipulierbarkeit des Menschen, in: Zeitschrift für evangelische Ethik (12): 147-156

Maleri, Rudolf (1973): Grundzüge der Dienstleistungsproduktion, Berlin u.a.: Springer

Maleri, Rudolf (1998): Grundlagen der Dienstleistungsproduktion, in: Manfred Bruhn/Heribert Meffert (Hg.): Handbuch Dienstleistungsmanagement - Von der strategischen Konzeption zur praktischen Umsetzung, Wiesbaden, Gabler: 117 ff.

Margolis, Michael (1979): Viable Democracy, New York: Penguin

Martin, Hans-Peter/Harald Schumann (1996): Die Globalisierungsfalle. Der Angriff auf Demokratie und Wohlstand, Hamburg: Rowohlt

Martin, Stephen (2001): Industrial Organization, A European Perspective, Oxford: University Press

Martin, William J. (1995): The global information society, 2. ed., Aldershot u.a.: Aslib Gower

Mast, Claudia/Manuela Popp/Rüdiger Theilmann (1997): Journalisten auf der Datenautobahn. Qualifikationsprofile im Multimedia-Zeitalter, Konstanz: UVK-Medien

Maturana, Humberto R. (1985): Erkennen: Die Organisation und Verkörperung von Wirklichkeit. Ausgewählte Arbeiten zur biologischen Epistemologie, aus dem Englischen von Wolfram K. Köck, Braunschweig/Wiesbaden: Vieweg

Maturana, Humberto R. (1996): Kognition, in: Siegfried J. Schmidt (Hg.): Der Diskurs des Radikalen Konstruktivismus, 7. Aufl., Frankfurt a.M., Suhrkamp: 89-118

McChesney, Robert W. (1992): Off Limits: An Inquiry Into the Lack of Debate over Ownership. Structure and Control of the Mass Media in U.S. Political Life, in: Communication: 1-19

McChesney, Robert W. (2000): The political economy of communication and the future of the field, in: Media, Culture & Society: 109-116

McChesney, Robert W. et al. (1998) (eds.): Capitalism and the Information Age, New York: Monthly Review Press

McCombs, Maxwell/Paula Poindexter (1983): The Duty to Keep Informed: News Exposure and Civic Obligation, in: Journal of Communication (33): 88-96

McLuhan, Marshall (1968): Die magischen Kanäle: „Understanding media", Düsseldorf u.a.: Econ

McLuhan, Marshall (1970): Die magischen Kanäle: „Understanding media", 2. Aufl., Düsseldorf u.a.: Econ

McQuail, Denis (1983): Mass communication theory. An introduction, London/Beverly Hills/New Delhi: Sage

McQuail, Denis (2000): McQuail's Mass Communication Theory, 4. ed., London/Thousand Oaks/New Delhi: Sage

Meckel, Miriam (1999): Redaktionsmanagement, Ansätze aus Theorie und Praxis, Opladen/Wiesbaden: Westdeutscher Verlag

Meckel, Miriam (2001): Die globale Agenda. Kommunikation und Globalisierung, Opladen/Wiesbaden: Westdeutscher Verlag

Meehan, Eileen R./Vincent Mosco/Janet Wasko (1993): Rethinking Political Economy: Change and Continuity, in: Journal of Communication (4): 105-116

Melody, William H. (1974): Mass Media: The Economics of Access to the Marketplace of Ideas, in: Craig E. Aronoff (ed.): Business and the Media, Santa Monica, Goodyear: 216-226

Merten, Klaus (1999): Einführung in die Kommunikationswissenschaft, Münster u.a.: Lit

Merten, Klaus/Siegfried J. Schmid/Siegfried Weischenberg (1991) (Hg.): Funkkolleg Medien und Kommunikation. Konstruktionen von Wirklichkeit. Studienbrief 12, Weinheim/Basel: Beltz

Merten, Klaus/Siegfried J. Schmidt/Siegfried Weischenberg (1994) (Hg.): Die Wirklichkeit der Medien. Eine Einführung in die Kommunikationswissenschaft, Opladen/Wiesbaden: Westdeutscher Verlag

Merz (2000): 50 Jahre JFF - 50 Jahre Medienpädagogik, in Medien und Erziehung (2): 75-95

Meyer, Anton (1983): Dienstleistungs-Marketing. Erkenntnisse und praktische Beispiele, 1. Aufl., Augsburg: FGM-Verlag

Meyer, Anton (1998) (Hg.): Handbuch des Dienstleistungsmarketings, 2 Bde., Stuttgart: Schäffer-Poeschel

Meyer, Anton/Peter Westerbarkey (1991): Bedeutung der Kundenbeteiligung für die Qualitätspolitik von Dienstleistungen, in: Manfred Bruhn/Bernd Stauss (Hg.): Dienstleistungsqualität. Konzepte, Methoden, Erfahrungen, Wiesbaden, Gabler: 83 ff.

Michalski, Hans-Jürgen (1997): Die Geburtsstätte einer Zweiten Renaissance? Die „Informationsgesellschaft" aus politökonomischer Perspektive, in: Rundfunk und Fernsehen (2): 191-213

Michel, Lutz P. (2002): Arbeitsmarkt für „flexible Spezialisten". Berufsbilder und Qualifikationsanforderungen in der Konvergenzbranche Multimedia, in: Medien und Kommunikationswissenschaft (1): 26-44

Mikos, Lothar (1997): Die Rezeption des Cultural Studies Approach im deutschsprachigen Raum, in: Andreas Hepp/Rainer Winter (Hg.): Kultur - Medien - Macht. Cultural Studies und Medienanalyse, Opladen/Wiesbaden, Westdeutscher Verlag: 159-170

Mittelstrass, Jürgen (1990): Wirtschaftsethik oder der erklärte Abschied vom Ökonomismus auf philosophischen Wegen, in: Peter Ulrich (Hg.): Auf der Suche nach einer modernen Wirtschaftsethik, Bern/Stuttgart, Haupt: 17-39

Mittelstrass, Jürgen (1996): Kommt eine neue Kultur? Suche nach Wirklichkeit im Medienzeitalter, in: Universitas (52): 532-539

Mohammadi, Ali (1999) (Hg.): International Communication and Globalization. A Critical Introduction, London/Thousand Oaks/New Delhi: Sage

Monopolkommission (1986): Gesamtwirtschaftliche Chancen und Risiken wachsender Unternehmensgrößen, Hauptgutachten 1984/1985, Baden-Baden: Nomos

Morris, Merrill/Christine Ogan (1996): The Internet as Mass Medium, in: Journal of Communication (1): 39-50

Mosco, Vincent (1996): The Political Economy of Communication. Rethinking and Renewal, London/Thousand Oaks: Sage

Mowlana, Hamid (1996): Global Communication in Transition. The End of Diversity?, Thousand Oaks/London/New Delhi: Sage

Müller, Hans-Peter/Michael Schmid (1995) (Hg.): Sozialer Wandel. Modellbildung und theoretische Ansätze, Frankfurt a.M.: Suhrkamp

Müller, Hans-Peter/Michael Schmid (1995a): Paradigm Lost? Von der Theorie sozialen Wandels zur Theorie dynamischer Systeme, in: Hans-Peter Müller/Michael Schmid (Hg.): Sozialer Wandel. Modellbildung und theoretische Ansätze, Frankfurt a.M., Suhrkamp: 9-55

Müller-Neuhof, Klaus (1974): Kommunikationspolitik und Kommunikationsprognose, Wirtsch.- und Sozialwiss. Dissertation, Köln

Münch, Richard (1991): Dialektik der Kommunikationsgesellschaft, Frankfurt a.M.: Suhrkamp

Münch, Richard (1995): Dynamik der Kommunikationsgesellschaft, Frankfurt a.M.: Suhrkamp

Murdock, Graham/Peter Golding (1974): For a political economy of mass communication, in: Peter Golding/Graham Murdock (eds.): The political economy of the media, Cheltenham u.a., Edward Elgar: 3-32

N

Negroponte, Niklas (1995): Total digital. Die Welt zwischen 0 und 1 oder Die Zukunft der Kommunikation, München: Verlag Bertelsmann-Stiftung

Neller, Katja (2001): Politische Informiertheit, in: Martin Greiffenhagen/Sylvia Greiffenhagen (Hg.): Handwörterbuch zur politischen Kultur der Bundesrepublik Deutschland, 2. Aufl., Opladen/Wiesbaden: Westdeutscher Verlag

Neuberger, Christoph/Jan Tonnemacher (1999) (Hg.): Online - Die Zukunft der Zeitung? Das Engagement deutscher Tageszeitungen im Internet, Opladen/Wiesbaden: Westdeutscher Verlag

Neudörfer, Johann (1875): Des Johann Neudörfer Schreib- und Rechenmeisters zu Nürnberg Nachrichten von Künstlern und Werkleuten daselbst aus dem Jahre 1547, nebst der Fortsetzung des Andreas Gulden, nach den Handschriften und mit Anmerkungen herausgeg. von G. W. K. Lochner, Wien: Braumüller

Neverla, Irene (1998) (Hg.): Das Netz-Medium. Kommunikationswissenschaftliche Aspekte eines Mediums in Entwicklung, Opladen/Wiesbaden: Westdeutscher Verlag

Neverla, Irene (2000): Das Netz - eine Herausforderung für die Kommunikationswissenschaft, in: Medien und Kommunikationswissenschaft (2): 175-187

Nieschlag, Robert/Erwin Dichtl/Hans Hoerschgen (1997): Marketing, 18. Aufl., Berlin: Duncker & Humblot

Noam, Eli M. (1985) (Hg.): Video Media Competition: Regulation, Economics, and Technology, New York: Columbia University Press

Noam, Eli M. (1985a): Economies of Scale in Cable Television: A Multiproduct Analysis, in: Eli M. Noam (Hg.): Video Media Competition: Regulation, Economics, and Technology, New York, Columbia University Press: 93-120

Noelle-Neumann, Elisabeth/Winfried Schulz (1971) (Hg.): Publizistik, Frankfurt a.M.: Fischer

Noelle-Neumann, Elisabeth/Winfried Schulz/Jürgen Wilke (1989) (Hg.): Publizistik, Frankfurt a.M.: Fischer

O

o.V. (1994): „Haste mal ‚ne' Mark", in: Manager Magazin (6): 229

O'Hara, Philip Anthony (1999) (ed.): Encyclopedia of Political Economy, Vol. 1 and 2, London/New York: Routledge

Oelsnitz, Dietrich von der (2000): Marktorientierte Organisationsgestaltung: eine Einführung, Stuttgart u.a.: Kohlhammer

Olten, Rainer (1998): Wettbewerbstheorie und Wettbewerbspolitik, 2. Aufl., München: Oldenbourg

Ortmann, Günther/Jörg Sydow/Klaus Türk (1997): Theorien der Organisation: die Rückkehr der Gesellschaft. Opladen: Westdeutscher Verlag

Owen, Bruce M./Jack H. Beebe/Willard G. Manning (1974): Television Economics, Lexington: D. C. Heath

Owen, Bruce M./Steven S. Wildman (1992): Video Economics, Cambridge (USA)/London: Harvard University Press

P

Paus-Haase, Ingrid/Claudia Lampert/Daniel Süss (2002) (Hg.): Medienpädagogik in der Kommunikationswissenschaft, Wiesbaden: Westdeutscher Verlag

Peiser, Wolfram (1999): Verbreitung von Medien in Gesellschaft: Langfristiger Wandel durch Kohortensukzession, in: Rundfunk und Fernsehen (4): 485-498

Pethig, Rüdiger (1988): Copyright and copying costs, in: Journal of Institutional and Theoretical Economics (144): 462-495

Pethig, Rüdiger (1998): Die doppelte Adressierung im werbefinanzierten TV. Ökonomische Bemerkungen zu Gerd Hallenbergers Beitrag, in: Rüdiger Pethig/Sofia Blind (Hg.): Fernsehfinanzierung. Ökonomische, rechtliche und ästhetische Perspektiven, Opladen/Wiesbaden, Westdeutscher Verlag: 96-104

Pethig, Rüdiger/Sofia Blind (1998) (Hg.): Fernsehfinanzierung. Ökonomische, rechtliche und ästhetische Perspektiven, Opladen/Wiesbaden: Westdeutscher Verlag

Picard, Robert G. (1989): Media Economics. Concepts and Issues, Thousand Oaks: Sage

Picot, Arnold/Helmut Dietl/Egon Franck (1997): Organisation: eine ökonomische Perspektive, Stuttgart: Schaeffer-Poeschel

Pies, Ingo (1993): Normative Institutionenökonomik, Tübingen: J.C.B. Mohr

Pool, Ithiel de Sola (1974): The rise of communications policy research, in: Journal of Communication (24): 31-42

Pool, Ithiel de Sola et al. (1973) (eds.): Handbook of communication, Chicago: Rand McNally

Popkin, Samuel L. (1993): Information Shortcuts and the Reasoning Voter, in: Bernard Grofman (ed.): Information, Participation, and Choice, Ann Arbor, University of Michigan Press: 17-35

Popper, Karl R. (1984): Objektive Erkenntnis. Ein evolutionärer Entwurf, Hamburg: Hoffmann und Campe

Postman, Neil (1985): Wir amüsieren uns zu Tode. Urteilsbildung im Zeitalter der Unterhaltungsindustrie, Frankfurt a.M.: Fischer

Pragnell, Anthony et al. (1992) (eds.): The Economic Conditions of Broadcasting in Democratic Societies, Manchester: European Institute for the Media

Prokop, Dieter (1974) (Hg.): Massenkommunikationsforschung, Bd. 1: Produktion, Frankfurt a.M.: Fischer

Prokop, Dieter (1974a): Massenkommunikation und Tauschabstraktion, in: Dieter Prokop (Hg.): Massenkommunikationsforschung, Bd. 1: Produktion, Frankfurt a.M., Fischer: 355-371

Publizistik (1988): Vierteljahreshefte für Kommunikationsforschung, H. 2, Themenheft Sozialisation

Publizistik (1997): Vierteljahreshefte für Kommunikationsforschung, H. 1, Themenheft Medien- und Gesellschaftswandel - Wandel der Forschung (1)

Pürer, Heinz (1998): Einführung in die Publizistikwissenschaft, 6. Aufl., Konstanz: UVK-Medien

Q

Quandt, Thorsten (2000): Das Ende des Journalismus? Online-Kommunikation als Herausforderung für die Journalismusforschung, in: Martin Löffelholz (Hg.): Theorien des Journalismus. Ein diskursives Handbuch, Opladen/Wiesbaden, Westdeutscher Verlag: 483-509

R

Rager, Günter (1994): Dimensionen der Qualität: Weg aus den allseitig offenen Richter-Skalen?, in: Günter Bentele/Kurt R. Hesse (Hg.): Publizistik in der Gesellschaft, Festschrift für Manfred Rühl, Konstanz, UVK-Medien: 189-209

Rager, Günther/Bernd Weber (1992) (Hg.): Publizistische Vielfalt zwischen Markt und Politik: Mehr Medien - mehr Inhalte?, Düsseldorf: Econ

Rasmusen, Eric (2001): Games and Information. An Introduction to Game Theory, 3. ed., Malden (USA)/Oxford: Blackwell

Rau, Karl-Heinrich (1868): Grundsätze der Volkswirtschaftslehre. Lehrbuch der politischen Ökonomie (1826), Bd. 1, Leipzig/Heidelberg: Winter

Reiter, Sibylle/Stefan Ruß-Mohl (1992) (Hg.): Zukunft oder Ende des Journalismus. Publizistische Qualitätssicherung, Medienmanagement, redaktionelles Marketing, Gütersloh: Verlag Bertelsmann-Stiftung

Richter, Rudolf/Eirik Furubotn (1999): Neue Institutionenökonomik, 2. Aufl., Tübingen: J.C.B. Mohr

Ridder, Christa Maria (2002): Onlinenutzung in Deutschland. Entwicklungstrends und Zukunftsprognosen, in: Media Perspektiven (3): 121-134

Ritzer, Georg (1998): The McDonaldization of Society, London: Pine Forge Press

Robertson, Roland (1992): Globalization. Social theory and Global Culture, London: Sage

Robertson, Roland (1998): Glokalisierung: Homogenität und Heterogenität in Raum und Zeit, in: Ulrich Beck (Hg.): Perspektiven der Weltgesellschaft, Frankfurt a.M., Suhrkamp: 192-220

Roepke, Jochen (1970): Zur politischen Ökonomie von Hörfunk und Fernsehen, in: Publizistik (15): 98 ff.

Rogers, R. P./J. R. Woodbury (1996): Market Structure, Program Diversity and Radio Audience Size, in: Contemporary Economics Policy, Jg. 14: 81-91

Ronneberger, Franz (1966): Ziele und Formen der Kommunikationspolitik, in: Publizistik (11): 399-406

Ronneberger, Franz (1978-1986): Kommunikationspolitik I-III, Mainz: v. Hase & Koehler

Rosenstiel, Lutz von (1991): Unternehmensethik - eine verhaltenswissenschaftliche Perspektive, in: Meinolf Dierkes/Klaus Zimmermann (Hg.): Ethik und Geschäft: Dimensionen und Grenzen unternehmerischer Verantwortung, Frankfurt a.M., FAZ; Wiesbaden, Gabler: 128-155

Rössler, Patrick (1998): Online-Kommunikation. Beiträge zu Nutzung und Wirkung, Opladen/Wiesbaden: Westdeutscher Verlag

Röttger, Ulrike (2000): Public Relations - Organisation und Profession, Wiesbaden: Westdeutscher Verlag

Rötzer, Florian (1995): Die Telepolis. Urbanität im digitalen Zeitalter, Mannheim: Bollmann

Rühl, Manfred (1984): Die Rundfunkgebühr - ein wohlfahrtstaatlicher Preis. Versuch einer begrifflichen und problemorientierten Bestandsaufnahme sowie Hinweise auf Entwicklungsmöglichkeiten einer Gebührenpolitik, in: Media Perspektiven (8): 589-605 (aktualisierter Neudruck in: Michael Schenk/Joachim Donnerstag (1989) (Hg.): Medienökonomie. Einführung in die Ökonomie der Informations- und Mediensysteme, München, Reinhard Fischer: 171-192)

Rühl, Manfred (1993): Marktpublizistik. Oder: Wie alle - reihum - Presse und Rundfunk bezahlen, in: Publizistik (2): 125-152

Rühl, Manfred (1993a): Ökonomie und publizistische Leistungen. Wer bezahlt und vor allem: wie? - Eine nicht nur wirtschaftliche Problematik für die Publizistikwissenschaft, in: Heinz Bonfadelli/Werner A. Meier (Hg.): Krieg, Aids, Katastrophen ... Gegenwartsprobleme als Herausforderung der Publizistikwissenschaft, Festschrift für Ulrich Saxer, Konstanz, UVK-Medien: 307-326

Rühl, Manfred (1995): Rundfunk publizistisch begreifen. Reflexionstheoretische Überlegungen zum Primat programmierter Programme, in: Publizistik, Jg. 40: 279-304

Rühl, Manfred (1998): Von fantastischen Medien und publizistischer Medialisierung, in: Beatrice Dernbach/Manfred Rühl/Anna M. Theis-Berglmair (Hg.): Publizistik im vernetzten Zeitalter. Berufe - Formen - Strukturen, Opladen/Wiesbaden, Westdeutscher Verlag: 95-107

Rühl, Manfred (1998a): Politische Kommunikation - Wirtschaftswissenschaftliche Perspektiven, in: Otfried Jarren/Ulrich Sarcinelli/Ulrich Saxer (Hg.): Politische Kommunikation in der demokratischen Gesellschaft. Ein Handbuch mit Lexikonteil, Opladen/Wiesbaden, Westdeutscher Verlag: 173-185

Rühl, Manfred (1999): Publizieren. Eine Sinngeschichte der öffentlichen Kommunikation, Opladen/Wiesbaden: Westdeutscher Verlag

Rühl, Manfred (2000): Medien (alias Mittel) und die öffentliche Kommunikation. Ein alteuropäisches Begriffspaar im Wirklichkeitswandel, in: Guido Zurstiege (Hg.): Festschrift für die Wirklichkeit, Opladen/Wiesbaden, Westdeutscher Verlag: 105-118

Rühl, Manfred (2001): Alltagspublizistik. Eine kommunikationswissenschaftliche Wiederbeschreibung, in: Publizistik (46): 249-276

Rühl, Manfred (2002): Zeitunglesen und die Lesbarkeit der Welt, in: Heinz Bonfadelli (Hg.): Kulturtechnik Lesen in der Mediengesellschaft, Zürich: Verlag Pestalozzianum

Rühl, Manfred/Heinz-Werner Stuiber (1983) (Hg.): Kommunikationspolitik in Forschung und Anwendung, Festschrift für Franz Ronneberger, Düsseldorf: Droste

Runkel, Marco (1998): Allokationswirkungen alternativer Finanzierungsformen auf dem Fernsehmarkt, in: Rüdiger Pethig/Sofia Blind (Hg.): Fernsehfinanzierung. Ökonomische, rechtliche und ästhetische Perspektiven, Opladen/Wiesbaden, Westdeutscher Verlag: 43-73

S

Sarcinelli, Ulrich (1998) (Hg.): Politikvermittlung und Demokratie in der Mediengesellschaft, Opladen/Wiesbaden: Bundeszentrale für politische Bildung

Saxer, Ulrich (1998): Mediengesellschaft: Verständnisse und Missverständnisse, in: Ulrich Sarcinelli (Hg.): Politikvermittlung und Demokratie in der Mediengesellschaft, Opladen/Wiesbaden, Bundeszentrale für politische Bildung: 52-73

Saxer, Ulrich (1998a): System, Systemwandel und politische Kommunikation, in: Otfried Jarren/Ulrich Sarcinelli/Ulrich Saxer (Hg.): Politische Kommunikation in der demokratischen Gesellschaft, Opladen/Wiesbaden, Westdeutscher Verlag: 21-64

Saxer, Ulrich (2000): Mythos Postmoderne: Kommunikationswissenschaftliche Bedenken, in: Medien und Kommunikationswissenschaft (1): 85-92

Schäffle, Albert (1875): Bau und Leben des sozialen Körpers, Bd. 1, Tübingen: Laupp

Schenk, Michael/Joachim Donnerstag (1989) (Hg.): Medienökonomie. Einführung in die Ökonomie der Informations- und Mediensysteme, München: Reinhard Fischer

Schiller, Herbert I. (1969): Mass Communications and the American Empire, New York: August M. Kelly

Schiller, Herbert I. (1989): Culture Inc. The Corporate Takeover of Public Expression, New York: Oxford University Press

Schimank, Uwe/Ute Volkmann (2000) (Hg.): Soziologische Gegenwartsdiagnosen. Eine Bestandsaufnahme, Opladen: Leske+Budrich

Schleiermacher, Friedrich (2000): Texte zur Pädagogik (1826), herausgeg. von Michael Winkler und Jens Brachmann, Frankfurt a.M.: Suhrkamp

Schmalensee, Richard/Robert Willig (1989) (eds.): Handbook of Industrial Organization, Vol. 1, Amsterdam u.a.: North-Holland

Schmid, Beat F. (o.J.): Medien- und Kommunikationsmanagement. Begriffsbestimmung und Aufgabenfelder. Ein Diskussionspapier - Entwurf, Universität St. Gallen

Schmidt, Ingo (2001): Wettbewerbspolitik und Kartellrecht, 7. Aufl., Stuttgart: Lucius & Lucius

Schmidt, Siegfried J. (1995): Medien - Kultur - Gesellschaft. Medienforschung braucht Systemorientierung, in: Medien Journal (4): 28-35

Schmidt, Siegfried J. (1995a): Werbung zwischen Wirtschaft und Kunst, in: Siegfried J. Schmidt/Brigitte Spieß (Hg.): Werbung, Medien und Kultur, Opladen, Westdeutscher Verlag: 26-43

Schmidt, Siegfried J. (1996) (Hg.): Der Diskurs des radikalen Konstruktivismus, 7. Aufl., Frankfurt a.M.: Suhrkamp

Schmidt, Siegfried J. (1999): Theorien zur Entwicklung der Mediengesellschaft, in: Norbert Groeben (Hg.): Lesesozialisation in der Mediengesellschaft. Ein Schwerpunktprogramm, Tübingen, Niemeyer: 118-145

Schmidt, Siegfried J. (2000): Kalte Faszination. Medien, Kultur, Wissenschaft in der Mediengesellschaft, Weilerswist: Velbrück

Schmidt, Siegfried J./Brigitte Spieß (1995) (Hg.): Werbung, Medien und Kultur, Opladen: Westdeutscher Verlag

Schmitz, Alfred (1989): Rundfunkfinanzierung, Manuskript

Schmolke, Michael (1996): Informationen - Machtinstrumente und Ware, in: Lebendige Seelsorge: 168-171

Schoonhoven, Richard (1992): A democratic framework of regulation, in Anthony Pragnell et al. (eds.): The economic conditions of broadcasting in democratic societies, Manchester: European Institute for the Media

Schrape, Klaus/Josef Trappel (2001): Das Geschäft mit der Prognose, in: Publizistik (1): 37-56

Schroeder, Michael (1994): Internationale Markt- und Managementstrategien für Printmedien, München: Reinhard Fischer

Schulz, Günther (1999) (Hg.): Geschäft mit Wort und Meinung. Medienunternehmer seit dem 18. Jahrhundert, München: Oldenbourg

Schulz, Winfried (1984): Politik in der Mediengesellschaft. Veränderungen der politischen Realität durch Massenmedien, Nürnberg: Manuskript der Antrittsvorlesung vom 11. Januar 1984 an der Universität Erlangen-Nürnberg

Schumann, Jochen (1987): Grundzüge der mikroökonomischen Theorie, 5., revidierte und erw. Aufl., Berlin u.a.: Springer

Schumann, Jochen/Ulrich Meyer/Wolfgang Ströbele (1999): Grundzüge der mikroökonomischen Theorie, 7. Aufl., Berlin: Springer

Schumann, Matthias/Thomas Hess (1999) (Hg.): Medienunternehmen im digitalen Zeitalter: neue Technologien - neue Märkte - neue Geschäftsansätze, Wiesbaden: Gabler

Schusser, Oliver (1998): Medienökonomie: Wissenschaft oder Mode, in: Die Betriebswirtschaft (5): 591-602

Schuster, Jürgen (1995): Rundfunkmarketing: Entwicklung einer strategischen Marketingkonzeption für das öffentlich-rechtliche Fernsehen, Konstanz: UVK-Medien

Schütz, Walter J. (1989): Pressewirtschaft, in: Elisabeth Noelle-Neumann/Winfried Schulz/Jürgen Wilke (Hg.): Publizistik, Frankfurt a.M., Fischer: 313-330

Schwarz, Reent (1974) (Hg.): Didaktik der Massenkommunikation, Bd. 1: Manipulation durch Massenmedien - Aufklärung durch Schule?, Stuttgart: Metzler

Seeling, Stefan (1996): Organisierte Interessen und öffentliche Kommunikation. Eine Analyse ihrer Beziehungen im Deutschen Kaiserreich (1871-1914), Opladen/Wiesbaden: Westdeutscher Verlag

Seidel, Norbert/Michael Libertus (1993): Rundfunkökonomie: Organisation, Finanzierung und Management von Rundfunkunternehmen, Wiesbaden: Gabler

Selbmann, Hans-Konrad (1984) (Hg.): Beiträge zur Gesundheitsökonomie, Gerlingen: Bleicher

Seufert, Wolfgang (1991): Zur medienökonomischen Entwicklung in den 80er Jahren, in: Michael Jäckel/Michael Schenk (Hg.): Kabelfernsehen in Deutschland: Pilotprojekte, Programmvermehrung, private Konkurrenz. Ergebnisse und Perspektiven, München, Reinhard Fischer: 91-109

Seufert, Wolfgang (1996): Rundfunkunternehmen - Gewinner beim Strukturwandel der Medienwirtschaft, in: Klaus-Dieter Altmeppen (Hg.): Ökonomie der Medien und des Mediensystems. Grundlagen, Ergebnisse und Perspektiven medienökonomischer Forschung, Opladen, Westdeutscher Verlag: 165-179

Shannon, Claude E./Warren Weaver (1976): Mathematische Grundlagen der Informationstheorie (1949), München/Wien: Oldenbourg

Shapiro, Carl (1983): Premiums for High Quality Products as Returns to Reputations, in: Quarterly Journal of Economics (97): 659-679

Shepherd, William G. (1997): The Economics of Industrial Organization, 4. ed., Englewood Cliffs/New Jersey: Prentice Hall

Sherman, Howard J. (1987): Foundations of Radical Political Economy, New York/London: Sharpe

Siegert, Gabriele (1996): Die Beziehung zwischen Medien und Ökonomie als systemtheoretisches Problem, in: Claudia Mast (Hg.): Markt - Macht - Medien. Publizistik zwischen gesellschaftlicher Verantwortung und ökonomischen Zielen, Konstanz, UVK-Medien: 43-57

Siegert, Gabriele (2001): Medien Marken Management: Relevanz, Spezifika und Implikationen einer medienökonomischen Profilierungsstrategie, München: Reinhard Fischer

Siegert, Gabriele (2001a): Ökonomisierung der Medien aus systemtheoretischer Perspektive, in: Medien und Kommunikationswissenschaft, Jg. 49 (2): 167-176

Siegert, Gabriele (2002) (Hg.): Medienökonomie in der Kommunikationswissenschaft. Bedeutung, Grundfragen und Entwicklungsperspektiven, Münster: Lit

Silbermann, Alfons (1982): Handwörterbuch der Massenkommunikation und Medienforschung, Berlin: Spiess

Sjurts, Insa (1996): Die deutsche Medienbranche: eine unternehmensstrategische Analyse, Wiesbaden: Gabler

Sjurts, Insa (1996a): Wettbewerb und Unternehmensstrategie in der Medienbranche. Eine industrieökonomische Skizze, in: Klaus-Dieter Altmeppen (Hg.): Ökonomie der Medien und des Mediensystems. Grundlagen, Ergebnisse und Perspektiven medienökonomischer Forschung, Opladen, Westdeutscher Verlag: 53-81

Sjurts, Insa (2000): Chancen und Risiken im globalen Medienmarkt - Die Strategien der größten Medien-, Telekommunikations- und Informationstechnologiekonzerne, in: Hans-Bredow-Institut (Hg.): Internationales Handbuch für Hörfunk und Fernsehen, Baden-Baden: Nomos

Sjurts, Insa (2001): Einfalt trotz Vielfalt in den Medienmärkten: Eine ökonomische Analyse, Flensburg: Universität Flensburg

Sjurts, Insa (2001a): Integration der Wertschöpfungsketten im globalen Medienmarkt: Eine strategische Erklärung, Flensburg: Universität Flensburg

Sjurts, Insa (2001b): Medienmanagement: Eine kritische Bestandsaufnahme, Flensburg: Lehrstuhl für Allg. Betriebswirtschaftslehre

Sjurts, Insa (2002): Strategien in der Medienbranche, 2., überarb. und erw. Aufl. von: Die deutsche Medienbranche: eine unternehmensstrategische Analyse, Wiesbaden: Gabler (in Vorbereitung)

Sjurts, Insa (2003) (Hg.): Lexikon der Medienwirtschaft, Wiesbaden: Gabler (in Vorbereitung)

Smith, Adam (1974): Der Wohlstand der Nationen. Eine Untersuchung seiner Natur und seiner Ursachen (1776), aus dem Englischen übertragen mit einer Würdigung von Horst Claus Recktenwald, München: Beck

Smith, Adam (1976): The theory of moral sentiments (1759), ed. by D. D. Raphael und A. L. Macfie, Oxford: Clarendon Press

Smith, Ralph Lee (1972): The Wired Nation: The Electronic Communications Highway, New York

Smythe, Dallas (1960): On the Political Economy of Communications, in: Journalism Quarterly: 563-572

Söllner, Fritz (2001): Die Geschichte des ökonomischen Denkens, 2. Aufl., Berlin: Springer

Spence, Michael/Bruce M. Owen (1977): Television programming, monopolistic competition, and welfare, in: Quarterly Journal of Economics (91): 102-126

Stahmer, Frank (1995): Ökonomie des Presseverlages, München: Reinhard Fischer

Stegmüller, Wolfgang (1986): Rationale Rekonstruktion von Wissenschaft und ihrem Wandel, Stuttgart: Reclam

Steiner, Peter O. (1952): Programm patterns and preferences and the working of competition in radio broadcasting, in: Quarterly Journal of Economics (66): 194-223

Stichweh, Rudolf (2000): Die Weltgesellschaft. Soziologische Analysen, Frankfurt a.M.: Suhrkamp

Stieler, Kaspar (1969): Zeitungs Lust und Nutz, vollständiger Neudruck der Originalausgabe von 1695, herausgeg. von Gert Hagelweide, Bremen: Schünemann

Stipp, Horst (1994): Welche Folgen hat die digitale Revolution für die Fernsehnutzung? Die amerikanische Debatte über die Zukunft des Fernsehens, in: Media Perspektiven (8): 392-400

Stöber, Rudolf (2000): Deutsche Pressegeschichte. Einführung, Systematik, Glossar, Konstanz: UVK-Medien

Stotz, Günther (1996): Über die Wurzeln einer Pädagogik der Kommunikation, in: Medien Journal (3): 7-14

Strauss, Anselm L. (1956): The social philosophy of George Herbert Mead, Chicago: University of Chicago Press

Szyszka, Peter (1999): Öffentlichkeit: Diskurs zu einem Schlüsselbegriff der Organisationskommunikation, Opladen: Westdeutscher Verlag

T

Tabb, William K. (1999): Reconstructing Political Economy. The great divide in economic thought, London/New York: Routledge

Tauss, Jörg/Johannes Kollbeck/Jan Mönikes (1996) (Hg.): Deutschlands Weg in die Informationsgesellschaft. Herausforderungen und Perspektiven für Wirtschaft, Wissenschaft, Recht und Politik, Baden-Baden: Nomos

Theis, Anna M. (1994): „From a closed shop to open competition“: Organisatorische Konsequenzen der Ökonomisierung des Mediensystems, in: Louis Bosshart/Wolfgang Hoffmann-Riem (Hg.): Medienlust und Mediennutz. Unterhaltung als öffentliche Kommunikation, München, Ölschäger: 355-366

Theis-Berglmaier, Anna M./Matthias Kohring (2000): Gesellschaftliche Relevanz, Situation und Perspektiven. Kommunikations- und Medienwissenschaft in Deutschland, in: Medien Journal (1): 28-35

Theis-Berglmair, Anna M. (1998): Die medien- und gesellschaftspolitische Dimension neuer Kommunikationstechnologien, in: Beatrice Dernbach/Manfred Rühl/Anna M. Theis-Berglmair (Hg.): Publizistik im vernetzten Zeitalter. Berufe - Formen - Strukturen, Opladen/Wiesbaden, Westdeutscher Verlag: 173-181

Theis-Berglmair, Anna M./Günter Bentele (2000): Die Mediengesellschaft und ihre Wissenschaft. Herausforderungen für die Kommunikations- und Medienwissenschaft als akademische Disziplin (DGPuK- Selbstverständnis), in: http://www.dgpuk.de, 30.01.2001

Tirole, Jean (1988): The Theory of Industrial Organization, Cambridge (USA)/London: MIT Press

Tonnemacher, Jan (1999): Wege zur Online-Zeitung. Erfahrungen mit den Vorläufermedien des Internet, in: Christoph Neuberger/Jan Tonnemacher (Hg.): Online - Die Zukunft der Zeitung? Das Engagement deutscher Tageszeitungen im Internet, Opladen/Wiesbaden, Westdeutscher Verlag: 57-69

Traber, Michael (1986) (Hg.): The Myth of the Information Revolution. Social and Ethical Implications of Communication Technology, London/New York/New Delhi: Sage

Tullock, Gordon (1965): The Politics of Bureaucracy, Washington D.C.: Public Affairs Press

Tulodziecki, Gerhard (1989): Medienerziehung in Schule und Unterricht, Bad Heilbrunn: Klinkhardt

U

Ubbens, Wilbert (1982): Jahresbibliographie Massenkommunikation 1980. Systematisches Verzeichnis der im Jahre 1980 innerhalb und außerhalb des Buchhandels veröffentlichten Literatur zu Presse, Rundfunk, Fernsehen, Film und angrenzenden Problemen, Berlin: Spiess

Ubbens, Wilbert (1992): Jahresbibliographie Massenkommunikation 1990. Systematisches Verzeichnis der im Jahre 1990 innerhalb und außerhalb des Buchhandels veröffentlichten Literatur zu Presse, Rundfunk, Fernsehen, Film und angrenzenden Problemen, Berlin: Spiess

Ulrich, Peter (1990) (Hg.): Auf der Suche nach einer modernen Wirtschaftsethik, Bern/Stuttgart: Haupt

V

Volpert, Walter (1988): Zauberlehrlinge. Die gefährliche Liebe zum Computer, München: Deutscher Taschenbuch-Verlag

Vorderer, Peter (1995): Will das Publikum neue Medien(angebote)? Medienpsychologische Thesen über die Motivation zur Nutzung neuer Medien, in: Rundfunk und Fernsehen (4): 494-505

W

Waldman, Don E./Elizabeth J. Jensen (2001): Industrial Organization. Theory and Practice, 2. ed., Reading u.a.: Longman

Weber, Max (1971): Der Nationalstaat und die Volkswirtschaftspolitik. Akademische Antrittsrede, Freiburg und Leipzig 1895, in: Gesammelte politische Schriften, 3. Aufl., Tübingen, J.C.B. Mohr: 1-25

Weber, Max (1985): Wirtschaft und Gesellschaft. Grundriß der verstehenden Soziologie, herausgeg. v. Johannes Winckelmann, Tübingen: J.C.B. Mohr (zuerst: 1922)

Weber, Max (1988): Die „Objektivität" sozialwissenschaftlicher und sozialpolitischer Erkenntnis, in: Gesammelte Aufsätze zur Wissenschaftslehre, 7. Aufl., Tübingen: J.C.B. Mohr

Weber, Max (1991): Die „Objektivität" sozialwissenschaftlicher Erkenntnis, in: Max Weber (Hg.): Schriften zur Wissenschaftslehre, herausgeg. u. eingel. v. Michael Sukale, Stuttgart, Reclam: 21-101 (zuerst: 1904)

Weber, Stefan (1997): Doppelte Differenz. Schritte zu einer „konstruktivistischen Systemtheorie der Medienkommunikation", in: Medien Journal (1): 34-43

Weigand, Karl Heinz (1983): Mensch-Maschine-Kommunikation als innovative Medienleistung. Empirische Untersuchungen zur Akzeptanz interaktiver Informationsangebote, Frankfurt a.M. u.a: Lang

Weigand, Karl Heinz (1988): Aspekte einer Medienökonomie, in: Publizistik- und Kommunikationswissenschaft, in: Wolfgang R. Langenbucher (Hg.): Publizistik- und Kommunikationswissenschaft. Ein Textbuch zur Einführung in ihre Teildisziplinen, Wien, Braumüller: 164 ff.

Weischenberg, Siegfried (1982): Journalismus in der Computergesellschaft. Informatisierung, Medientechnik und die Rolle der Berufskommunikatoren, München u.a.: Saur

Weischenberg, Siegfried (1995): Journalistik: Theorie und Praxis aktueller Medienkommunikation, Bd. 2: Medientechnik, Medienfunktionen, Medienakteure, Opladen/Wiesbaden: Westdeutscher Verlag

Weischenberg, Siegfried/Christian Bobbenkamp/Frank Krämer/Martin Löffelholz (1995): Trends der Informationsgesellschaft. Eine annotierte Bibliographie zur Zukunft der Medienkommunikation, Münster: Agenda

Weischenberg, Siegfried/Klaus-Dieter Altmeppen/Martin Löffelholz (1994): Die Zukunft des Journalismus. Technologische, ökonomische und redaktionelle Trends, Opladen/Wiesbaden: Westdeutscher Verlag

Wenturis, Nikolaus/Walter Van Hove/Volker Dreier (1992): Methodologie der Sozialwissenschaften, Tübingen: Francke

Werle, Raymund/C. Lang (1997) (Hg.): Modell Internet? Entwicklungsperspektiven neuer Kommunikationsnetze, Frankfurt a.M./New York: Campus

Wersig, Gernot (2000): Informations- und Kommunikationstechnologien. Eine Einführung in Geschichte, Grundlagen und Zusammenhänge, Konstanz: UVK-Medien

Weyh, Florian F. (1994): Geistiges Eigentum und Kommunikationstechnik, in: Leviathan (1): 101

Wiebe, Gerhart D. (1952): Mass communications, in: Eugene L. Hartley/Ruth E. Hartley (eds.): Fundamentals of social psychology, New York: Knopf

Wieland, Josef (1990): Wirtschaftsethik als Selbstreflexion der Ökonomie, in: Peter Ulrich (Hg.): Auf der Suche nach einer modernen Wirtschaftsethik, Bern/Stuttgart, Haupt: 147-179

Wieland, Josef (1996): Ökonomische Organisation, Allokation und Status, Tübingen: J.C.B. Mohr

Wilke, Jürgen/Christiane Imhof (1996) (Hg.): Multimedia. Voraussetzungen, Anwendungen, Probleme, Berlin: Vistas

Wilke, Jürgen/Christiane Imhof (1996a): Vorwort, in: Jürgen Wilke/Christiane Imhof (Hg.): Multimedia. Voraussetzungen, Anwendungen, Probleme, Berlin, Vistas: 9-11

Williamson, Oliver E. (1975): Markets and Hierarchies: Analysis and Antitrust Implications, New York: Free Press

Williamson, Oliver E. (1985): The Economic Institutions of Capitalism, New York: The Free Press

Williamson, Oliver E. (1989): Transaction Cost Economics, in: Richard Schmalensee/Robert Willig (eds.): Handbook of Industrial Organization, Vol. 1, Amsterdam u.a., North-Holland: 135-182

Williamson, Oliver E. (1990): Die ökonomischen Institutionen des Kapitalismus, Tübingen: J.C.B. Mohr

Williamson, Oliver E. (1993): The Economic Analysis of Institutions and Organisations, Economic Department Working Papers 133, Organisation for Economic Co-operation and Development (OECD), Paris

Wirth, Michael O./Harry Bloch (1995): Industrial Organization Theory and Media Industry Analysis, in: The Journal of Media Economics (2): 15-26

Wirtz, Bernd W. (2000): Medien- und Internetmanagement, Wiesbaden: Gabler

Wodraschke, Georg (1979) (Hg.): Medienpädagogik und Kommunikationslehre, München: Ölschläger

Wyss, Vinzenz (2000): Medienmanagement als Qualitätsmanagement, in: Matthias Karmasin/Carsten Winter (Hg.): Grundlagen des Medienmanagements, München, Fink: 149-171

Y

Young, David P. T. (2000): Modeling Media Markets: How Important is Market Structure?, in: The Journal of Media Economics (1): 27-44

Z

Zeitter, Ernst (1987): Fernsehen - Unterhaltung, Ablenkung, Bildung? Über den mündigen Umgang mit einem Medium, München: Lexika

Zerdick, Axel u.a. (1999): Die Internet-Ökonomie: Strategien für die digitale Wirtschaft, Berlin: Springer

Zinn, Karl Georg (1987): Politische Ökonomie. Apologien und Kritiken des Kapitalismus, Opladen/Wiesbaden: Westdeutscher Verlag

Zinn, Karl Georg (1990): Ethische Probleme der internationalen Arbeitsteilung, in: Klaus Henning/Arno Bitzer (Hg.): Ethische Aspekte von Wirtschaft und Arbeit, Mannheim/Wien/Zürich: 123-149

Zöchbauer, Franz (1975): Manipulation und Macht, Hamm: Hoheneck-Verlag

Zurstiege, Guido (2000) (Hg.): Festschrift für die Wirklichkeit, Opladen/Wiesbaden: Westdeutscher Verlag

Schlagwortverzeichnis

Autoren

Altmeppen, Klaus-Dieter, Dr. phil., geb. 1956, wissenschaftlicher Assistent im Fachgebiet Medienwissenschaft, Institut für Medien- und Kommunikationswissenschaft der Technischen Universität Ilmenau. Arbeitsgebiete: Journalismusforschung, Öffentlichkeitsarbeit, Organisationskommunikation, Medienökonomie und Medienmanagement.

Bauer, Thomas A., o. Univ. Prof. Dr., geb. 1945, Ordinarius für Audiovisuelle Medien/Medienkultur am Institut für Publizistik- und Kommunikationswissenschaft der Universität Wien. Arbeitsgebiete: Medienkultur/ Medienpädagogik, Mediendidaktik, Alternative Medien- und Kommunikationssysteme, Unternehmens- und Organisationskommunikation, Mediation, Wissenschafts- und Bildungspublizistik, Interreligiöser Diskurs, Gesundheitskommunikation, Konflikt - Krisen - Mediation.

Czygan, Marco, Dipl.-Volkswirt, geb. 1970, wissenschaftlicher Mitarbeiter im Fachgebiet Wirtschaftspolitik der Technischen Universität Ilmenau. Arbeitsgebiete: Medienökonomie, Industrieökonomie, Wettbewerbspolitik.

Heinrich, Jürgen, Prof. Dr., geb. 1941, Professor der Journalistik, Schwerpunkt Ökonomie am Institut für Journalistik der Universität Dortmund. Arbeitsgebiete: Medienökonomie, Wirtschaftsjournalismus und allgemeine Volkswirtschaftslehre.

Kallfaß, Hermann H., Prof. Dr. rer. pol., geb. 1947, Universitätsprofessor für Wirtschaftspolitik am Institut für Volkswirtschaftslehre der Technischen Universität Ilmenau. Arbeitsgebiete: Nationale und internationale Wettbewerbspolitik, Industrieökonomie, Wirtschaftspolitik, Analyse von Wettbewerbsprozessen.

Karmasin, Matthias, Univ.-Prof. Mag. Dr. Dr. habil., geb. 1964, Ordinarius für Kommunikationswissenschaft und Vorstand des Instituts für Medien- und Kommunikationswissenschaft der Universität Klagenfurt. Arbeitsgebiete: Kommunikationstheorie, Medienökonomie, Medienmanagement, Organisationskommunikation, interkulturelle Kommunikation, Kulturtheorie und Kulturwissenschaft, Wirtschaftsethik, Medienethik.

Lobigs, Frank, Dipl. Volkswirt, Dipl. Journalist, Assistent am Institut für Publizistikwissenschaft und Medienforschung der Universität Zürich. Arbeitsgebiete: Neue Institutionenökonomie der Medien, Neue Politische Ökonomie der Medien.

Löffelholz, Martin, Univ.-Prof. Dr. phil., geb. 1959, Lehrstuhlinhaber für Medienwissenschaft am Institut für Medien- und Kommunikationswissenschaft der Technischen Universität Ilmenau. Arbeitsgebiete: Kommunikatorforschung, Medieninnovationsforschung, Krisenkommunikation, Globalisierung und transkulturelle Kommunikation.

Ludwig, Johannes, Prof. Dr. phil., geb. 1949, Prof. für Medienökonomie, Management, Technikfolgen und Kommunikationstheorie am Fachbereich Medientechnik der Hochschule für angewandte Wissenschaften Hamburg. Arbeitsgebiete: Technik, Organisation und Ökonomie der Medien, Investigativer Journalismus.

Meier, Werner A., Dr. phil., geb. 1948, wissenschaftlicher Mitarbeiter am Institut für Publizistikwissenschaft und Medienforschung und Geschäftsleiter des Kompetenzzentrums SwissGIS an der Universität Zürich. Arbeitsgebiete: Internationale Kommunikation, Medienpolitik und Politische Ökonomie von Informationsgesellschaften und Medieninstitutionen.

Pethig, Rüdiger, Prof. Dr. rer. pol., geb. 1943, Professor für Volkswirtschaftslehre, Fachbereich Wirtschaftswissenschaften an der Universität Siegen. Arbeitsgebiete: Umweltökonomik, Finanzwissenschaft, Medienökonomik.

Rühl, Manfred, Prof. Dr. rer. pol., Dr. rer. pol. habil., Dipl.-Volkswirt, geb. 1933, bis 1999 Professor für Kommunikationswissenschaft an der Otto-Friedrich-Universität Bamberg. Arbeitsgebiete: Kommunikationstheorie, Kommunikationspolitik, Journalistik und Public Relations.

Weigand, Karl Heinz, Prof. Dr. rer. pol., Dr. phil., Akademischer Direktor am Department für Betriebswirtschaft der Universität München, Hon. Professor für Medienwirtschaft an der Hochschule für Fernsehen und Film München.